Sommaire

Avec ce guide,
voici les
cartes Michelin
qu'il vous faut :

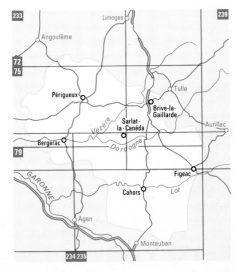

Principales curiosités

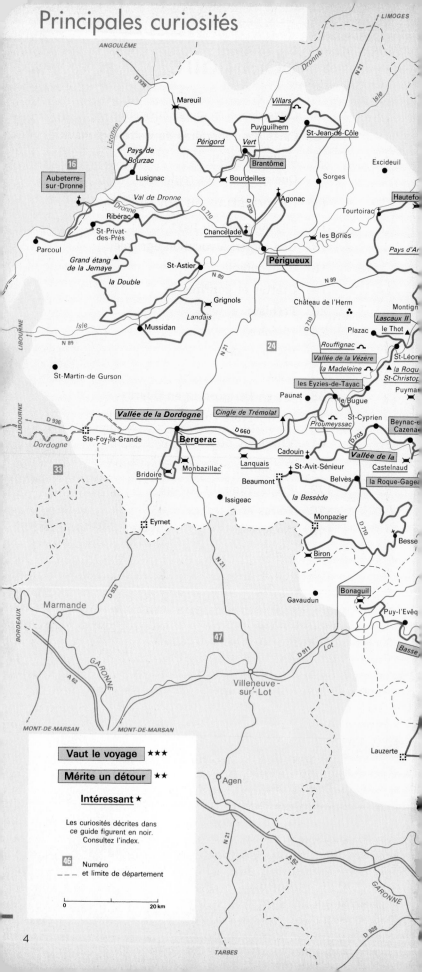

ANGOULÊME

LIMOGES

Mareuil

Villars

Puyguilhem

St-Jean-de-Côle

Périgord

Vert

Excideuil

Brantôme

Pays de Bourzac

Lusignac

Bourdeilles

Sorges

16

Aubeterre-sur-Dronne

Val de Dronne

Agonac

Hautefo

Tourtoirac

Ribérac

Chancelade

les Bories

Pays d'Ar

St-Privat-des-Prés

Parcoul

Périgueux

Grand étang de la Jemaye

St-Astier

N 89

N 89

la Double

Château de l'Herm

Montign

Grignols

Lascaux II

le Thot

Landais

Plazac

24

Rouffignac

St-Léon

Mussidan

Vallée de la Vézère

la Madeleine

la Roqu

St-Christop

St-Martin-de-Gurson

les Eyzies-de-Tayac

Puyma

Paunat

le Bugue

Vallée de la Dordogne

Cingle de Trémolat

St-Cyprien

Beynac-e

Cazena

Ste-Foy-la-Grande

D 660

Proumeyssac

Bergerac

33

Cadouin

Vallée de la

Bridoire

Monbazillac

Lanquais

St-Avit-Sénieur

Castelnaud

Beaumont

Belvès

la Roque-Gagea

Issigeac

la Bessède

Eymet

Monpazier

Besse

Biron

Bonaguil

Gavaudun

Puy-l'Evêq

Marmande

Basse

47

Villeneuve-sur-Lot

MONT-DE-MARSAN

MONT-DE-MARSAN

Lauzerte

Vaut le voyage ★★★

Mérite un détour ★★

Intéressant ★

Les curiosités décrites dans
ce guide figurent en noir.
Consultez l'index.

46 Numéro
— — et limite de département

0   20 km

Agen

TARBES

4

Itinéraires de visite régionaux

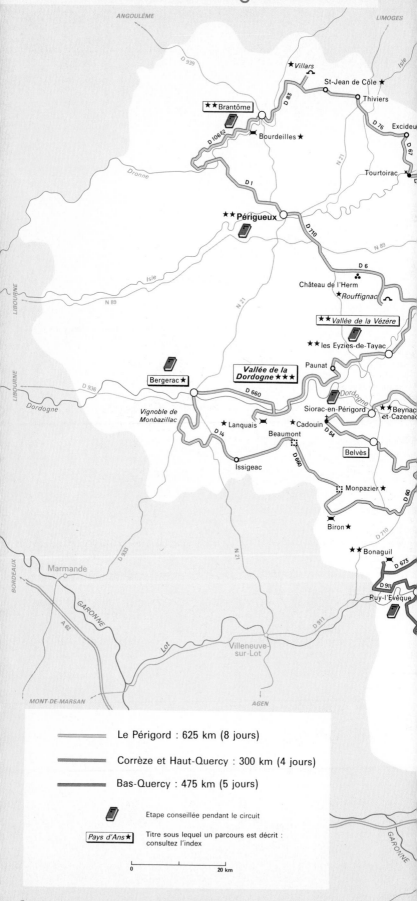

Le Périgord : 625 km (8 jours)

Corrèze et Haut-Quercy : 300 km (4 jours)

Bas-Quercy : 475 km (5 jours)

Etape conseillée pendant le circuit

Pays d'Ans ★ Titre sous lequel un parcours est décrit : consultez l'index

0   20 km

6

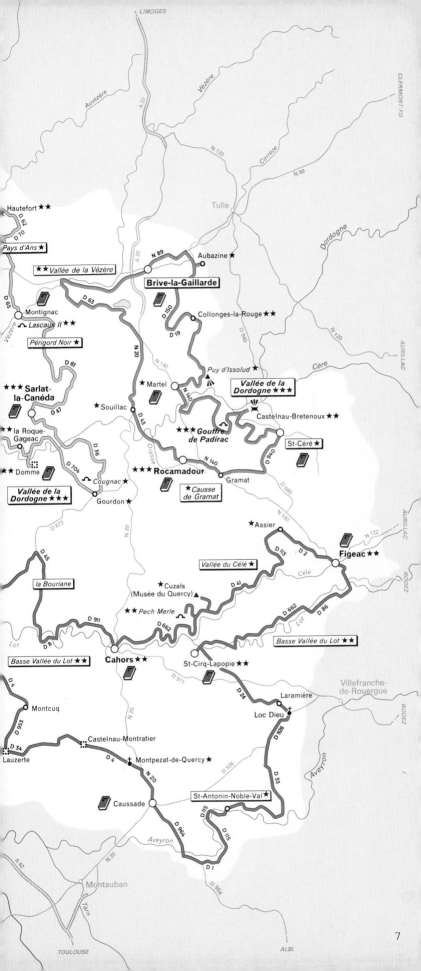

Hautefort ★★

D 62

D 70

Pays d'Ans ★

LIMOGES

CLERMONT-FD

Auvézère

Vézère

A 20

N 120

Corrèze

N 89

Tulle

Dordogne

★★ *Vallée de la Vézère*

N 89

Aubazine ★

Brive-la-Gaillarde

D 65

Montignac

D 63

Lascaux II ★★

Vézère

D 150

Collonges-la-Rouge ★★

D 19

Périgord Noir ★

N 20

N 140

D 940

N 120

AURILLAC

D 61

Puy d'Issolud ★

Cère

★ Martel

★★★ **Sarlat-la-Canéda**

D 47

★ Souillac

D 43

N 140

Vallée de la Dordogne ★★★

Castelnau-Bretenoux ★★

★★ la Roque-Gageac

D 36

Ouysse

★★★ *Gouffre de Padirac*

St-Céré ★

D 940

★★ Domme

D 704

Cougnac ★

★★★ **Rocamadour**

N 140

Gramat

D 940

Vallée de la Dordogne ★★★

Gourdon ★

★ *Causse de Gramat*

D 673

N 20

N 140

AURILLAC

★ Assier

N 122

D 45

D 113

D 2

Figeac ★★

Vallée du Célé ★

Célé

RODEZ

la Bouriane

D 41

★ Cuzals (Musée du Quercy) ▲

D 662

D 86

Lot

D 911

★★ *Pech Merle*

D 662

Lot

Lot

D 8

Basse Vallée du Lot ★★

Basse Vallée du Lot ★★

Cahors ★★

St-Cirq-Lapopie ★★

Villefranche-de-Rouergue

D 911

D 24

Laramière

RODEZ

D 4

Montcuq

Loc Dieu

D 953

D 926

Aveyron

Castelnau-Montratier

D 34

D 4

Montpezat-de-Quercy ★

D 926

D 33

Lauzerte

N 20

St-Antonin-Noble-Val ★

Caussade

D 115

D 115

A 62

D 964

Aveyron

D 1

D 964

Montauban

Tarn

TOULOUSE

ALBI

7

Lieux de séjour

Sur la carte ci-dessous ont été sélectionnées quelques localités particulièrement adaptées à la villégiature en raison de leurs possibilités d'hébergement et de l'agrément de leur site. Les **lieux de séjour traditionnels** allient possibilités d'accueil, charme et tranquillité du site ; ils peuvent vous retenir une semaine et plus. Les **« villes-étapes »** sont des centres urbains de quelque importance qu'il faut visiter et qui offrent de bonnes possibilités d'hébergement : on peut y passer une journée et une nuit. Enfin, Sarlat et Périgueux, par leur patrimoine historique et leur rayonnement culturel, justifient à elles seules le voyage : ce sont des **destinations de week-end**.
Pour plus de détails, vous consulterez :

Pour l'hébergement

Le **guide Rouge Michelin France** des hôtels et restaurants et le **guide Camping Caravaning France**.

Pour le site, les sports et distractions

Les **cartes Michelin** au 1/200 000 *(assemblage p. 3)*. Un simple coup d'œil permet d'apprécier le site de la localité. Elles donnent, outre les caractéristiques des routes, les emplacements des baignades en rivière ou en étang, des piscines, des golfs, des hippodromes, des terrains de vol à voile, des aérodromes...

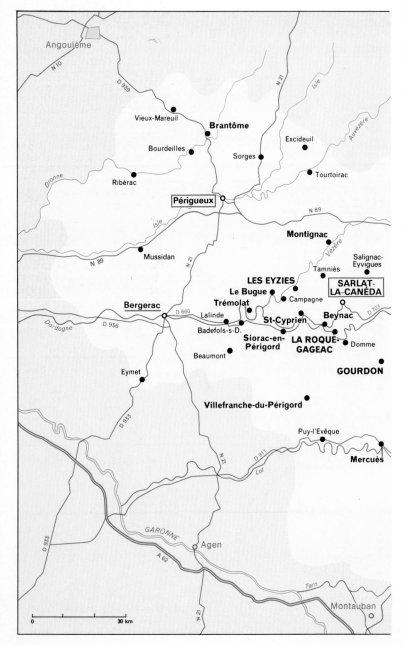

Quelques termes régionaux

Arcvôlt : dans les villes et villages du Quercy, passage couvert.

Barri ou barry : faubourg hors des murs d'une ville.

Bastide : ville neuve fondée, à partir du règne de Saint Louis, en Languedoc. D'autres fondations souvent fortifiées furent créées au 14e s. pour protéger les territoires anglais et français durant la guerre de Cent Ans.

Bolet : escalier-perron des maisons du Quercy.

Cabecou : petit fromage de chèvre.

Cantou : âtre dans lequel on se tenait assis.

Caselle : cabane de pierres sèches.

Caveur : chercheur de truffes.

Chabrol : fond de soupe additionné de vin.

Chartreuse : maison noble ou bourgeoise, sans étage, édifiée aux 17e et 18e s.

Cingle : méandre (du latin cingula - ceinture) dans les vallées de la Dordogne et du Lot, très dessiné.

Cloup : dépression de petite dimension et généralement circulaire ouverte dans le causse par la dissolution du carbonate de chaux sous l'action des eaux de pluie.

Cluzeau : abri creusé dans la falaise.

Cornière ou **couvert :** galerie à arcades.

Gariotte : abri de pierres sèches.

Igue : gouffre (encore appelé aven) formé en pays calcaire par l'action de dissolution des eaux ou l'effondrement de la voûte d'une caverne.

Jarrissade ou **garrissade :** végétation typique des Causses, composée de taillis de chênes chétifs et espacés.

Lauzes : petites dalles qui servent à la couverture des toits. Les lauzes périgourdines ne sont pas des ardoises ou des schistes feuilletés mais de petites dalles de calcaire, épaisses, maçonnées et très lourdes.

Pech ou **Puy :** butte couronnée par une corniche calcaire.

Segala : plateau de massif ancien à sol acide, où on ne pouvait cultiver que le seigle ; par opposition au fromental, terre à blé.

Soleilho : comble ouvert des habitations du Quercy, qui servait de séchoir à linge, entrepôt à bois, etc.

Sotch : cloup de grande taille.

Ribeyre : vallée, en Quercy surtout.

Participez à notre effort permanent de mise à jour.

Adressez-nous vos remarques et vos suggestions :
Cartes et Guides Michelin
46,,avenue de Breteuil
75324 PARIS CEDEX 07

9

Grotte du Pech Merle

Introduction
au voyage

Physionomie du pays

LA FORMATION DU SOL

Ère primaire – Début, il y a environ 570 millions d'années. A la fin de cette ère se produit un bouleversement de l'écorce terrestre, le plissement hercynien, dont la forme en V apparaît en tireté sur la carte. Il fait surgir un certain nombre de hautes montagnes parmi lesquelles le Massif Central, que l'érosion nivellera peu à peu.

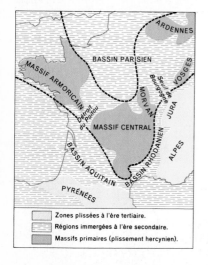

Zones plissées à l'ère tertiaire.

Régions immergées à l'ère secondaire.

Massifs primaires (plissement hercynien).

Ère secondaire – Début, il y a environ 260 millions d'années. Au milieu de l'ère secondaire, le socle ancien se ploie et la mer envahit la région : les sédiments marins, surtout calcaires, s'accumulent à la lisière du Massif Central, formant notamment les Causses du Quercy pendant la période jurassique, puis les assises de calcaire crétacé du Périgord.

Ère tertiaire – Début, il y a environ 65 millions d'années. A l'époque tertiaire, des dépôts sidérolithiques (cailloutis et argiles riches en concrétions ferrugineuses) venant du Massif Central recouvrent certaines parties du Quercy comme la Bouriane, tandis que des sables argileux se déposent à l'Ouest du Périgord, donnant naissance à des régions de landes et d'étangs (la Double, le Landais).

Ère quaternaire – Début, il y a environ 2 millions d'années. C'est l'ère actuelle au cours de laquelle s'est développée l'humanité.

Les effets de l'érosion achèvent de donner à la région sa physionomie d'aujourd'hui. Les rivières, issues du château d'eau que constitue le Massif Central, creusent les vallées de la Vézère, de la Dordogne et du Lot.

PAYSAGES

Périgord

Le Périgord qui s'étend du Limousin aux vallées de l'Aquitaine, est constitué de plateaux calcaires crétacés perméables et secs et de vallées les entaillant profondément, qui drainent l'essentiel de l'activité économique.

Périgord Vert – De la région de Nontron à celle d'Excideuil, des fragments de massif ancien, de menues cuvettes affouillées dans les marnes tendres du lias, et quelques tables calcaires composent le Périgord vert dont la trame bocagère, domaine d'une polyculture soignée, colorée par les carrés de tournesol, annonce le Limousin. La poignée de cités jalonnant cette marche verdoyante du Massif Central associe la petite industrie à la commercialisation de la production agricole.

Périgord Blanc – Se rattachant à l'Ouest à la Saintonge, cette « champagne », sorte d'immense clairière de calcaire crayeux aux sols blanc et gris, correspond à peu près au Ribéracois. C'est le grenier à blé du Périgord. Aux cultures céréalières s'ajoutent l'élevage des vaches laitières et celui des veaux blancs.
Ribérac, la capitale de la région, est un important marché agricole.

Périgord central – Autour de Périgueux, les paysages de collines et de coteaux présentent des prairies artificielles coupées de taillis de chênes et de châtaigniers. Cette région est traversée par les rivières de Beauronne, de Vern, de la Dronne dont les fonds des vallées sont occupés par des prés et des labours. La vallée de l'Isle, plus importante, est jalonnée de petites villes à vocation industrielle : les terrains alluviaux se partagent entre la prairie temporaire, le maïs, le tabac et le noyer.
Au Sud de Périgueux, autour de Vergt et Rouffignac, les sables sidérolithiques (riches en minerais de fer) qui recouvrent le calcaire se sont avérés un terrain de choix pour la culture de la fraise *(voir p. 17)*.
Au Nord-Est le Périgord central vient buter sur le **causse périgourdin.** Ce bloc de calcaire jurassique, taillé par les vallées de l'Isle, de l'Auvézère et de la Loue, présente la maigre végétation caractéristique des causses. C'est au pied des chênes rabougris qui le parsèment que pousse la truffe la plus parfumée.

La Double et le Landais – Au Sud de Ribérac les dépôts tertiaires provenant du Massif Central portent de vastes forêts constituées de chênes pédonculés de haute taille, de châtaigniers et de plus en plus de pins maritimes. Le sol argileux imperméable de la Double retient de nombreux étangs. Cette région, autrefois très insalubre, est aujourd'hui exploitée pour le bois et comme terrain de chasse.
Le Landais, moins sauvage, est recouvert d'une forêt de pins maritimes et sur ses limites de vignobles et de prairies.

Le Bergeracois – La région autour de Bergerac se divise en plusieurs parties qui ont pour point commun un climat très doux propice aux cultures méridionales.

La vallée de la Dordogne, très large à cet endroit, est découpée en parcelles où sont cultivés le tabac, le maïs, le tournesol, des céréales profitant de la fertilité des alluvions. A l'Ouest de Bergerac l'arboriculture domine. Enfin, les coteaux sont le domaine des vignobles de Bergerac et de Monbazillac.

Bergerac, du fait de son environnement, joue un rôle important pour le négoce des vins et le conditionnement du tabac.

Le Périgord Noir – Découpé par les vallées de la Vézère et de la Dordogne, il doit son nom au taux de boisement très élevé et à la présence largement répandue du chêne vert ou yeuse, au feuillage dense, sombre et persistant, très abondant dans le Sarladais. Sur le limon des vallées, les cultures sont variées : blé, maïs, tabac, noyers. Les marchés prospères proposent des noix excellentes, des champignons, des truffes et des foies gras.

Le Bassin de Brive – Zone affaissée entre les escarpements cristallins du plateau d'Uzerche et les corniches calcaires des Causses du Quercy, la dépression du bassin de Brive, formée de grès et de schistes, est drainée par les eaux de la Corrèze et de la Vézère. Les frais vallons coupés de peupliers, les pentes douces des collines bien exposées portent de riches cultures fruitières. Brive est aujourd'hui un grand centre pour la conserverie des fruits et légumes.

Au Sud de Brive, le causse corrézien possède des parcs destinés à la production d'agneaux de bergerie, des truffières et des élevages d'oies à gaver.

Au Sud de la Dordogne – De vastes étendues de collines molassiques doucement vallonnées, étayées de quelques buttes calcaires, se déroulent au-delà des coteaux viticoles du Monbazillac. Les petits terrains coupés de massifs forestiers sont voués aux céréales, à la vigne (AOC Bergerac), et au prunier d'ente.

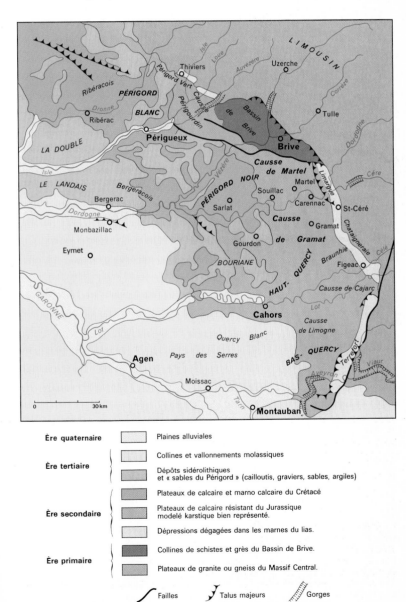

Ère quaternaire		Plaines alluviales
Ère tertiaire	{	Collines et vallonnements molassiques
		Dépôts sidérolithiques et « sables du Périgord » (cailloutis, graviers, sables, argiles)
Ère secondaire	{	Plateaux de calcaire et marno calcaire du Crétacé
		Plateaux de calcaire résistant du Jurassique modelé karstique bien représenté.
		Dépressions dégagées dans les marnes du lias.
Ère primaire	{	Collines de schistes et grès du Bassin de Brive.
		Plateaux de granite ou gneiss du Massif Central.

Failles   Talus majeurs   Gorges

Quercy

Formé d'une épaisse carapace de calcaire jurassique d'une altitude moyenne de 300 m, le Quercy est entaillé par les vallées de la Dordogne, du Célé, du Lot et de l'Aveyron qui délimitent les Causses. L'ensemble des causses s'appuie au flanc Sud-Ouest du Massif Central et s'abaisse vers la vallée de la Garonne.

Les Causses – Ces pays sans écoulement sont entaillés de vallées sèches (localement nommées combes) où apparaissent des prairies temporaires et quelques vignes domestiques. Les plateaux sont le domaine du genévrier, du chêne, du caroubier et... des moutons qui paissent dans les champs délimités par des murets de pierre.

Les Causses du Quercy sont en effet le centre d'un important élevage ovin (près de 300 000 reproducteurs). Le mouton caussenard ou race de Gramat, dit « à lunettes » à cause des taches noires qui lui entourent les yeux, est apprécié pour sa laine et surtout pour la délicatesse de sa chair très peu enrobée de graisse. Les agnelles et les jeunes béliers font l'objet d'une sélection très rigoureuse.

Le **cause de Martel**, entre le Limousin et la vallée de la Dordogne, est plus riche que ses voisins en vallées sèches et en cultures. Il porte le nom de sa principale localité, gros marché agricole où se traite la vente des peaux de mouton.

Le **cause de Gramat** atteint 350 m d'altitude, il offre de nombreuses curiosités naturelles dont le gouffre de Padirac et des paysages inhabituels. De magnifiques gorges entaillent cet énorme bloc de calcaire fissuré, large de 50 km ; ce sont les canyons de l'Ouysse et de l'Alzou (aux falaises duquel s'accroche Rocamadour) et le canyon du Célé, beaucoup plus long. Entre les étroites coupures de l'Alzou et du Célé s'étend la Braunhie (prononcer Brogne), région aride criblée de gouffres et de grottes.

Le **cause de Cajarc**, de faible étendue, est enserré par les rives du Célé et du Lot dont les méandres sont entourés de riches cultures.

Le **cause de Limogne**, bordé par le Lot, est parsemé de champs de lavande assiégés par les taillis de chênes blancs. Çà et là des gariottes *(voir p. 9)* construites en bordure d'anciennes vignes servent d'abri aux bergers. Limogne-en-Quercy et Lalbenque sont de modestes localités mais des marchés agricoles actifs.

Les vallées – S'encaissant dans les calcaires durs, les rivières ont creusé leur vallée, dessinant des méandres s'élargissant vers l'aval pour devenir d'amples cingles.

Ces vallées de la Dordogne, du Célé, du Lot sont peuplées depuis la préhistoire. Elles sont jalonnées d'oppidums et de châteaux témoignant de leur rôle dans l'histoire de cette région. Aujourd'hui elles sont le domaine du maïs, de la vigne avec le vignoble de Cahors dans la vallée du Lot, et des arbres fruitiers.

Les villes s'y sont installées : Souillac dans la vallée de la Dordogne, Figeac dans celle du Célé et Cahors dans un méandre du Lot.

Les marges du Haut-Quercy – A l'Est une zone fertile sépare les Causses des terrains cristallins du Massif Central. Il s'agit du **Limargue** et du **Terrefort**. Les terrains qui s'étalent en bassins et vastes plaines favorisent les cultures les plus variées : reines-claudes et fraisiers entre Carennac et St-Céré, vignes, noyers, tabac, voisinant avec de grandes prairies. Sur ses confins orientaux le Haut-Quercy englobe, prise entre les gorges vertigineuses de la Cère et du Lot, la partie occidentale de la **Châtaigneraie**, haut pays de terres froides cristallines appartenant au Massif Central, domaine du châtaignier et du bouleau. Autour des fermes et hameaux dispersés sur les lourdes croupes, on se consacre à la culture de céréales de printemps ainsi qu'à l'élevage des porcs et veaux blancs.

D'autre part, à l'Ouest de la N 20, jusqu'au Périgord, une couverture de sable et d'argiles donne naissance à une végétation composée de landes de bruyère, de taillis et de bois. Cette région, la **Bouriane**, s'apparente plus au Périgord voisin qu'au Quercy. Le gemmage des pins maritimes pour l'exploitation de la résine, le commerce du bois, les marchés de châtaignes, de noix, de bestiaux forment l'essentiel de l'économie de cette région dont la capitale est Gourdon.

Paysage du Quercy Blanc autour de Lauzerte

Le Quercy Blanc – Au Sud-Ouest de Cahors, les calcaires jurassiques disparaissent sous des calcaires tertiaires, donnant les planhès, grandes surfaces mamelonnées blanchâtres qui ont valu à cette région le nom de Quercy Blanc. Ces plateaux sont découpés en lanières, les serres, par les rivières. Celles-ci portent des pâturages à moutons, des bois de chênes et, lorsque le sol devient argileux, de belles cultures. Entre les serres, les vallées ouvertes dans la molasse sont des couloirs fertiles où les prairies bordées de peupliers produisent plusieurs regains ; fruits, vignes, céréales, tabac y poussent en abondance.

Les bourgs, Montcuq, Lauzerte, Castelnau-Montratier, Montpezat-du-Quercy, tous installés sur des puechs, sortes de pitons, s'animent les jours de marché.

Une région à vocation agricole

Périgord et Quercy sont par excellence des pays où l'on mène de front les cultures les plus variées. Quatre productions symbolisent tout particulièrement cette région : les truffes, les noix, les foies gras et le tabac, auxquelles s'ajoutent les fraises et le vignoble.

Diamants noirs du Périgord

Les truffes – Étrange production du règne végétal, la truffe est un champignon souterrain qui se développe à partir du mycélium, réseau de filaments invisibles à l'œil nu, autour du noisetier, du tilleul... et surtout du chêne. Elle aime les terrains calcaires secs, une bonne exposition et des saisons marquées. Là où elle pousse, en surface la végétation disparaît. Entre décembre et février, le « caveur », s'accompagnant d'une truie ou plus souvent d'un chien dressé au cavage, creuse le sol pour récolter les truffes lorsqu'elles sont mûres et bien parfumées. Il existe une trentaine d'espèces de truffes, mais la plus intéressante est la variété connue sous le nom de truffe du Périgord. Les principaux centres de production et de vente en Dordogne sont Brantôme, Thiviers, Excideuil, Périgueux, Thenon, Terrasson, Sarlat, Domme, Sorges, et, dans le Lot, Cahors, Limogne, Sauzet et surtout Lalbenque.

La production, qui se chiffrait en centaines de tonnes il y a un siècle, a très fortement diminué puisque actuellement le département de la Dordogne produit environ 4 tonnes. Aujourd'hui, des plantations de chênes truffiers entretiennent l'espoir d'améliorer le rendement en ce domaine *(pour tous détails sur la culture de la truffe, s'adresser à la Maison de la truffe à Sorges)*.

Les foies gras – Cette spécialité régionale *(voir p. 18)* a entraîné un plein essor de l'élevage des oies (près de 200 000) et des canards (250 000) dans les basses-cours du Périgord et du Quercy. Cet élevage, orienté vers la préparation de foies gras et de confits, ne suffit pas à la production locale, et doit être complété par l'importation de foies d'Israël ou de Hongrie.

Le foie gras, noblesse du Périgord

Les noix – Elles sont encore récoltées en abondance bien que leur production tende à décliner (5 à 7 000 t par an en Dordogne). La noix Marbot, variété la plus courante dans le Lot, très précoce, est souvent vendue comme noix fraîche. La noix Grandjean, produite dans les régions de Sarlat et Gourdon, fournit une grande partie des cerneaux (noix vertes tirées de leurs coques) du Périgord et du Quercy. La noix Corne est répandue dans la région de Hautefort et sur les meilleurs sols du causse : c'est une noix de qualité mais aussi souvent de petites dimensions et elle rencontre des difficultés de commercialisation. La noix Franquette se trouve dans les nouvelles plantations. La Dordogne est le deuxième département producteur de noix en France, après l'Isère. Le noyer est largement cultivé au Nord de la Dordogne, dans le Sud de la Corrèze et dans une grande partie du département du Lot.

Le tabac – Il trouve en Périgord et en Quercy, comme dans tout le Sud-Ouest de la France, les conditions les plus favorables pour sa culture. Cette plante vigoureuse, importée d'Amérique au 16e s., fut d'abord utilisée pour ses propriétés médicinales avant d'être appréciée des fumeurs *(voir musée du Tabac à Bergerac)*.

La culture – Les variétés traditionnelles de tabac brun ont dans cette région pour débouché principal la Régie nationale, la S.E.I.T.A., tandis que les tabacs clairs sont traités dans l'usine de Sarlat.

Cette culture exige des soins minutieux et une main-d'œuvre nombreuse, mais elle assure des revenus substantiels à l'hectare. Elle se pratique surtout sur les sols alluviaux des vallées de la Dordogne et du Lot et sur les terres limoneuses des replats des collines du Périgord et du Quercy.

Les semis de graines sélectionnées sont faits à la fin mars ; durant la fin du printemps et l'été ont lieu les travaux de repiquage, de binage, d'étêtage, et d'ébourgeonnement. La récolte traditionnelle s'effectue tige par tige, chacune étant couverte de 10 à 12 feuilles atteignant 60 à 90 cm de longueur. Le séchage a lieu dans des hangars aérés, constructions typiques des régions tabacoles ; il dure environ un mois et demi. Triées minutieusement, les feuilles séchées sont acheminées vers les dépôts de la coopérative. La S.E.I.T.A., principal acheteur, procède à la préparation du tabac à fumer. Le Lot a la quasi-exclusivité de la production de tabac à priser.

Le marché du tabac – La demande de produits « goût américain », fabriqués à partir du tabac blond, ne cesse de croître. Cette situation a rendu nécessaire la mise en œuvre d'un programme de recherche et de développement des variétés de tabac blond (Virginie) ou clair (Burley).

La culture du Virginie nécessite des équipements spéciaux (fours de séchage), mais ces variétés sont cependant en pleine expansion. Ainsi, en Dordogne, on recense une production de tabac blond de près de 800 tonnes en 1992.

Les départements de la Dordogne, du Lot et du Lot-et-Garonne comptent environ 3 000 planteurs. Il s'agit là d'une exploitation essentiellement familiale.

Le département de la Dordogne occupe le premier rang en France (devant le Bas-Rhin). Près de 1 500 planteurs produisent environ 15 % de la production française.

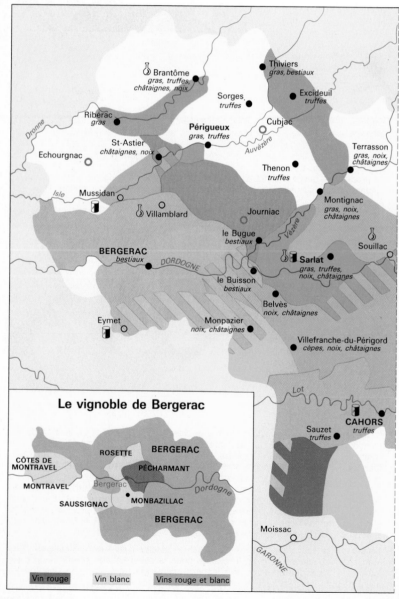

Les fraises – Le département de la Dordogne, grâce à un effort récent, se classe pour les fraises premier producteur français (à égalité avec le Lot-et-Garonne) avec une production de près de 20 000 tonnes.

Cultivées d'abord dans les vallées du Lot et de la Dordogne, les fraises ont peu à peu gagné les plateaux et sont devenues omniprésentes dans la région de Vergt et de Rouffignac dans le Périgord central.

Pour mettre les fraisiers à l'abri des intempéries et leur permettre de fleurir et de grossir dans un milieu constant, on les cultive sous des bandes de plastique qui strient le paysage de longs rubans argentés au printemps. On laisse ensuite les fruits mûrir sur ces mêmes bandes de plastique avant de les ramasser pour les expédier sur les grands marchés de la région parisienne et du Nord de la France où la fraise du Périgord est particulièrement appréciée.

Le vignoble – *Voir aussi le texte sur les vins dans la « gastronomie ».*
Les vignobles de Cahors et de Bergerac, déjà renommés à l'époque gallo-romaine, ont connu de nombreuses vicissitudes dont la catastrophe du phylloxéra qui a totalement anéanti le vignoble lotois au 19e s. Aujourd'hui ils retrouvent un nouvel essor et donnent des vins de qualité qui ont droit à l'Appellation d'Origine Contrôlée.

Le vignoble de Cahors – Fort célèbres au Moyen Âge, les vins de Cahors, transportés par gabares jusqu'à Bordeaux, puis par navires vers les différentes capitales d'Europe, étaient très recherchés. En 1868, le vignoble, alors en pleine prospérité, fut complètement détruit par le phylloxéra. Le sol fut laissé à l'abandon et les viticulteurs émigrèrent. Après la Seconde Guerre mondiale il fut décidé de reconstituer le vignoble de Cahors avec le plant de l'Auxerrois sur les versants ensoleillés de la vallée du Lot et les terrasses caillouteuses des plateaux. La véritable renaissance de ce vignoble eut lieu dans la décennie 1960-1970 et s'est poursuivie depuis. Entre 1962 et 1992 la superficie du vignoble est passée de 208 à 3 850 ha. La classification AOC fut attribuée en 1971.

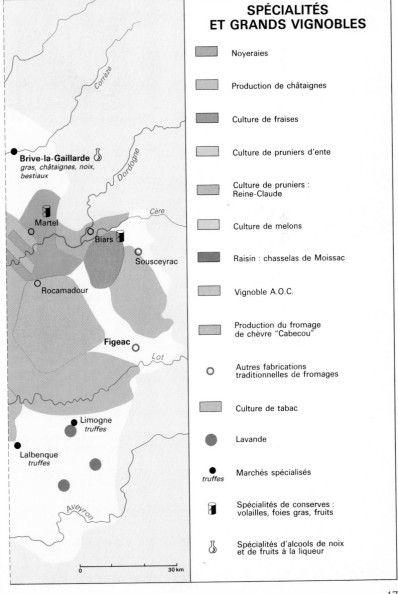

SPÉCIALITÉS ET GRANDS VIGNOBLES

- Noyeraies
- Production de châtaignes
- Culture de fraises
- Culture de pruniers d'ente
- Culture de pruniers : Reine-Claude
- Culture de melons
- Raisin : chasselas de Moissac
- Vignoble A.O.C.
- Production du fromage de chèvre "Cabecou"
- Autres fabrications traditionnelles de fromages
- Culture de tabac
- Lavande
- Marchés spécialisés
- Spécialités de conserves : volailles, foies gras, fruits
- Spécialités d'alcools de noix et de fruits à la liqueur

Le vignoble de Cahors ne donne qu'une seule sorte de vin caractérisé par sa couleur rouge foncé et son goût corsé. Le vin du plateau est plus tonique et dur que celui de la vallée.

Le vignoble de Bergerac – Il recouvre 11 600 ha répartis sur 93 communes et produit en moyenne 250 000 hl de vins blancs et 280 000 hl de vins rouges. S'étalant sur les terrasses au-dessus de la vallée de la Dordogne, il se répartit en plusieurs zones donnant des crus différents : les Bergerac et Côtes de Bergerac, le Monbazillac, le Montravel et les Côtes de Montravel, le Pécharmant – dont le nom vient de Pech Armand –, les Côtes de Saussignac et le Rosette.

Le Conseil interprofessionnel des vins de la région de Bergerac qui se trouve à Bergerac contrôle la qualité des vins et leur attribue l'Appellation d'Origine Contrôlée.

Gastronomie

Périgord et Quercy sont un « royaume de gueule ». Leurs noms évoquent truffes, foies gras et confits, des spécialités qui comptent parmi les gloires culinaires de la France.

Dès le 15e s., les traiteurs de Périgueux et leurs pâtés sont déjà célèbres. Louis XV anoblit le cuisinier périgourdin Villereynier qui devient par faveur royale « Villereynier de la Gâtine, pâtissier du Roy ». Pendant la tourmente révolutionnaire, les maîtres queux Lafon et Courtois continuent de fournir la France et l'Angleterre de leurs pâtés de perdrix. Jusque-là, le pâté périgourdin se composait de perdrix bourrées de foies de volailles et de truffes hachées. Par la suite, le « pavé » se fit avec des foies gras d'oies truffés selon les préceptes trouvés en 1726 par Close, cuisinier du marquis de Contades, gouverneur de Strasbourg. Talleyrand, fort de ses attaches périgourdines, a gagné ses plus rudes batailles diplomatiques autour d'une table somptueusement servie : le pâté truffé et le Monbazillac étaient ses plus sûrs alliés. Cette cuisine riche utilise les produits du terroir : truffes, cèpes, noix, et surtout oies, canards et porcs qui font la fierté des fermes du pays.

Les oies du Périgord

J.-M. Charles/RAPHO

Le menu – Le repas commence par le tourain blanchi, soupe à l'ail, à la graisse d'oie et aux œufs enrichie d'oseille ou de tomate. Puis vient le foie gras ou le pâté de foie et l'omelette aux cèpes ou aux truffes. Il est alors temps d'attaquer le plat de résistance : un confit d'oie aux pommes sarladaises – pommes de terre sautées à cru, à la graisse d'oie, aillées, garnies de cèpes ou autres champignons – s'impose. Une salade à l'huile de noix est ensuite servie suivie d'un cabecou, petit fromage de chèvre du Quercy, et si l'on a encore faim d'un gâteau aux noix ou d'une tourtière, pâte feuilletée humide fourrée aux pruneaux.

La truffe – *Voir la culture de la truffe p. 15.* Ce champignon souterrain qui atteint un poids d'environ 100 g est considéré par le gastronome Curnonsky comme l'âme parfumée du Périgord. Diamant noir de la gourmandise, la truffe ponctue tous ses mets de ses larges taches sombres et règne sur les foies gras, les pâtés, les volailles, les ballottines et les galantines. Elle embellit tout ce qu'elle touche grâce à son arôme qui imprègne les aliments, mais ne peut donner toute satisfaction au gastronome que si elle est proposée fraîche ou en très bonne conserve artisanale. Elle peut alors se consommer en salade, en omelette, ou encore entière préparée à la cendre, mais étant donné sa rareté et son prix, c'est un luxe suprême.

Les foies gras – Après trois mois passés dans les champs à paître de l'herbe, les oies et canards ont droit à un régime transitoire de farine, de viande et de maïs, puis commencent les trois semaines de gavage intensif : on leur fait alors ingurgiter à l'aide d'un entonnoir, à raison de trois repas par jour pris à heures fixes, 30 à 40 kg de bouillie à base de maïs. A la suite de ce traitement leur foie atteint un poids considérable : de 600 à 1 500 g.

Le foie d'oie convient fort bien à la conserve et on le trouve en bloc, en pâté ou en terrine. Il est aussi présenté sous forme de « mousse de foie gras » (75 % minimum de foie), en « mousse de foie d'oie » (50 % minimum) ou entrant dans la composition de la ballottine (mélange de blanc de dinde et de foie gras enrobé de gelée). Le foie de canard, de saveur fine et plus soutenue, est plutôt consommé au naturel.

Les confits – Fond rituel des cuisines périgourdine et quercynoise, le confit était avant tout un procédé qui permettait aux paysans de conserver les différentes parties de l'oie après avoir récupéré les foies gras. Aujourd'hui spécialité gastronomique, les confits sont toujours préparés de manière traditionnelle. Les morceaux découpés sont mis à cuire dans leur graisse pendant 3 heures puis conservés dans des pots de grès, les tupins. Ce procédé est utilisé pour l'oie, le canard, la dinde et aussi la viande de porc (les confits de porc sont appelés « enchauds »). La graisse d'oie pure remplace le beurre dans la cuisine périgourdine (Curnonsky la disait en conséquence « sans beurre et sans reproche »...), et sert entre autres à faire revenir les pommes de terre sarladaises.

Farces et sauces – La farce est aussi très utilisée : onctueuse et relevée, parsemée de foie et de truffes, elle garnit les volailles, le gibier, les cochons de lait et le fameux cou d'oie farci. Les sauces les plus fréquemment employées dans la préparation des mets sont la « rouilleuse », qui accompagne et colore la fricassée de volaille, et la sauce Périgueux, sauce Madère mijotée à partir de carcasses de volailles, à laquelle on incorpore des truffes fraîches.

Les vins – Le Cahors est un vin rouge, coloré et corsé qui gagne à n'être consommé qu'après avoir vieilli deux ou trois ans en fût et une dizaine d'années en bouteille. Il acquiert alors du corps et du bouquet et accompagne volailles, gibier, rôtis et fromages. La région de **Bergerac**, où une large part est faite au cépage Sauvignon, produit à la fois des vins blancs et des vins rouges. Parmi les vins blancs, le **Monbazillac** a une place à part. Doré, onctueux, parfumé, ce vin liquoreux se sert en apéritif ou avec le foie gras et les desserts. Il doit son bouquet particulier à la pourriture noble qui réduit l'acidité du raisin ; le procédé date de la Renaissance : la vendange (« tries ») s'effectue comme pour le Sauternes en plusieurs fois ; on ne récolte à chaque passage que les grains parvenus à l'état souhaité. Le Monbazillac acquiert toute sa saveur après deux ou trois années et peut se conserver trente ans. Les vins blancs secs (Montravel et Bergerac), nerveux et fruités accompagnent parfaitement fruits de mer et poissons, les vins blancs moelleux (Côtes de Bergerac, Côtes de Montravel, Rosette, Saussignac) sont très agréables en apéritif et sur les viandes blanches. Les vins rouges (Bergerac, Côtes de Bergerac) fruités, bien charpentés, peuvent se consommer jeunes alors que le Pécharmant, excellent vin rouge corsé et généreux, n'acquiert toutes ses qualités qu'après un long vieillissement.

Grottes et gouffres

Sporadique en Périgord, le causse tranche par son aridité dans un paysage très verdoyant. En Quercy, il déroule à perte de vue ses solitudes pierreuses. Cette sécheresse est due à la nature calcaire du sol qui absorbe comme une éponge les eaux de pluie. A cette aridité correspond une intense activité souterraine.

L'infiltration des eaux – Chargées d'acide carbonique, les eaux de pluie dissolvent le carbonate de chaux contenu dans le calcaire. Alors se forment des dépressions généralement circulaires et de dimensions modestes appelées **cloups**. La dissolution des roches calcaires contenant particulièrement du sel et du gypse produit une sorte de terre arable qui se prête aux cultures : lorsque les cloups s'agrandissent, ils forment de plus vastes dépressions fermées appelées **sotchs**. Si les eaux de pluie s'infiltrent plus profondément par les fissures, le creusement et la dissolution de la couche calcaire amènent la formation de puits ou abîmes naturels appelés **igues** en Quercy, **edzes** ou **eidges** en Périgord.

Les rivières souterraines – Les eaux d'infiltration finissent par former des galeries souterraines et se réunissent en une rivière à circulation plus ou moins rapide. Elles élargissent alors leur lit et se précipitent souvent en cascades. Lorsqu'elles s'écoulent lentement elles forment, en amont, des barrages naturels tels que les **gours** (édifiés peu à peu par dépôt de carbonate de chaux), un lac sur lequel le touriste peut, comme à Padirac, circuler en barque. Il arrive qu'au-dessus des nappes souterraines se poursuive la dissolution de la croûte calcaire : des blocs se détachent de la voûte, une coupole se forme, dont la partie supérieure se rapproche de la surface du sol. C'est le cas du Grand Dôme de Padirac que quelques mètres seulement séparent de la surface du causse. Lorsque la voûte de la coupole devient très mince, un éboulement découvre la cavité et ouvre un **gouffre**.

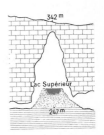

Formation du Grand
Dôme de Padirac

Formation des grottes – Au cours de sa circulation, l'eau abandonne le calcaire dont elle s'est chargée en pénétrant dans le sol. Elle édifie ainsi un certain nombre de concrétions aux formes fantastiques. Dans certaines cavernes, le suintement des eaux donne lieu à des dépôts de calcite (carbonate de chaux) qui constituent des pendeloques, des pyramides, des draperies, dont les représentations les plus connues sont les stalactites, les stalagmites et les excentriques.

Les **stalactites** se forment à la voûte. Chaque gouttelette qui suinte au plafond y dépose, avant de tomber, une partie de la calcite dont elle s'est chargée. Peu à peu s'édifie ainsi la concrétion le long de laquelle d'autres gouttes d'eau viendront couler et déposer leur calcite.

Les **stalagmites** sont des formations de même nature qui s'élèvent du sol vers le plafond. Les gouttes d'eau tombant toujours au même endroit déposent leur calcite qui forme peu à peu un cierge. Celui-ci s'élance à la rencontre d'une stalactite avec laquelle il finira par se réunir pour constituer un pilier reliant le sol au plafond.

Grotte à concrétions :
① Stalactites – ② Stalagmites
③ Colonne en formation
④ Colonne formée

La formation de ces concrétions est extrêmement lente : elle est, actuellement, de l'ordre de 1 cm par siècle sous nos climats.

Les **excentriques** sont de fines protubérances, dépassant rarement 20 cm. Elles se développent dans tous les sens sous forme de minces rayons ou d'éventails translucides. Formées par cristallisation, elles n'obéissent pas aux lois de la pesanteur.

Les résurgences – Les rivières souterraines se forment soit par disparition d'un cours d'eau dans une igue du causse, soit par accumulation des eaux d'infiltration atteignant le niveau des couches imperméables (marnes ou argiles). Elles s'écoulent suivant l'inclinaison des couches. Dès que les couches imperméables affleurent au flanc d'un versant, le cours d'eau réapparaît à l'air libre : c'est une résurgence.

C'est ainsi que la rivière souterraine de Padirac resurgit à 11 km environ de l'endroit où se termine la visite de la salle des Grands Gours, au cirque de Montvalent, dans la vallée de la Dordogne *(voir p. 89).*

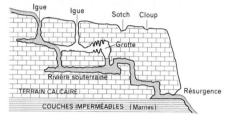

Formation d'une résurgence

De la préhistoire à l'exploration moderne – Les cavernes et les grottes, abris naturels, ont d'abord été habitées par des animaux puis par l'homme qui lutta contre les bêtes et les chassa ; il n'a abandonné ces gîtes naturels qu'il y a environ 10 000 ans. A la fin du siècle dernier, l'exploration scientifique du monde souterrain, à laquelle est attaché le nom d'E.-A. Martel, a permis la découverte et l'aménagement d'un certain nombre de cavités. Cette connaissance du monde souterrain est encore incomplète.

Préhistoire

ÈRE QUATERNAIRE		Ancienneté
Naissance de Jésus-Christ		
Fondation de Rome		753 ans
FER		900 "
BRONZE		2 500 "
ÂGE DES MÉTAUX		
Pyramides d'Égypte		2 600 "
NÉOLITHIQUE (PIERRE POLIE)		7 500 "
MÉSOLITHIQUE		10 000 "
PALÉOLITHIQUE (PIERRE TAILLÉE)	SUPÉRIEUR	35 000 "
	MOYEN	150 000 "
ÂGE DE LA PIERRE	INFÉRIEUR	2 000 000 "
Apparition de l'homme		

L'ère quaternaire est relativement jeune puisqu'elle n'a que deux millions d'années environ. C'est cependant au cours de cette période que s'est développée l'humanité.

On ne peut établir avec certitude l'existence d'êtres vivants à l'époque précambrienne. Les reptiles, les poissons, les batraciens apparaissent au cours de l'ère primaire, les mammifères et les oiseaux au cours de l'ère secondaire. Aux primates, qui à la fin de l'ère tertiaire, succèdent à l'ère quaternaire des espèces de plus en plus évoluées.

Les progrès réalisés par l'homme à l'époque paléolithique sont d'une lenteur qui confond l'imagination. Près de deux millions d'années lui ont été nécessaires pour apprendre à polir la pierre ; par contre, les quelques millénaires qui ont suivi ont vu se développer dans le Moyen et le Proche-Orient de brillantes civilisations dont la construction des pyramides marque l'apogée. Quelques siècles plus tard un nouveau pas est franchi avec la découverte du bronze, puis celle du fer en 900 environ avant Jésus-Christ.

Les chercheurs – Science d'origine essentiellement française, la préhistoire a fait ses premiers pas à l'aube du 19e s. Jusque-là, seuls quelques allusions, chez certains auteurs grecs et romains, une étude de Mercati au 16e s., un mémoire de Jussieu, publié en 1723, laissent pressentir l'existence de civilisations très anciennes. Malgré l'incrédulité des plus grands savants – Cuvier en tête –, les chercheurs poursuivent leurs investigations en Périgord, en Lozère, dans la vallée de la Somme. A **Boucher de Perthes** (1788-1868) revient l'honneur d'avoir fait admettre l'existence de la préhistoire, science de la vie de l'humanité avant l'invention de l'écriture. Ses découvertes à St-Acheul et Abbeville sont le point de départ d'une importante série de recherches.

Édouard Lartet (1801-1871) effectue de nombreuses fouilles dans la vallée de la Vézère et établit une première classification des diverses époques de la préhistoire.

Gabriel de Mortillet (1821-1898) reprend et complète cette classification en faisant apparaître les noms de chelléen, moustérien, aurignacien, solutréen, magdalénien, qui correspondent aux localités où furent mis au jour les gisements les plus caractéristiques : Chelles en Seine-et-Marne, le Moustier en Dordogne, Aurignac en Haute-Garonne, Solutré en Saône-et-Loire, la Madeleine en Dordogne.

Depuis la fin du 19e s., les découvertes de sépultures paléolithiques, d'outillage, de peintures et de gravures pariétales ont permis de reconstituer la vie et les activités des hommes préhistoriques : les abbés **A. et J. Bouyssonie**, le docteur **L. Capitan**, **D. Peyrony**, **Rivière**, **Lemozi**, **Cartailhac**, **R. Lantier** ont attaché leurs noms à l'étude de la préhistoire. L'abbé **Breuil** (1877-1961) a contribué à faire connaître les merveilles de l'art pariétal de France et d'Espagne par ses relevés graphiques. Plus récemment André **Leroi-Gourhan** (1912-1986) s'est spécialisé dans l'étude de l'art paléolithique.

Les fouilles ne peuvent être effectuées que par des spécialistes connaissant la géologie stratigraphique, les propriétés physiques et chimiques des roches, la nature et la forme des galets et des graviers et sachant analyser les pollens, les bois éventuellement préservés, les charbons et les vestiges osseux. Dans les abris-sous-roche et à l'entrée des grottes, les préhistoriens mettent au jour des foyers (accumulation de cendres et de déchets de cuisine), des outils, armes de chasse, mobilier en pierre ou en

Gravure sur bois de renne trouvé à la Madeleine

Musée national des Eyzies

os et des ossements. Les vestiges sont accumulés sur différents niveaux ; les fouilles ont pour objet de dégager chacun de ces niveaux pour reconstituer l'industrie humaine à l'époque correspondante.

La préhistoire en Périgord – Le Périgord a été occupé par l'homme d'une façon continue au paléolithique. Les noms de tayacien (les Eyzies-de-Tayac), de micoquien (la Micoque), de moustérien (le Moustier), de périgordien, de magdalénien (la Madeleine) témoignent de l'importance de ses sites préhistoriques. Près de 200 stations y ont été dénombrées, dont plus de la moitié dans la vallée de la Vézère, près des Eyzies.

L'évolution de l'espèce humaine au paléolithique – Les plus lointains ancêtres connus de l'homme furent semble-t-il les préhominiens d'Afrique orientale il y a quelque 30000 siècles, qui se différencièrent des autres espèces par l'émergence d'une pensée réfléchie – et non plus simplement instinctive –, suivis de l'homo habilis puis de l'homo erectus distingué par la station verticale (Pithécanthrope de Java découvert par un Hollandais, le docteur Dubois, présentant une capacité crânienne intermédiaire entre celle des singes les plus évolués et celle des hommes les plus inférieurs ; Sinanthrope trouvé près de Pékin) qui taille des outils frustes, aménage des galets par quelques éclats marginaux et fabrique de lourds bifaces. L'homme de Cro-Magnon présente une conformation très semblable à celle de l'homme actuel.

LE PALÉOLITHIQUE SUPÉRIEUR

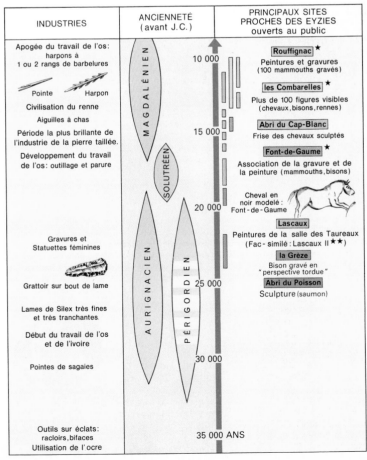

INDUSTRIES	ANCIENNETÉ (avant J.C.)		PRINCIPAUX SITES PROCHES DES EYZIES ouverts au public
Apogée du travail de l'os : harpons à 1 ou 2 rangs de barbelures	M A G D A L É N I E N		**Rouffignac** ★ Peintures et gravures (100 mammouths gravés)
Pointe Harpon Civilisation du renne Aiguilles à chas Période la plus brillante de l'industrie de la pierre taillée. Développement du travail de l'os : outillage et parure		SOLUTRÉEN	10 000 **les Combarelles** ★ Plus de 100 figures visibles (chevaux, bisons, rennes) 15 000 **Abri du Cap-Blanc** Frise des chevaux sculptés **Font-de-Gaume** ★ Association de la gravure et de la peinture (mammouths, bisons)
Gravures et Statuettes féminines Grattoir sur bout de lame Lames de silex très fines et très tranchantes. Début du travail de l'os et de l'ivoire Pointes de sagaies	A U R I G N A C I E N	P É R I G O R D I E N	20 000 Cheval en noir modelé : Font-de-Gaume **Lascaux** Peintures de la salle des Taureaux (Fac-similé : Lascaux II ★★) **la Grèze** Bison gravé en "perspective tordue" 25 000 **Abri du Poisson** Sculpture (saumon) 30 000
Outils sur éclats : racloirs, bifaces Utilisation de l'ocre			35 000 ANS

21

L'homme de Néanderthal apparut il y a environ 150 000 ans. C'est dans la vallée de la Düssel, dite vallée de Néander, près de Düsseldorf en Allemagne, que sont découverts en 1856 les restes d'un homme présentant les caractéristiques suivantes : capacité crânienne d'environ 1 500 cm^3, crâne allongé (dolichocéphale), front très fuyant, mâchoires extrêmement développées, taille petite (1,60 m). Des sque-lettes offrant de nombreuses similitudes avec celui-là ont été trouvés, en France, à la Chapelle-aux-Saints (Corrèze)

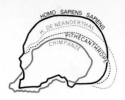

en 1908, au Moustier (Dordogne) en 1909, à la Ferrassie (Dordogne) en 1909 et 1911, au Régourdou (Dordogne) en 1957. L'homme de Néanderthal s'éteignit sans descendance il y a 350 siècles ; les premières sépultures sont apparues au cours de cette période.

L'homo sapiens – Son épanouissement en France remonte à 40 000 ans environ. Ses caractéristiques essentielles – station verticale parfaite, capacité crânienne de 1 500 à 1 700 cm^3, front élevé, arcades sourcilières peu saillantes – en font un type très évolué, semblable à l'homme actuel (sapiens = sage, intelligent). Plusieurs races appartenant à cette même famille ont pu être définies.

La **race de Cro-Magnon** (squelette provenant des abris-sous-roche de Cro-Magnon en Dordogne et de Solutré en Saône-et-Loire) correspond à des individus de taille élevée – 1,80 m environ –, aux membres longs et robustes dénotant une musculature puis-sante ; le crâne est de forme dolichocéphale. Cette race a vécu du paléolithique supérieur au néolithique.

La **race de Chancelade** (squelette découvert en 1889 à Chancelade, près de Périgueux) est apparue au magdalénien : crâne volumineux de forme dolichocéphale très pro-noncée, face haute et large, pommettes saillantes, taille ne dépassant pas 1,55 m.

L'INDUSTRIE ET L'ART A L'ÉPOQUE PALÉOLITHIQUE

Grattoir sur bout de lame	Pointe-harpon	Collier

Les squelettes les plus anciens, du type de Néanderthal, retrouvés en Périgord et en Quercy, datent du moustérien (Paléolithique moyen).

Plus tard, des peuplades venues, croit-on, d'Europe orientale s'installent dans les divers abris de la vallée de la Vézère et de la Beune où se trouvaient réunies les condi-tions nécessaires à l'établissement des hommes. Alors qu'en pays plat il aurait été difficile de subsister en période glaciaire, les falaises bordant les vallées, criblées de grottes et d'abris, présentaient de nombreux avantages : protection contre le froid, existence à proximité de sources et rivières poissonneuses, possibilité d'attirer du gibier dans les vallées étroites afin de le capturer plus facilement. On connaît cependant quelques habitats dans des huttes dans la vallée de l'Isle en aval de Périgueux.

Le paléolithique (paleos = ancien, lithos = pierre) couvre la période au cours de laquelle les hommes n'ont su que tailler les silex. Une époque intermédiaire, le méso-lithique (mesos = moyen), le sépare du néolithique (neos = nouveau), période qui vit les hommes apprendre à polir la pierre. Les premiers étaient des prédateurs (chasse, pêche, cueillette), les derniers furent des éleveurs et des agriculteurs. La taille du silex a évolué lentement et cette évolution a permis de distinguer trois étapes paléoli-thiques : inférieur, moyen, supérieur.

Paléolithique inférieur

Début il y a 20 000 siècles. Les hommes connaissent le feu et chassent le gros gibier. La terre subit trois glaciations successives, appelées Günz, Mindel, Riss, du nom de vallées d'affluents du Haut-Danube où elles ont été étudiées. Entre ces périodes gla-ciaires règne dans nos pays un climat tropical. La taille des silex a commencé par être une taille « bloc contre bloc », obtenue en frappant violemment deux pierres l'une contre l'autre ou en frappant une pierre contre un rocher servant d'enclume. Ces deux méthodes ont donné naissance à deux sortes d'industries définies ci-dessous.

Biface abbevillien	Silex clactoniens (éclats)

Débarrassé de ses éclats sur les deux faces, le noyau de silex est dégrossi et prend la forme d'une amande.
A l'époque acheuléenne, on obtient des arêtes plus fines.

Si l'on utilise les éclats, on obtient une face relativement unie et une face travaillée. Cette industrie clactonienne (localisée à Clacton-on-Sea, Angleterre) s'est poursui-vie à l'époque tayacienne, produisant des pièces de format réduit (abri de la Micoque aux Eyzies).

Paléolithique moyen

Début il y a environ 1 500 siècles. Avec l'homme de Néanderthal apparaissent des outils plus perfectionnés et spécialisés. L'industrie moustérienne utilise des éclats et des bifaces. Des procédés nouveaux – façonnage des silex au moyen de percuteurs en os ou en bois – permettent d'obtenir des pointes triangulaires, des racloirs utilisés pour travailler les peaux, des silex assujettis à un manche de bois et servant de massues pour la chasse : on a trouvé des crânes d'ours perforés par des pointes moustériennes. A l'époque moustérienne certaines entrées de grottes ont servi d'habitat ; d'autres furent utilisées comme sépulture. L'homme disposait alors d'armes plus perfectionnées pour chasser le gros gibier et se protégeait du froid à l'aide de peaux de bêtes. Son intelligence était proche de la nôtre ; son aspect, massif et rustique.

Pointe-racloir

Pointes

Paléolithique supérieur

Début il y a 350 siècles. L'homme de Cro-Magnon et celui de Chancelade remplacent les Néanderthaliens. Les outils sans cesse perfectionnés, les conditions de vie facilitées par la mise au point de nouveaux procédés de chasse (outillage sur lames et non plus seulement sur éclats) permettent à l'homme de consacrer une part de son activité à la réalisation d'œuvres artistiques.

Périgordien et aurignacien – Ces noms désignent deux industries concomitantes mais différentes et paraissant sans lien. L'industrie aurignacienne produit de grandes lames, parfois étranglées, des grattoirs, des sagaies en bois de renne (les premières sont à base fendue) ; la décoration, appliquée à des blocs de calcaire (la Ferrassie près du Bugue) et parfois dans de très petites grottes, a pour thèmes des animaux gravés, peints ou partiellement sculptés, voire des images féminines.
A la fin de la période périgordienne, les Gravettiens produisent des burins et des sagaies ; ils décorent les parois de leurs abris (le Poisson, Laussel) et sculptent des « Vénus », petites statuettes aux formes très rebondies soulignant le thème de la fécondité.

Femme
à la corne de Laussel

Lascaux :
cheval percé de traits

Lascaux :
bison chargeant

Les sépultures conservent quelques ornements ou bijoux : coquillages, perles de collier. Les premières manifestations de l'art pariétal sont des mains posées à plat sur le rocher et cernées de noir ou de rouge, ainsi à Font-de-Gaume et au Pech Merle. Les figurations animales, simplement esquissées, sont rudimentaires. A la fin de cette période, l'homme est devenu un véritable artiste comme le révèlent les sculptures de l'abri du Poisson, les gravures et les peintures de Font-de-Gaume et de Lascaux, le bison gravé en « perspective tordue » de la grotte de la Grèze.

Solutréen – Très bien représentée en Dordogne, cette époque est marquée par d'admirables bas-reliefs exécutés sur des dalles de calcaire (bloc du Fourneau du Diable trouvé près de Bourdeilles et conservé au musée des Eyzies) ou sur les parois d'un abri (cave Pataud aux Eyzies).
Le solutréen est aussi une période très brillante dans l'industrie de la pierre taillée. Les lames de silex atteignent par le procédé de la taille à la pression une finesse encore inégalée : ce sont les « feuilles » de laurier ou de saule solutréennes : les pointes à cran, emmanchées sur des hampes en bois, servent d'armes de jet. Alors apparaissent les premières aiguilles à chas.

Le Pech Merle : chevaux, mains
négatives et ponctuations noires

Bara-Bahau :
cheval gravé

Font-de-Gaume :
cheval en noir modelé

Magdalénien – Cette période voit l'apogée du travail de l'os et de l'ivoire. La présence de troupeaux de rennes, qu'explique le climat très froid de la fin de la glaciation de Würm, oriente les activités des hommes vers le travail de l'os et du bois de cervidés : en témoignent des bâtons perforés, parfois gravés, qui servaient à redresser les pointes de sagaies et de harpons, des propulseurs gravés ou non pour armes de jet des spatules décorées. C'est aussi l'époque où l'art pariétal des cavernes, essentiellement animalier, atteint sa suprême élévation. Les hommes du magdalénien, pour se protéger du froid, vivaient à l'abri des surplombs ou à l'entrée des grottes, les cavernes elles-mêmes étaient des sanctuaires souterrains, parfois très éloignées de l'entrée. Ce sont les parois de ces abris (comme au Cap-Blanc) et surtout des cavernes-sanctuaires que les artistes magdaléniens utilisèrent pour exprimer par la gravure, la sculpture ou la peinture leurs émotions et leurs préoccupations religieuses. Cette période magdalénienne présente dans le domaine artistique une évolution très marquée par comparaison avec les œuvres en tracé encore maladroit du périgordien et de l'aurignacien. La superposition des figures, leur usure aussi rendent, dans de nombreux cas, l'interprétation de ces graphismes bien difficile. En outre la conservation des œuvres d'art pose des problèmes si délicats qu'un petit nombre seulement de grottes ornées magdaléniennes sont ouvertes au public.

Après Lascaux, durant le magdalénien moyen et supérieur, les sanctuaires sont très nombreux.

L'art des objets se développe, dans les abris. Les animaux sont de plus en plus semblables à leurs modèles vivants, dans les détails de leur anatomie comme dans l'expression de leurs mouvements. Les détails sont très fouillés : pelage, queue, dessin fidèle des yeux, oreilles, sabots, bois et cornes.

Le style est davantage travaillé. La perspective de ces animaux de profil, nulle dans les premiers temps, devient recherchée voire faussée à la dernière époque de Lascaux. Des techniques graphiques nouvelles apparaissent : usage du pochoir, zones laissées sans couleur, peintures polychromes...

Vers la fin du magdalénien, l'art évolue vers un certain schématisme, en même temps que les représentations humaines sont plus fréquentes. Puis ce grand art animalier disparaît de France et d'Espagne, tandis que les grands troupeaux de rennes remontent vers le Nord, à la recherche des lichens devenus rares à la fin de la glaciation de Würm.

Rouffignac : mammouth gravé
et tracé effectué aux doigts

Font-de-Gaume :
bison polychrome

Les Combarelles :
renne gravé

Histoire

QUELQUES FAITS HISTORIQUES

Préhistoire	Dès le paléolithique moyen, le Périgord et le Quercy sont habités par l'homme *(voir p. 23).*

Gaulois et Romains

Avant J.-C.	Le territoire actuel du Périgord est occupé par les Pétrocores *(voir p. 133),* et celui du Quercy par les Cadourques.
2ᵉ s.	*La civilisation celte, installée en Gaule depuis plusieurs siècles, régresse face à l'expansionnisme germain et romain.*
59-51	Conquête romaine. La dernière résistance du peuple gaulois a lieu à Uxellodunum que les historiens situent dans le Quercy *(voir p. 122).*
16	L'empereur Auguste crée la province d'Aquitaine. Le pays des Pétrocores a pour capitale Vesunna (Périgueux) et celui des Cadourques Divona (Cahors).
Après J.-C. 1ᵉʳ au 3ᵉ s.	La **Paix romaine.** Pendant trois siècles les villes se développent, de nombreux monuments publics sont édifiés. Dans les campagnes, autour des villes, de nouvelles cultures sont introduites par les Romains : noyer, châtaignier, cerisier et surtout la vigne.
235-284	Les invasions des Alamans et des Francs ravagent la région. En 276 – plusieurs villes sont rasées. Vesunna se protège derrière un épais rempart élevé à la hâte avec les pierres de bâtiments publics romains démantelés.
313	*Par l'édit de Milan, l'empereur Constantin accorde aux chrétiens la liberté de culte.*
476	*Chute de l'Empire romain en Occident.*

Mérovingiens et Carolingiens

486-507	Clovis, roi des Francs, conquiert la Gaule. Cette campagne se termine par la bataille de Vouillé (près de Poitiers) en 507, où Clovis tue le roi des Wisigoths Alaric II. L'Aquitaine tombe alors aux mains des Francs.
8ᵉ s.	Le Quercy et le Périgord deviennent des comtés rattachés au royaume d'Aquitaine. Fondation de l'abbaye de Brantôme.
751	*Pépin le Bref se fait élire et se substitue au Mérovingien Childéric, déchu.*
800	*Charlemagne est couronné empereur d'Occident à Rome.*
9ᵉ s.	Les vallées de l'Isle et de la Dordogne ainsi que Périgueux sont dévastées par les Normands qui brûlent les églises et saccagent les monastères.
10ᵉ s.	Les quatre baronnies du Périgord se mettent en place : Mareuil, Bourdeilles, Beynac et Biron ainsi que les châtellenies d'Ans, Auberoche, Gurson... Le comté du Périgord passe à la maison des Talleyrand. De puissantes familles se partagent le Quercy : les Gourdon, les Cardaillac, les Castelnau, les Turenne et les St-Sulpice.
vers 950	Début du pèlerinage de St-Jacques-de-Compostelle.
987	*Hugues Capet se fait élire roi. Il fonde la dynastie capétienne.*
1095	*Prêche de la première croisade à Clermont.*
12ᵉ s.	Fondation d'abbayes : Cadouin, Dalon, Sarlat, Boschaud, Chancelade... et dans le Quercy : Rocamadour, Figeac, Souillac et Carennac.

Guerres entre l'Angleterre et la France

1152	Par son remariage avec Henri Plantagenêt, Aliénor d'Aquitaine apporte en dot au roi d'Angleterre tout le Sud-Ouest de la France *(p. 26)*. Plus tard leurs fils Henri Court-Mantel *(voir p. 121)* et Richard Cœur de Lion occupent et pillent la région.
1190	Une convention entre Philippe Auguste et Richard Cœur de Lion cède aux Anglais le Quercy à l'exception des abbayes de Figeac et de Souillac.
1191	Mort de Richard Cœur de Lion à Châlus.
Début 13ᵉ s.	Croisade des albigeois. Simon de Montfort fait des incursions dans le Quercy et le Périgord.
1214	*Victoire de Bouvines.*
1229	Le traité de Meaux (appelé aussi traité de Paris), entre le roi de France et le comte de Toulouse, reconnaît que le Quercy appartient à Raymond VII comte de Toulouse.
1259	Par le **traité de Paris**, Saint Louis abandonne le Périgord et le Quercy aux Anglais. Ce traité met fin aux luttes incessantes et va permettre aux populations de la région de vivre en paix jusqu'à la guerre de Cent Ans.
1270	*Mort de Saint Louis devant Tunis lors de la huitième croisade.*
1309-1377	*En soixante-huit ans, sept papes se succédèrent à Avignon.*
1340	*Édouard d'Angleterre se proclame roi de France.*
1345	*Début de la guerre de Cent Ans en Aquitaine. Jean le Bon cherche à reprendre les terres d'Aquitaine. En 1356, il est vaincu à Poitiers par le Prince Noir, fils de Édouard III.*
1360	Le **Traité de Brétigny** donne toute l'Aquitaine aux Anglais.
1369	Le Quercy et le Périgord sont repris par les troupes du roi de France. Du Guesclin participe à la libération du Périgord. Pendant toute la période qui suit, les seigneurs du Nord du Périgord sont fidèles au roi de France tandis que ceux du Sud prennent le parti des Anglais. Certains seigneurs passent sans vergogne des uns aux autres en fonction de leurs intérêts propres.
1429-1439	Des bandes de routiers travaillant indifféremment pour les deux partis dévastent la région.

Possessions des Anglais

en 1253

au début de la guerre de Cent Ans (1338)

après le traité de Brétigny (1360)

après les reconquêtes de Charles V et Du Guesclin (1380)

1453	La **bataille de Castillon** met fin à la guerre de Cent Ans.
2e moitié 15e s. début 16e s.	Pendant cette période de paix et de prospérité, les villes se reconstruisent, de nouveaux châteaux s'élèvent, d'autres sont complètement remaniés. La vie littéraire est brillante avec Clément Marot, La Boétie, Brantôme et Montaigne.
1515	*Avènement de François Ier ; bataille de Marignan ; paix avec la Suisse.*
1539	*Les Ordonnances de Villers-Cotterêts réforment l'exercice de la justice.*

Guerres de Religion

1562	Massacre de protestants à Cahors.
1572	*Massacre de la Saint-Barthélemy.*
1570-1590	La guerre est permanente. Bergerac et Ste-Foy-la-Grande sont des bastions de la Réforme tandis que Périgueux et Cahors soutiennent la Ligue. Le chef huguenot Vivans écume le Périgord, il surprend Périgueux en 1575 puis Domme en 1588.
1577	Paix de Bergerac qui annonce l'édit de Nantes.
1580	Prise de Cahors par Henri de Navarre.
1589	*Avènement de Henri IV qui se convertit au catholicisme en 1593 et est sacré roi en 1594.* Sous Henri IV le comté du Périgord est rattaché au domaine royal.
1594-1595	Révolte des croquants *(voir p. 27).*
1598	**Édit de Nantes.** *Les protestants obtiennent la liberté de culte ainsi que des places de sûreté.*
1610	Après l'assassinat de Henri IV, règne de Louis XIII ; Richelieu, Premier ministre, amenuise l'importance politique du protestantisme.
1637	Nouvelle révolte des croquants contre le gouvernement de Louis XIII et de Richelieu qui les taxe de plus en plus.
1643-1715	*Règne de Louis XIV.*
1685	**Révocation de l'édit de Nantes.** *De nombreux protestants s'expatrient.*

Du 18e s. à nos jours

1743-1757	Tourny, intendant de la généralité de Bordeaux, est le promoteur de nombreux aménagements dans les villes du Sud-Ouest, dont les allées qui portent son nom à Périgueux.
1789	*Réunion des états généraux ; Assemblée constituante ; prise de la Bastille ; abolition des privilèges.*
1790	Formation du département de la Dordogne.
1792	*Bataille de Valmy (20 septembre) : la France est sauvée de l'invasion. Proclamation de la République.*
1812-1814	Le Périgord est un fief bonapartiste. Plusieurs généraux et maréchaux de Napoléon sont originaires de cette région : Murat, Fournier-Sarlovèze, Daumesnil.
1838	Naissance de Léon Gambetta à Cahors.
1868	La crise du phylloxéra détruit le vignoble de Cahors et de Bergerac et entraîne un véritable exode rural.
1870	*Après la capitulation de Sedan, la IIIe République est proclamée ; elle devient le régime politique de la France.*
20e s.	L'émigration rurale s'est poursuivie et ces régions peu peuplées vivent essentiellement de l'agriculture et du tourisme.

UNE HISTOIRE MOUVEMENTÉE

La dot d'Aliénor – En 1137, le prince Louis, fils du roi de France, épouse Aliénor, fille unique du duc Guillaume d'Aquitaine, qui lui apporte en dot le duché de Guyenne, le Périgord, le Limousin, le Poitou, l'Angoumois, la Saintonge, la Gascogne et la suzeraineté sur l'Auvergne et le comté de Toulouse.

Mariage mal assorti : Louis, devenu le roi Louis VII, est une sorte de moine couronné, tandis que la reine est de caractère frivole. Après quinze années de mésentente conjugale, le roi, à son retour de croisade, fait prononcer son divorce par le concile de Beaugency en 1152. Outre sa liberté, Éléonore recouvre sa dot. Son remariage, deux mois plus tard, avec **Henri Plantagenêt**, comte d'Anjou et suzerain du Maine, de la Touraine et de la Normandie, est pour les Capétiens une catastrophe politique : les domaines réunis de Henri et d'Éléonore sont déjà aussi vastes que ceux du roi de France. Peu de temps après, Plantagenêt devient, par héritage, roi d'Angleterre sous le nom de Henri II. Cette fois l'équilibre est rompu et la lutte franco-anglaise qui s'engage durera trois siècles. Elle se double des conflits entre Éléonore et son second mari, entre le roi et ses fils ; elle se complique par les pressions exercées sur les populations et par la versatilité des grands féodaux. Côté français, elle se traduit par l'attitude ambiguë des souverains chez qui le désir de reprendre les territoires perdus ne l'emporte pas toujours sur la nécessité de composer.

Par la création, au 13e s., de « bastides » *(voir p. 35),* les rois de France et d'Angleterre espéraient consolider leur position et justifier leurs prétentions à la possession du pays. La Dordogne, ligne de défense naturelle, était alors considérée comme délimitant approximativement les possessions des deux partis. Capétiens et Plantagenêts essayaient à tour de rôle de s'installer sur les territoires de l'adversaire *(voir p. 25).*

Le traité de Paris, conclu en 1259 entre Saint Louis et Henri III d'Angleterre, n'est en réalité qu'une trêve. A partir de 1340, avec l'appui des Flamands, Bretons et Normands, l'Angleterre impose sa suprématie militaire, s'empare de l'ensemble de l'Aquitaine. Périgord et Quercy repassent en 1369 sous la suzeraineté du roi de France mais resteront sous la menace des Anglais qui se maintiendront en Guyenne jusqu'à la fin de la guerre de Cent Ans (1453).

Les guerres de Religion – Dès 1540 un premier foyer protestant se développe à Ste-Foy-la-Grande ; quatre ans plus tard la Réforme atteint Bergerac. Le protestantisme devient alors l'affaire des grands, il est soutenu dans le Périgord par les princes de Bourbon-Albret (dont Jeanne d'Albret, mère de Henri de Navarre) et les Caumont-Laforce et dans le Quercy par Jeanne de Genouillac, les Gourdon et les Cardaillac. De 1570 à 1590 massacres et combats se succèdent. Les huguenots menés par **Armand de Clermont**, seigneur de Piles, se battent contre l'armée du **maréchal de Montluc**. Après la mort de Clermont de Piles, victime du massacre de la St-Barthélemy, **Geoffroi de Vivans** prend la tête des huguenots et met la région à feu et à sang, cherchant à tout prix à s'emparer des villes fidèles à la Ligue. Son arme préférée est la ruse : il s'introduit un soir de carnaval à Sarlat et s'en empare ; à Domme son exploit est resté dans les annales *(voir p. 85)*. Aux noyaux protestants de l'Ouest du Périgord s'opposent les bastions catholiques dont font partie Périgueux et surtout Cahors. Henri de Navarre s'empare de cette dernière en 1580. Du côté catholique, Pierre de Bourdeille, connu sous le nom de Brantôme, a choisi son camp mais dénonce dans ses écrits cette guerre civile et ces luttes fratricides. Il est particulièrement bouleversé par le massacre de La Chapelle-Faucher : l'amiral de Coligny, chef huguenot, avait enfermé 300 paysans dans le château et y avait mis le feu, cela en représailles d'attaques subies par l'armée protestante.

Après l'avènement de Henri IV et la promulgation de l'édit de Nantes, le protestantisme se renforce puis est combattu par Louis XIII et Richelieu.

Sous Louis XIV, qui décida la révocation de l'édit de Nantes, de nombreux Périgourdins s'expatrièrent.

Les luttes paysannes – Elles ont secoué les campagnes par intermittence pendant deux siècles. La misère et la famine sévissaient et redoublaient pendant les périodes de troubles, et les paysans ne pouvaient plus payer les taxes de plus en plus lourdes. En 1594 les croquants se révoltent alors que les guerres de Religion ont laissé la région exsangue. Ils se réunissent pour rédiger des doléances à transmettre au roi, se donnent une structure militaire, refusent de travailler pour les seigneurs et organisent des expéditions punitives contre leurs « exploiteurs ». La noblesse réagit rapidement, une armée est organisée sous les ordres du sénéchal de Bourdeille. Un combat à St-Crépin-d'Auberoche en août 1595, puis un autre à Condat-sur-Vézère permettent de défaire l'armée des paysans. Ceux-ci, plus misérables que jamais, retournent alors à leurs terres.

Quarante ans plus tard, en 1637, les paysans se soulèvent de nouveau. Leur condition n'a pas changé, les taxes n'ont fait que s'alourdir et une levée extraordinaire de blé pour le ravitaillement des troupes déclenche l'insurrection. Des « gabeleurs » chargés de percevoir les impôts sont assassinés. Un gentilhomme du nom de **La Mothe La Forêt** prend alors la tête d'une armée paysanne de plusieurs milliers d'hommes, tente d'investir Périgueux le 1er mai et s'empare de Bergerac le 11. La résistance de Ste-Foy-la-Grande arrête cette armée dans sa progression sur Bordeaux. Le gouverneur de Guyenne lève alors une armée qui écrase les croquants à la Sauvetat. La Mothe La Forêt obtient une reddition honorable et dissout ses troupes. Les mois qui suivent, la guérilla se propage dans les campagnes. Des bandes, constituées d'anciens « soldats » de l'armée des croquants, parviennent à repousser les troupes royales. En 1642 le pouvoir royal vient enfin à bout des rebelles.

En 1707 un nouvel impôt provoque une nouvelle révolte, celle des Tard-Avisés (nom déjà donné aux révoltés de 1594). Elle éclate dans le Périgord et le Quercy et est très vite étouffée par l'armée du gouverneur de Guyenne.

Dernier sursaut des révoltes paysannes, quelques jacqueries accompagnèrent la Révolution de 1789 dans les campagnes.

LES GUIDES VERTS MICHELIN

Paysages
Monuments
Routes touristiques
Géographie
Histoire, Art
Itinéraires de visite régionaux
Lieux de séjour
Plans de villes et de monuments
Une collection de guides régionaux sur la France.

Vie littéraire

Les cours d'amour – Au 12e s. apparaît en Périgord une poésie lyrique originale, celle des **troubadours**. Cette forme qui s'étend bientôt au Quercy s'épanouit dans les cours féodales où une noblesse oisive et raffinée prend goût au chant, à la musique et à la poésie. Les troubadours (trobar en occitan signifie trouver) étaient des inventeurs d'airs musicaux, musique et paroles, et s'exprimaient en langue d'oc. Protégés et encouragés par les seigneurs, ils ont créé des formes poétiques neuves : poèmes où se manifestaient, sous la forme d'hommages lyriques rendus à la châtelaine, les thèmes de l'amour courtois, poésies guerrières et satiriques. Les cours d'amour réunissaient plusieurs troubadours qui faisaient assaut d'esprit sur un sujet déterminé.

Bertrand de Born (v. 1140 - v. 1215), auteur de sirventès, pièces d'inspiration politique et morale, Bertrand de Gourdon, Aimeric de Sarlat, Giraut de Borneil, originaire d'Excideuil, et Arnaud Daniel, de Ribérac, ont été les plus célèbres de ces troubadours. Dans cet art apanage des hommes, une femme parvint à s'illustrer, Dormunda de Cahors. Cette poésie conventionnelle disparaît dès la fin du 12e s., les guerres et les croisades ayant modifié les conditions qui lui avaient permis de s'épanouir.

Les humanistes – Après la fin de la guerre de Cent Ans, au 15e s., la vie intellectuelle s'était surtout manifestée dans les nouvelles universités dont celle de Cahors, fondée en 1331 par le Cadurcien Jacques Duèze, devenu le pape Jean XXII. Au début du 16e s. les ateliers d'imprimerie s'étaient multipliés à Périgueux, Cahors et Bergerac. Mais c'est à la Renaissance que se produit un important mouvement intellectuel qui remet à l'honneur les langues et les genres poétiques de l'Antiquité.

Le Cadurcien **Clément Marot** (1496-1544), aimable poète qui excella dans les épigrammes et les sonnets, séduisit par cet art le roi et la cour. Il fut valet de chambre de Marguerite d'Alençon, future reine de Navarre, puis du roi François Ier avant d'être nommé poète officiel. Sa brillante vie de cour fut entrecoupée de passages en prison dus à ses sympathies pour la Réforme.

Olivier de Magny (1529-1565), lui aussi Cadurcien, fut influencé par les poètes de la Pléiade après s'être lié d'amitié à Du Bellay à qui il inspira l'un des sonnets des Regrets : « Cependant que Magny suit son grand Avanson... »

A la même époque Sarlat vit naître **Étienne de La Boétie** (1530-1563), humaniste, ami de Montaigne, qui s'éleva contre la tyrannie dans son « Discours sur la servitude volontaire » et « Contr'un ».

Bibliothèque Nationale

Portrait de Pierre de Bourdeille
dit « Brantôme »

Pierre de Bourdeille (1535-1614), plus connu sous son pseudonyme de **Brantôme** (nom de l'abbaye dont il fut l'abbé), fut un chroniqueur de talent. Il décrivit sa société contemporaine dans « Vie des hommes illustres et des grands capitaines » et « Vie des dames illustres et des dames galantes ».

Jean Tarde (1561-1636), né à La Roque-Gageac, s'illustra comme l'un des hommes les plus savants de son temps. Ce chanoine de Sarlat était historien, cartographe, astronome et mathématicien.

Le 17e s. – Né à Toulouse, **François Maynard** (1582-1646) passe en Quercy à St-Céré la majeure partie de sa vie *(voir p. 152)*. Disciple de Malherbe, il a laissé des odes, des épîtres, des sonnets et des épigrammes non dépourvus de grâce. Ses vers dédiés à Cloris « La belle vieille » qu'il écrivit à 62 ans frappent par leur beauté exprimant une mélancolie sereine et l'espoir.

Périgourdin, **Fénelon** (1631-1715), né au château du même nom près de Ste-Mondane, est célèbre pour son « Télémaque », ouvrage pédagogique rédigé en 1693 ou 1694 à l'intention de son élève le duc de Bourgogne, dauphin de France et dans lequel il critique la politique de Louis XIV. Il trouve son inspiration à Carennac sur les bords de la Dordogne dont il fut titulaire du prieuré pendant quinze ans.

Le siècle des Lumières – Périgourdins, l'un et l'autre, **Joseph Joubert** (1754-1824), originaire de Montignac, et **Maine de Biran** (1766-1824), Bergeracois, furent des philosophes et des moralistes d'une grande sensibilité. Les « Pensées » de Joubert, publiées en 1838, atteignent la perfection avec la précision et la délicatesse du style. Maine de Biran, métaphysicien et psychologue, pousse très loin l'introspection et préfigure le courant de la philosophie spiritualiste.

Les écrivains régionaux – **Eugène Le Roy** (1836-1907) est vraiment le romancier du Périgord. Dans « Jacquou le croquant » qui a pour cadre le château de l'Herm, il évoque de façon très vivante les révoltes paysannes qui bouleversèrent le Périgord.

Parmi les écrivains contemporains, citons **Claude Michelet** qui fait revivre les paysans de Corrèze à travers ses romans dont « Des grives aux loups », « Les Palombes ne passeront plus », tous deux adaptés pour la télévision.

L'art

ABC D'ARCHITECTURE

A l'intention des lecteurs peu familiarisés avec la terminologie employée en architecture, nous donnons ci-après quelques indicatoins générales sur l'architecture religieuse et militaire, suivies d'une liste alphabétique des termes d'art employés pour la description des monuments dans ce guide.

Architecture religieuse

illustration I ►

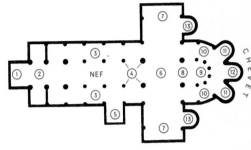

Plan-type d'une église : il est en forme de croix latine, les deux bras de la croix formant le transept.
① Porche - ② Narthex - ③ Collatéraux ou bas-côtés (parfois doubles) - ④ Travée (division transversale de la nef comprise entre deux piliers) - ⑤ Chapelle latérale (souvent postérieure à l'ensemble de l'édifice) - ⑥ Croisée du transept - ⑦ Croisillons ou bras du transept, saillants ou non, comportant souvent un portail latéral - ⑧ Chœur, presque toujours « orienté » c'est-à-dire tourné vers l'Est ; très vaste et réservé aux moines dans les églises abbatiales - ⑨ Rond-point du chœur - ⑩ Déambulatoire : prolongement des bas-côtés autour du chœur permettant de défiler devant les reliques dans les églises de pèlerinage - ⑪ Chapelles rayonnantes ou absidioles - ⑫ Chapelle absidale ou axiale. Dans les églises non dédiées à la Vierge, cette chapelle, dans l'axe du monument, lui est souvent consacrée - ⑬ Chapelle orientée.

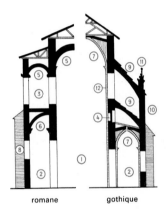

romane   gothique

◄ illustration II

Coupe d'une église : ① Nef - ② Bas-côté - ③ Tribune - ④ Triforium - ⑤ Voûte en berceau - ⑥ Voûte en demi-berceau - ⑦ Voûte d'ogive - ⑧ Contrefort étayant la base du mur - ⑨ Arc-boutant - ⑩ Culée d'arc-boutant - ⑪ Pinacle équilibrant la culée - ⑫ Fenêtre haute.

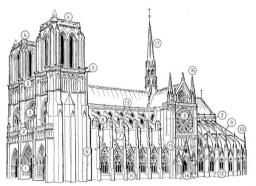

illustration III ►

Cathédrale gothique : ① Portail - ② Galerie - ③ Grande rose - ④ Tour-clocher quelquefois terminée par une flèche - ⑤ Gargouille servant à l'écoulement des eaux de pluie - ⑥ Contrefort - ⑦ Culée d'arc-boutant - ⑧ Volée d'arc-boutant - ⑨ Arc-boutant à double volée - ⑩ Pinacle - ⑪ Chapelle latérale - ⑫ Chapelle rayonnante - ⑬ Fenêtre haute - ⑭ Portail latéral - ⑮ Gâble - ⑯ Clocheton - ⑰ Flèche (ici, placée sur la croisée du transept).

◄ illustration IV

Voûte d'arêtes :
① Grande arcade - ② Arête - ③ Doubleau.

illustration V ►

Voûte en cul-de-four : elle termine les absides des nefs voûtées en berceau.

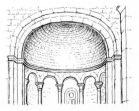

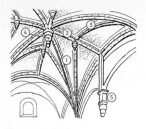

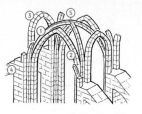

illustration VI
Voûte à clef pendante :
① Ogive – ② Lierne
③ Tierceron – ④ Clef pendante
⑤ Cul-de-lampe.

illustration VII
Voûte sur croisée d'ogives
① Arc diagonal – ② Doubleau
③ Formeret – ④ Arc-boutant
⑤ Clef de voûte.

▼ illustration VIII

Portail : ① Archivolte ; elle peut être en plein cintre, en arc brisé, en anse de panier, en accolade, quelquefois ornée d'un gâble – ② Voussures (en cordons, moulu-

rées, sculptées ou or-nées de statues) for-mant l'archivolte – ③ Tympan – ④ Linteau – ⑤ Piédroit ou jam-bage – ⑥ Ébrasements, quelquefois ornés de statues – ⑦ Trumeau (auquel est générale-ment adossée une sta-tue) – ⑧ Pentures.

illustration IX ▶

Arcs et piliers : ① Nervures – ② Tailloir ou abaque – ③ Chapiteau – ④ Fût ou colonne – ⑤ Base – ⑥ Colonne engagée – ⑦ Dosseret – ⑧ Linteau – ⑨ Arc de décharge – ⑩ Frise.

Architecture militaire

illustration X
Enceinte fortifiée : ① Hourd (galerie en bois) – ② Mâchicoulis (créneaux en encorbellement) – ③ Bretèche ④ Donjon – ⑤ Chemin de ronde couvert – ⑥ Courtine – ⑦ Enceinte extérieure – ⑧ Poterne.

illustration XI
Tours et courtines : ① Hourd ② Créneau – ③ Merlon ④ Meur-trière ou archère ⑤ Courtine – ⑥ Pont dit « dormant » (fixe) par opposition au pont-levis (mobile).

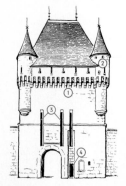

◀ illustration XII
Porte fortifiée : ① Mâchi-coulis ② Échauguette (pour le guet) – ③ Logement des bras du pont-levis – ④ Poterne : petite porte dérobée, facile à défen-dre en cas de siège.

illustration XIII
Fortifications classiques : ① Entrée – ② Pont-levis – ③ Glacis – ④ Demi-lune – ⑤ Fossé – ⑥ Bastion – ⑦ Tourelle de guet – ⑧ Ville – ⑨ Place d'Armes.

TERMES D'ART EMPLOYÉS DANS CE GUIDE

Abside : extrémité généralement arrondie de la nef principale d'une église qui contient le chœur. Sa partie extérieure s'appelle le chevet.

Absidiole : illustration I.

Anse de panier : arc aplati, très utilisé à la fin du Moyen Âge et à la Renaissance.

Antependium : devant d'autel, illustration XV.

Appareil : maçonnerie constituée de pierres taillées en vue de la pose. On distingue le grand (ou cyclopéen), le moyen et le petit appareil.

Arcature : suite de petites arcades.

Archère : illustration XI.

Archivolte : illustration VIII.

Arc outrepassé : arc en fer à cheval.

Assise : rang d'éléments de même hauteur dans une maçonnerie.

Atlante : statue masculine servant de support.

Bas-côté : illustration I.

Bas-relief : sculpture en faible saillie sur un fond.

Basse-cour : avant-cour d'un château fort.

Bastion : illustration XIII.

Berceau (voûte en) : illustration XVIII.

Billettes : série de petites portions de tore formant ornement autour du centre de l'archivolte.

Blocage : maçonnerie de matériaux bruts jetés pêle-mêle dans un bain de mortier.

Bossage : saillie ornementale laissée à la surface des pierres d'un mur.

Bretèche : petit ouvrage en surplomb, au sol percé pour le tir plongeant.

Buffet d'orgues : illustration XIV.

Caisson : compartiment creux aménagé comme motif de décoration (plafond ou voûte).

Cariatide : statue féminine servant de support.

Cénotaphe : tombeau élevé à la mémoire d'un mort mais qui ne contient pas son corps.

Chapelle absidale ou axiale : dans l'axe de l'église, illustration I.

Chapiteau : illustration IX.

Chemin de ronde : illustration X.

Chevet : illustration I.

Chicane : passage en zigzag ménagé à travers un obstacle.

Claveau : l'une des pierres formant un arc ou une voûte.

Clef de voûte : illustration VII.

Clôture : dans une église, enceinte fermant le chœur.

Collatéral : illustration I.

Colombage : charpente de mur apparente.

Colonne engagée : illustration IX.

Contrefort : illustration II.

Corbeau : pièce de bois partiellement engagée dans le mur et portant sur sa partie saillante une poutre ou une corniche.

Coupole : illustrations XVI et XVII.

Courtine : illustration X.

Crédence : dans une église, niche aménagée dans le mur.

Crochet : ornement saillant recourbé à son extrémité comme un bourgeon de fougère.

Croisée d'ogive : illustration VII.

Crypte : église souterraine.

Cul-de-four : illustration V.

Cul-de-lampe : illustration VI.

Déambulatoire : illustration I.

Demi-lune : illustration XIII.

Donjon : illustration X.

Doubleau : illustration XVIII.

Douve : fossé, généralement rempli d'eau, protégeant un château fort.

Échauguette : illustration XII.

Encorbellement : construction en porte à faux.

Enfeu : niche funéraire à fond plat.

Flamboyant : style décoratif de la fin de l'époque gothique (15e s.), ainsi nommé pour ses coupures en forme de flammèches aux remplages des baies.

Fresque : peinture murale appliquée sur l'enduit frais.

Frise : décoration de forme allongée en relief ou peinte.

Gâble : illustration III.

Géminé : groupé par deux (arcs géminés, colonnes géminées).

Glacis : illustration XIII.

Gouttereau (mur) : mur latéral (qui porte les gouttières).

Haut-relief : sculpture au relief très saillant, sans toutefois se détacher du fond (intermédiaire entre le bas-relief et la ronde-bosse).

Imposte : pierre en saillie moulurée posée sur le piédroit d'une porte.

Labyrinthe : dallage en méandres du pavement que les fidèles suivaient à genoux et où les maîtres d'œuvre inscrivaient leur nom.

Larmier : moulure en saillie au sommet d'un ensemble décoratif pour le préserver de la pluie.

Linteau : illustration VIII.

Mâchicoulis : illustration X.

Mascaron : masque sculpté de caractère fantastique ou grotesque.

Meneau : croisillon de pierre divisant une baie.

Merlon : illustration XI.

Meurtrière : illustration XI.

Modillon : petite console soutenant une corniche.

Oculus : baie de forme circulaire (du latin œil).

Ogive : arc diagonal soutenant une voûte : illustrations VI et VII.

Péristyle : colonnes disposées autour ou en façade d'un édifice.

Pignon : partie supérieure, en forme de triangle, du mur qui soutient les deux pentes du toit.

Pilastre : pilier plat engagé dans un mur.

Pinacle : illustrations II et III.

Piscine : dans une église, cuve baptismale ou fontaine d'ablutions à l'usage du prêtre qui célèbre la messe.

Plein cintre : en demi-circonférence, en demi-cercle.

Porche : lieu couvert en avant de la porte d'entrée d'un édifice.

Polyptyque : ouvrage de peinture ou de sculpture composé de plusieurs panneaux articulés.

Poterne : illustrations X et XII.

Putti : petits amours ou angelots nus représentés.

Remplage : réseau léger de pierre découpée garnissant tout ou partie d'une baie, une rose ou la partie haute d'une fenêtre.

Retable : illustration XV.

Rose : illustration III.

Stalles : illustration XIX.

Tiers-point (arc en) : arc brisé dans lequel s'inscrit un triangle équilatéral.

Tore : grosse moulure ronde demi-cylindrique, à la base d'une colonne ou sur un piédestal.

Transept : illustration I.

Travée : illustration I.

Triforium : illustration II.

Triptyque : ouvrage de peinture ou de sculpture composé de trois panneaux articulés pouvant se refermer.

Trompe : petite voûte concave en forme de coquille. Illustration XVI.

Trumeau : illustration VIII.

Vantail : partie mobile d'une porte.

Voussures : illustration VIII.

Voûte d'arêtes : illustration IV.

Voûte en carène : voûte ayant la forme d'une carène de bateau renversée.

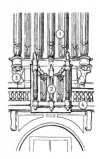

◀ illustration XIV
Orgues :
① Grand buffet – ② Petit buffet – ③ Cariatide ④ Tribune

illustration XV ▶
Autel avec retable :
① Retable – ② Prédelle ③ Couronne – ④ Table d'autel – ⑤ Devant d'autel

◀ illustration XVI
Coupole sur trompes :
① Coupole octogonale – ② Trompe – ③ Arcade du carré du transept

illustration XVII ▶
Coupole sur pendentifs :
① Coupole circulaire ② Pendentif – ③ Arcade du carré du transept

illustration XIX ▶
Stalles : ① Dossier haut ② Parclose – ③ Jouée ④ Miséricorde

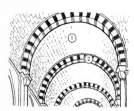

illustration XVIII
Voûte en berceau :
① Voûte couvrant la nef
② Doubleau reposant sur les piliers

Art en Périgord et en Quercy

Pour la définition des termes d'art employés, voir p. 31 et p. 32.

La vallée de la Vézère, les sites des Eyzies, les grottes du Quercy recèlent les plus beaux témoignages de l'activité artistique des hommes de la préhistoire, premières manifestations de l'art en France *(voir p. 22)*. Depuis, l'évolution de l'art et de l'architecture fut liée à l'histoire mouvementée du Périgord et du Quercy. Les grandes phases de construction correspondent aux périodes de calme : la paix romaine, le 12ᵉ s. qui a vu la fondation de nombreux monastères et la période qui s'étend de la fin du 14ᵉ au 16ᵉ s. Dans les époques troublées : guerre de Cent Ans, guerres de Religion... la principale préoccupation des habitants fut de se protéger et de fortifier leurs villes, leurs châteaux, leurs églises.

Château de Bonaguil

Art gallo-romain

Des édifices qu'élevèrent Gaulois et Romains, bien peu ont résisté à l'épreuve du temps. Le souvenir de l'époque gauloise survit dans plusieurs sites du Quercy qui se disputent l'honneur d'avoir été le théâtre de la bataille d'**Uxellodunum**, dernier sursaut de la résistance des Gaules devant la conquête de César. Il s'agit de Capdenac-le-Vieux, de Murcens dans la vallée du Vers, de l'Impernal au Nord de Luzech et enfin du puy d'Issolud.
Pendant l'occupation romaine, la capitale des Pétrocores, Vesunna (Périgueux), et celle des Cadourques, Divona (Cahors), étaient des villes importantes où s'élevaient de nombreux édifices publics. A Périgueux quelques vestiges tels l'imposante « tour de Vésone », les fouilles d'un vaste domus (résidence urbaine) des 1ᵉʳ et 2ᵉ s., les restes des arènes et les mosaïques, stèles, autels présentés au musée de Périgueux témoignent de la richesse de Vesunna. A Cahors, on reconnaît dans le plan quadrillé du quartier ancien l'influence gallo-romaine. L'arc de Diane, dernier vestige des thermes, est le seul élément architectural encore visible. Le musée de Cahors conserve aussi un sarcophage du 3ᵉ s. et un linteau sculpté.

Art roman

Après les périodes troublées du haut Moyen Âge, marquées par les invasions normandes, la décadence de la dynastie carolingienne et les conflits entre grands féodaux, l'an mil marque le début d'un renouveau dans l'art de construire. En même temps que s'affermit le pouvoir royal, un vaste élan de foi se développe en France : on remplace les édifices carolingiens, trop exigus et ne répondant pas aux besoins nouveaux, par des églises de plus vastes dimensions construites selon des techniques plus hardies.

Architecture religieuse

En Périgord – Le Périgord est riche en églises romanes dont l'aspect simple, presque sévère, valorise l'emploi d'un beau calcaire doré aux chaudes tonalités.
L'extérieur frappe par l'extrême sobriété de la décoration : les portails sans tympan s'ornent de voussures sculptées de tores, de festons en dents de scie...
Rien de recherché non plus dans les plans. Sur le chœur s'ouvrent parfois des chapelles rayonnantes (St-Jean-de-Côle, Tourtoirac, Montagrier), mais la plupart des chevets sont plats. La prédominance des nefs uniques est une quasi-exclusivité, seules quatre églises étant pourvues de collatéraux.
La particularité de l'architecture périgourdine vient de son mode de voûtement : la **coupole**. Importée d'Orient selon les uns, originale création de l'art français selon les autres, elle offre plusieurs avantages sur la voûte en berceau qui nécessite de puissants

33

contreforts. La coupole sur pendentifs permet de répartir le poids de la voûte sur les murs latéraux mais aussi sur les arcs doubleaux de la nef. Souvent utilisées pour les croisées des transepts, les coupoles voûtent aussi les nefs dans les églises où elles se présentent en file suivant le premier modèle que fut St-Étienne-de-la-Cité à Périgueux (Trémolat, Agonac, Grand-Brassac, Cherval...). La nef est alors divisée en plusieurs travées

Tympan de Carennac

carrées surmontées d'une coupole sur pendentifs, le rôle des pendentifs étant d'exécuter le passage du carré au cercle. L'église St-Front de Périgueux avec son plan en croix grecque couverte de cinq coupoles reste un exemple unique.

Si ces caractères se retrouvent dans maints édifices de la région, certaines églises répondent à une autre forme de construction : nef bordée de collatéraux (St-Privat, Cadouin), voûte en plein cintre et en berceau brisé. D'assez nombreuses façades s'ornent de registres d'arcatures, témoignant d'une parenté avec l'art de la Saintonge et de l'Angoumois.

En Quercy – L'art roman quercynois présente de nombreuses similitudes avec celui du Périgord : même plan simple des églises, même utilisation de la coupole (St-Étienne de Cahors, Souillac), même matériau : le calcaire. Cependant les églises du Quercy sont plus riches en décoration sculptée montrant l'influence de Moissac et de l'école languedocienne qui avait Toulouse pour centre. Des ateliers de cette école, puisant leur inspiration dans l'art byzantin, les enluminures et l'Antiquité, sortirent de remarquables portails sculptés qui comptent parmi les plus beaux que l'on ait exécutés en France à cette époque : restes du portail de Souillac avec l'admirable prophète Isaïe, tympans de Cahors, Carennac, Martel et de Collonges-la-Rouge à la limite du Quercy et du Limousin.

Architecture civile et militaire – Il reste peu de témoignages de l'architecture civile. Aussi l'ancien hôtel de ville de St-Antonin-Noble-Val, en Quercy, bien que très remanié, est-il un intéressant exemple d'architecture municipale du 12e s. avec son élégante galerie sculptée, son portique à arcades et son haut beffroi carré. Les forteresses médiévales édifiées aux 10e et 11e s. ont subi d'importantes transformations au cours des siècles suivants et n'ont guère résisté aux guerres et aux destructions. Les seuls vestiges de cette époque sont les donjons, généralement carrés. En Quercy, le château de Castelnau-Bretenoux, au donjon puissamment fortifié, est un bon exemple de construction féodale bâtie sur une colline. En Périgord, les châteaux de Biron, Beynac, Bourdeilles, Mareuil, Commarque, Castelnaud... ont conservé des parties romanes.

Art gothique

Né dans la première moitié du 12e s. en Ile-de-France, l'art gothique a peu à peu remplacé l'art roman. Il n'est parvenu qu'assez tard en Périgord et en Quercy, mais s'y est prolongé jusqu'au 16e s.

Art religieux

Architecture – La voûte sur croisée d'ogives et l'emploi systématique de l'arc brisé sont les caractéristiques essentielles de l'art gothique qui va connaître des évolutions différentes selon les régions. Le Midi de la France n'a pas adopté les principes de l'architecture gothique septentrionale et l'art nouveau y reste étroitement lié aux traditions romanes. Ainsi l'art gothique proprement méridional, dit « languedocien », se caractérise par une nef unique très large, sans collatéraux, se terminant par une abside polygonale et la subsistance de contreforts massifs, entre lesquels se logent les chapelles, pour assurer la butée des voûtes (dans le Nord, les arcs-boutants jouent ce rôle). Le Périgord et le Quercy, du fait de leur position géographique, ont subi les influences du Nord et du Sud, représentées parfois dans le même édifice. La cathédrale de Sarlat, par exemple, présente une nef à bas-côtés et des arcs-boutants aériens typiques du gothique septentrional alors que les chapelles latérales montrent l'influence méridionale. Dans le Quercy, l'école languedocienne a inspiré le plan des églises de Gourdon, Martel, Montpezat-du-Quercy et St-Cirq-Lapopie, qui présentent une nef unique presque aussi large que haute, sans bas-côtés, mais avec des chapelles latérales.

Monastères – L'architecture monastique est représentée par des ensembles qui n'ont pas toujours résisté aux épreuves du temps. L'ancienne abbaye de Beaulieu-en-Rouergue compte une abbatiale, élevée au 13e s., remarquable par ses voûtes d'ogives et son élégante abside à sept pans. Cadouin et Cahors ont conservé leur cloître de style flamboyant, et Périgueux un cloître dont la construction s'est échelonnée du 12e au 16e s.

Églises fortifiées – Pendant les 13e et 14e s., tandis que les églises gothiques s'élevaient dans d'autres régions, les Périgourdins, vivant dans l'insécurité permanente, fortifiaient leurs églises romanes ou élevaient de véritables forteresses avec chemin de ronde, tours crénelées... utilisées comme sanctuaires (églises de Rudelle, de St-Pierre-Toirac). Ces églises constituaient pour les villageois le refuge le plus sûr pour échapper aux violences des troupes armées qui parcouraient le pays.

Sculpture et peinture – De la deuxième moitié du 13e s. au 15e s. furent exécutées quelques œuvres remarquables comme le tombeau de saint Étienne à Aubazine, la Mise au tombeau de Carennac (16e s.), le tombeau des Cardaillac à Espagnac-Ste-Eulalie, et les gisants du cardinal Pierre Des Prés et de son neveu Jean Des Prés, dans la collégiale de Montpezat-du-Quercy.

Les fresques, peintures murales exécutées à l'eau sur une couche de mortier frais, à laquelle elles s'incorporent, décorent de nombreuses chapelles et églises. La coupole occidentale de la cathédrale de Cahors est entièrement couverte de fresques du 14e s.

A Rocamadour, les chapelles ont reçu une décoration à l'intérieur et à l'extérieur sur les façades. Dans les chapelles de St-André-des-Arques, de Martignac, de Soulomès, en Quercy, dans celles du Cheylard, à St-Geniès, et du cimetière à Montferrand-du-Périgord, les fresques naïves des 14e et 16e s. évoquant l'Histoire sainte offrent aussi de merveilleux défilés de mode de la gent seigneuriale et paysanne de l'époque.

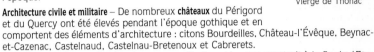

Vierge de Thonac

Éditions René, Marsac-sur-l'Isle

Architecture civile et militaire – De nombreux **châteaux** du Périgord et du Quercy ont été élevés pendant l'époque gothique et en comportent des éléments d'architecture : citons Bourdeilles, Château-l'Évêque, Beynac-et-Cazenac, Castelnaud, Castelnau-Bretenoux et Cabrerets.

Le château de Bonaguil présente un cas particulier : bien que construit à la fin du 15e s. et au début du 16e s., il montre toutes les caractéristiques des forteresses médiévales. Dans les **villes**, un élan de construction important suivit la fin de la guerre de Cent Ans. À Sarlat, Périgueux, Bergerac, Cahors, Figeac, Gourdon, Martel... les façades des maisons s'ornent de grands arcs d'ogive au rez-de-chaussée où s'ouvre l'échoppe, de fenêtres en tiers-point ou à rosaces, de tourelles, d'échauguettes. Parmi les édifices les plus remarquables de cette époque, citons l'hôtel de la Raymondie à Martel, l'hôtel de la Monnaie à Figeac, l'hôtel Plamon à Sarlat... et le célèbre pont Valentré de Cahors.

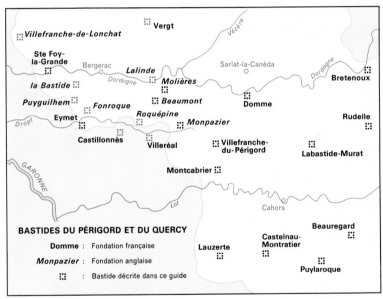

BASTIDES DU PÉRIGORD ET DU QUERCY

Domme : Fondation française
Monpazier : Fondation anglaise
⊞ : Bastide décrite dans ce guide

Les bastides – Ces villes neuves, « bastidas » en langue d'oc, plus ou moins fortifiées, se sont multipliées au 13e s. ; le début du 14e s. a vu se développer leur appareil défensif.

Création – Les principaux fondateurs furent Alphonse de Poitiers (1249-1271), comte de Toulouse et frère de Saint Louis, et, à partir de 1272, les sénéchaux agissant pour le compte de Philippe le Hardi et de Philippe le Bel ou sur ordre du roi d'Angleterre Édouard Ier Plantagenêt, duc d'Aquitaine.

Développement – La création des bastides répondait à des besoins financiers et économiques ou à des préoccupations politiques et militaires.

Les fondateurs fixaient sur les terres choisies des colons intéressés par les avantages d'un contrat : charte de franchise, garantie du droit d'asile, exemption de service militaire, droit à l'héritage... pour le prix d'une parcelle de terrain à bâtir et d'une autre à cultiver – l'ensemble ayant été préalablement découpé en lots de valeur égale. Gérée par le bayle (bailli) qui représentait le roi, rendait la justice et percevait les impôts, tandis que les consuls choisis par les habitants assuraient l'administration, la ville enregistrait des bénéfices. Les objectifs politiques et militaires apparurent au lendemain de la guerre des albigeois, lors de la fondation d'une quarantaine de bastides dues au comte de Toulouse Raimond VII, et du jour où la rivalité franco-anglaise *(voir p. 26)* fit peser des menaces sur les terres frontalières du Périgord, du Quercy et de l'Agenais. Ainsi s'éche-lonnèrent les bastides d'Eymet, Castillonnès et Villeréal le long du Dropt et celles de Villefranche-du-Périgord et Ste-Foy-la-Grande, à l'initiative d'Alphonse de Poitiers. Y répondirent les bastides de Beaumont (1272), Molières, Lalinde et Monpazier (1285), créées par le roi d'Angleterre. Intervint entre-temps la fondation de Domme (1281), due à Philippe le Hardi.

Urbanisme – Le plan des bastides, s'il se rapprochait d'un modèle type original, celui du plan en échiquier carré ou rectangulaire (Ste-Foy-la-Grande, Monpazier), s'en éloignait souvent en raison du relief et de la nature du site, choisi pour ses possibilités de peu-plement ou de défense (Domme). En outre, la bastide se développait parfois autour d'un élément pré-existant : église fortifiée comme à Beaumont ou château.

Le plan de Monpazier est le plus caractéristique : son dessin est celui d'un quadrilatère aux rues rectilignes se coupant à angle droit et ruelles appelées **carreyrous** ; les façades latérales des maisons sont souvent séparées par les **androns**, interstices de 0,25 m environ qui formaient pare-feu et servaient d'égouts, voire de latrines. Au centre de la ville, une place carrée ou rectangulaire, entourée de galeries couvertes nommées **cornières** ou **couverts**, renfermait une halle en bois utilisée pour le marché. L'église est située près de la place centrale, ou à la périphérie, contiguë au cimetière. L'enceinte, formée au départ d'un mur ou de palissades et plus tard de tours et de portes, enser-rait la bastide.

La plupart des bastides, dont le nom évoque parfois le fondateur (Villeréal = ville du roi), les privilèges (Villefranche), le rattachement à un château (Castelnau), ont perdu leur aspect primitif : les mieux conservées dans le Périgord et le Quercy sont Monpazier, Domme et Eymet.

La Renaissance : l'âge d'or des châteaux

Au début du 16e s., le mouvement artistique subit en France un renouveau sous l'influence de l'Italie. La découverte des trésors artistiques de la péninsule éveille chez le roi François Ier et les nobles de sa suite le désir de copier l'architecture ainsi que la sculpture et d'introduire chez eux, en utilisant les services d'artistes italiens, ces pro-cédés nouveaux. Participer à l'air du temps, plaire à sa dame souvent plus attentive à l'évolution de la mode, renforcer autorité et patrimoine, tels sont les motifs qui conduisent la pléthore de nobles et quelques grands bourgeois à construire ou res-taurer, en l'espace d'un siècle, des centaines de châteaux.

Les moyens financiers ont crû fortement après la guerre de Cent Ans : meilleur rapport de la terre avec le développement du métayage, libération du négoce sur la Dordogne, exploitation du minerai de fer, récompenses et offices rémunérateurs attribués par le roi aux guerriers émérites. Le très faible coût de la main-d'œuvre et la répartition de la dépense sur plusieurs générations rendaient l'entreprise supportable, même pour les fortunes moyennes.

Architecture – En Périgord et en Quercy, ce style fleurit à Assier où le château et l'église furent élevés au début du 16e s. par Galiot de Genouillac, grand maître de l'Artillerie de François Ier qui avait participé aux batailles d'Italie. Ce château, remar-quable réalisation comparable aux plus beaux châteaux du Val de Loire, fut malheureusement aux trois quarts démoli. Les châteaux de Montal et de Puyguilhem, par leur grâce et leur architecture, s'apparentent aussi aux châteaux de la Loire.

La plupart des autres châteaux élevés au 16e s. montrent un aspect défensif impor-tant malgré des fenêtres, des lucarnes, des cheminées et autres éléments de pur style Renaissance. C'est le cas des châteaux de Monbazillac, de Losse, de Bannes. Ceux de Cénevières, Bourdeilles, Lanquais et les Bories, ainsi que l'église de Rouffignac, furent partiellement transformés dans ce style. Le château de Biron se dota pour sa part d'une ravissante chapelle Renaissance.

L'architecture civile porte aussi la marque de cette grâce italianisante : maison de Roaldès à Cahors, maison des Consuls à Périgueux, hôtel de Malleville à Sarlat, hôtel de Labenche à Brive.

A. Kumurdjian, La Brède

Cuisine des Bories

Sculpture – En Quercy, les remarquables frises ornées d'attributs guerriers qui décorent le pourtour de l'église d'Assier et la façade intérieure du château comptent parmi les réalisations les plus originales de la Renaissance. A l'intérieur de l'église le tombeau de Galiot de Genouillac complète cet ensemble.

La cour intérieure du château de Montal offre un bel exemple du style italianisant avec ses bustes en haut relief, chefs-d'œuvre d'un réalisme et d'un goût parfaits ; à l'intérieur le remarquable escalier peut rivaliser avec ceux des châteaux de la Loire.

Dans la chapelle de Biron, les tombeaux à gisants des Gontaut-Biron sont décorés de sculptures influencées par le Quattrocento (15e s.) italien.

Art classique

La période classique (17e -18e s.) n'a pas été très prolifique dans cette région. Aux confins du Limousin et du Périgord le château de Hautefort et son hôpital sur plan centré sont un très bel exemple de l'architecture classique. Quant au château de Rastignac, élevé au début du 19e s., il est la copie presque conforme de la Maison-Blanche à Washington.

La sculpture sur bois a laissé d'intéressants témoignages tel le retable monumental de style baroque conservé dans l'église de St-Front à Périgueux.

Architecture rurale traditionnelle

Solides et élégantes, les architectures rurales du Périgord et du Quercy comptent parmi les plus belles de France.

De nombreuses maisons ont été sauvées de la ruine, à laquelle les vouait l'exode rural, par les citadins, épris de vieilles pierres, qui s'attachèrent à les restaurer pour en faire leur résidence secondaire (plus de la moitié des maisons du Lot sont des résidences secondaires).

Une maison du Périgord

Maisons du Périgord – La maison la plus typique du **Périgord Noir** est une robuste demeure-bloc en calcaire doré coiffée d'un haut toit pentu couvert de tuiles plates brunes ou de lauzes. Les lauzes périgourdines ne sont pas des ardoises ou des schistes feuilletés mais des petites dalles de calcaire très lourdes. Posées horizontalement, leur poids est tel (500 kg/m²) qu'elles exigent de puissantes charpentes de forme très pentue pour répartir la charge.

Dans les demeures les plus riches, des tourelles-pigeonniers encadrent la maison.

Dans le Périgord Blanc ou **Ribéracois**, les maisons basses en calcaire blanc ou gris sont percées de fenêtres surmontées d'œils-de-bœuf. Le toit plat couvert de tuiles romaines a déjà un aspect très méridional.

Dans la **Double**, pays de bois, traditionnellement les maisons étaient construites en torchis maintenu par des colombages.

Dans la « vinée » de **Bergerac**, la maison vigneronne est reconnaissable en particulier à son système de chais construit en U, ou sur deux cours successives. Au milieu des vignes persistent les masures des « bordiers » (ouvriers agricoles).

Habitat traditionnel de la Double

Maisons du Quercy – Construites en moellons de calcaire blanc noyés dans du mortier de chaux, les solides demeures du Quercy présentent un ensemble de volumes et de décrochements, de tours, d'ouvertures qui en font un type très séduisant de maisons rurales. Traditionnellement le rez-de-chaussée, légèrement en sous-sol, appelé la « cave », abrite l'écurie, les remises, les magasins.

Le premier étage sert d'habitation. On y accède par un escalier extérieur en pierre qui donne sur une terrasse sous auvent, « le bolet », supporté par des colonnes de pierre ou de bois.

Deux sortes de toits sont courants : le toit à forte pente (également appelé toit celtique) couvert de tuiles plates, parfois de lauzes, et le toit à faible pente, couvert de tuiles romaines.

Constructions annexes – Les dépendances de la ferme comprennent parfois (en **Haut-Quercy** notamment) un fournil, bâtiment bas terminé par une abside qui contient le four à pain.

Les plus jolis puits sont couverts d'une voûte en tas de charge ou d'une toiture appareillée pyramidale.

Sur les serres du **Bas-Quercy** subsistent des moulins-tours à calotte tournante.

Le **Périgord Vert** et la **Châtaigneraie** quercynoise conservent quelques « clédiers »

Une maison du Quercy

(séchoir à châtaignes. Voir le « musée éclaté » de Cardaillac. Sur toute la marche auvergnate du Périgord et du Quercy, se rencontrent **des granges-étables à « montoir »** (par exemple autour d'Espédaillac en Braunhie), plan incliné qui facilite le stockage du foin au premier étage, le rez-de-chaussée étant réservé à la stabulation.

Les pigeonniers – Ils sont très nombreux, et souvent élégants : tantôt tourelles flanquant la maison, tantôt isolés, parfois surmontant un porche ou montés sur colonnes. Avant 1789, le droit de pigeonnage était en principe réservé aux grands propriétaires terriens, mais le Quercy et, à un degré moindre, le Périgord (où il y avait un droit à payer) faisaient exception. Les colombidés étaient élevés surtout pour leur fiente, la « colombine », dont l'importance était telle que lors des successions elle était partagée entre les héritiers, au même rang que la terre et le bétail : excellent engrais, elle était aussi prisée en boulangerie (pour aromatiser les petits pains), en pharmacie (pour, entre autres, ramollir les goîtres...). Après 1850, l'apparition d'engrais chimiques entraîna le déclin de cette production. Les pigeonniers isolés les plus anciens sont de type « suspendu », posés sur des colonnes pour les protéger de l'humidité. Les « capels », chapiteaux tronçonniques créant un surplomb, dissuadaient les rongeurs d'entreprendre l'ascension *(voir illustration ci-contre)*. Plus récents paraissent être les exemplaires, de plan carré ou circulaire, à base pleine conçue comme réserve à grains... Mais il convient de ne rien généraliser : le pigeonnier seigneurial d'Assier, élevé en 1537, appartient à cette deuxième catégorie. A l'approche de la vallée de la Garonne, la toiture se chapeaute d'un lanterneau d'envol.

Un pigeonnier

Les cabanes en pierres sèches – On rencontre encore, isolées dans les champs ou plus rarement groupées en hameau *(voir p. 163)*, ces petites constructions entièrement en pierres sèches, y compris le toit conique élevé en « tas de charge » (chaque nouvelle assise est posée en léger débord sur la précédente, jusqu'au blocage de l'ensemble par une pierre assimilable à une clef de voûte). Appelées **gariottes, caselles, bories**, etc., leur utilisation passée reste incertaine, de même que l'époque de leur apparition. Certaines sont encore utilisées comme granges ou remises à outils.

Les chartreuses – C'est un type de maison de maître qui apparaît au 17e s., se répand au siècle suivant et connaît encore une grande vogue jusqu'à la fin du 19e s. La chartreuse est une maison rurale sans étage et souvent liée à l'exploitation de la vigne. Ses éléments architecturaux extérieurs, recherche de symétrie, moulurations, terrasses à balustres... comme la qualité de sa finition intérieure la différencient de la maison paysanne. Un couloir aménagé au Nord dessert les pièces disposées en enfilade.

Ce n'est pas un château bien que dans quelques cas elle en présente les dimensions. Les chartreuses, dont le plus grand nombre ont été construites entre 1650 et 1850, manifestent, plutôt qu'une condition sociale ou un désir ostentatoire, un certain art de vivre. Très répandues dans le Sud-Ouest, on en compte plus de 200 dans le seul Périgord.

Chartreuse

Pour retrouver, chez vous, quelques saveurs simples du Périgord :

LE TOURAIN BLANCHI

Faire chauffer dans une casserole 2 cuillerées à soupe de graisse d'oie ; y ajouter 2 gros oignons émincés et laisser cuire à feu doux jusqu'à ce qu'ils deviennent transparents. Ajouter une grosse tête d'ail haché et laisser cuire 2 à 3 minutes. Incorporer 2 cuillerées à soupe de farine, remuer et mouiller avec 1,5 litre d'eau chaude, non bouillante. Saler, poivrer et laisser cuire 15 à 20 minutes. Disposer des tranches de pain rassis dans une soupière et verser la soupe par-dessus. Délayer séparément 2 jaunes d'œufs avec un filet de vinaigre en y ajoutant, progressivement, quelques cuillerées du potage ; reverser ce mélange dans la soupière et vérifier l'assaisonnement.

LA MIQUE

Dans un saladier, couper environ 200 grammes de pain rassis (la croûte de préférence), en petits morceaux. Ajouter un œuf entier par personne, du sel, du poivre, un petit morceau de lard très finement coupé, de la farine et une pincée de levure. Pétrir ce mélange et former une boule bien homogène ; la rouler ensuite dans de la farine. La laisser cuire, 20 minutes environ, dans du bouillon, en évitant l'ébullition qui aurait pour effet de la désagreger.

Spécialité du Périgord-Noir, la mique accompagne souvent le pot-au-feu ou les légumes de la soupe paysanne.

LE VIN DE NOIX

Prendre une trentaine de noix vertes entières, cueillies entre le 24 juin et le 22 juillet ; les écraser ou les couper en quatre. Les faire macérer, environ 40 à 60 jours, dans un mélange composé de : 5 litres de bon vin rouge (10 à 12°), 1 litre d'eau de vie de fruits (40 à 45°) et un kilo de sucre. Selon le goût de chacun, on peut ajouter : de l'écorce d'orange amère, du bois de Quinquina, de la vanille, de la cannelle, de la noix de muscade... Remuer de temps en temps. Filtrer et mettre en bouteilles ce vin qui se bonifiera en vieillissant et qui se conserve des années.

Rocamadour

Villes
et curiosités

AGONAC

1 342 habitants

Carte Michelin n° 75 pli 5 ou 233 pli 42.

Ce bourg du Périgord Blanc est agréablement situé au milieu d'une région de collines boisées.

Église St-Martin 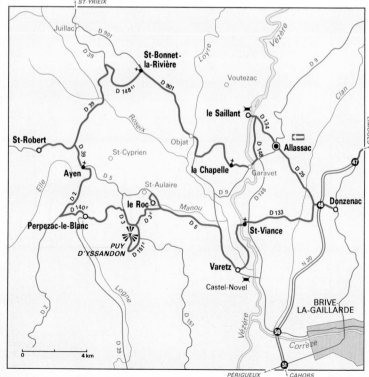 – Elle dresse sa silhouette trapue dans la vallée de Beauronne, en bordure de la D 3ᴱ au Sud de la localité. Le gros clocher carré et les contre-forts (16ᵉ s.) qui l'épaulent sont postérieurs aux dévastations causées par les protestants lors des guerres de Religion.

L'intérieur présente tous les caractères d'un type roman fréquent en Périgord : nef en plein cintre, coupoles sur l'avant-chœur et le sanctuaire, chevet plat. La nef comprend trois travées de la fin du 11ᵉ s. La grande coupole sur pendentifs, supportant le clocher, date du 12ᵉ s. ; le système de chambres de défense, à deux étages, qui fait le tour de cette coupole rappelle les époques troublées où les églises étaient transformées en bastions. Le chœur est orné de chapiteaux sculptés de monstres vomissant du feuillage, de facture archaïque.

ALLASSAC

3 379 habitants

Carte Michelin n° 75 pli 8 ou 239 pli 26.

Petite ville aux maisons bâties en schiste noir et coiffées d'ardoise, parfois agrémen-tées de chaînages d'angle en grès rouge (voir rue L.-Boucharel).

L'**église** de la Décollation-de-St-Jean-Baptiste est également construite en schiste noir, à l'exception du gracieux **portail Sud★** utilisant des grès aux tonalités contrastées. A proximité, la **Tour de César**, haute de 30 mètres, représente le dernier vestige de l'enceinte fortifiée médiévale.

Avant la guerre de 1914-1918, les ardoisières d'Allassac et Donzenac connurent une pleine prospérité : on remplaçait alors massivement la couverture de chaume des fermes par des toitures d'ardoises. Les dernières carrières ont fermé en 1982.

DÉCOUVERTE DE L'YSSANDONNAIS

Circuit de 70 km au départ d'Allassac – une 1/2 journée

L'**Yssandonnais** couvre la partie Ouest du Bassin de Brive ; son territoire constituait durant le haut Moyen Age un Pagus (mot dont nous avons fait « pays ») qui avait pour chef-lieu Yssandon. Sa géologie variée – schistes noirs du plateau corrézien, mamelons de grès rouge dominés par des buttes calcaires localement nommées puys – explique les séduisants contrastes de matériaux employés dans la construction des villages et bourgs. Le relief très vallonné porte des prairies et rideaux de peupliers dans les dépressions, des champs de tabac, maïs, noyers et autres arbres fruitiers sur les terroirs les mieux exposés, tandis que la forêt de chênes couronne les puys. Vers Voutezac ou St-Cyprien perdure un vignoble dont la renommée atteignit autrefois la cour d'Henri IV.

Le Saillant – Ce hameau occupe un site agréable au débouché des gorges de la Vézère. Du joli **pont ancien** qui enjambe la rivière, on aperçoit sur la rive droite le manoir des Lasteyrie du Saillant, très restauré, où venait séjourner le futur tribun révolutionnaire Mirabeau, frère de la marquise du Saillant.

La Chapelle – *Accès : après le passage de la Vézère à Garavet, route à droite en direction de St Aulaire.* Sur un replat offrant une bonne perspective sur la vallée de la Vézère, gracieuse **chapelle** en grès rouge, de style roman, dotée d'une galerie sous auvent.

St-Bonnet-la-Rivière – 327 h. Originale **église romane** en grès rouge, en forme de rotonde, dont le portail d'entrée s'abrite sous un clocher-porche. La légende veut que le chevalier des Cars, seigneur du lieu, ait fait vœu d'élever une église à l'image du Saint-Sépulcre pendant sa captivité en Terre Sainte.

St-Robert – *Voir à ce nom.*

Ayen – 682 h. Ancienne chatellenie de la vicomté de Limoges, Ayen est célèbre pour les **enfeus** du 12ᵉ s. disposés dans les murs extérieurs de son église.

Perpezac-le-Blanc ⊘ – 404 h. Plaisant village aux maisons de calcaire blond, siège d'un « Astropole » proposant une série d'activités en relation avec l'espace. Dans l'ancienne école sont installés un planétarium et un atelier informatique. Le champ du châtel est aménagé en pas-de-tir de micro-fusées de 1 mètre de hauteur, et accueille un observatoire équipé pour l'étude des taches solaires le jour, et l'observation du ciel nocturne.

Le Puy d'Yssandon – L'occupation du site est très ancienne : on y a découvert les structures d'un oppidum gaulois, et des vestiges gallo-romains. Au 7ᵉ s. ses occupants commandaient à l'ensemble des terres qui forment aujourd'hui l'Yssandonnais ; puis il fut possédé par de très puissantes familles : les Pompadour, les Noailles. Du château fort médiéval ne subsiste qu'une tour ruinée. Deux tables d'orientation commentent des vues étendues sur les monts du Limousin, les collines du Périgord, la plaine de Brignac, le bassin de Brive.

Le Roc – *Accès : Par la D 3ᴱ, direction Objat.* Rustique hameau entièrement bâti en grès rouge, perché au-dessus de la vallée de la Manou, et dominé par le château de Saint-Aulaire.

Varetz – 1 851 h. A la sortie du bourg, en direction de Brive, se dresse le château de Castel Novel, transformé en hôtel. Entre 1912 et 1923 il accueillit Henri de Jouvenel et son épouse, la romancière Colette.

St-Viance – 1 407 h. Séduisant village de grès rouge au bord de la Vézère, dont l'église abrite l'une des plus belles pièces d'émaillerie limousine : une **châsse**★ d'émail champlevé du 13ᵉ s., placée dans une niche du chœur.

Donzenac – 2 050 h. Bâti à flanc de coteau en bordure du bassin de Brive, Donzenac occupe une position stratégique qui lui a valu d'être très disputé par le passé, particulièrement pendant la guerre de Cent Ans. L'église, entourée de quelques maisons anciennes, conserve un clocher-tour élevé au 14ᵉ s. La chapelle des Pénitents possède une harmonieuse façade Renaissance.

Pays d'ANS★

Carte Michelin n° 75 pli 7 ou 233 pli 44.

S'étendant aux confins du Limousin et du Périgord, le pays d'Ans tient son nom d'une châtellenie qui était la plus importante de la vicomté de Limoges. La plupart des paroisses qui en dépendaient ont conservé le nom d'Ans : Badefols-d'Ans, Ste-Eulalie-d'Ans, Granges-d'Ans... La châtellenie fut réunie à la Couronne par Henri IV en 1607. Les différents paysages qui caractérisent cette région sont très harmonieux. Extrêmement vallonnés, ils dessinent des damiers de bois et de cultures piquetés de nombreux noyers. L'une des principales activités agricoles est l'élevage du veau sous la mère.

CIRCUIT AU DÉPART DE MONTIGNAC

86 km – environ 4 h

Montignac – *Voir à ce nom.*

Auriac-du-Périgord – 377 h. Ce joli village possède une église romane transformée au 15ᵉ s. et reliée au presbytère par un pont à balustrade.

Écomusée de l'abeille ⊘ – *Accès : 2 km au Nord d'Auriac par la D 65.* Il fait connaître le fonctionnement d'une exploitation familiale apicole.

Château de Rastignac – Bâtie de 1811 à 1817 par le marquis de Rastignac sur les plans de l'architecte périgourdin Mathurin Blanchard, cette belle demeure de style néo-classique offre une frappante similitude avec la Maison-Blanche à Washington. Elle se compose d'un corps de logis rectangulaire surmonté d'une terrasse ornée d'une balustrade à colonnes. La façade sur jardin présente un élégant péristyle semi-circulaire à huit colonnes ioniques.
Brûlé par les Allemands en 1944, ce château a été restauré.

Ajat – 276 h. L'**église** romane dont l'abside en cul-de-four est couverte de lauzes forme un ensemble pittoresque avec le château aux façades surmontées de mâchicoulis.

Bauzens – La façade occidentale de l'**église** superpose deux registres décoratifs : en bas, un portail à voussures toriques brisées ; au-dessus, une arcature aveugle, de style saintongeais. Les deux premières travées de la nef forment une sorte d'atrium qui a été utilisé comme cimetière. Le reste de l'édifice est couvert de lauzes. Derrière l'église, pigeonnier circulaire à lanterneau d'envol.

Après Gabillou, la route traverse un causse à la végétation clairsemée de chênes, genévriers et pins, troué de quelques cloups emplis de terre rouge.

Tourtoirac – *Voir à ce nom.*

★★Château de Hautefort – *Voir à ce nom.*

Badefols-d'Ans – 451 h. La seigneurie de Badefols fut la propriété de la famille de Born dont était issu Bertrand de Born. Ce poète guerrier, célèbre troubadour apprécié dans les cours d'amour, est cité par Dante dans « La Divine Comédie ». Un puissant donjon carré constitue la partie la plus ancienne du château. Un corps de bâtiment du 15e s. était autrefois relié au donjon. En retour d'équerre, l'aile du 18e s. sert d'habitation. Ce château brûlé par les Allemands en 1944 a été restauré.

Après Beauregard-de-Terrasson, apparaît sur la gauche le **château de Peyraux** adossé à un massif boisé, dont le corps de logis est flanqué de deux tours féodales rondes.

Condat-sur-Vézère – 907 h. Situé à proximité des importantes papeteries du Lardin-St-Lazare, le vieux village de Condat, ancienne commanderie templière puis hospitalière, conserve un bel ensemble de bâtiments conventuels et logis des 15e et 16e s. La cascade du Coly et un moulin à eau ajoutent au charme du lieu.

Les ARQUES★

160 habitants
Carte Michelin n° 79 pli 7 ou 235 pli 10 (6 km au Sud de Cazals) – Schéma p. 60.

Dans ce paisible village de la Bouriane *(voir p. 56)* se trouvent deux églises intéressantes qui ont fait l'objet d'importantes restaurations.

Ossip Zadkine – Sculpteur français d'origine russe, Zadkine (1890-1967) arrive à Paris en 1909. Il est d'abord marqué par le cubisme dont il finit par s'affranchir.
En 1934 il acquiert la maison où il réalise des œuvres marquantes : Diane, la Pietà, le grand Christ... qui prévalent par leur expression monumentale et le goût des formes bien construites.

Musée Zadkine ⊙ – Trois salles montrent un éventail de l'œuvre de l'artiste : lithographies, tapisseries, bronzes (Trio musical, 1928) et bois monumentaux (Diane). Un montage audiovisuel propose la rediffusion d'un long entretien avec Zadkine.

★Église St-Laurent – Située au cœur du village, cette église est le seul vestige d'un ancien prieuré-doyenné fondé au 11e s. par l'abbaye de Marcilhac. La nef, autrefois plus large et plus longue, a été restaurée au siècle dernier. L'abside et les absidioles ont conservé toute la pureté de leur architecture romane. Certains archaïsmes apparaissent tels l'oculus du bras Sud du transept, reste des traditions carolingiennes, et les bases à bourrelet des colonnes des arcs doubleaux. L'aspect le plus original de l'édifice est le cintre de ses arcs : arcs outrepassés par lesquels s'ouvrent les absidioles, arcs rampants ornant le passage entre abside et absidioles. Deux poignantes œuvres de Zadkine ornent cette église : le grand **Christ★**, au revers de la façade, et la **Pietà★** dans la crypte.

Église St-André-des-Arques ⊙ – *Descendre vers la Masse, traverser la D 45.* Située dans une clairière au milieu des bois, cette église présente un ensemble assez remarquable de **fresques murales★** de la fin du 15e s. découvertes par le sculpteur Zadkine en 1954. La fenêtre du chœur est encadrée par l'Annonciation, puis, de part et d'autre, par les apôtres tenant soit les instruments de leur supplice : croix en diagonale de saint André, hallebarde de Mathias, soit l'objet qui les symbolise : clef de saint Pierre, bourdon de saint Jacques, équerre d'architecte de saint Thomas. Au-dessus, sur la voûte constellée d'étoiles rouges, le Christ en majesté assis sur un trône en forme d'arc-en-ciel bénit d'une main et tient un globe dans l'autre. Il est entouré des symboles des quatre évangélistes. Sur les piliers de l'abside soutenant un arc triomphal, on reconnaît saint Christophe et de l'autre côté l'enfant Jésus l'attendant pour passer la rivière.

ASSIER★

533 habitants
Carte Michelin n° 75 Sud-Est du pli 19 ou 239 pli 39.

Ce village du Quercy possède deux remarquables créations de la Renaissance dues à la magnificence de Galiot de Genouillac.

Galiot de Genouillac (1465-1545) – Page de Charles VIII, puis premier valet de chambre de Louis XII et enfin grand maître de l'Artillerie de François Ier, Jacques Galiot de Genouillac aimait à dire qu'il avait servi trois rois. Ce capitaine était couvert de titres : grand écuyer de France, chevalier de l'ordre de Saint-Michel, sénéchal du Quercy, surintendant des Finances et surtout grand maître de l'Artillerie. Il participa à de nombreuses batailles et organisa le camp du Drap d'Or où François Ier rencontra Henri VIII d'Angleterre. Cet homme d'armes, qui montra un véritable génie tactique, gardait un tel souvenir de ses faits d'armes qu'il les fit reproduire en frise sur son château et son église.

Sa devise « J'aime Fortune », qui pouvait aussi s'écrire « J'aime Fort Une », se retrouve en divers endroits des deux monuments.

Château ⓥ – « Bien qu'élevé », disait Brantôme, « en fort laide assiette, en fort laid pays montagneux et raboteux, le château d'Assier égale en splendeurs les palais du Val de Loyre », et il ajoutait : « mieux meublé que maison de France, tant en vaisselle d'argent qu'en tapisseries et ciels de soye d'or et d'argent ». Galiot de Genouillac voulait une demeure somptueuse digne de son rang, souhait exaucé si l'on en juge d'après l'aquarelle de Gaignières montrant le château en 1680. Malheureusement le château fut vendu par les descendants dès 1766, puis démantelé. Seule a été conservée l'aile du corps de garde qui était plus simple et sobre que les trois autres ailes au somptueux décor Renaissance. Prosper Mérimée, en 1841, fit classer ce château alors à l'abandon.

Assier – Dessin de Gaignières représentant le château en 1680

D'après photo Bibliothèque Nationale

La façade extérieure a conservé des formes de mâchicoulis entre ses deux tours rondes. Au centre l'entrée monumentale, encadrée par deux colonnes doriques, est surmontée d'une niche qui abritait une statue équestre de Galiot de Genouillac. Le toit, autrefois en forme de carène et recouvert de lauzes, était percé de plusieurs lucarnes comme celle qui subsiste.

La **façade intérieure**★ montre une grande pureté de lignes. Elle est ornée de frises à compartiments courant au-dessus de chaque étage. De nombreuses scènes de la légende d'Hercule font allusion à la toute-puissance du capitaine, des canons crachant des flammes rappellent sa charge de grand maître de l'Artillerie. Entre les fenêtres figuraient des médaillons abritant des bustes ; seul subsiste celui d'un empereur romain. A l'intérieur les salles du bas, voûtées d'ogives, contiennent des éléments architecturaux du château et un remarquable gisant du 17e s. représentant Anne de Genouillac qui fut prieure maltaise.

Un bel escalier de transition gothique-Renaissance donne accès à l'étage. Sur le palier, un **pilier**★ très finement sculpté dans un calcaire pur représente sur une face la fortune, sur la deuxième les trophées de Galiot de Genouillac et sur la troisième Hercule luttant contre le lion de Némée.

Une salle du premier étage contient des grisailles en camaïeu du 17e s.

★**Église** – Construite de 1540 à 1549, elle nous est parvenue intacte. L'ornementation extérieure n'est qu'un long panégyrique des exploits et des titres de Galiot de Genouillac. Une **frise** fait le tour de l'église. Les sujets qui y sont traités : sièges de villes et combats, cavaliers, fantassins, artilleurs, surprendront le visiteur qui ne s'attend guère à rencontrer tant de motifs guerriers dans la décoration d'un édifice religieux. Cette frise constitue un précieux document sur les armes et les costumes du 16e s.

Le **portail** a une allure classique : au tympan, deux angelots offrent à la Vierge les insignes de Galiot, l'épée de grand écuyer et le collier de Saint-Michel. Le portique, formé de deux colonnes surmontées d'un fronton triangulaire, supporte une niche à dôme.

A l'intérieur, la première chapelle à gauche abrite le **tombeau** du grand capitaine dont le gisant repose sur un sarcophage de marbre : il est représenté en costume de cour ; au-dessus, un haut-relief montre Galiot entouré de ses attributs militaires et de deux canonniers semblant attendre ses ordres pour faire feu. La **voûte** de cette chapelle, taillée en étoile, forme une sorte de dôme soutenu par des trompes ; le procédé est remarquable et tout à fait rare.

Aubazine occupe un site agréable entre la Corrèze et le Coiroux, un promontoire allongé à l'écart des grands axes de circulation.

Un monastère double – Dans le premier tiers du 12ᵉ s. s'assemblent en forêt d'Aubazine, autour de l'ermite Étienne venu de la Xaintrie voisine, des hommes et des femmes désireux d'une vie austère consacrée à la prière. La petite communauté, ayant adopté la règle de St-Benoît, érige un monastère d'hommes à Aubazine, puis un monastère de femmes à seulement 600 mètres du premier, dans le vallon du Coiroux. En 1147, malgré le handicap constitué par l'existence de la communauté féminine, Étienne obtient l'intégration de ses fondations dans l'ordre cistercien. Cette spécificité de monastère double sera conservée jusqu'à la Révolution. Les femmes ayant été soumises par le fondateur à la clôture absolue vivront sous la totale dépendance, tant au plan spirituel que matériel, du monastère masculin, condition sans doute à l'origine du facétieux dicton « Qui a fille à Coiroux a gendre à Aubazine ».

Le monastère d'hommes – L'**abbatiale★** fut édifiée dans la seconde moitié du 12ᵉ s., et vouée à la Vierge comme presque toutes les églises cisterciennes. Au 18ᵉ s. elle fut amputée de 6 de ses 9 travées, précision qui renseigne sur ses imposantes proportions d'origine. La façade occidentale a été élevée à cette époque. Le **clocher★** coiffant la croisée du transept est d'une conception très originale ; on y passe du plan carré au plan octogonal par un système de gradins de pierre réalisant une figure géométrique dite « surface réglée », réussite technique unique à ce jour. A l'intérieur le vaisseau central est voûté en berceau légèrement brisé et le vaste carré du transept doté d'une élégante coupole sur pendentifs. Trois chapelles orientées, à chevet plat, s'ouvrent de chaque côté du chœur terminé par une abside à cinq pans. Les vitraux en grisaille éclairant l'édifice étaient les seuls admis dans les églises cisterciennes.

★**Mobilier** – Dans le croisillon sud du transept, remarquable **tombeau de St Étienne★★** exécuté en calcaire dans les années 1250-1260, probablement par des artistes d'un atelier de la région parisienne. Le gisant, dont le visage a été mutilé par les fidèles (ils prêtaient à la poussière obtenue en râclant la pierre des vertus miraculeuses), repose dans une châsse dont l'élévation est ajourée par une arcature ; le toit à deux versants est orné de scènes sculptées : sur le côté visible la Vierge à l'enfant accueille Étienne et ses communautés pendant leur vie terrestre. En face, est exposée **la mise au tombeau** du Coiroux, œuvre en calcaire à l'origine polychromée, d'une exceptionnelle qualité, retrouvée en 1985 lors de la fouille de l'église du monastère féminin.

Dans la première chapelle du bras nord du transept, une Pietà du 15ᵉ s., en calcaire avec traces de polychromie, frappe par la grande expression spirituelle qui s'en dégage.

Au pied du grand escalier qui conduisait au dortoir on découvre la plus ancienne **armoire liturgique★** conservée en France. Fabriquée au 12ᵉ s. en madriers de chêne, elle est décorée d'arcatures sur ses faces latérales.

Les stalles furent confectionnées au 18ᵉ s., lors du choix de l'abbaye comme noviciat pour toute l'Aquitaine occidentale. Aujourd'hui dispersées dans l'ensemble de l'édifice, elles possèdent des miséricordes sculptées de visages très expressifs.

Bâtiments conventuels – Ils sont occupés par une communauté de moniales catholiques de rite oriental. On visite ⊙ la petite bibliothèque, la salle capitulaire avec ses voûtes d'arêtes retombant sur deux colonnes, la salle de travail des moines, la cuisine et le grand vivier à poissons, alimenté par le « **canal des moines** » ; ce dernier, réalisé au 12ᵉ s. à partir d'une capture sur le Coiroux, tantôt creusé dans la roche en place, tantôt construit en encorbellement au-dessus d'un abrupt de plus de 50 m, est un ouvrage d'art d'une qualité technique rare qui peut être suivi de bout en bout (itinéraire fléché prenant à droite sur la route du plan d'eau du Coiroux ; distance 1,5 km).

Le monastère de femmes – *Accès : à 600 m du bourg ; prendre la route en direction de Palazinges.*

Abandonné en 1791, il ne conserve plus en élévation que les murs de l'église, mais des fouilles récentes ont restitué les dispositifs d'alimentation en eau potable, et retrouvé sous le talus de la route actuelle la porterie voûtée par laquelle communiquaient moines et moniales ; celle-ci était aménagée à la manière d'un sas, chacune des deux communautés disposant, l'une de la clef de la porte extérieure, l'autre de la clef de la porte intérieure.

ENVIRONS

★**Puy de Pauliac** – Le sentier tracé *(1/4 h à pied AR)* à travers les bruyères et les bois de châtaigniers, amène au sommet (520 m d'altitude) d'où l'on découvre une large **vue★** au Sud-Est sur la Roche de Vic, et au Nord, sur le massif des Monédières **(table d'orientation)**.

En poursuivant la D 48, on arrive au **centre touristique du Coiroux** aménagé autour d'un vaste plan d'eau (baignade, voile, planche à voile, golf).

L'EUROPE en une seule feuille : carte Michelin n° 970.

AUBETERRE-SUR-DRONNE★

388 habitants (les Aubeterriens)
Carte Michelin n° 75 pli 3 ou 233 plis 40, 41 – Schéma p. 142.

Dominant la vallée de la Dronne et ses verts pâturages. Aubeterre est une petite cité ancienne aux rues étroites et escarpées, bâtie en amphithéâtre, au pied de son château, sur les pentes d'un cirque interrompant la falaise de craie blanchâtre qui est à l'origine de son nom (alba terra : blanche terre).

Paisible, la place Trarieux, dominée par le buste de Ludovic Trarieux, enfant d'Aubeterre, fondateur de la Ligue pour la Défense des droits de l'homme et du citoyen, marque le centre de la localité. De là, on accède en montée à l'église St-Jacques, en descente à l'église monolithe.

ÉGLISES *visite : 1 h*

★★**Église monolithe** ⏱ – Dédiée à saint Jean, cette église appartient à un type rare que les archéologues nomment « monolithe » (d'un seul bloc de pierre), dont un autre exemple se trouve à Saint-Émilion *(voir le guide Vert Michelin Pyrénées Aquitaine).* Par un couloir bordé d'enfeus, on pénètre dans une vaste cavité taillée dans le roc dont le dépouillement allié à la rudesse de la matière saisit et impressionne.

Une cuve baptismale du 5ᵉ ou du 6ᵉ s., sculptée en croix grecque, témoigne de la présence d'une église primitive et évoque la pratique du baptême par immersion à cette époque. La crypte a dû, pour sa part, accueillir des adeptes de Mithra, divinité orientale concurrente du christianisme primitif dont le culte, caractérisé par le sacrifice d'un taureau ou taurobole, fut répandu en Gaule par les soldats de l'Empire Romain.

L'église actuelle fut probablement entreprise au 12ᵉ s. pour abriter les reliques du Saint-Sépulcre de Jérusalem, rapportées de la croisade par Pierre II de Castillon, alors possesseur du château. Utilisée comme atelier de salpêtre sous la Révolution, elle fut le cimetière d'Aubeterre jusqu'en 1865.

Parallèle à la falaise, la nef, haute de 20 mètres, est composée de trois travées. Elle ne possède qu'un seul bas-côté où filtre encore une petite source, sans doute bénéfique et vénérée des premiers pèlerins. L'abside abrite un monumental reliquaire monolithe, laissé en réserve lors du creusement de l'église. Il renfermait la châsse contenant les reliques du Saint-Sépulcre.

A l'autre extrémité de la nef, on découvre la chapelle primitive du 6ᵉ s. transformée en nécropole au 12ᵉ s., après l'aménagement de l'église : des fouilles ont, en effet, mis au jour une série de sarcophages creusés à même le roc.

Dans la partie haute de la nef, une galerie figurant une tribune permet d'avoir une intéressante vue d'ensemble sur ce lieu de culte empreint de spiritualité primitive. Il existait autrefois au-dessus de l'église un château dont les seigneurs pouvaient, par un petit escalier caché toujours visible, accéder facilement à la galerie, et de là épier les foules et participer aux offices.

Église St-Jacques – Ancienne abbatiale bénédictine St-Sauveur, puis collégiale de chanoines, l'église présente une façade romane, rythmée d'arcades et d'arcatures au décor finement sculpté de motifs géométriques d'inspiration arabe. A gauche du portail central, remarquer la frise sculptée évoquant les Travaux des mois. En contrebas de l'église, une tour à mâchicoulis protège le logis du chapitre (16ᵉ s.).

Abbaye de BEAULIEU-EN-ROUERGUE★

Carte n° 79 pli 19 ou 235 pli 19 (10 km au Sud-Est de Caylus) – Schéma p. 151.

A la limite du Quercy et du Rouergue, la charmante vallée de la Seye a vu s'établir en 1144 quelques moines envoyés par saint Bernard pour fonder une **abbaye** ⏱ à laquelle fut donné le nom de Beaulieu (Belloc en occitan).

Après la Révolution, elle fut en partie démantelée et transformée en exploitation agricole. Ce n'est qu'en 1960 que de nouveaux propriétaires entreprirent sa restauration poursuivie, à partir de 1973, par la Caisse des monuments historiques qui reçut l'abbaye en donation. Le résultat est remarquable, surtout dans l'église, merveilleux exemple de l'architecture cistercienne.

L'abbaye est devenue **centre d'Art contemporain** qui organise en été des expositions et des animations musicales.

★**Église** – Ce bel édifice élevé au milieu du 13ᵉ s. est représentatif du gothique le plus pur, avec sa nef unique voûtée d'ogives, éclairée par des lancettes et des roses. L'élégante abside à sept pans est précédée par la croisée du transept que surmonte une intéressante **coupole** octogonale sur trompes. Chaque croisillon du transept s'ouvre sur une chapelle carrée.

Les bâtiments abbatiaux – La **salle capitulaire**, partie la plus ancienne, s'ouvrait sur le cloître, aujourd'hui disparu, par trois arcs d'ogive. Elle se compose de deux travées couvertes chacune de trois voûtes d'ogives retombant sur deux puissantes colonnes. Le cellier, au rez-de-chaussée du bâtiment des convers, comprend dix voûtes sur croisée d'ogives reposant sur quatre colonnes dont les chapiteaux sont décorés de feuilles plates. La beauté de cette salle et le raffinement dont témoignent les sobres clefs de voûte montrent le soin que les moines cisterciens apportaient à l'édification de chaque bâtiment, même annexe.

BEAUMONT

1 166 habitants

Carte Michelin n° 75 pli 15 ou 235 pli 5.

Importante bastide fondée en 1272 par le sénéchal de Guyenne au nom du roi d'Angleterre Édouard 1er, Beaumont n'a conservé que quelques vestiges de ses fortifications mais présente encore de nombreuses maisons à cornières.

Église St-Front – Cantonnée de quatre massives tours reliées par un chemin de ronde, l'église, construite à partir de 1272 dans le style gothique anglais, constituait, en cas de siège, le dernier refuge des habitants. La dissymétrie des tours de la façade principale traduit la différence de leurs destinations : la plus basse était avant 1789 un clocher, la plus élevée un donjon crénelé et muni de mâchicoulis. Elles encadrent un portail à cinq voussures reposant sur des faisceaux de colonnettes et une **galerie★** à balustrade finement décorée, soulignée à sa base par une frise historiée. Le gracieux portail sud à arcade trilobée dominée par un dais lancéolé, est défendu par une bretèche. D'importantes restaurations au siècle dernier ont altéré le caractère militaire de l'édifice.

Intérieur – A gauche, dans la Tour des Cloches, est exposée la volumineuse clé de voûte du chœur (elle pèse 450 kg !) sculptée de têtes, dont celle du patron de l'église, saint Front. Sur le même bas-côté vers le milieu de la nef, s'ouvre la chapelle St-Joseph, vestige sans doute d'une église plus ancienne ; remarquer, entre deux enfeus, la petite piscine qui servait aux ablutions rituelles des prêtres.

Vestiges des remparts – A l'extérieur de la localité, en suivant à l'Ouest la ligne des remparts, on découvre une jolie vue sur le mur d'enceinte sur la porte fortifiée de Luzier, du 13e s., et sur la silhouette imposante de l'église St-Front.

ENVIRONS

Château de Bannes – *5 km au Nord-Ouest.*
Ce château fut édifié à la fin du 15e s. par Armand de Gontaut-Biron, évêque de Sarlat. Se dressant sur un éperon rocheux, il présente un corps de logis coiffé de tours puissantes, le tout couronné de mâchicoulis qui lui conféreraient un aspect militaire, s'il n'était orné d'un portail sculpté et de lucarnes richement décorées, surmontées de candélabres et de pinacles du style de la première Renaissance.

BELVÈS

1 663 habitants

Carte Michelin n° 75 pli 16 ou 235 pli 5 – Schéma p. 83.

Perché sur un promontoire calcaire à l'emplacement d'un castrum gallo-romain, Belvès occupe un site remarquable au-dessus de la vallée de la Nauze. C'est par la D 52, au sud-est, et la D 710, au sud, qu'il faut l'aborder pour découvrir l'ensemble formé par les vieilles demeures à tourelles, les clochers et les terrasses aménagées en jardins ou couvertes de feuillage.

Des panneaux apposés sur chacun des principaux monuments permettent de les identifier aisément.

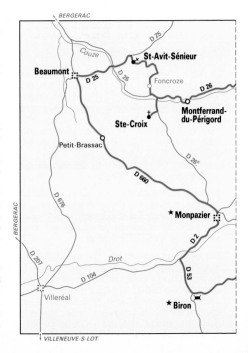

Place d'Armes – Elle a conservé l'ancien beffroi et la halle du 15e s., aux supports mixtes, en pierre et charpente. Sur l'un d'eux, figure encore dans une petite vitrine la chaîne du pilori. Autour de la place les façades s'agrémentent de jolis balcons en fer forgé. Emprunter le passage couvert à droite de la Maison de l'Archevêque.

Rue Rubigan – Par cette plaisante ruelle, on atteint la Maison des Consuls. La Tour de l'Auditeur, peut-être du 13e s., a fait partie d'une maison noble.

Rue des Filhols – A droite, belle façade Renaissance de l'hôtel Bontemps. On traverse à nouveau la place d'Armes.

Rue Jacques-Manchotte – Au n° 40, admirer la maison en colombage hourdé de briques appareillées en épi. Sur la gauche s'ouvrent plusieurs venelles bordées de pittoresques maisons anciennes. La rue débouche sur la place de la Croix-des-Frères, dominée par le clocher de l'ancien couvent des dominicains, que termine une lanterne octogonale.

Dans un autre périmètre de la cité sont concentrés des vestiges de l'enceinte médiévale, le donjon du château (12e s.) et l'église gothique N.-D.-de-Montcuq, ancienne prieurale bénédictine.

BASTIDES EN BESSÈDE

Circuit de 105 km au départ de Belvès – Compter une journée

La petite ville de Belvès est entourée par l'austère forêt de la Bessède, que prolonge à l'Est le « Pays au Bois » de Belvès, antichambre de la Bouriane. Une épaisse couche d'argile recouvre la plupart du temps le plateau calcaire, et engendre des sols acides, peu propices aux cultures. La région ne fut véritablement colonisée que par l'implantation de plusieurs bastides *(voir p. 35)*. Aujourd'hui l'arbre reste omniprésent et la forêt, une ressource essentielle ; en témoignent les nombreuses scieries aperçues chemin faisant, et à l'automne la bonne odeur des cèpes comme la profusion des châtaignes.

Montferrand-du-Périgord – 197 h. Ce beau village étagé au-dessus de la Couze est dominé par son château à demi ruiné qui conserve un donjon du 12e s. La halle aux beaux piliers anciens, les vieilles maisons, des pigeonniers, forment un ensemble pittoresque.

Dans le cimetière, au-dessus du village, une chapelle romane est décorée d'un bel ensemble de fresques murales des 12e, 13e, 14e et 15e s.

Ste-Croix – 94 h. Ce village possède une charmante église romane près de laquelle se dressent les bâtiments en partie ruinés d'un ancien prieuré. Cette église du 12e s. présente une silhouette très pure. Sa nef couverte de tuiles rondes contraste avec le chevet et la chapelle absidiale, coiffés de lauzes. La façade est surmontée d'un clocher à pignons.

St-Avit Senieur – *Voir à ce nom.*
Le parcours sur la D 25 jusqu'à Beaumont fait admirer de plantureuses fermes-manoirs.

Beaumont – *Voir à ce nom.*
A hauteur du lieu-dit **Petit Brassac** (5 km au sud de Beaumont sur la D 660), en face du panneau « chambres d'hôte », se dresse un élégant pigeonnier sur colonnes en colombage et briques.

★**Monpazier** – *Voir à ce nom.*

★**Château de Biron** – *Voir à ce nom.*

Villefranche-du-Périgord – *Page 54.*

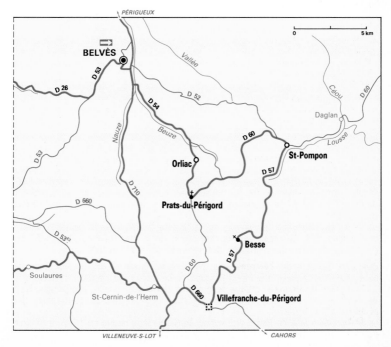

Besse – *Voir à ce nom.*

En quittant Besse, la route pénètre une épaisse forêt mixte de pins et châtaigniers, un des lieux les plus ténébreux du Périgord. Aux abords de St-Pompon lui succède un taillis clairsemé de chênes envahi par la pierraille. Les cultures, de maïs et de tabac notamment, sont cantonnées dans les vallées sèches.

St-Pompon – 452 h. Le vieux village possède de nombreuses maisons périgour-dines typiques. On remarque de jolies lucarnes sommées de coquilles et encadrées de volutes. De l'enceinte élevée par les anglais au 15ᵉ s., subsiste une **porte forti-fiée★**, pourvue au revers d'un hourd en colombage et pierres.

A la sortie du village en direction de Prats-du-Périgord, un sentier, longeant un étonnant mur en appareil cyclopéen, escalade la colline des Guillous et conduit (300 mètres) au « fort gaulois », un cairn parfois interprété comme une sépulture mégalithique.

Prats-du-Périgord – 199 h. L'**église★** romane, fortifiée au 15ᵉ s., offre un aspect inhabituel, avec sa nef enchâssée entre la haute abside et le clocher-mur élancé.

Orliac – 72 h. Le minuscule village, blotti au creux d'un vallon colonisé par la forêt de pins, possède une église fortifiée, véritable nef-donjon à peine égayée par un portail Renaissance. Remarquer sur l'une des habitations la disposition caractéris-tique de la pierre à évier.

Les villes, sites et curiosités décrits dans ce guide
sont indiqués en caractères noirs sur les schémas.

BERGERAC★

26 899 habitants

Cartes Michelin n° 75 plis 14, 15 ou 234 plis 4, 8 et 235 pli 5 – Schémas p. 53 et 92.

S'étendant de part et d'autre de la Dordogne, à l'endroit où celle-ci prend son cours le plus paisible et où la vallée s'élargit pour devenir une plaine alluviale, Bergerac s'entoure d'un vignoble prestigieux, de champs de tabac, de cultures céréalières et de maïs.

Au cœur de cette ville annonçant déjà le Bordelais et le Midi, le quartier ancien a fait l'objet d'une importante restauration mettant en valeur des demeures des 15ᵉ et 16ᵉ s.

Un carrefour commercial et intellectuel – La ville prend son essor dès le 12ᵉ s. Ville port, ville pont, elle voit rapidement se développer une bourgeoisie qui fait fortune dans le commerce entre les régions de l'intérieur (Auvergne, Limousin) et Bordeaux.

Au 16ᵉ s., ce fief des Navarre devient une des capitales du protestantisme (*expositions sur ce thème, tous les étés, au temple – place du Cayla* ⊘). La ville connaît alors une période brillante. De nombreuses imprimeries publient des pamphlets diffusés dans l'ensemble du monde protestant. En août 1577 la paix de Bergerac est signée entre le roi de Navarre et les représentants de Henri III, c'est un préliminaire à l'édit de Nantes (1598). Mais en 1620 les armées de Louis XIII s'emparent de la ville et démo-lissent les remparts. Après la révocation de l'édit de Nantes (1685), les jésuites et les récollets essaient de reconquérir des disciples. De nombreux Bergeracois fidèles à leurs croyances calvinistes émigrent alors en Hollande, pays avec lequel ils maintenaient des contacts commerciaux.

A la Révolution, Bergerac jusque-là capitale du Périgord, se voit déposséder de cette fonction au profit de Périgueux qui devient préfecture du département de la Dordogne. Au 19ᵉ s. cependant, vignoble et batellerie prospèrent jusqu'à la crise du phylloxera et l'arrivée du chemin de fer.

Bergerac aujourd'hui – Essentiellement marché agricole, Bergerac est la capitale du tabac en France et regroupe l'Institut expérimental des tabacs et le Centre de forma-tion et de perfectionnement des planteurs de tabac. D'autre part, les 11 000 ha de vignobles qui entourent la ville produisent des vins d'appellation d'origine contrôlée, comprenant le Bergerac et les côtes de Bergerac, le Monbazillac, le Montravel et le Pécharmant (*voir carte p. 18*). Le Conseil interprofessionnel des vins de la région de Bergerac, qui décide de l'appellation des vins, se trouve dans le cloître des récollets (*voir p. 51*).

La principale entreprise industrielle est la Société des poudres et explosifs dont les productions sont orientées vers la fabrication de la nitrocellulose, employée dans l'industrie des films, des peintures, des vernis et des matières plastiques.

Quelques Bergeracois célèbres – Le plus connu, **Cyrano** et son fameux appendice nasal, héros de la pièce d'Edmond Rostand, a été inspiré par l'écrivain philosophe du 17ᵉ s. Cyrano de Bergerac dont le nom n'avait rien à voir avec la ville périgourdine ! Bergerac a cependant adopté ce « fils illégitime » et lui a élevé une statue place de la Myrpe.

Le philosophe Maine de Biran, vrai enfant de Bergerac, y naquit en 1766. Il fut admi-nistrateur du département de la Dordogne.

★LE VIEUX BERGERAC *visite : 1/2 h (4 h avec les musées)*

Ancien port (C) – Autrefois, les gabares accostaient à cet endroit pour décharger les produits et le bois qui venaient du haut du pays et embarquer les barriques de vin à destination de Bordeaux puis de l'Angleterre et de la Hollande.
On remarque contre une maison du bas de la rue du Port une amusante toise des crues de la Dordogne.

Rue du Château (C 5) – Elle fait un coude dans lequel a été aménagé un curieux balcon à balustre surplombant la rue.

★★**Musée du Tabac** (C) ⊘ – Il est installé dans la **maison Peyrarède★**, élégant hôtel dit des rois de France édifié en 1603, qui s'orne d'une tourelle en encorbellement. Ses remarquables collections y sont fort bien présentées.

Au **1ᵉʳ étage**, de salle en salle, on suit le destin extraordinaire de cette plante : jusqu'au 15ᵉ s. elle n'était connue que des Indiens d'Amérique. Christophe Colomb décrit en 1492 « ces femmes et hommes avec à la main un tison pour prendre leurs fumigations ». Illustrant

cette période, sont expo-
sées des poches à tabac,
des **pipes à calumet**, des pipes
indiennes.

Puis, à la suite des grandes
découvertes maritimes, le
tabac pénètre en Europe.
En France, il est introduit
vers 1560 par Jean Nicot,
ambassadeur de France au
Portugal qui envoie de la
poudre de tabac à Catherine
de Médicis pour guérir ses
migraines. Fumeurs et
fumeuses envahissent les
églises...

L'engouement est tel que le
pape Urbain VIII va jusqu'à
excommunier les fumeurs
et que Louis XIII interdit la
vente de tabac avant d'éta-

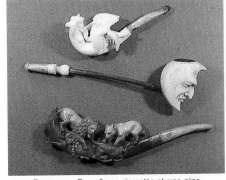

Bergerac – Deux fume-cigarette et une pipe
dans le musée du Tabac

blir le premier système fiscal le concernant. Le tabac se présente alors sous forme de carotte qu'il faut râper pour le mettre en poudre. Les **râpes** exposées sont de vé-ritables objets d'art sculptés dans le bois ou l'ivoire.

A la fin du 18ᵉ s., le tabac à priser est vendu directement en poudre, il est alors conservé dans de grands pots en faïence décorés à la main, et chaque fumeur se promène avec sa tabatière. A côté des **pots de faïence** sont présentées de nom-breuses **tabatières** dont certaines sont décorées de portraits de Louis XVIII, Napoléon ou Charles X. Ces petites boîtes permettaient aux fumeurs d'afficher ainsi leurs opinions politiques.

Une nouvelle évolution se produit avec l'usage de la pipe. Les pipes existaient depuis le début du 17ᵉ s., aux Pays-Bas, mais leur emploi était jugé plutôt vulgaire et popu-laire. Les officiers du Premier Empire en lancent la mode, suivie aussitôt par les Romantiques, dont George Sand. De nombreuses **gravures satiriques** du 19ᵉ s. illustrent cet art de « consommer » le tabac. Dans les vitrines, les **pipes** en porcelaine, en écume de mer, en bois sont décorées de sujets cocasses, de portraits de personnages illustres. Enfin, au milieu du 19ᵉ s. apparaissent la cigarette et les objets qui l'accompa-gnent, entre autres de ravissants **fume-cigarette** en ivoire représentant de véritables petits tableaux sculptés.

Au **2ᵉ étage** sont réunies quelques œuvres d'art évoquant le tabac et les fumeurs. On remarquera Les Deux Fumeurs de l'école française du Nord du 17ᵉ s., Les Trois Fumeurs de Meissonier et le charmant Intérieur de tabagie de David Teniers II dit le Jeune. A côté, le guéridon du fumeur réalisé par des Indiens du Mexique fascine par le nombre de bagues de cigares qu'il a fallu utiliser pour obtenir cette « marqueterie ». Une section est consacrée à la culture du tabac : plantation, récolte, séchage... plus particulièrement dans la région de Bergerac.

Musée d'histoire urbaine ⊘ – Dans une maison attenante à l'hôtel Peyrarède et reliée à celui-ci, des objets, cartes, documents, vestiges architecturaux, meubles... évo-quent l'histoire de Bergerac à travers les siècles.
On remarquera quelques faïences qui étaient fabriquées à Bergerac au 18ᵉ s. et les plans anciens de la ville.

Rue d'Albret (C 2) – Au fond de cette rue, à droite, apparaît la façade de l'hôtel de ville, ancien couvent des dames de la foi. A gauche, faisant le coin avec la place du Feu, une vaste demeure a conservé les grands arcs de ses portes ogivales.

Place du Docteur-Cayla et place de la Myrpe (C) – Ce vaste espace ombragé séduit par le charme de ses petites maisons à colombage. Sur le terre-plein de la place de la Myrpe se dresse la statue de Cyrano de Bergerac enveloppé d'une houppelande.

Cloître des récollets (C) ⊘ – Situé entre la place du Docteur-Cayla et les quais, l'ancien couvent des récollets abrite aujourd'hui les installations du Conseil interprofes-sionnel des vins de la région de Bergerac.

Le bâtiment, construit entre le 12e et le 17e s., allie la brique à la pierre. La cour intérieure présente une galerie Renaissance du 16e s. accolée à une autre galerie du 18e s. Dans l'angle Sud-Est se trouve le petit four des moines.

Quelques marches conduisent au caveau, ancienne cave des moines remarquablement voûtée, où se tiennent les réunions de la Conférence des consuls de la Vinée. Un spectacle audiovisuel y présente le vignoble de Bergerac.

Au premier étage, de la salle d'apparat richement décorée, une belle vue se révèle sur les coteaux de Monbazillac.

Le laboratoire d'œnologie occupe la partie orientale. On visite la salle de dégustation où tous les vins sont goûtés chaque année pour savoir s'ils auront droit à l'appellation d'origine contrôlée.

La visite se termine à la **Maison du Vin**, à l'angle de la place de la Myrpe.

La chapelle attenante au couvent des récollets date du 13e s. ; elle est devenue un temple protestant à la fin du 18e s.

★ **Musée du Vin, de la Batellerie et de la Tonnellerie (C M²)** ⊘ – Installé dans une belle maison de brique à colombage, au bout de la place de la Myrpe, ce musée agréablement présenté comprend trois sections.

Au 1er étage, on découvre l'activité de la tonnellerie qui eut une place importante dans l'économie de Bergerac. Les barricayres, nom donné aux tonneliers, étaient tenus à des normes très strictes concernant les jauges, les bois utilisés…

La section concernant le vin montre l'évolution du vignoble bergeracois à travers les siècles et les différents types d'habitats vignerons.

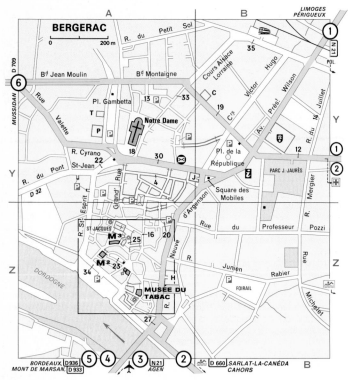

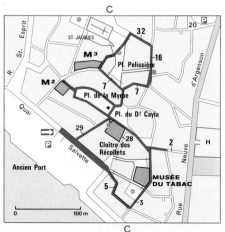

Au 2ᵉ étage, la batellerie revit à travers les maquettes des bateaux, les gabares à fond plat et à voiles, qui assuraient le transport des marchandises sur la Dordogne. Ils n'allaient pas en amont de Bergerac qui était le seuil de rupture de charge. Des photos montrent l'animation du port de Bergerac au 19ᵉ s., ainsi que les scènes de pêche à l'épervier ou à l'escave, noms que l'on donnait aux grands filets qui permettaient des captures miraculeuses au moment de la remontée des poissons migrateurs : saumons, aloses.

Place Pélissière (C) – Autour d'une fontaine, cette vaste place à plusieurs niveaux a été dégagée à la suite de la démolition de masures. Elle est dominée par l'église St-Jacques ⊘, ancienne étape des pèlerins de Saint-Jacques-de-Compostelle qui abrite des œuvres contemporaines. A proximité se trouve le musée d'Art sacré.

Musée d'Art sacré (C M³) ⊘ – Installé dans le bâtiment de la petite mission, il réunit des œuvres religieuses : tableaux, sculptures, vases sacrés de tous les styles. Remarquer la pierre de Lauzerte, curieuse statue très archaïque découverte dans une chapelle de Lauzerte (Tarn-et-Garonne).

Rue St-James (C 32) – Elle est bordée de demeures des 15ᵉ, 16ᵉ et 17ᵉ s., montrant des fenêtres à meneaux et des murs à pans de bois.

Rue des Fontaines (C 16) – La Vieille Auberge, au coin de la rue Gaudra, a conservé ses arcades moulurées, ses chapiteaux du 14ᵉ s. et ses baies ogivales.

Rue des Conférences (C 7) – Son nom évoque les entretiens qui précédèrent la paix de Bergerac (voir p. 50). Elle est bordée de maisons à colombage.

AUTRE CURIOSITÉ

Église Notre-Dame (AY) – Construite au 19ᵉ s. en style gothique, elle est coiffée d'un clocher très élancé.
Elle présente dans la chapelle Est deux beaux tableaux : une Adoration des Mages attribuée à Pordenone, peintre vénitien élève de Giorgione, et surtout une Adoration des bergers attribuée à Ferrari, Milanais élève de Léonard de Vinci. Dans la chapelle Ouest est exposée une immense tapisserie d'Aubusson aux armes de Bergerac.

ENVIRONS

Vignoble de Monbazillac – Circuit de 27 km – environ 1 h 1/2. La route traverse, dans la plaine de la Dordogne, une zone de cultures maraîchères, puis des prairies, avant d'aborder les premières pentes où commence le vignoble (représenté en vert sur le schéma ci-contre).

Le cru fameux de Monbazillac (voir p. 19) a une renommée séculaire. On rapporte que lors d'un pèlerinage bergeracois à Rome, au Moyen Âge, comme on présentait les pèlerins de Bergerac au pape, celui-ci demanda : « Mais où est Bergerac ? » « Près de Monbazillac », aurait répondu le camérier-major.

Assez liquoreux, le vin blanc de Monbazillac est un excellent vin de dessert, également apprécié avec le foie gras.

★**Château de Monbazillac** – Voir à ce nom.
La route, sinueuse, est tracée au milieu du vignoble soigneusement cultivé.

★**Château de Bridoire** – Cette forteresse protestante fut en partie démolie par Montluc en 1568 et reconstruite sous Henri IV. Elle

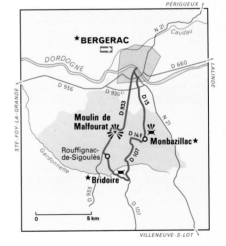

fut restaurée aux 19ᵉ et 20ᵉ s. par la famille de Charles de Foucauld. Ce dernier y résida souvent. Le château se compose de deux grands corps de logis en équerre flanqués de tours rondes face à une cour intérieure fermée par une enceinte en forme de croissant. Il rappelle le château de Monbazillac par sa pierre grise, ses toits coiffés de tuiles brunes, ses grosses tours rondes à mâchicoulis.
La route traverse **Rouffignac-de-Sigoulès**, village de vignerons.

Moulin de Malfourat – Table d'orientation. Privé de ses ailes, il se dresse au sommet d'une butte. De la terrasse du bar, on embrasse un **panorama**★ sur le vignoble de Monbazillac, Bergerac et la plaine de la Dordogne.
La D 933, pittoresque, descend à travers le vignoble avant de gagner Bergerac.

Vallée du Caudau – 38 km. Environ 1 h. Quitter Bergerac par ① du plan p. 52, N 21.

Lamonzie-Montastruc – 407 h. Perché sur un rocher, à gauche de la route, le château de Montastruc est un bel édifice de facture classique dont le corps de logis du 16ᵉ s. est flanqué de tours d'angles circulaires du 15ᵉ s. tandis qu'une autre façade est du 18ᵉ s.

Château de la Gaubertie – Construit au 15ᵉ s., ce château a été entièrement restauré au début du 20ᵉ s. Le grand corps de logis, dont la façade donne sur la vallée du Caudau, est flanqué d'une tour carrée d'un côté et d'une tour ronde à encorbellement de l'autre. Un chemin de ronde à mâchicoulis fait le tour de l'édifice. La chapelle du 17ᵉ s. s'élève à l'écart du château.

Château de St-Maurice – Se cachant en partie derrière les arbres de son parc, il montre de beaux bâtiments des 14ᵉ et 15ᵉ s. couronnés de mâchicoulis.
Traverser St-Amand-de-Vergt qui possède une jolie église romane.
Le **lac de Neuf Font** est aménagé pour la baignade et le pédalo.

Vergt – 1 422 h. Cette grosse commune agricole est devenue un des principaux marchés de la fraise. Les sables ferrugineux de la région conviennent parfaitement à cette culture. C'est ainsi que tous les coteaux sont couverts à certaines époques de l'année de grandes étendues de plastique protégeant les précieux fraisiers.

BESSE

171 habitants
Carte Michelin n° 75 Sud-Ouest du pli 17 ou 235 pli 10.

Au centre d'une forêt recouvrant une grande partie du Quercy entre le Lot et la Dordogne, le petit village de Besse possède une intéressante église romane à toiture de lauzes *(voir p. 37)* formant un bel ensemble avec son château des 16ᵉ et 17ᵉ s.

Église – Précédé par une porte ogivale et une double volée d'escaliers, le remarquable **portail**★ sculpté de la façade ouest, réalisé sans doute à la fin du 11ᵉ s., est exceptionnel dans le contexte périgourdin peu familier de ce type de décor. Les sculptures de l'archivolte expriment le thème de la Rédemption, à travers la représentation d'Adam et Ève avant et après le péché originel, saint Michel terrassant le dragon, Isaïe purifié par le charbon ardent... L'archivolte est surmontée d'un fronton triangulaire à appareil losangé, porté par deux colonnettes libres et six modillons historiés évoquant comme les chapiteaux de part et d'autre de la porte la damnation et le péché : monstres dévorant des proies humaines, contorsionniste décapité...

Besse – Le portail

ENVIRONS

Villefranche-du-Périgord – 827 h. Cette ancienne bastide *(voir p. 34)* fondée en 1261 par Alphonse de Poitiers a conservé une vaste halle portée par de lourds piliers et une partie de ses couverts.
Dans la rue principale la « **Maison du châtaignier, marrons et champignons** » ⊘ propose la découverte d'un montage muséographique et d'un « sentier de nature des champignons ».

LES GUIDES VERTS MICHELIN

Paysages
Monuments
Routes touristiques
Géographie
Histoire, Art
Itinéraires de visite régionaux
Lieux de séjour
Plans de villes et de monuments
Un choix de guides pour vos vacances en France et à l'étranger.

BEYNAC-ET-CAZENAC★★

489 habitants
Carte Michelin n° 75 pli 17 ou 235 pli 6 – Schéma p. 93.

Dressé sur un rocher, le château de Beynac occupe un site★★ remarquable, face à la vallée de la Dordogne qui serpente dans un cadre de collines couronnées de châteaux. Au pied de la falaise le long de la rivière, se blottit le village où vécut O' Galop, le premier dessinateur de Bibendum, et où Paul Éluard choisit de finir ses jours.

Une redoutable place forte – Au Moyen Âge, Beynac est avec Biron, Bourdeilles et Mareuil, l'une des quatre baronnies du Périgord. Lors de la rivalité des Capétiens et des Plantagenêts, le château pris par Richard Cœur de Lion est confié au sinistre **Mercadier**, capitaine d'armes dont les bandes ravagent le pays pour le compte du roi d'Angleterre. En 1214, Simon de Montfort, venu combattre l'hérésie albigeoise, s'en empare et commence le démantèlement. Le seigneur de Beynac reconstruit l'édifice qui nous est parvenu. Au cours de la guerre de Cent Ans, la Dordogne marque la limite des influences anglaise et française : Beynac, aux mains des Anglais en 1360, puis des Français en 1368, et Castelnaud, sous la domination anglaise, échangent escarmouches et coups de main. La paix retrouvée, la forteresse continue à veiller sur le bourg.

★★ Château ☉ – *Accès en voiture par la D 703 à la sortie Ouest de la localité (3 km) ou à pied par le village (voir photo p. 89).*
Il présente la forme d'un quadrilatère irrégulier prolongé au Sud par un bastion en éperon. Le sévère donjon, garni de créneaux, date du 13e s. Protégé du côté du plateau par une double enceinte, le château surplombe la Dordogne de 150 m. Le grand corps de bâtiment des 13e et 14e s. est prolongé par le manoir seigneurial du 15e s., agrémenté au 16e s. d'une échauguette.
Un ambitieux programme de réhabilitation et de reconstruction tend à redonner au château son aspect des 13e et 14e s. Le pont-levis et sa herse, la cuisine, la salle des gardes et le donjon comptent déjà parmi les présentations renouvelées.
Intérieur – La vaste salle des états du Périgord, jadis réservée aux assemblées de la noblesse, possède une belle voûte en berceau brisé : son oratoire est orné de fresques gothiques d'une facture naïve, au dessin vigoureux, représentant la Cène, un Christ de pitié au pied de sa croix (tel qu'il apparut à saint Grégoire selon la légende médiévale), ainsi que plusieurs membres de la famille de Beynac.
Par le grand escalier du 17e s., à rampes droites, on atteint le chemin de ronde et le bastion méridional qui dominent la Dordogne ; de là, se développe un **panorama★★** admirable sur la vallée et, de gauche à droite, sur la « barre » de Domme et les châteaux de Marqueyssac, de Castelnaud et de Fayrac.

Le calvaire – Érigé à 150 m à l'Est du château sur le rebord de la falaise.
On embrasse un **panorama★★** aussi étendu que celui que l'on découvre du chemin de ronde du château.

★Village – Un chemin piétonnier, le **« caminal del Panieraires »★**, en forte pente, bordé de maisons des 15e, 16e et 17e s., conduit du bas du village au château et à l'église. Au long de l'ascension s'affirme l'élégance du décor architectural, expression de la prospérité de Beynac à la Renaissance : portes surmontées de gâbles, façades sculptées de blasons, ou rouelles, lucarnes ouvragées, placettes élégamment aménagées...

Musée de la protohistoire ☉ – Originaux et fac-similés présentés par thèmes constituent une introduction à la civilisation et aux techniques des premiers agriculteurs et des premiers métallurgistes de la région (2e et 1er millénaire avant J.-C.).
Une fois franchie la porte ogivale de l'enceinte du village, le sentier mène à l'**église**, ancienne chapelle du château remaniée au 15e s.

Parc archéologique ☉ – Il compte une dizaine de reconstitutions, rigoureusement fondées sur les acquis de la recherche archéologique : essentiellement des habitats de la fin du néolithique à l'époque gauloise, auxquels s'ajoutent une sépulture néolithique, une porte fortifiée et un four de potier gaulois. Cette présentation est dynamisée par des démonstrations de taille de silex, montage et cuisson de poteries, etc.

Cazenac – *3 km à l'Ouest.* Ce hameau possède une église gothique du 15e s. De là, belle vue sur la vallée.

Château de BIRON★

Carte Michelin n° 75 Sud du pli 16 ou 235 pli 9.

Perché au sommet d'un « puy », le château de Biron, qui dresse la masse énorme de ses tours et de ses terrasses défensives à la lisière du Périgord et de l'Agenais, commande un immense horizon.

Du Capitole à la Roche Tarpéienne – Parmi tant d'hommes célèbres que compta la famille de Biron, on ne peut manquer d'évoquer la cruelle destinée de **Charles de Gontaut**. Ami de Henri IV et l'un de ses principaux lieutenants, il est fait amiral puis maréchal de France. En 1598, le Béarnais continue de combler son favori : la baronnie de Biron est érigée en duché-pairie et Charles de Gontaut, toujours assoiffé de nouveaux titres, promu lieutenant-général des armées françaises, puis gouverneur de Bourgogne. Tant d'honneurs ne le satisfont pas : avec la complicité du duc de Savoie et du gouverneur espagnol du Milanais, il trame un complot en vue du démembrement du royaume. Démasqué, Biron obtient son pardon. La clémence de Henri IV ne l'arrête pas : il

55

intrigue de nouveau contre son maître. Encore une fois démasqué, il est conduit devant le roi qui accepte de lui pardonner s'il avoue son crime. L'orgueilleux Biron s'obstine à nier. Condamné pour haute trahison, il est décapité le 31 juillet 1602 dans la cour de la Bastille.

De la forteresse médiévale à l'édifice actuel – Ce château se compose de bâtiments de style et d'aspect très différents, œuvres de quatorze générations de Gontaut-Biron qui le possédèrent du 12e au 20e s.

Dès le 11e s., une forteresse médiévale existait à cet emplacement. Incendié au 13e s. par Simon de Montfort, le château est reconstruit. Pendant la guerre de Cent Ans, il passe sans cesse de la mouvance française à celle des rois anglais et subit de nombreux dommages.

A la fin du 15e s. et au 16e s., Pons de Gontaut-Biron, ancien chambellan de Charles VIII, décide de transformer son château en une belle demeure Renaissance comme celles qu'il a vues dans le Val de Loire. Il remanie les logements qui se trouvent à l'Est de la cour d'honneur, fait construire la chapelle Renaissance et percer l'arcade, surmontée d'une colonnade, à laquelle il était prévu d'accéder du bas de la butte par un grand escalier. Les travaux sont interrompus et ne reprendront qu'au 18e s. Aujourd'hui, avec ses 10 000 m² de toitures et l'étendue de ses bâtiments, ce château devient difficile à entretenir pour des particuliers. Le département de la Dordogne l'a acheté en 1978 et a mis en place un très important programme de restauration ainsi qu'un centre d'art qui organise des expositions chaque été.

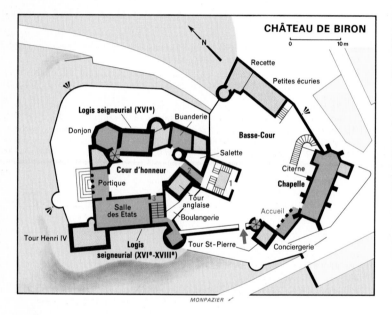

VISITE ⊙

La basse-cour – Entourant les bâtiments d'habitation du château sur trois côtés, elle comprend la conciergerie, la chapelle, la recette et la boulangerie.

L'élégante tour de garde, occupée par la **conciergerie**, juxtapose avec bonheur créneaux, chemin de ronde et décoration Renaissance. La **chapelle** a été construite au 16e s. dans le style Renaissance. Une balustrade court à la base du toit. La salle basse servait jadis d'église paroissiale ; la salle haute ou chapelle seigneuriale, qui présente une remarquable voûte d'ogives, s'ouvre de plain-pied sur la cour. Elle abrite **deux tombeaux à gisants**, dont les sculptures montrent l'influence du Quattrocento italien (15e s.). Celui d'Armand de Gontaut-Biron, qui fut évêque de Sarlat, est décoré de trois figures de vertus assises, tandis que celui de son frère Pons, mort en 1524, est orné de bas-reliefs retraçant la vie du Christ sur une frise macabre.

De la terrasse, entre la chapelle et la « Recette », important bâtiment cantonné d'une tourelle où les paysans apportaient leurs redevances, on a vue plongeante sur le bourg.

La salette servit à entreposer les salaisons.

La cour d'honneur – On y accède par un escalier (1) et un couloir voûté d'ogives (2). Sur cette cour s'ouvre le portique à colonnes. A droite, le bâtiment seigneurial du 16e s. orné de fenêtres Renaissance se compose de belles salles restaurées qui abritent aujourd'hui des expositions d'œuvres d'art.

A gauche, le corps de logis de la fin du 16e au 18e s. présente un bel escalier remodelé (3) qui donne accès à la grande salle des états, couverte d'une remarquable charpente carénée. Au sous-sol, la cuisine, ancien réfectoire de la garnison, frappe par ses dimensions (22 m x 9 m) et sa voûte surbaissée. Le gros donjon polygonal du 13e s., remanié au 15e s., a été enclavé dans les autres bâtiments.

Des terrasses qui entourent le château, la **vue**★ s'étend sur la campagne environnante et au Nord sur la bastide de Monpazier dont les Biron étaient les seigneurs.

Château de BONAGUIL★★

Carte Michelin n° 79 pli 6 ou 235 Sud-Est du pli 9 – Schémas p. 109 – Photo p. 33.

Cette stupéfiante forteresse, qui se dresse aux confins du Périgord Noir et du Quercy, est l'un des plus parfaits spécimens de l'architecture militaire de la fin du 15e s. et du 16e s.

Elle présente la particularité d'offrir sous la carapace traditionnelle des châteaux forts une remarquable adaptation aux techniques nouvelles des armes à feu : canonnières et mousqueterie. En outre, Bonaguil, qui fut édifié non comme un château de surveillance ou de menace mais comme un abri sûr, apte à faire victorieusement front à toute attaque, présente la nouveauté dans les années 1480-1520, d'utiliser les armes à feu à des fins exclusivement défensives. C'est déjà la conception d'un fort.

Un curieux personnage – Étrange figure que celle de **Béranger de Roquefeuil**. Il aime à se proclamer « noble, magnifique et puissant seigneur et baron des baronnies de Roquefeuil, de Blanquefort, de Castelnau, de Combret, de Roquefère, comte de Naut ». Appartenant à l'une des plus anciennes familles du Languedoc, cet homme entend être obéi de ses vassaux et n'hésite pas à user de sa force ; mais ses exactions et ses violences amènent des révoltes et, pour y faire face, Béranger transforme le château de Bonaguil qui existait depuis le 13e s. en une forteresse inexpugnable. « Par Monseigneur Jésus et touts les Saincts de son glorieux Paradis », proclame en 1477 l'orgueilleux baron, « j'eslèveroi un castel que ni mes vilains subjects ne pourront prendre, ni les Anglais s'ils ont l'audace d'y revenir, voire même les plus puissants soldats du Roy de France. » Il lui faut 40 ans pour édifier ce nid d'aigle qui semble anachronique par son allure de château fort alors que ses contemporains, Montal, Assier, les châteaux de la Loire, deviennent des demeures de plaisance. Mais son château ne fut, en effet, jamais attaqué et paraît intact à la veille de la Révolution. Celle-ci, dans son ardeur à supprimer les symboles de l'Ancien Régime, réussit à démanteler, à découronner le colosse qui, malgré ses blessures et ses mutilations, offre encore l'image de la puissance qu'il représentait.

En gardant les traditionnels moyens de défense contre l'escalade, la mine ou la sape, ce chef-d'œuvre d'architecture militaire est adapté aux nouvelles conditions de la lutte et tire parti du développement de l'artillerie.

Le château fort ⊘ – On pénètre dans le château par la barbacane, énorme bastion qui avait sa garnison autonome, ses magasins et son arsenal. La barbacane faisait partie de la première ligne de défense, longue de 350 m dont les bastions permettaient le tir rasant grâce à des canonnières. La seconde ligne se composait de cinq tours, dont l'une dite la « Grosse Tour », est l'une des plus importantes tours de plan circulaire jamais construites en France. Haute de 35 m, couronnée de

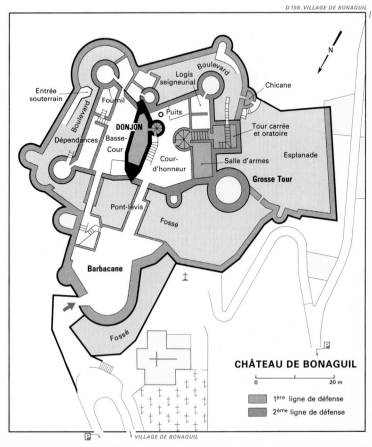

CHÂTEAU DE BONAGUIL

0 ————— 20 m

1ère ligne de défense
2ème ligne de défense

corbeaux, elle servait à ses étages supérieurs de logis d'habitation, tandis que ses étages inférieurs étaient équipés de mousqueterie, couleuvrines, arquebuses, etc. Dominant ces deux lignes, le donjon à pans coupés était le poste de guet et de commandement ; en forme de vaisseau dont la proue est tournée vers le Nord, secteur le plus vulnérable, c'était l'ultime bastion de la défense.

A l'intérieur une salle abrite des armes et des objets provenant de fouilles effectuées dans les fossés.

Un puits taillé dans le roc, des dépendances (dont un fournil) où l'on accumulait les provisions, des cheminées monumentales, un réseau d'écoulement des eaux fort bien conçu, des fossés intérieurs secs, voire des tunnels admirablement voûtés constituant de véritables axes de circulation rapide des troupes, permettaient à près d'une centaine d'hommes de soutenir un siège.

Château des BORIES

Carte Michelin n° 75 pli 6 ou 233 pli 43 (12 km au Nord-Est de Périgueux).

Situé au bord de l'Isle, il fut construit au 16ᵉ s. par la famille de St-Astier.

Le château ⊙ se compose d'un corps de logis flanqué de deux tours rondes et d'une grosse tour carrée à mâchicoulis. Son **architecture intérieure**★ est remarquable. Un escalier monumental s'élève dans la tour carrée, l'espace central étant occupé à chaque étage par une petite pièce ; celle du haut est un oratoire gothique. La très belle **cuisine**, aux voûtes gothiques ornées de clés en disque, comporte deux vastes cheminées sous arcs surbaissés. La salle des gardes offre un curieux voûtement reposant sur des trompes portées par des ogives partant d'une colonne centrale. Dans la grande galerie meublée Louis XIII, belle cheminée Renaissance et tapisserie verdure des Flandres.

BOURDEILLES★

811 habitants
Carte Michelin n° 75 pli 5 ou 233 Nord du pli 42 – Schéma p. 62.

Le bourg se dresse au pied de l'imposant château de Bourdeilles bâti sur des rochers dominant la Dronne ; dans ces murs naquit en 1540 le chroniqueur Brantôme *(p. 61)*.

Une place convoitée – En 1259, Saint Louis cède aux Anglais le Périgord et Bourdeilles, sa première baronnie. Cet abandon met le pays en émoi et divise la famille de Bourdeille : les aînés soutiennent les Plantagenêts tandis que les Maumont, de la branche cadette, tiennent pour les Capétiens. Un peu plus tard, à la suite d'intrigues et de procès, Géraud de Maumont épaulé par Philippe le Bel, dont il est le conseiller, s'empare du château ancestral. Il en fait une forteresse. Philippe le Bel, pour manifester sa puissance en Périgord, échange des terres d'Auvergne contre Bourdeilles et installe en pleine paix une garnison sur le fief de ses ennemis anglais.

Le sourire de la Renaissance – C'est à Jacquette de Montbron, femme d'André de Bourdeille et belle-sœur de Pierre de Brantôme, que l'on doit les plans du château du 16ᵉ s., car « sur tous les arts, elle aima fort la géométrie et architecture, y étant très experte et ingénieuse… ». Les travaux, rapidement menés dans l'espoir d'une visite de Catherine de Médicis, furent abandonnés avant leur achèvement, cette visite ayant été décommandée. La partie Renaissance du château, intéressant témoin de cette période, jette une note gaie dans l'ensemble des constructions du 13ᵉ s.

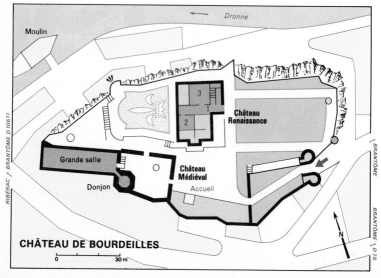

CHÂTEAU DE BOURDEILLES

★LE CHÂTEAU ⏱ *visite : 1 h 1/2*

Après avoir franchi la première enceinte fortifiée, on passe sous le chemin de ronde pour pénétrer dans la seconde enceinte et déboucher dans la cour des communs plantée d'un beau cèdre. On atteint l'esplanade sur laquelle s'élèvent les deux châteaux, l'un du 13e s., l'autre du 16e s.

Château médiéval – Construit par Géraud de Maumont sur des fondations plus anciennes, d'où son nom de « Château neuf », cet édifice sévère du 13e s. est entouré d'une enceinte quadrangulaire.

A l'intérieur le logis comprend une vaste salle qui sert aujourd'hui de cadre à des expositions. Il est surmonté d'un donjon octogonal, aux murs épais de 2,40 m, couronné de mâchicoulis.

De la plate-forme supérieure du donjon, on embrasse du regard l'ensemble du château et l'on a une **vue** plongeante sur la Dronne.

Château Renaissance – Sobre et élégant, il se compose d'un corps de logis rectangulaire et d'un pavillon en retour d'équerre. Il abrite un remarquable **mobilier★★** réuni par deux mécènes, M. et Mme Santiard-Bulteau, qui en firent don au département de la Dordogne, propriétaire du château.

Au rez-de-chaussée, la galerie (1) recèle des coffres des 15e et 16e s., un intéressant moulin à sel limousin en granite et un splendide panneau sculpté de l'école germanique du 16e s. : « La Dormition de la Vierge. » Dans une salle attenante, gisant de Jean de Chabannes et saint-sépulcre provenant du prieuré de Montgé (école bourguignonne, 16e s.) (2). La salle des armures au beau carrelage ancien abrite des coffres en métal, pour le stockage de la poudre, et une magnifique table Renaissance (3).

Au 1er étage, la salle à manger avec sa **cheminée★★** du 16e s., sculptée de palmettes, et la chambre gothique précèdent le « **salon doré** »★ somptueusement décoré, que devait occuper Catherine de Médicis. Les peintures qui ornent son plafond à la française, ses boiseries et ses monumentales cheminées, sont dues à Ambroise Le Noble, artiste de l'école de Fontainebleau. Remarquer, en particulier, une magnifique tapisserie d'après un carton de Laurent Guyot, représentant François Ier et ses fauconniers.

Chambre de Charles Quint

Éditions René, Marsac-sur-l'Isle

Au 2e étage, dans trois salles, on peut voir un lumineux **primitif catalan** du 15e s. : « St Barthélemy exorcise une princesse arménienne », des cabinets « à secret », un lit à baldaquin du 16e s., des fauteuils de cuir gaufré de Cordoue, une table octogonale du 17e s. et surtout la **chambre** dite « de Charles Quint », surchargée d'ors et de sculptures.

Du chemin de ronde, à l'extrémité du promontoire surplombant la Dronne, se révèle une très jolie **vue★** sur le château et son site : un pont gothique à avant-becs, un très séduisant **moulin seigneurial** du 17e s. en forme de bateau coiffé de tuiles rondes, et la rivière aux eaux vertes venant lécher les rochers.

ENVIRONS

Vallée du Boulou – *Circuit de 22 km – environ 1 h 1/4. Quitter Bourdeilles au Nord.*

St-Julien-de-Bourdeilles – 109 h. La petite église gothique de ce modeste village abrite deux belles statues en bois polychrome et quelques éléments d'un retable du 17e s.

Boulouneix – Au milieu d'un cimetière se dresse une chapelle romane. La travée sous clocher est voûtée d'une coupole. Dans le chœur, peintures murales du 17e s. représentant sainte Marie-Madeleine et saint Hiéronyme. La façade à deux niveaux d'arcatures est d'inspiration saintongeaise.

100 m après l'église, tourner à gauche vers Au Bernard.

La route descend à travers les bois et les taillis de charmes et de coudriers vers la vallée marécageuse du Boulou. Plusieurs sites préhistoriques ont été découverts dans les environs.

Paussac-et-St-Vivien – 398 h. Ce bourg encore orné de plusieurs maisons du 16ᵉ s. est veillé par une intéressante **église** fortifiée. Les chambres de défense bâties au-dessus des trois coupoles voûtant la nef et le chœur sont encore bien visibles. Le mur extérieur Sud est décoré d'un jeu d'arcatures. A l'intérieur, on remarque les chapiteaux au décor naïf exécuté en faible relief, un grand Christ de bois polychrome et une chaire d'époque Louis XV.

Prendre le C 2 vers Brantôme. Aux Guichards, tourner à droite vers les Chauses. En haut des Chauses, laisser sur la gauche la route de Puy-Fromage.

La route plonge bientôt sur Bourdeilles que signale son haut donjon.

La BOURIANE

Carte Michelin n° 79 plis 6, 7 ou 235 plis 9, 10, 14.

De Gourdon à la vallée du Lot et à l'Ouest de la N 20 s'étend la Bouriane, région où les formations calcaires disparaissent sous des sables sidérolithiques (ferrugineux) aux belles couleurs rouge et ocre. Ces sols peu fertiles admettent des plantations de châtaigniers, pins et noyers ; la vigne occupe les versants bien exposés. Une multitude de rivières sillonnent le plateau, créant des paysages vallonnés et boisés où se dispersent les fermes.

CIRCUIT AU DÉPART DE GOURDON

94 km – Environ 3 h – Schéma ci-dessous

★**Gourdon** – *Voir à ce nom.*

Salviac – 1 003 h. L'église gothique possède de beaux vitraux du 14ᵉ s. contant la vie de sainte Eutrope.

Cazals – 538 h. Cette ancienne bastide des rois d'Angleterre s'organise autour de sa grand-place carrée. Un plan d'eau a été aménagé au bord de la Masse.

Château de Montcléra – De la fin du 15ᵉ s., il présente une porte d'entrée fortifiée derrière laquelle se profilent le donjon carré et un corps de logis flanqué de tours rondes couronnées de mâchicoulis.

Goujounac – 174 h. Autour de l'église se trouvait autrefois un prieuré roman dont il reste quelques vestiges. Sur le mur Sud, le tympan roman, représentant un Christ en majesté bénissant entouré des symboles des quatre évangélistes, est l'œuvre d'un artiste quercynois probablement influencé par le tympan de Beaulieu-sur-Dordogne.

Lherm – 232 h. Dominées par le clocher, une tourelle et quelques pigeonniers, les solides constructions de calcaire blanc aux toits très pentus couverts de petites tuiles brunes confèrent un cachet pittoresque à ce village.

L'église, ancien siège d'un prieuré perdu dans ce vallon boisé, présente une abside romane et une sobre nef voûtée d'un berceau de moellons. Le chœur abrite un retable à trois panneaux débordant d'ors et de sculptures sur un fond bleuté, savoureuse interprétation locale de la veine baroque. L'édifice a été remanié au 16ᵉ s. : porte soignée de style Renaissance.

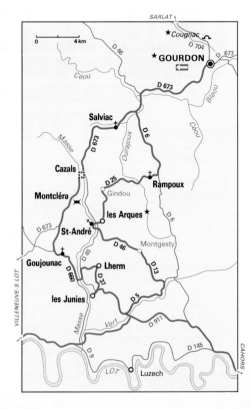

Les Junies – 255 h. Le château du 15ᵉ s. flanqué de tours rondes s'orne d'élégants fenestrages Renaissance.

A l'écart du village, l'église du 14ᵉ s., édifice sobre et puissant, impressionne par ses proportions. Elle faisait partie d'un prieuré rattaché aux dominicains en 1345, qui avait été fondé par l'un des seigneurs du lieu, Gaucelin des Junies, cardinal d'Albano.

★**Les Arques** – *Voir à ce nom.*

Rampoux – 81 h. Intéressante église romane du 12ᵉ s. en pierre rouge et blanche, ancienne prieurale bénédictine. A l'intérieur des fresques du 15ᵉ s. racontent, dans un style naïf, la vie de Jésus.

BRANTÔME★★

2 080 habitants
Carte Michelin n° 75 pli 5 ou 233 Sud du pli 31 – Schéma p. 63.

Brantôme se tapit dans la riante vallée de la Dronne. Son ancienne abbaye et son **site★** pittoresque en font l'une des localités les plus agréables du Périgord.

L'abbaye

Le chroniqueur Brantôme – La célébrité littéraire de **Pierre de Bourdeille**, plus connu sous le nom de Brantôme, rejaillit sur la vieille abbaye dont il fut abbé commendataire. Brantôme mène tout d'abord une vie de guerrier et de courtisan, accompagne Marie Stuart en Écosse, parcourt l'Espagne, le Portugal, l'Italie et même l'Afrique. Des aventures extravagantes lui permettent d'entrer dans l'intimité des grands. Après avoir bataillé à Jarnac, en 1569, il se retire dans son abbaye et commence ses fameuses chroniques. Au cours des guerres de Religion, les huguenots menacent à deux reprises de ruiner le monastère et il lui faut user de toute sa diplomatie auprès de Coligny pour le sauver du pillage. Sortant de sa retraite, il reprend du service à la cour comme chambellan de Charles IX. En 1584, une chute de cheval le rend infirme : il quitte alors pour toujours la cour des Valois et retrouve le calme de son monastère où il achève la rédaction de ses chroniques. Brantôme qui doit sa renommée posthume à ses ouvrages *Vies des hommes illustres et des grands capitaines* et *Vies des dames galantes*, dans lesquels la morale et la vérité historique sont parfois fort maltraitées, est un conteur plein de verve, d'esprit et même de cynisme.

Ayant fréquenté Ronsard et les principaux écrivains de son temps, possédant le don de l'anecdote pittoresque et du détail piquant, il doit à la pureté de son style d'avoir servi de modèle à de nombreux écrivains.

CURIOSITÉS

★★Bords de la Dronne – Il faut flâner sur les bords de la Dronne, où les maisons anciennes reflètent leurs balcons fleuris et leurs treilles, et près de l'abbaye, dans les jardins joliment tracés le long de la rivière, pour ressentir le charme de Brantôme, fait d'harmonie, de sérénité, de mesure et de douce lumière.

Un pont coudé du 16e s., aux arches inégales, et un pavillon Renaissance, s'ouvrant par des fenêtres à meneaux, forment avec l'abbaye adossée aux falaises de calcaire un élégant tableau.

Ancienne abbaye – Fondée en 769 par Charlemagne qui lui remet les reliques de saint Sicaire, l'abbaye de Brantôme suit la règle de saint Benoît ; ses reliques attirent la foule des pèlerins. Saccagée par les Normands, elle est reconstruite au 11e s. par l'abbé Guillaume. Mise en commende au 16e s., elle eut comme abbé commendataire Pierre de Mareuil, qui construisit les bâtiments les plus intéressants puis son neveu Pierre de Bourdeille. Les bâtiments qui subsistent furent élevés au 18e s. par Bertin, intendant du Périgord.

Église abbatiale – Les deux coupoles ont été remplacées au 15e s. par des voûtes angevines, compromis entre la croisée d'ogives et la coupole. La nef est sobre et élégante ; trois fenêtres en tiers-point surmontées d'une baie en croix éclairent le chevet plat. Le baptistère est orné d'un bas-relief en pierre, du 14e s., figurant le Baptême du Christ. Sous le porche, le bénitier, qui repose sur un beau chapiteau roman orné d'entrelacs, est surmonté d'un autre bas-relief du 13e s. représentant le Massacre des Innocents. Près du portail principal subsiste une galerie de cloître où l'on peut entrer : on aperçoit l'ancienne salle capitulaire dont la voûte en palmier repose sur une colonne centrale.

★★ Clocher ○ – Isolé de l'église, il est construit sur un rocher abrupt de 12 m de hauteur sous lequel s'ouvrent de vastes cavernes. Édifié au 11e s., c'est le plus ancien des clochers romans limousins à gâbles. Il se compose de quatre étages légèrement en retrait les uns par rapport aux autres, coiffés d'une pyramide en pierre. L'étage du rez-de-chaussée est voûté d'une coupole archaïque où le passage du carré à l'ellipse est obtenu par des voûtains triangulaires retombant sur des colonnes en marbre, réemploi d'une construction probablement mérovingienne. Les trois autres étages sont percés de baies en plein cintre retombant sur des colonnes à chapiteaux rustiques.

Bâtiments conventuels ○ – Ils sont aujourd'hui occupés par la mairie et le musée Fernand-Desmoulin, consacré à l'art préhistorique et aux peintres locaux. L'ancien dortoir des moines accueille des expositions temporaires.

Parcours troglodytique, « du creusé au construit » ○ – Succédant à des ermites qui avaient christianisé la « fontaine du rocher », initialement lieu de culte païen, les moines occupèrent dans un premier temps les grottes de la falaise et les aménagèrent. Par la suite ils les utilisèrent comme dépendances, ou comme refuge lorsque les bâtiments de l'abbaye subirent des destructions (11e et 12e s., 14e s., 17e s.). Le parcours montre le chauffoir et le lavoir des moines, des vestiges du moulin abbatial, le pigeonnier troglodytique ; la « fontaine du rocher », vouée à saint Sicaire, est toujours vénérée pour ses vertus fécondantes et son efficacité vis-à-vis des maladies infantiles. L'atmosphère mystérieuse de la **grotte du Jugement Dernier**, décorée d'un énigmatique Triomphe de la Mort et d'une crucifixion d'inspiration italienne, sculptés au 15e s., témoigne de la spiritualité qui anima, un millénaire durant, la communauté monastique de Brantôme. La dernière grotte visitée abrite un élevage d'alevins de truites, destinés à repeupler la rivière Dronne.

★ AU CŒUR DU PÉRIGORD VERT

Circuit de 117 km – Environ 6 h – Schéma ci-dessous

De la région de Nontron à celle de Terrasson, une longue marche limousine du Périgord se déroule. Sur les derniers fragments de socle cristallin au Nord, comme sur les bancs calcaires des environs de Brantôme, l'eau est partout dans ce « Périgord Vert » soumis au régime des vents d'Ouest : dans le cortège dense des ruisseaux, dans la myriade des étangs peuplés de carpes, dans l'humidité du sous-bois verdoyant.
Une foule de fermes isolées et hameaux s'égaillent au milieu de petits terroirs, domaines d'une polyculture soignée et de l'élevage laitier.

La Chapelle-Faucher – Surplombant du haut de sa falaise le cours de la Côle, ce **château** ○ fut dévasté en 1916 par un incendie dû à la foudre. Il a conservé ses courtines et sa poterne d'entrée. Le corps de logis, remontant au 15e s., est couronné d'un chemin de ronde à mâchicoulis. La maison d'habitation accolée au château date du 18e s. Les belles écuries voûtées qui bordent la cour ont été ajoutées au 17e s. Pendant les guerres de Religion, en 1569, l'amiral de Coligny vint avec trois mille hommes mettre le siège devant le château. Si l'on en croit le chroniqueur Brantôme, deux cent soixante paysans y furent tués de sang-froid.
Peu après St Pierre-de-Côle, se détachent sur la colline, à gauche de la route, les silhouettes des deux châteaux ruinés de **Bruzac** (11e et 15e s.).

★ St-Jean-de-Côle – *Voir à ce nom.*

Thiviers – 3 590 h. Petite ville active, célèbre par ses marchés et ses foires. Le château de Vaucocourt de style gothico-Renaissance, maintes fois restauré, dresse ses tours et ses tourelles à quelques pas de l'église. La **« Maison de l'oie et du canard »** ○, à droite du Syndicat d'Initiative, comprend un petit musée du foie gras, dont Thiviers est l'une des capitales.

★ Grottes de Villars ○ – Un couloir sinueux donne accès à des salles ornées de belles concrétions parmi lesquelles on remarque des draperies ocre-jaune, deux petits gours et surtout de très fines stalactites blanches pendant des plafonds. Dans les premières salles parcourues, on est frappé par l'étonnante blancheur de concrétions formées de calcite presque pure et très brillante. Des peintures préhistoriques exécutées à l'oxyde de manganèse remontant très probablement à l'époque de Lascaux (il y a 17 000 ans) décorent les parois de certaines salles. Les coulées de calcite qui les recouvrent par endroits en authentifient l'ancienneté.

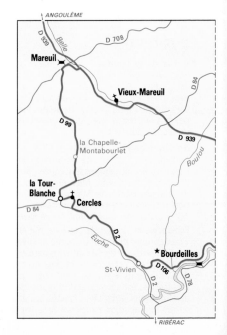

★**Château de Puyguilhem** – *Voir à ce nom.*

Abbaye de Boschaud – Cette abbaye cistercienne fut fondée en 1163 dans ce vallon boisé « Bosco Cavo » (bois creux), qui lui donna nom de Boschaud.
Dévastée pendant la guerre de Cent Ans et les guerres de Religion, elle fut partiellement relevée de ses ruines à la fin du 17ᵉ s.
A partir de 1950 les Monuments historiques et le Club du Vieux Manoir ont mené à bien le dégagement et la consolidation des ruines.
Des vestiges des bâtiments monastiques permettent de reconstituer le plan de l'abbaye avec sa porterie, les bâtiments des moines, le cellier… La salle capitulaire a conservé ses cinq ouvertures qui donnaient sur le cloître.
L'église, d'une très grande simplicité, est la seule connue de l'ordre cistercien dont la nef, aujourd'hui presque entièrement disparue, ait été voûtée d'une file de coupoles. On notera l'intéressante et rare coupe architecturale que constituent les pendentifs et la calotte à demi effondrés de la première coupole de la nef.

Château de Richemont ⊙ – Cette grosse bâtisse, constituée de deux corps de logis placés en équerre, a été construite à la fin du 16ᵉ s. par le chroniqueur Brantôme. A sa mort en 1614, il a été inhumé dans la chapelle, située au rez-de-chaussée de la grosse tour d'angle carrée. Il y avait inscrit son épitaphe. Au premier étage du bâtiment d'entrée se trouve la chambre de Brantôme, ornée de boiseries.

Vieux-Mareuil – 360 h. L'église, bien qu'édifiée au 13ᵉ s., présente toutes les caractéristiques du style roman périgourdin : nef couverte de trois coupoles sur pendentifs, chœur de deux travées voûté en berceau brisé et terminé par un chevet plat. Les créneaux ajoutés au 16ᵉ s. lui donnent l'aspect d'une forteresse.

Château de Mareuil ⊙ – Bâtie au 15ᵉ s. par Geoffroy de Mareuil, cette forteresse défendait l'une des quatre baronnies du Périgord. Elle a conservé de son passé féodal des douves, un mur d'enceinte et les deux tours cylindriques de l'entrée. Dans celle de gauche, se trouve une jolie chapelle gothique flamboyant. Le corps de logis, composé de deux bâtiments en équerre réunis par un donjon, est percé de fenêtres à croisillons, également de style flamboyant. On visite les appartements, auxquels on accède par un bel escalier à vis situé dans le donjon dont les murs présentent d'intéressants dessins à la plume figurant l'histoire du château de Chaumont. La salle du conseil possède un beau dallage du 15ᵉ s. Dans une pièce consacrée au Iᵉʳ Empire sont réunis des souvenirs du maréchal Lannes, duc de Montebello, ancêtre des actuels propriétaires : lettre de Napoléon, mobilier et autres témoignages divers de cette époque. Une petite chambre présente une amusante collection de poupées anciennes.

La tour-Blanche – 408 h. La route de Cercles passe au pied d'une motte dominée par un donjon du 13ᵉ s. et les restes d'une forteresse qui fut le fief des comtes d'Angoulême puis celui des La Tour et des Bourdeille. Le château domine le bourg qui a conservé quelques belles maisons anciennes et le manoir Renaissance de Nanchapt.

Cercles – 207 h. D'un ancien prieuré roman subsiste l'**église** St-Cybard, dont la nef fut remontée au 13ᵉ s. Le portail, sous le clocher-mur crénelé, présente six chapiteaux finement sculptés. Du vieux cimetière, dont la porte Renaissance est sommée d'une croix antéfixe, jolie vue sur l'ensemble de l'édifice.

★**Bourdeilles** – *Voir à ce nom.*
La D 106ᴱ², qui ramène à Brantôme, est bordée d'une falaise sapée par de spectaculaires abris-sous-roche.

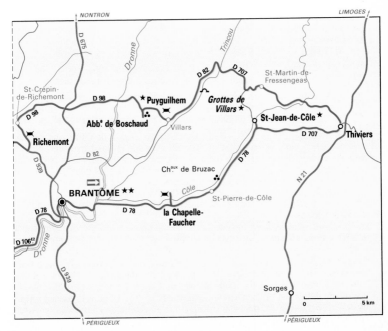

BRIVE-LA-GAILLARDE

49714 habitants

Carte Michelin n° 75 pli 8 ou 239 pli 26 – Schéma p. 66.

Brive, qui doit son surnom de « la Gaillarde » au courage qu'elle déploya lors des nombreux sièges qu'elle eut à soutenir, est une ville active dans la plaine alluviale de la Corrèze, au centre d'un riche et lumineux bassin où prospèrent les cultures maraîchères et fruitières. Située au carrefour du Bas-Limousin, du Périgord et des causses du Quercy, Brive est un important nœud ferroviaire et tend à devenir la capitale économique de la région.

Ses principales industries sont les conserveries de produits alimentaires qui collectent les fruits et légumes dans un vaste périmètre à la ronde.

Depuis 1982, une Foire du livre renommée a lieu au début de novembre sous la halle Georges Brassens. Les prix décernés récompensent notamment des ouvrages consacrés au tourisme.

Le plan de Brive offre un exemple privilégié de l'extension concentrique d'une ville à partir d'un petit noyau ancien dont le cœur est l'église St-Martin.

Le « Roi de Brive » – Avec l'assassinat de Chilpéric en 584, la France mérovingienne est plongée dans l'anarchie. Une assemblée des villes et villages d'Aquitaine tenue à Brive proclame roi Gondowald, petit-fils de Clovis. Selon la coutume française, il est élevé sur le pavois et promené trois fois autour de l'enceinte. Mais le règne du « Roi de Brive » sera éphémère : presque aussitôt ses détracteurs l'assassinent, et incendient la basilique St-Martin.

Une brillante carrière – Fils d'un apothicaire de Brive, **Guillaume Dubois** (1656-1723) entre dans les ordres, devient précepteur de Philippe d'Orléans et Premier ministre lorsque celui-ci est nommé Régent pendant la minorité de Louis XV. Il cumule alors les charges et les dignités, est nommé archevêque de Cambrai et reçoit le chapeau de cardinal. Recherchant l'alliance de l'Angleterre, il assure à la France une longue période de paix.

Un glorieux soldat – Engagé volontaire en 1791, le grenadier **Brune** devient en 1798 général en chef de l'Armée d'Italie, puis remporte en Hollande, l'année suivante, les victoires de Bergen et du Helder. Nommé Maréchal de France en 1804, il est disgracié peu après par Napoléon pour « esprit républicain ». Symbole de la France révolutionnaire, il meurt assassiné en Avignon en 1815, victime de la Terreur blanche : son corps profané est jeté dans le Rhône.

LA VIEILLE VILLE *visite : 1 h 1/2*

Occupant le noyau central délimité par la première ceinture de boulevards, le quartier ancien a fait l'objet d'une importante rénovation mariant, souvent avec bonheur, bâtiments anciens et modernes uniformisés par la chaude couleur du grès beige et la teinte bleutée des toitures.

Collégiale St-Martin (ABZ) – Seuls le transept, les absides et quelques chapiteaux sont d'époque romane, vestiges d'un établissement monastique du 12ᵉ s. A l'intérieur, une coupole octogonale sur pendentifs plats de type limousin couvre le carré du transept.

La nef et les collatéraux datent du 14ᵉ s. ; le chœur a été fidèlement reconstruit par le cardinal Dubois au 18ᵉ s. On remarquera une cuve baptismale du 12ᵉ s. ornée des attributs des évangélistes. A l'extérieur, admirer les beaux chapiteaux historiés et la corniche à modillons des absidioles.

« Crypte archéologique » – Sous le chœur ont été mis à jour les vestiges d'églises antérieures, dont l'édifice primitif, édifié à la fin du 5ᵉ s. sur le tombeau de saint Martin l'Espagnol, évangélisateur de la ville massacré par ses habitants.

Tour des Échevins (BZ) – Dans la rue des Échevins, un hôtel s'orne d'une tour Renaissance en encorbellement percée de fenêtres à croisillons de pierre.

Place Latreille – Autrefois cœur spirituel et commercial de la cité, elle est bordée de maisons anciennes. Celle dite des Tours St-Martin date des 15ᵉ et 16ᵉ s.

Au coin des rues Raynal et du Salan se trouve l'hôtel des Bruslys (BZ **B**), du 18ᵉ s.

★**Musée de Labenche** (BZ) ⊘ – Bâti vers 1540 par Jean II de Calvimont, seigneur de Labenche, garde du sceau et greffier du roi pour le Bas-Limousin, l'hôtel de Labenche, magnifique spécimen de la Renaissance toulousaine, est le plus remarquable édifice de la ville. De la cour intérieure on découvre les deux corps de logis en équerre qui soutiennent les grandes arcades. La coloration rosée de la pierre met en valeur la beauté de la décoration : fenêtres à meneaux ornées de festons, de fines colonnettes et surmontées de bustes d'hommes et de femmes sortant de fausses baies.

A l'intérieur, aménagé en musée, la même exubérance se retrouve sur le **grand escalier** « à la romaine », aux culs-de-lampe sculptés de bustes de femmes et de guerriers.

Musée – La salle des comtes de Cosnac est décorée d'un superbe ensemble de **tapisseries**, la « tenture de Mortlake », exécutée au 17ᵉ s. dans la plus célèbre manufacture de haute lisse anglaise. Dans la salle du Cardinal Dubois, on remarquera la tombe de pèlerin de St-Jacques-de-Compostelle et l'exceptionnelle **colombe eucharistique** en bronze argenté, du 11ᵉ s. ; suspendue au-dessus de l'autel, elle renfermait les hosties consacrées.

Un des attraits de ce musée réside dans la réussite des reconstitutions de séquences de fouilles.

Logis de l'abbesse des Clarisses (**BZ E**) – De style Louis XIII, il se signale par des lucarnes à frontons en plein cintre ornées de boules quillées.

Ancien collège des Doctrinaires (**BY H**) – Aujourd'hui occupés par les services de l'hôtel de ville, ces bâtiments du 17ᵉ s. présentent sur la rue Teyssier une façade classique donnant sur une cour fermée par un mur décoré d'une colonnade.

Ce collège, tenu par les pères de la Doctrine chrétienne, humanistes à l'esprit ouvert autant qu'hommes de foi, eut un rayonnement croissant jusqu'à la Révolution.

Place de l'Hôtel-de-Ville (**BY 13**) – Sur ce vaste espace dégagé s'imbriquent les bâtiments modernes du Crédit Agricole et d'anciens hôtels à tou-

Musée de Labenche, Brive

La tenture de Mortlake

relles dont la **maison Treilhard** (**D**) qui date du 16ᵉ s. Elle présente deux corps de logis reliés par une tour ronde s'ornant elle-même d'une échauguette.

AUTRE CURIOSITÉ

Musée de la Résistance et de la Déportation Edmond-Michelet (**AZ**) ⊘ – Il retrace l'histoire de la Résistance et de la déportation à travers des peintures, photos, affiches, documents originaux ayant trait aux camps, spécialement à Dachau où fut interné Edmond Michelet, député de la Corrèze de 1945 à 1951 et ancien ministre du général de Gaulle.

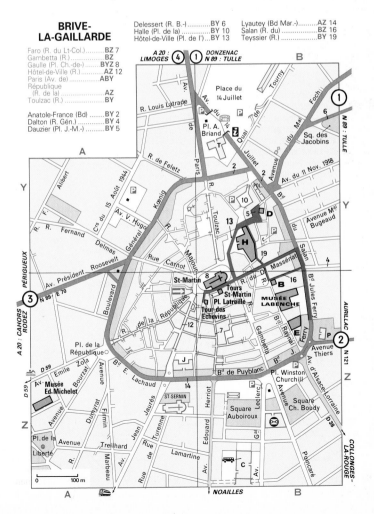

ENVIRONS

★**1** **Aubazine** – *14 km à l'Est – Schéma ci-dessous. Voir à ce nom.*

★**2** **Sur les terres de Monsieur de Turenne** – *Circuit de 54 km par Collonges-la-Rouge et Turenne – Environ 4 h – Schéma ci-dessous.*

Cet itinéraire traverse la partie centrale de l'ancienne vicomté de Turenne, unie à la couronne de France seulement en 1738 *(voir p. 153)*. Après Turenne, les collines boisées du Limousin font place aux premiers plateaux du Causse quercynois.

Château de Lacoste – Cette ancienne place forte, bâtie en grès de la région, se compose d'un corps de logis flanqué de trois tours rondes du 13ᵉ s. et complété au 15ᵉ s. par une élégante tourelle d'escalier polygonale.

A Noailhac on pénètre dans le pays du grès rouge, matériau qui servit à construire ces villages aux si belles tonalités. On aperçoit bientôt le plus fameux, Collonges-la-Rouge, émergeant de son écrin de verdure.

★★**Collonges-la-Rouge** – *Voir à ce nom.*

Meyssac – 1 124 h. Au centre de cette région vallonnée où abondent noyers, peupliers, vignes et arbres fruitiers, Meyssac, comme Collonges, est bâtie en grès rouge.

L'**église** est un curieux assemblage : l'intérieur gothique s'accompagne d'un clocher-porche fortifié par des hourds et d'un portail en calcaire roman limousin s'ornant de petits chapiteaux décorés d'animaux et de feuillages.

A côté de l'église, la **halle** du 18ᵉ s., dont la charpente repose sur des piliers et des colonnes intercalés, s'élève au milieu d'une place bordée de belles demeures, certaines ornées de tours.

Quelques maisons à encorbellements, à auvents et à pans de bois achèvent de conférer à ce village son cachet pittoresque. La terre rouge, dite « terre de Collonges », a donné naissance à un artisanat de la poterie qui s'est particulièrement développé à Meyssac.

Saillac – 163 h. Le village apparaît au milieu des noyers et des champs de maïs.

La petite église romane présente un portail précédé d'un narthex surmonté d'un très beau **tympan★** en pierre polychrome, relativement rare au 12ᵉ s. Ce tympan figure l'Adoration des Rois mages, le registre supérieur montre la Vierge et l'Enfant Jésus entourés de saint Joseph et des Rois mages ; au registre inférieur apparaissent le léopard ailé et un ange maîtrisant le Léviathan. Le tympan repose sur un trumeau composé de quatre colonnes torsadées, ornées de feuillages perlés et de scènes de chasse, qui provient probablement d'un monument païen.

Dans le chœur, surmonté d'une coupole sur pendentifs, beaux chapiteaux historiés.

★**Turenne** – *Voir à ce nom.*

★**Gouffre de la Fage** ⊘ – Les galeries aménagées se divisent en deux ensembles que l'on parcourt successivement ; l'escalier d'accès emprunte le grand aven qui résulte d'un effondrement de la voûte.

La première partie, à gauche, contient de très belles draperies en forme de méduses, d'une grande richesse de coloris. Dans la salle des orgues, les concrétions sont utilisées comme xylophones. La seconde partie, riche en stalactites et stalagmites, présente une forêt d'aiguilles pendant du plafond.

Dans la dernière salle visitée, des fouilles sont en cours afin de dégager des ossements préhistoriques. La grotte est habitée par une très importante colonie de chauves-souris, comprenant dix espèces différentes.

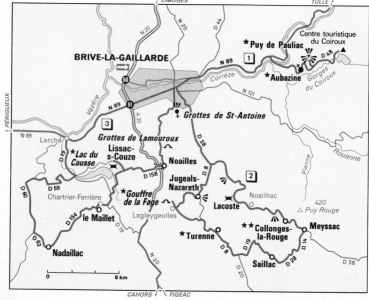

Jugeals-Nazareth — 604 h. Le village de Nazareth fut fondé par Raymond Ier de Turenne au retour de la première croisade. Celui-ci y installa une maladrerie confiée à l'ordre des Templiers. Sous la mairie, subsistent quelques salles voûtées, équipées chacune d'un puits et fermant par une grille, où séjournaient les lépreux.

★ ③ **Le Causse corrézien** — *Circuit de 47 km — Environ 3 h — Schéma p. 66.*
La route s'élève aussitôt au-dessus du bassin de Brive.

Grottes de St-Antoine — Creusées dans le grès, les grottes où saint Antoine de Padoue se retirait lorsqu'il séjournait à Brive forment un sanctuaire de plein air. Les franciscains assurent l'accueil du pèlerinage. En suivant le chemin de croix on arrive au sommet de la colline d'où l'on découvre une belle vue sur Brive.

Grottes de Lamouroux — Utilisées par l'homme aux périodes d'insécurité, elles comptent un grand nombre de cavités superposées sur cinq étages et forment un ensemble pittoresque.

Noailles — 648 h. Noailles occupe un site agréable dans un paysage de collines verdoyantes. Le village est dominé par le château et l'église perchés sur un coteau. L'**église** coiffée d'un clocher à peigne de style limousin présente une abside et un chœur romans avec des colonnettes ornées de chapiteaux historiés très réalistes (estropiés soutenus par des béquilles). Dans la nef voûtée d'ogives, des plaques rappellent le souvenir de membres de la famille de Noailles. On remarquera un tableau de Claude Gillot, maître de Watteau, les Apprêts de la crucifixion.
Le **château** Renaissance, berceau de l'illustre famille de Noailles, est décoré de fenêtres surmontées de pinacles dont le fronton s'orne de médaillons et d'anges portant les armes de la famille.
A l'Ouest de Noailles, la route s'élève vers le causse corrézien, pays de calcaire blanc percé de cloups tapissés d'argile rouge, couvert de genévriers et de chênes malingres.

★**Lac du Causse** — Appelée aussi lac de Chasteaux, cette superbe étendue d'eau de 90 ha, enchâssée dans la riante vallée de la Couze, a été aménagée en base de loisirs ⊙ avec baignade, voile, ski nautique, planche à voile, aviron...

Lissac-sur-Couze — 475 h. Se détachant sur le lac, apparaît un beau manoir massif flanqué d'échauguettes, ancienne tour militaire des 13e et 14e s. A côté, l'église est surmontée d'un clocher à peigne.

Le Maillet — Les moellons calcaires des maisons de ce hameau sont traditionnellement assemblés au mortier d'« hirondelle », simple motte d'argile pressée dont la couleur rouge vif donne à l'ensemble beaucoup de caractère.

Nadaillac — 285 h. Beau village rustique, renommé pour la qualité de ses truffes. Ses maisons médiévales portent parfois des toits de lauzes. L'église fortifiée s'ouvre par un porche profond précédé d'un passage voûté. L'avant chœur est couvert d'une coupole sur pendentifs.

BRUNIQUEL★

469 habitants
Carte Michelin n° 79 pli 19 ou 235 Est du pli 22 — Schéma p. 151.

Bruniquel, couronnée par la silhouette de son château, occupe un **site★** pittoresque au débouché des gorges que l'Aveyron creuse dans le causse de Limogne. Si l'on en croit Grégoire de Tours, la fondation d'une forteresse par **Brunehaut** serait à l'origine de la localité. Le souvenir de cette princesse, fille du roi des Wisigoths et épouse de Sigebert, roi d'Austrasie, se perpétue dans le nom d'une tour du château. Sa rivalité avec Frédégonde a, par sa cruauté, ensanglanté l'Austrasie et la Neustrie au 6e s., et sa mort est célèbre par son atrocité : elle fut attachée par les cheveux, un bras et une jambe à la queue d'un cheval indompté qui la mit en pièces.

★**Vieux bourg** — Avec ses ruelles en pente bordées de vieilles demeures coiffées de tuiles rondes, ses vestiges de fortifications, ses portes de ville et son beffroi, Bruniquel offre au touriste l'occasion d'une agréable promenade. Parcourir en particulier la rue du Mazel, la rue Droite-du-Trauc et la rue Droite-de-la-Peyre.

Château ⊙ — Bâti en belle pierre jaune, le château présente, sur des assises remontant, croit-on, au 6e s., diverses parties allant du 12e au 18e s. Sur l'esplanade précédant les principaux corps de bâtiment s'élève la barbacane qui défendait du côté du village les approches du château. Une grosse tour carrée du 12e s. porte le nom de la reine Brunehaut.
A l'intérieur, la salle des Chevaliers, des 12e et 13e s., est décorée de colonnettes à chapiteaux. D'une petite terrasse, près de la chapelle, on découvre une vue agréable sur la vallée. Un escalier conduit au 1er étage : la salle des Gardes est ornée d'une belle cheminée du 17e s., au décor baroque.
Dans le château seigneurial, une galerie Renaissance surplombe la falaise creusée d'abris-sous-roche et offre une **vue★** étendue sur un méandre de la rivière.

Maison Payrol ⊙ — Maison de ville de la puissante famille Payrol, dont la construction s'est échelonnée du 13e au 17e s. A l'étage, l'imposant plafond Renaissance est soutenu par des arcs de décharge et médaillons sculptés. De nombreuses collections d'origine régionale sont rassemblées : cartes, porte-éclats, verreries, faïences...

ENVIRONS

Montricoux – 909 h. *6 km au Nord-Ouest*. Montricoux est bâtie en terrasses sur la rive droite de l'Aveyron, dans une large plaine. Les murs de son ancienne enceinte existent toujours. La place Marcel-Lenoir et certaines ruelles ont conservé de pittoresques maisons en encorbellement et à colombage des 13e, 14e, 15e et 16e s.

Musée Marcel-Lenoir ⊘ – Le château de Montricoux expose la plus grande part de l'œuvre du peintre Marcel Lenoir, né à Montauban en 1872 et devenu après la Première Guerre mondiale l'une des grandes figures de Montparnasse, admiré de Giacometti, Braque ou Matisse. Cependant, cultivant la marginalité, brouillé avec l'ensemble de la critique, refusant de se fixer dans un style, il n'accéda pas à la même célébrité et finit sa vie dans l'oubli à Montricoux. Sa production, puissante et originale, mérite une redécouverte.

LES GUIDES VERTS MICHELIN

Paysages
Monuments
Routes touristiques
Géographie
Histoire, Art
Itinéraires de visite régionaux
Lieux de séjour
Plans de villes et de monuments
Une collection de guides régionaux sur la France.

Le BUGUE

2 764 habitants
Carte Michelin n° 75 pli 16 ou 235 pli 1 – Schéma p. 169.

Aux portes du Périgord Noir, cet actif centre local de commerce et d'échange des produits du terroir occupe la rive droite d'un méandre de la Vézère, près de son confluent avec la Dordogne.

Aquarium du Périgord Noir ⊘ – Il a été conçu de telle manière que le visiteur ait l'impression d'évoluer sous l'eau, comme un plongeur. Les aquariums à ciel ouvert, éclairés en lumière naturelle et ouvrant sur de grandes vitrines, sont peuplés de poissons d'eau douce, crustacés et invertébrés de diverses régions d'Europe. Impressionnent par leurs dimensions le Silure glane, originaire du centre et de l'Est du continent (les plus beaux spécimens dépassent 1,50 m), les amours blanc et argenté, l'esturgeon. Un espace est consacré au cycle de la reproduction et de l'alevinage du saumon.

Caverne de Bara-Bahau ⊘ – Cette caverne, longue d'une centaine de mètres, se termine par une salle bouchée par un effondrement de rochers. A la voûte de cette salle se distinguent notamment, parmi les silex émergeant de la roche crayeuse, des gravures exécutées pour la plupart avec un outil de silex, et des tracés digitaux remontant au magdalénien et découverts en 1951 par N. et M. Casteret (chevaux, aurochs, bison, cervidé, ours). Sur la même paroi, on remarque également des griffures d'ours plus anciennes (moustérien).

Musée de paléontologie ⊘ – Présentation sobre et efficace d'une collection de plus de trois mille spécimens groupés par grandes familles : ammonites, trilobites, gastéropodes, rudistes, etc., et répartis dans quatre salles d'exposition.

Maison de la vie sauvage ⊘ – Centré sur une très belle collection d'oiseaux naturalisés, ce musée se propose de faire découvrir les principaux aspects de la vie et de la survie de la plupart des espèces d'Europe.
Les vitrines abordent divers thèmes : le plumage, ses fonctions et les raisons de ses multiples colorations, le bec et son adaptation au régime alimentaire, les comportements, les chants, les parades, les techniques de vol, de pêche, de chasse.
Sont également évoquées, les grandes migrations, leurs itinéraires et les dangers qu'elles représentent.
En complément, un vivarium présente les différentes espèces de reptiles et de batraciens vivant dans la région et quelques insectes remarquables.

« Village du Bournat » ⊘ – Reconstitution d'une ferme-village périgourdine et de son atmosphère quotidienne à la fin du siècle dernier ; dans chaque bâtiment, des mannequins costumés renouent avec les faits et gestes du passé : le « repas de battage », la noce, les lavandières affairées au lavoir... A la forge ou au fournil, ce sont de vrais artisans qui raniment les métiers d'autrefois, également mis en honneur par une riche collection d'outils et de machines agricoles.

ENVIRONS

★**Gouffre de Proumeyssac** ⊘ – *3 km au Sud*. Un tunnel percé dans une colline donne accès à la plate-forme aménagée à mi-hauteur du gouffre. De là, on découvre l'ensemble de cette coupole souterraine, de forme régulière, décorée, à la base des parois surtout, de belles concrétions ocre ou blanches. Un important ruissellement continue à alimenter des stalactites très denses par endroits et formant des draperies, des stalagmites d'une grande pureté, des formations originales comme des excentriques ou des cristallisations triangulaires au sol. Les objets soumis à cette action pétrifiante et disposés sur le sol de la grotte s'intègrent difficilement à ce grandiose décor naturel.

Jusqu'en 1952, on accédait au gouffre par une minuscule nacelle à quatre places qui effectuait la descente (52 m) dans une obscurité presque totale. Ce dispositif pionnier, actionné à l'origine par un mulet, vient d'être reconstitué et embarque les touristes qui en font la demande préalable.

CADOUIN★

378 habitants (les Caduniens)
Carte Michelin n° 75 pli 16 ou 235 pli 5 – Schéma p. 92.

Fondée en 1115 par Robert d'Arbrissel, dans un étroit vallon proche de la forêt de la Bessède, l'abbaye de Cadouin, affiliée peu de temps après sa fondation à l'ordre de Cîteaux, a connu au Moyen Âge une grande prospérité.

L'église et le cloître, restaurés après la Révolution, forment un bel ensemble architectural autour duquel s'est développé un petit village qui a conservé sa vieille halle au toit patiné.

Cadouin a vu naître le 14 octobre 1890, dans une maison de la place de la Halle, le cinéaste Louis Delluc, initiateur de la critique cinématographique et fondateur des ciné-clubs.

Le saint suaire de Cadouin – La première mention de la relique la plus célèbre du Périgord n'apparaît dans les écrits qu'en 1214, dans un acte de Simon de Montfort. Il s'agit d'un drap de lin, orné de bandes brodées, qui avait été rapporté d'Antioche par un prêtre périgourdin et qui passait pour le suaire ayant enveloppé la tête du Christ. Objet d'un culte fervent, cette relique vaut à Cadouin la double fonction de monastère cistercien et de centre de pèlerinage : devant elle viennent s'agenouiller, selon la tradition, Richard Cœur de Lion, Saint Louis et Charles V. Charles VII la fit apporter à Paris et Louis XI à Poitiers. Menacée par les Anglais lors de la guerre de Cent Ans – le cloître roman et la plupart des bâtiments sont démolis –, l'abbaye confie la garde du saint suaire à Toulouse puis à Aubazine, mais ne rentre en possession de son bien qu'à la fin du 15ᵉ s., après de longs procès et l'intervention du pape et de Louis XI. Une restauration est alors entreprise et de nouveaux bâtiments sont élevés, qui souffriront à leur tour pendant les guerres de Religion.

La tradition à l'épreuve de la science – En 1934, des experts ont attribué le saint suaire de Cadouin au 11ᵉ s., les bandes brodées portant des inscriptions rédigées en écriture coufique et mentionnant un émir et un calife ayant gouverné l'Égypte entre 1094 et 1101. L'évêque de Périgueux supprima alors le pèlerinage. En 1982, deux chercheurs du C.N.R.S. ont repris l'étude au point de départ et ont nuancé les conclusions de 1934 : seules les bandes brodées, œuvres caractéristiques de l'art des Fatimides (dynastie arabe du 10ᵉ au 12ᵉ s.), datent de la fin du 11ᵉ s. Aussi était-il peu probable qu'un artisan égyptien de la fin du 11ᵉ s. ait mis sur son métier, pour le broder, un tissu qui mille ans auparavant aurait entouré la tête du Christ.

★**Église** – Achevée en 1154, elle présente une façade massivement organisée en trois registres horizontaux qui trahissent une parenté saintongeaise : le registre médian, percé de trois baies en plein cintre éclairant le vaisseau, sépare deux niveaux d'arcatures. De larges contreforts, scindant verticalement la surface en trois compartiments, annoncent très rigoureusement l'organisation interne de l'église, à nef et collatéraux.

Cette architecture fort sobre, où le décor se limite presque au jeu de la lumière dans les ressauts du mur, accentue l'effet ornemental des tons dorés de la pierre de Molières.

L'édifice, de belles proportions, s'affranchit de la règle cistercienne par son plan-chœur à abside entre deux absidioles, par sa coupole à la croisée du transept, surmontée d'un clocher pyramidal couvert de bardeaux de châtaignier, et par une décoration intérieure plus fouillée : fenêtres moulurées et chapiteaux ornés de feuillages et d'animaux stylisés, et dans les deux bras du transept, élégants chapiteaux décorés d'entrelacs et de palmettes. Cependant, de l'équilibre des volumes et de la grandeur de l'ensemble émane cette atmosphère de spiritualité propre aux sanctuaires cisterciens.

★★**Cloître** ⊘ – Grâce aux libéralités de Louis XI, le cloître fut édifié à la fin du 15ᵉ s., dans le style gothique flamboyant. Les travaux se poursuivirent jusque vers le milieu du 16ᵉ s., comme en témoignent les chapiteaux Renaissance de certaines colonnes. Malgré les mutilations dues aux guerres de Religion et à la Révolution, il fut au 19ᵉ s. l'objet d'un engouement romantique de la part des historiens et des archéologues, ce qui permit de le sauver et de le restaurer.

Aux quatre angles s'ouvrent de belles portes : la porte royale est ornée des armes de France et de Bretagne, Charles VIII et Louis XII ayant été les deux époux d'Anne de Bretagne, bienfaitrice de Cadouin. Les clefs de voûte sont sculptées de petits personnages et de scènes pleines de verve. Dans la galerie Nord, on admire encore, face à l'escabeau du lecteur, le siège de l'abbé, timbré des armes de l'abbaye : de chaque côté sont représentées diverses scènes en bas-relief, que prolonge une grande fresque figurant l'Annonciation. Des sujets empruntés à l'Ancien et au Nouveau Testament (Samson et Dalila, Job...) décorent quatre colonnettes en forme de tours. La salle capitulaire et deux autres pièces ont été aménagées en **musée du suaire**. La relique, restaurée

Le cloître

et mise en valeur, constitue la pièce majeure d'une exposition évoquant les huit siècles de pèlerinage et de ferveur religieuse qui lui ont été consacrés.

Musée du vélocipède ⊘ – C'est le plus important du genre en France. Aménagé dans une dépendance du couvent, il expose une centaine de modèles. Grands bis, dicycles et autres tricycles racontent les plus belles heures de la technique et des inventions depuis le milieu du 19ᵉ s. : pédales conçues par les frères Michaux, système de freinage à tige, vélo sans chaîne de la firme Acatène, premiers pneumatiques, « selle hamac »... Le modèle Paris-Brest-Paris 1891 et une bicyclette du premier Tour de France en 1903 évoquent les débuts du sport cycliste, le quadricycle de facteur anglais témoigne de la longue histoire d'amour entre le cycle et la poste. Les deux guerres mondiales sont également présentes, avec le vélo pliant type « Gérard » adopté par les Poilus ou le tricycle à remorque, figure emblématique de l'Exode de 1940.

ENVIRONS

Molières – 315 h. Cette ancienne bastide anglaise inachevée possède une église gothique dont la façade est flanquée d'une haute tour carrée de défense à deux étages.

CAHORS★★

19 735 habitants (les Cadurciens)
Carte Michelin n° 79 pli 8 ou 235 pli 14 – Schémas p. 107, 116 et 118.

Enserrée dans un cingle (méandre) du Lot que dominent de hautes collines rocheuses, Cahors, qui fut au Moyen Âge une florissante cité commerçante et universitaire, possède de précieux vestiges de son passé.

La ville, qui n'occupa pendant des siècles que la partie Est de la presqu'île, l'a peu à peu complètement investie et aujourd'hui gagne les collines environnantes.

Le **boulevard Gambetta** (BYZ), cours méridional typique avec ses platanes, ses cafés et ses commerces est le grand axe Nord-Sud de la ville. Il y règne une animation qui rappelle le rôle de centre commercial de Cahors.

Préfecture du département du Lot, la ville a vu se multiplier les administrations et services publics où travaille une bonne partie de sa population.

Enfin son rôle touristique n'est pas négligeable. L'ancienne capitale du Quercy est, entre autres, un excellent point de départ pour la visite des vallées du Célé et du Lot.

La source divine – L'antique Divona Cadurcorum, dont le nom devint Cadurca puis Cahors, doit sa naissance à la fontaine des Chartreux, belle résurgence qui alimente encore la ville en eau potable. Les Gaulois, puis les Romains, lui vouent un culte comme à une divinité, dévotion confirmée par la découverte en 1991 d'un millier de monnaies du début de l'ère chrétienne, jetées en offrande dans la fontaine. La ville s'épanouit : elle possède son forum, son théâtre, ses temples, ses termes, ses remparts.

L'âge d'or – Au 13ᵉ s., Cahors est l'une des grandes villes de France et connaît une période de prospérité économique, due en grande partie à l'arrivée de marchands et de banquiers lombards. Les Lombards ont le génie du négoce et de la banque, mais ils se livrent souvent à des opérations de « prêt à usure » assez peu recommandables. Les Templiers s'établissent à leur tour à Cahors ; la fièvre de l'or s'empare des Cadurciens eux-mêmes et la cité devient la première place bancaire d'Europe : elle prête au pape, aux rois, possède même des comptoirs dans toutes les grandes foires jusqu'en Norvège et au Levant. Le mot « cahorsin », désignant alors les habitants de Cahors, est synonyme d'usurier. En 1322, le Cadurcien Jacques Duèze devient pape sous le nom de Jean XXII. En 1332 il fonde dans sa ville natale une université qui est alors plus florissante que celle de Toulouse et qui fonctionnera jusqu'au 18ᵉ s.

Ville fidèle, roi ingrat – Dès le début de la guerre de Cent Ans, les Anglais s'emparent de toutes les places du Quercy : seule Cahors demeure imprenable malgré la peste noire qui décime la moitié de sa population. Le traité de Brétigny, en 1360, cède Cahors aux Anglais, mais la ville invaincue refuse de se livrer. Le roi de France ordonne alors de remettre les clefs de la cité, tandis que les consuls s'écrient : « Ce n'est pas nous qui abandonnons le roi, mais lui qui nous livre à un maître étranger. » En 1450, quand les Anglais quittent le Quercy, Cahors est ruinée.

Cahors et la Réforme – Après quelques décades de paix qui ont permis à Cahors de reprendre un certain essor, en 1540 la Réforme pénètre dans ses murs. Très rapidement la population se trouve divisée. En 1560 des protestants sont massacrés. Vingt ans plus tard la ville est assiégée par les huguenots conduits par Henri de Navarre. L'assaut dure trois jours et se termine par un pillage en règle de la ville.

L'enfance de Gambetta – Parmi les Cadurciens célèbres, au premier rang desquels se placent le pape Jean XXII et les poètes Clément Marot (1496-1544) et Olivier de Magny (1529-1561), Léon Gambetta occupe une place à part. Né en 1838 de parents épiciers – son père était d'origine génoise et sa mère fille d'un pharmacien de Molières –, le jeune Gambetta met le jeu et l'école buissonnière au-dessus de toutes les leçons, rêve d'aventures et veut être marin ; pourtant, après un court séjour en pension, il montre une infatigable ardeur au travail, lit le grec et le latin à livre ouvert et remporte tous les prix. Assistant un jour à un procès en cour d'assises, le jeune collégien est profondément ému par ce dramatique spectacle : c'en est fait, Léon Gambetta sera avocat. En 1856, il quitte Cahors pour Paris où il s'inscrit à la faculté de droit. Son extraordinaire carrière commence. Cet ardent patriote, membre du corps législatif, prend une part active à la déchéance de Napoléon III et à la proclamation de la République le 4 septembre 1870. Pour organiser sur la Loire la résistance à l'armée prussienne, il quitte Paris en ballon le 7 octobre. Il devient chef de l'Union républicaine, puis est président de la Chambre en 1879 et président du Conseil en 1881-1882.

★★PONT VALENTRÉ (AZ) ⏲ visite : 1/2 h

Cet ouvrage constitue une remarquable manifestation de l'art militaire du Moyen Âge. Ses trois tours à mâchicoulis, ses parapets crénelés, ses avant-becs aigus rompant la succession des sept arches ogivales lui confèrent une hardiesse élégante. C'est de la rive droite du Lot, en amont de l'ouvrage, que l'on a la meilleure vue sur le pont Valentré, dont les tours s'élèvent à 40 m au-dessus de la rivière. Commencée en 1308, la construction se poursuit durant plus d'un demi-siècle et est liée à une légende où le Diable a une part importante, encore que l'histoire tourne à son désavantage. Désespéré par la lenteur des travaux, l'architecte accepte de signer un pacte avec le Diable : Satan apportera à pied d'œuvre tous les matériaux nécessaires et, s'il exécute fidèlement tous ses ordres, l'homme lui abandonnera son âme. Le pont s'élève alors avec une rapidité prodigieuse, bientôt les travaux touchent à leur fin. L'architecte, ne tenant pas à goûter au supplice éternel, a l'idée de demander au Diable de lui quérir de l'eau dans un crible. Après quelques vaines tentatives, Satan doit s'avouer vaincu.

Pour se venger, il écorne à son sommet la tour du milieu (dite tour du Diable). Chaque fois remplacée, la pierre tombait de nouveau. Lors de la restauration du pont, au siècle dernier, l'architecte la fit sceller solidement et fit sculpter sur l'angle de la pierre un petit diable faisant des efforts pour l'arracher.

L'aspect initial du pont Valentré a été sensiblement modifié au cours des travaux de restauration entrepris en 1879 : la barbacane, qui renforçait encore sa défense du côté de la ville, a été remplacée par la porte actuelle.

Tel qu'il se présentait alors, il constituait une sorte de forteresse isolée commandant le passage du fleuve ; tandis que la tour centrale servait de poste d'observation, les tours extrêmes étaient fermées de portes et de herses : sur la rive gauche du Lot, un corps de garde et une demi-lune constituaient vers le Sud une protection supplémentaire. Ainsi organisé au point de vue militaire, l'ouvrage en imposa aux Anglais pendant la guerre de Cent Ans ainsi qu'à Henri de Navarre lors du siège de Cahors en 1580 : il ne fut donc jamais attaqué.

Un **moulin à nef** reconstitué est amarré près du pont. Installées au beau milieu de la rivière, ces embarcations utilisaient la force des courants pour broyer les grains. Dangereuses pour la navigation, elles suscitaient des rivalités avec les mariniers, et il arrivait que l'une d'elles vole en éclats en pleine nuit sous le choc délibéré d'une gabare.

Cahors – Le pont Valentré

★CATHÉDRALE ST-ÉTIENNE ET SON QUARTIER *visite : 1 h*

★**Cathédrale St-Étienne** (**BY**) – Elle doit à ses évêques et à son chapitre son allure de forteresse qui, tout en assurant leur sécurité en ces périodes troublées, renforçait leur prestige. Sur l'emplacement d'une église du 6e s., l'évêque Géraud de Cardaillac entreprend, à la fin du 11e s., la construction de l'édifice dont une grande partie existe encore. La porte Sud comprend un arc trilobé remontant à 1119. Le portail Nord date du 12e s., la réfection du chevet primitif, du 13e s. Au début du 14e s., on élève la façade occidentale et, sur l'initiative de l'évêque Guillaume de Labroue, cousin du pape Jean XXII, sont exécutées les peintures des coupoles.

Au début du 16e s., l'évêque Antoine de Luzech construit le cloître flamboyant et certaines de ses dépendances.

Extérieur – La façade occidentale est formée de trois tours juxtaposées. Celle du centre, surmontée d'un beffroi, s'ouvre par un grand portail à deux baies. Au premier étage, une série d'arcatures encadre la rose. Des fenêtres à baies géminées complètent cette décoration qui ne parvient pas à atténuer le caractère militaire de cette façade.

★★**Portail Nord** – Ancien portail roman de la façade principale, il a été accolé au côté Nord de la cathédrale avant la reconstruction de la façade actuelle. Le **tympan** *(schéma ci-contre)* a pour sujet l'Ascension. Exécuté vers 1135, il s'apparente par son style et sa technique à l'école languedocienne.

Au centre de la composition, dans une mandorle (gloire en forme d'amande), le Christ nimbé (**1**) s'élève debout, la main droite levée, la main gauche tenant un livre fermé. De chaque côté, un ange (**2**) explique le miracle aux apôtres qui, à la partie inférieure, se tiennent sous des arcatures trilobées (**3**) ; sous l'arcade centrale apparaît la Vierge (**4**), levant la main vers son Fils. Au-dessus du Christ, quatre angelots (**5**) sortent des nues pour l'accueillir et emporter son auréole. De part et d'autre du Christ et des anges, le sculpteur a fait figurer des épisodes de la vie de saint Étienne (**6**) : on reconnaît sa prédication, son arrestation par les juifs, sa lapidation, l'apparition du ciel : la main divine protège le martyr.

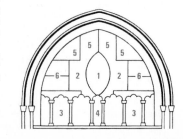

Nouai/IMAGES PHOTOTHÈQUE

L'abside de la cathédrale, dont la partie haute est soulignée par deux balustrades, donne une grande impression de puissance sans nuire à l'harmonie de l'ensemble.

Intérieur – Pénétrant dans la cathédrale par le portail occidental, on traverse un narthex surélevé par rapport à la nef coiffée de deux vastes coupoles sur pendentifs.

L'opposition est frappante entre la nef, claire, et le chœur orné de vitraux et de peintures.

En 1872 ont été mises au jour les fresques de la première coupole représentant, dans le médaillon central, la lapidation de saint Étienne, sur la couronne, les bourreaux du saint, et, dans les compartiments inférieurs, huit figures géantes de prophètes.

Le chœur et l'abside sont couverts de voûtes gothiques.

Parmi les chapelles rayonnantes, édifiées au 15e s., celle de St-Antoine s'ouvre sur le chœur par une belle porte flamboyante.

★**Cloître** (BY E) – Datant de 1509, c'est un cloître Renaissance qui fait suite à ceux de Carennac *(p. 71)* et de Cadouin *(p. 64)* avec lesquels il présente de nombreux liens stylistiques.

On y accède par une porte, à droite du chœur. En dépit de ses mutilations, il offre une riche décoration sculptée. Les galeries sont couvertes d'une voûte en étoile, dont les clefs étaient ornées de pendentifs : un seul subsiste au-dessus de la porte Nord-Ouest et représente Jésus aux cieux entouré d'anges. Les piédroits sont décorés de niches privées de leurs statues. Près de la porte du chœur, on remarque un escalier à rampe hélicoïdale, tandis que sur le pilier d'angle du Nord-Ouest est sculptée une gracieuse Vierge de l'Annonciation, aux longs cheveux tombant sur les épaules, drapée dans un manteau.

Par le cloître, on accède à la **chapelle St-Gausbert** ⊘ (ancienne salle capitulaire) dont les voûtins losangés sont décorés de peintures du 16e s. inspirées de la Renaissance italienne ; celles qui parent les murs datent du 15e s. et représentent le Jugement Dernier. Cette chapelle abrite le trésor de la cathédrale.

Par la porte de l'angle Nord-Est du cloître, on gagne la cour intérieure de l'ancien archidiaconé St-Jean, remarquable par une jolie décoration Renaissance.

Rue Nationale (BZ) – C'était l'artère principale du quartier des Badernes, partie commerçante de la ville. Au n° 116, une belle **porte** du 17e s. présente des panneaux décorés de fruits et de feuillages.

Un peu plus loin, sur la gauche, l'étroite **rue St-Priest** (BZ 28) a gardé l'aspect d'une venelle médiévale avec ses maisons en brique, à colombage et en encorbellement. Elle débouche sur la place du même nom où l'on peut remarquer, au n° 18, un bel escalier extérieur en bois, Louis XIII, bien préservé.

Rue du Docteur-Bergounioux (BZ 13) – Au n° 40, une demeure du 16ᵉ s. montre une intéressante façade Renaissance percée de fenêtres aux croisées sculptées, d'inspiration italienne.

Rue Lastié (ou de Lastié) (BZ 20) – Au n° 35, remarquer les fenêtres de style rayonnant. Au n° 117, une maison des 14ᵉ et 16ᵉ s. a conservé son échoppe au rez-de-chaussée, surmontée au premier étage d'élégantes fenêtres géminées de style gothique. Le parcours de cette rue se termine par de jolies maisons en brique et pans de bois fraîchement restaurées.

Rue St-Urcisse (BZ 30) – L'église St-Urcisse, fin du 12ᵉ s., s'ouvre par un portail du 14ᵉ s. A l'intérieur, les deux piliers du chœur sont ornés de beaux chapiteaux historiés. Au n° 68, une maison de la première moitié du 13ᵉ s., adossée à une autre aussi adroitement rénovée, présente sous le toit une galerie ouverte, le « soleilho » qui servait de séchoir à linge.

Maison de Roaldès (BY L) ⊙ – Appelée aussi maison de Henri IV (le roi de Navarre y aurait logé pendant le siège de Cahors en 1580), cette demeure de la fin du 15ᵉ s. a été restaurée en 1912. Elle appartint, à partir du 17ᵉ s., à une famille de notables du Quercy, dont elle porte le nom.
La façade Sud, à pans de bois, est surmontée d'un balcon et coiffée d'une grosse tour ronde.
La façade Nord donnant sur la place présente par

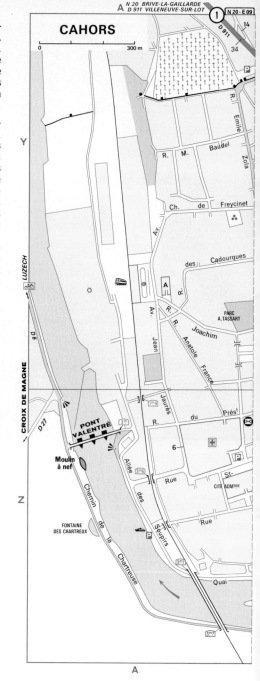

sa décoration – portes et fenêtres à meneaux, motifs comprenant des roses, des soleils flamboyants et des arbres écotés – les éléments de l'école quercynoise du début du 16ᵉ s.
A l'intérieur, les différentes pièces, desservies par un escalier à vis, s'ornent de quelques meubles intéressants et surtout de belles cheminées sculptées où l'on retrouve la rose du Quercy et l'arbre écoté.

Pont Cabessut (BY) – De ce pont, on a une **vue**★ intéressante sur le quartier haut de la ville ou quartier des Soubirous. A l'extrémité se dresse la tour des Pendus ou tour St-Jean, puis le clocher de l'église St-Barthélemy, la tour de Jean XXII, la tour du château du roi et enfin celle du collège Pélegry.

Tour du collège Pélegry (BY S) – Créé en 1368, le collège reçut d'abord 13 étudiants pauvres fréquentant l'université. Ce fut, jusqu'au 18ᵉ s., l'un des établissements les plus importants de la ville. Il est surmonté d'une belle tour hexagonale du 15ᵉ s.

Tour du château du roi (BY) – L'actuelle prison fut autrefois résidence du gouverneur. Des deux tours et des deux corps de bâtiments construits au 14ᵉ s. subsiste la puissante tour dite « du château du roi ».

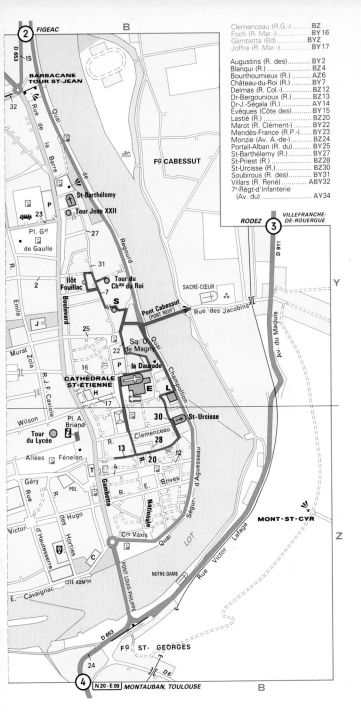

Ilôt Fouillac (BY) – Ce quartier, longtemps insalubre, a fait l'objet d'une vaste opération de réhabilitation. Par la suppression des immeubles les plus dégradés, une place a été percée, décorée sur son pourtour de **peintures murales** et animée par une **fontaine musicale** ; celle-ci, véritable instrument « musico-aquatique » permet aux passants de composer des sons et d'agir en même temps sur l'intensité des jets d'eau.

La Daurade (BY) – Riche ensemble de demeures anciennes bordant le square Olivier-de-Magny : maison Dolive (17ᵉ s.), maison Heretié (14ᵉ - 16ᵉ s.) et maison dite du Bourreau, à fenêtres à colonnettes (13ᵉ s.).

AUTRES CURIOSITÉS

★**Barbacane et tour St-Jean** (BY) – La ligne des remparts, établie au 14ᵉ s., barrait entièrement l'isthme du Lot.
De ces fortifications subsistent quelques vestiges : une grosse tour, à l'Ouest, abrite une poudrière et l'ancienne porte St-Michel sert d'entrée au cimetière. C'est à l'Est, à l'endroit où la N 20 pénètre dans la ville, que s'élèvent les deux plus belles constructions fortifiées, la barbacane et la tour St-Jean. La barbacane, élégant corps de garde, protégeait la porte de la Barre. La tour St-Jean, ou tour des Pendus, est bâtie sur un rocher dominant le Lot.

Église St-Barthélemy (BY) ⏱ – Bâtie dans le quartier le plus haut de la ville ancienne, cette église s'appelait jusqu'au 13ᵉ s. St-Étienne-de-Soubiroux, « sancti Stephani de superioribus », par opposition à la cathédrale qui occupait le quartier bas. Reconstruite en plusieurs étapes dans sa forme actuelle, elle présente un beau clocher-porche rectangulaire à trois rangs de baies en tiers-point superposées ; ce clocher sans flèche, dont la base est du 14ᵉ s., est presque entièrement bâti en briques. La nef, voûtée d'ogives, est de style languedocien. Dans la chapelle la plus proche de l'entrée, à gauche, une plaque de marbre et un buste rappellent que Jean XXII fut baptisé dans cette église. Les émaux cloisonnés qui ornent le couvercle des fonts baptismaux modernes ont pour thème les principaux événements de la vie du pape cadurcien. De la terrasse située à proximité de l'église : jolie vue sur le faubourg de Cabessut et la vallée du Lot.

Tour de Jean XXII (BY) – Seul vestige du palais de Pierre Duèze, frère de Jean XXII. Haute de 34 m, la tour, couverte de tuiles à l'origine, est percée de cinq étages de fenêtres géminées.

Tour du lycée (BZ) – Des bâtiments du lycée Gambetta, ancien collège des jésuites, émerge une élégante tour octogonale du 17ᵉ s., en briques roses.

ENVIRONS

★**Point de vue du Mont-St-Cyr** (BZ) – *7 km par le pont Louis-Philippe, au Sud du plan, et la D 6, que l'on quitte, 1,5 km plus loin, pour gagner le Mont, en obliquant toujours à gauche.* Du sommet *(table d'orientation)*, se révèle une belle **vue**★ sur Cahors : l'opposition entre les quartiers neufs et les anciens, que sépare le boulevard Gambetta, artère vitale de Cahors, apparaît nettement, tandis que se profile à l'arrière-plan la silhouette du pont Valentré.

★**Point de vue de la Croix de Magne** – *5 km. A la sortie Ouest du pont Valentré, prendre à droite et aussitôt à gauche, puis, juste après l'école d'agriculture, tourner à gauche, ainsi qu'en haut de la montée.* Des abords de la croix une **vue**★ s'offre sur le causse, le cingle du Lot, la ville de Cahors et le pont Valentré.

★**Point de vue du Nord de la ville** – *5 km. Prendre la rue du Dr.-J.-Ségala qui s'embranche à droite sur la N 20 juste après la tour St-Jean.* Cette route de crête procure de belles vues sur la vallée du Lot et le site de Cahors : la ville ancienne apparaît étagée en amphithéâtre, avec ses clochetons, ses tours crénelées et le pont Valentré.

Château de Roussillon – *9 km au Nord, par la N 20.* Au-dessus d'un vallon se dressent les puissantes tours rondes de cette forteresse médiévale qui appartint à la famille de Gontaut-Biron.

Château de Cieurac ⏱ – *12 km au Sud, par la D 6.* Château élevé au 16ᵉ s., qui a conservé son moulin et son colombier seigneuriaux.

CAPDENAC

932 habitants

Carte Michelin n° 79 pli 10 ou 235 pli 11 – Schéma p. 117.

Perchée sur un promontoire qu'enserre un « cingle » du Lot, Capdenac-le-Haut occupe un **site**★ remarquable. Cette petite ville, qui a conservé son aspect d'autrefois domine Capdenac-Gare, un important nœud ferroviaire qui s'est développé dans la vallée.

Uxellodunum – Certains historiens ont voulu y voir l'emplacement de la place forte d'Uxellodunum, dernier bastion de la résistance à César, dont la localisation soulève de violentes polémiques (une majorité la situe au puy d'Issolud près de Martel, *p. 113*). Des travaux importants, spécialement ceux en 1815 des frères Champollion dont l'égyptologue *(voir p. 101)*, ont apporté des éléments positifs et prouvé qu'elle compta parmi les cités gallo-romaines.

La ville des sièges – Capdenac supporta au moins onze sièges au cours de son histoire. Elle eut un rôle de premier plan au Moyen Âge et était considérée comme l'une des positions clefs du Quercy. Au 8ᵉ s., le roi Pépin le Bref s'empare d'une forteresse située à cet emplacement. Lors de la croisade des albigeois, Simon de Montfort occupe Capdenac en 1209 et en 1214. Pendant la guerre de Cent Ans, les Anglais assiègent la ville, s'y installent et en sont délogés par le futur roi Louis XI.
Au début du 16ᵉ s., Galiot de Genouillac, grand maître de l'Artillerie sous le règne de François Iᵉʳ *(voir p. 44)*, acquiert le château. Lors des guerres de Religion Capdenac devient une place protestante importante.
Enfin, après la mort de Henri IV, Sully s'y installa et y vécut plusieurs années.

Remparts – Ils sont les vestiges de l'enceinte et de la citadelle des 13ᵉ et 14ᵉ s. La porte Nord (Comtale) par laquelle on pénètre dans le village, et la porte Sud (Vijane) subsistent.

Donjon ⏱ – Cette puissante tour carrée, flanquée d'échauguettes d'angles (13ᵉ - 14ᵉ s.), abrite le syndicat d'initiative et un petit **musée** évoquant l'histoire de Capdenac.
De la place où se trouve le donjon partent les rues de la Peyrolie et de la Commanderie bordées de maisons en encorbellement, à pans de bois et arcs en ogives.

Fontaine des Cent Marches – dite des Anglais ⊘ – Un escalier pentu de 135 marches creusé dans la falaise au-dessus de Capdenac-Gare mène à deux bassins aménagés dans une grotte. Champollion, inspiré par cet endroit, écrivit : « On dirait l'antre révéré d'un oracle où l'on va chercher sa destinée. »

Fontaine de César, ou romaine – A l'entrée Nord du village se côtoient une fontaine d'époque gallo-romaine et une autre, plus ancienne, asséchée, qui passe pour être celle tarie par César (voir p. 122).

Points de vue – Autour du promontoire on trouve plusieurs points de vue. D'une terrasse proche de l'église, la vue★ se porte sur un méandre du Lot et la vallée quadrillée de cultures. Du côté Est, une autre terrasse surplombe Capdenac-Gare.

CARENNAC★

370 habitants

Carte Michelin n° 75 pli 19 ou 235 Nord-Est du pli 38 – Schéma p. 89.

Située au bord de la Dordogne, Carennac regroupe ses pittoresques maisons quercynoises, coiffées de tuiles brunes, et ses manoirs, flanqués de tourelles, autour du vieux prieuré où résida Fénelon. L'ensemble compose l'un des plus séduisants tableaux de la vallée de la Dordogne.

Fénelon à Carennac – Le prieuré-doyenné, fondé au 10e s. et rattaché au siècle suivant à l'abbaye de Cluny, doit sa célébrité aux longs séjours qu'y fit François de Salignac de La Mothe-Fénelon avant de devenir archevêque de Cambrai.
Encore étudiant à Cahors, Fénelon aime passer ses vacances chez son oncle, le prieur-doyen. En 1681, ce dernier meurt, le jeune abbé lui succède et reste titulaire du prieuré pendant quinze ans. A Carennac, Fénelon est l'objet d'une véritable vénération : il s'est plu à relater les cérémonies et les réjouissances qui marquèrent son arrivée par bateau et son installation en tant que prieur commendataire.
La tradition veut que Fénelon ait composé son Télémaque à Carennac. Les aventures du fils d'Ulysse n'auraient été d'abord pour lui qu'un exercice littéraire, avant de devenir un livre instructif à l'attention du duc de Bourgogne, petit-fils de Louis XIV, dont l'illustre prélat-écrivain était devenu le précepteur. L'île Barrade, dans la Dordogne, a reçu le nom d'« île de Calypso », et on montre une tour du village appelée « tour de Télémaque » dans laquelle, dit-on, fut écrit ce chef-d'œuvre.

LE VILLAGE visite : 1/2 h

Depuis Fénelon le cadre a peu changé et il a gardé beaucoup de charme. Certaines maisons datent du 16e s., mais les bâtiments du doyenné ont subi diverses déprédations lors de la Révolution. Supprimé en 1788 par un arrêt du Conseil du roi, le prieuré fut mis aux enchères et vendu en 1791.
Des anciens remparts, il ne reste aujourd'hui qu'une porte fortifiée et, des bâtiments, le château et la tour du prieur. Franchir la porte fortifiée.

Église St-Pierre – Cette église romane est précédée d'un porche orné d'un beau portail★ sculpté du 12e s. dont le tympan s'apparente par sa facture à ceux de Beaulieu de Moissac, de Collonges et de Cahors : au centre de la composition, dans une mandorle (gloire en forme d'amande), le Christ en majesté, la main droite levée en signe de bénédiction, est encadré par les symboles des quatre évangélistes. De chaque côté, les apôtres sont disposés sur deux registres superposés tandis que deux anges prosternés figurent au registre supérieur. Ce tympan est encadré de petits animaux. La suite de ce bestiaire se retrouvait autrefois sur un bandeau saillant qui doublait l'arc du porche : un chien et un ours subsistent à gauche.
A l'intérieur, les chapiteaux archaïques de la nef, ornés d'animaux fantastiques, de feuillages ou de scènes historiées ne manquent pas d'intérêt.

Cloître ⊘ – Restauré, il comprend une galerie romane accolée à l'église et trois galeries de style flamboyant. Un escalier mène sur la terrasse.
Donnant sur le cloître, la salle capitulaire abrite une remarquable **Mise au tombeau**★ du 15e s. Le Christ est étendu sur un linceul que portent deux disciples, Joseph d'Arimathie et Nicodème ; derrière, deux saintes femmes entourent la Vierge et l'apôtre Jean ; à droite, Marie-Madeleine essuie une larme. Les visages montrent une certaine rusticité.

Château de CASTELNAU-BRETENOUX★★

Carte Michelin n° 75 pli 19 ou 239 pli 39 – Schémas p. 89 et 153.

A la lisière septentrionale du Quercy, le château de Castelnau, au pied duquel se blottit le village de Prudhomat, dresse l'énorme masse rouge de ses remparts et de ses tours sur un éperon dominant le confluent de la Cère et de la Dordogne. L'importance de son système de défense en fait l'un des plus beaux exemples de l'architecture militaire du Moyen Âge. « A plus d'une lieue à la ronde, c'est » écrit Pierre Loti, « le point marquant... la chose qu'on regarde malgré soi de partout : cette dentelure de pierres de couleur sanguine, émergeant d'un fouillis d'arbres, cette ruine posée en couronne sur un piédestal garni d'une belle verdure de châtaigniers et de chênes. »

L'œuf de Turenne – Dès le 11e s., les barons de Castelnau sont les plus puissants seigneurs du Quercy ; ils ne prêtent hommage qu'aux comtes de Toulouse et s'intitulent fièrement les « seconds barons de la chrétienté ». En 1184, Raymond de Toulouse donne au vicomte de Turenne la suzeraineté de Castelnau ; le baron n'accepte pas l'humiliation et reporte son hommage sur Philippe Auguste. Une guerre sans merci éclate entre Turenne et Castelnau ; le roi Louis VIII intervient, sa sentence d'arbitrage tranche en faveur de Turenne. Bon gré, mal gré, le baron s'incline. Redevance toute symbolique, Castelnau devra donner à son suzerain… un œuf. Aussi, tous les ans, en grande pompe, un attelage de quatre bœufs transporte-t-il à Turenne un œuf frais pondu.

Château fort ⊙ – C'est autour d'un puissant donjon, élevé au 13e s., que se développe, au cours de la guerre de Cent Ans, le vaste château fort doté d'une enceinte fortifiée. Laissé à l'abandon au 18e s., il subit diverses déprédations lors de la Révolution. Incendié en 1851, il a été habilement restauré de 1896 à 1932. Il se présente sous la forme d'un triangle irrégulier flanqué de trois tours rondes et de trois autres en demi-saillie sur les côtés. Trois enceintes concentriques en défendent les approches, tandis qu'une allée d'arbres remplace les anciens remparts.

Des remparts se développe une vue★ étendue : au Nord les vallées de la Cère et de la Dordogne ; au Nord-Ouest, à l'horizon le château de Turenne ; à l'Ouest, le cirque de Montvalent ; au Sud-Ouest et au Sud, le château de Loubressac et le vallon d'Autoire. La cour d'honneur, où se dressent une haute tour carrée et le logis seigneurial, bâtiment rectangulaire encore appelé auditoire, permet de mesurer d'un coup d'œil les vastes proportions de cette forteresse qui pouvait abriter cent chevaux et une garnison de 1 500 hommes.

Intérieur – En plus d'un dépôt lapidaire, comprenant les chapiteaux romans de Ste-Croix-du-Mont en Gironde, de nombreuses salles retiennent l'attention par leur décoration et leur ameublement que l'on doit à l'ancien propriétaire Jean Mouliérat. Cet enfant du pays, devenu un chanteur d'opéra-comique célèbre, acheta le château en 1896 et consacra sa fortune à le restaurer et à le meubler. Il en fit don à l'État en 1932. L'ancienne salle des états généraux du Quercy est éclairée de grandes fenêtres, la salle des Étains et le grand salon sont ornés de tapisseries d'Aubusson et de Beauvais ; l'oratoire a conservé des vitraux du 15e s. ainsi que deux retables espagnols du 15e s.

Collégiale Saint-Louis ⊙ – Élevée par les seigneurs de Castelnau, bâtie aussi en belles pierres rouges ferrugineuses, elle se dresse en contrebas du château. A proximité subsistent quelques-uns des logis des chanoines.

A l'intérieur, la chapelle des seigneurs présente une belle voûte quadripartite dont la clef porte les armes des Castelnau. Le mobilier comprend un ensemble de stalles du 15e s., un retable du 17e s. et des autels du 18e s., dont l'un surmonté d'une Vierge à l'oiseau du 15e s. en bois polychrome, de facture naïve. Le chœur abrite deux œuvres en pierre polychrome du 15e s. : une Vierge de Majesté et une représentation du baptême du Christ.

Château de CASTELNAUD★

Carte Michelin n° 75 pli 17 ou 235 Ouest du pli 6 – Schéma p. 93.

Face au château de Beynac dont il fut le rival implacable dans les incessants conflits qui émaillent l'histoire du Moyen Âge, le château fort de Castelnaud dresse sa silhouette imposante dans un site★★ admirable à l'extrémité d'un promontoire commandant les vallées du Céou et de la Dordogne.

Une histoire mouvementée – En 1214, Simon de Montfort s'empare du château, dont les occupants s'étaient rangés du côté des cathares. Un demi-siècle plus tard, Saint Louis le cède au roi d'Angleterre qui le conserve quelques années dans ses possessions. Pendant la guerre de Cent Ans, il ne cesse de passer des Anglais aux Français. La paix enfin revenue, le château est en triste état. Une campagne de travaux est alors menée pendant toute la deuxième moitié du 15e s. Seuls le donjon et l'enceinte conservent leur aspect du 13e s. Au début du 16e s., le château connaît encore quelques transformations : on lui ajoute la tour d'artillerie.

Après la Révolution il est laissé à l'abandon, puis sert de carrière de pierres.

En 1969, une importante restauration a été entreprise qui a permis de relever la plupart des bâtiments.

Château fort ⊙ – C'est une forteresse médiévale caractéristique avec son puissant donjon à mâchicoulis, son enceinte, son corps de logis, sa basse-cour… Cependant, certains éléments telles la tour d'artillerie et les canonnières percées dans les murs sont des aménagements d'une époque plus tardive, liés à l'évolution des machines de guerre dont le **musée de la guerre au Moyen Âge** présente des reconstitutions sur différents sites du château.

La technique d'attaque la plus pratiquée à cette époque était la sape qui consistait à creuser un tunnel sous les murailles, mais les armées médiévales utilisaient également les machines de jet dont le fonctionnement reposait sur un système de tendeurs et de contrepoids : le trébuchet, dès le 13e s., engin alors le plus puissant, projetait des boulets de 100 kg par-dessus les murailles ou bien encore la bricole ou pierrière, fin du 13e s., lançait des projectiles de pierre d'environ 5 kg sur une portée de 40 mètres. Ces impressionnantes machines, astucieuses

Castelnaud – Le château de Castelnaud et dans le fond le château de Beynac

mais précaires et d'une relative efficacité, se voient progressivement remplacées, aux siècles suivants, par l'artillerie à feu. On peut en voir certains spécimens ainsi que d'autres objets de guerre dans les salles d'armes et d'artillerie du château. Une reconstitution de hourds, remplacés plus tard par les mâchicoulis, ainsi que des montages audiovisuels permettent de mieux imaginer les tactiques de combat de ce temps, et dans une petite salle, une maquette retrace le siège de Castelnaud en 1442 lorsque Charles VII, roi de France, décida de chasser les Anglais définitivement.

Le château s'est doté de quelques meubles des 14ᵉ et 15ᵉ s., exposés dans le corps de logis. De la terrasse, la vue se porte au sud sur la vallée du Céou ; de son extrémité, à l'est, se développe un **panorama**★★★ remarquable sur l'un des plus beaux paysages de la vallée de la Dordogne : au premier plan, la rivière s'étire, en un vaste méandre enserrant le damier des cultures coupées de rideaux de peupliers tandis que, plus loin, apparaissent Beynac et son château, le château de Marqueyssac, La Roque-Gageac au pied de ses falaises.

CASTELNAU-MONTRATIER

1 820 habitants
Carte Michelin n° 79 plis 17, 18 ou 235 pli 18.

Perchée sur un promontoire, cette bastide a été fondée au 13ᵉ s. par Ratier, seigneur de Castelnau, qui lui donna son nom. Elle remplaça une bourgade, Castelnau-de-Vaux, établie en contrebas de la colline, qui avait été détruite par Simon de Montfort en 1214 lors de la croisade des albigeois.

Place – De forme triangulaire, cette place ombragée a conservé quelques couverts et maisons anciennes.

Moulins – Au Nord du promontoire s'élèvent trois moulins à vent dont l'un est encore en état de marche.
Autrefois, ces moulins-tours à calotte tournante étaient très nombreux dans le Quercy.

CAUSSADE

6 009 habitants
Carte Michelin n° 79 pli 18 ou 235 pli 18.

Place forte protestante lors des guerres de Religion, Caussade est bâtie à la lisière Sud du causse de Limogne. C'était, au début du siècle, un centre important de l'industrie du chapeau de paille. Les fluctuations de la mode ont orienté son activité vers les chapeaux de toile et les articles pour stations balnéaires.

Église – Reconstruite en 1882 dans le style gothique, elle a conservé un élégant clocher octogonal, en briques roses, dont les trois étages sont surmontés d'une flèche à crochets. Près de l'église, le quartier ancien abrite quelques vieilles demeures.

ENVIRONS

N.-D.-des-Misères – *13 km au Sud-Ouest.*
Occupant un joli site, la chapelle, fondée en 1150, est coiffée d'un séduisant clocher octogonal roman à deux étages d'arcatures doubles.

Puylaroque – 580 h. *14 km au Nord-Est.*
Ancienne bastide du Bas-Quercy, Puylaroque groupe ses maisons aux toits très plats au sommet d'une colline dominant les vallées de la Cande et de la Lère.
Près de l'église, dont le massif clocher carré est accolé au portail principal, les rues étroites du bourg ont conservé quelques maisons en encorbellement et à pans de bois. De plusieurs esplanades, notamment de celle proche de l'église, on découvre des vues étendues sur les doux vallonnements de la campagne quercynoise, les plaines de Caussade et de Montauban.

CAYLUS

1 308 habitants
Carte Michelin n° 79 pli 19 ou 235 Ouest du pli 19.

Cette petite ville du Bas-Quercy occupe un site pittoresque au-dessus de la rive droite de la Bonnette, affluent de l'Aveyron. De la D 926, au Sud-Ouest, on découvre la meilleure vue d'ensemble sur la ville ancienne, bien groupée autour du très haut clocher de son église et dominée par les ruines d'un château fort du 14e s.

Halle – De vastes dimensions, elle témoigne du rôle commercial longtemps joué par Caylus. Elle a conservé ses anciennes mesures à grains taillées dans la pierre.

Église – Autrefois fortifiée, elle est épaulée de contreforts surmontés de mâchicoulis. Près du chœur, à gauche de la nef du 14e s., se dresse un gigantesque **Christ★** en bois exécuté en 1954 par Zadkine (né à Smolensk en 1890, mort à Paris en 1967, il a été profondément influencé par l'école cubiste et ses amis Braque et Fernand Léger) : c'est une œuvre à la fois saisissante et émouvante.
Remarquer les vitraux du chœur : ils datent du 15e s. et ont été restaurés.

Rue Droite – Partant de l'église, la rue Droite est bordée de nombreuses maisons médiévales, en particulier la «**maison des loups**» (13e s.) dont le pignon-façade est orné de gargouilles et de culs-de-lampe qui lui ont donné son nom.

ENVIRONS

Lacapelle-Livron – *Circuit de 20 km – environ 1 h. Quitter Caylus au Nord.* La route procure des vues agréables sur la Bonnette ; elle laisse bientôt, à gauche, un chemin conduisant à N.-D.-de-Livron, chapelle de pèlerinage, et devient une route de corniche pittoresque, dominant la vallée.

N.-D.-des-Grâces – Cette petite chapelle de pèlerinage, coiffée d'un toit de lauzes, est de style gothique et s'ouvre par un beau portail sculpté.
Près de la chapelle, bâtie à l'extrémité d'un promontoire, on a une vue étendue sur la vallée de la Bonnette et son cadre de collines coupées de bois et de prairies.

Lacapelle-Livron – 166 h. Ce vieux village aux maisons couvertes de lauzes a conservé les vestiges d'une commanderie des Templiers qui, après 1307, passa à l'ordre de Saint-Jean avec les chevaliers de Malte jusqu'à la Révolution. C'est actuellement un manoir fortifié dominant la Bonnette, avec cour centrale conservant le plan original de la commanderie. Au Sud, sa petite église-forteresse romane est veillée par un puissant clocher-donjon dont subsistent les consoles du chemin de ronde. Elle fait face à l'ancien réfectoire devenu salle des gardes.

Château de Cornusson – *8 km par la route de Cornusson à l'Est.*
Cette demeure en majeure partie reconstruite au 16e s., bien située sur une colline boisée dominant la Seye, est flanquée de nombreuses tours.

Vallée du CÉLÉ★

Carte Michelin n° 79 plis 9, 10 ou 235 plis 10, 11, 14.

Le Célé (de celer = rapide) doit son nom à la vivacité de ses eaux. Cette charmante rivière quercynoise s'est creusée, dans la masse du causse, une vallée encaissée. En plus des beaux paysages qu'elle révèle, la vallée du Célé possède d'importantes curiosités préhistoriques et archéologiques.

Le Val-Paradis – Né sur les granits de la châtaigneraie cantalienne, le Célé fait vite son entrée en Quercy et court droit au Lot. Il n'en est plus qu'à 5 km lorsque la colline de Capdenac lui barre la route. Pour éviter cet obstacle, il oblique vers l'Ouest et perce un bloc de calcaire de 40 km. Cette « percée héroïque » est une suite de pittoresques défilés où le Célé serpente entre de hautes murailles colorées dont il vient miner la base. De vieux moulins jalonnent la rivière, tandis qu'accrochés aux corniches des falaises ou nichés dans la verdure, d'archaïques villages ajoutent au pittoresque de cette belle vallée : l'ancien prieuré d'Espagnac ne portait-il pas le nom évocateur de « Val-Paradis » ?

L'« Hébrardie » – Tout au long du Moyen Âge, la majeure partie de la vallée du Célé est contrôlée par la famille des Hébrard de St-Sulpice et constitue pour eux un véritable fief. Elle forme une sorte d'unité historique et a pu être appelée l'« Hébrardie » tant l'influence de cette maison y a été prépondérante. Établis à St-Sulpice, les Hébrard agrandissent ou reconstruisent les prieurés d'Espagnac et de Marcilhac, protégeant les habitants pendant les conflits, notamment au cours de la guerre de Cent Ans. Cette puissante famille n'a pas compté que des guerriers, et si l'un de ses membres devint sénéchal du Quercy, d'autres furent des prélats éminents, tels Aymeric, évêque de Coïmbra au Portugal, et Antoine, évêque de Cahors.

DE CONDUCHÉ A FIGEAC
65 km – compter 1/2 journée – Schéma ci-dessous

Partant de Conduché, au confluent du Célé et du Lot, la D 41 remonte la vallée, resserrée entre la rivière et la falaise, celle-ci formant une muraille abrupte parfois même en surplomb au-dessus de la route. La vallée est jalonnée de cultures variées où le maïs tend à supplanter le tabac, tandis qu'une haie de peupliers souligne le cours de la rivière.

Cabrerets – 191 h. Dans un cirque de rochers, Cabrerets occupe une situation privilégiée au confluent de la Sagne et du Célé.

En franchissant le pont, se révèle, de la rive gauche du Célé, une belle **vue★** d'ensemble sur le site de Cabrerets. En face, les ruines du **château du Diable** ou château des Anglais s'accrochent à la puissante falaise de Rochecourbe, en surplomb, et semblent vouloir écraser le vieux village. Ce nid d'aigle, typique château de falaise, servit de repaire aux pillards anglais pendant la guerre de Cent Ans.

A l'extrême gauche, le **château de Gontaut-Biron★**, des 14e et 15e s., domine la vallée. Une grosse tour d'angle flanque un corps de bâtiment entourant une cour intérieure. L'une des fenêtres à meneaux de la façade s'ouvre sur une terrasse à balustrades surplombant la route de 25 m.

★★Grotte du Pech Merle – *Voir à ce nom.*
Peu après Cabrerets, la route, en corniche, est accrochée au flanc de hautes falaises.

Fontaine de la Pescalerie – C'est l'un des sites les plus séduisants de la vallée du Célé. D'une paroi rocheuse, toute proche de la route, s'échappe une jolie cascade, résurgence d'une rivière souterraine du causse de Gramat ; à côté, un moulin couvert de lierre est blotti au milieu des saules et des peupliers.

A la sortie d'un tunnel, un spectaculaire encorbellement rocheux offre un cadre grandiose à la **base nautique de Liauzu.**

★Cuzals, Musée de plein air du Quercy – *Voir à ce nom.*

Sauliac-sur-Célé – 85 h. Dans un site très pittoresque, le vieux village s'accroche à une énorme et imposante falaise colorée. Dans la muraille, on aperçoit l'orifice des grottes fortifiées qui servaient, pendant les guerres, de refuge aux habitants de Sauliac : les plus agiles y grimpaient par des échelles, les invalides et les animaux étaient hissés à l'aide de cordes dans de vastes paniers.

Au-delà de Sauliac la vallée s'élargit, le fond alluvial se couvre de cultures et de prairies et l'on voit quelques abris ronds en pierres sèches.

Marcilhac-sur-Célé – *Voir à ce nom.*

★Grotte de Bellevue – *Page 120.*
Entre Marcilhac et Brengues, le contraste s'accentue entre les rochers, parsemés d'une maigre végétation, et la vallée où se côtoient maïs, tournesol, vignes, et quelques plantations de tabac.

St-Sulpice – 126 h. Les maisons et les jardins du vieux bourg s'accrochent sous un encorbellement de la falaise. Un château du 12e s., remanié aux 14e et 15e s., garde le passage. Il appartient encore à la famille Hébrard de St-Sulpice.

Brengues – 159 h. Ce modeste village occupe un site agréable accroché sur une plate-forme que domine un à-pic vertigineux.

Jusqu'à Boussac, la vallée tantôt s'étale, tantôt se resserre, jalonnée de belles fermes flanquées de pigeonniers souvent cylindriques, coiffés de lauzes et couronnés d'une grande pierre plate.

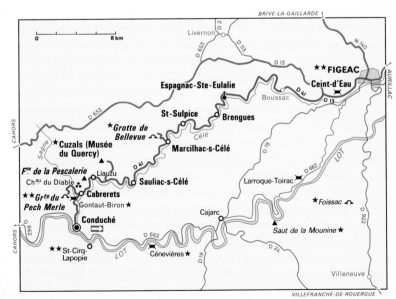

Espagnac-Ste-Eulalie – *Voir à ce nom.*
Au-delà de Boussac, les falaises disparaissent définitivement, faisant place à un paysage de collines boisées, tandis que le Célé se déploie dans un large fond alluvial.

Ceint-d'Eau – Ce château des 15e et 16e s., flanqué de grosses tours à mâchi-coulis, s'élève en contre-haut de la D 13 et domine la vallée du Célé, assez large à cet endroit.

★**Figeac** – *Voir à ce nom.*

Château de CÉNEVIÈRES★

Carte Michelin n° 79 pli 9 ou 235 Ouest pli 15 (7 km à l'Est de St-Cirq-Lapopie) – Schéma p. 117.

Se dressant sur une falaise, le château de Cénevières ⊙ surplombe la vallée du Lot. Dès le 7e s. les ducs d'Aquitaine avaient construit un fort à cet emplacement. Au 13e s. les Gourdon font élever le donjon. A la Renaissance Flottard de Gourdon, qui avait participé aux batailles d'Italie aux côtés de François Ier, remanie complètement le château. Son fils Antoine de Gourdon embrasse la religion protestante et participe à la prise de Cahors par Henri IV en 1580. Il se livre à quelques pillages dans la cathé-drale et charge l'autel du Saint-Suaire et le maître-autel sur des barques à destination de Cénevières. Celle du maître-autel sombre dans un gouffre à mi-parcours. Avant sa mort Antoine fait construire le petit temple protestant qui se trouve dans la cour d'entrée. Il meurt sans descendant, mais sa veuve se remarie avec un La Tour du Pin ; une nouvelle lignée occupe Cénevières.
A la Révolution le château est pillé, mais échappe à l'incendie.

A l'extérieur on distingue le donjon du 13e s. et les deux corps de bâtiments du 15e s. reliés par la galerie Renaissance du 16e s. Celle-ci est supportée par des colonnes toscanes et surmontée de lucarnes. Les fossés sur lesquels était jeté un pont-levis ont été comblés.
A l'intérieur, le rez-de-chaussée comprend les salles voûtées de la salette et de la cuisine et la salle du donjon où une trappe permet d'apercevoir les trois étages souterrains du cellier, de la prison et des oubliettes.
Au premier étage, le grand salon, au beau plafond peint Renaissance, abrite des tapisseries des Flandres des 15e et 16e s. et le reliquaire de la sainte coiffe rap-porté de la prise de Cahors.
La petite salle d'alchimie surprend par ses fresques naïves du 16e s. aux sujets puisés dans la mythologie grecque. Le four de l'alchimiste s'orne d'une représen-tation de la pierre philosophale.
Enfin, de la terrasse, des vues plongeantes s'offrent sur la vallée du Lot et le village perché de Calvignac ; on peut ainsi juger de la position stratégique de ce château dominant de plus de 70 m le Lot.

Abbaye de CHANCELADE★

Carte Michelin n° 75 pli 5 ou 233 pli 42 (7 km au Nord-Ouest de Périgueux).

Située dans un cadre verdoyant au pied des coteaux qui dominent la Beauronne, l'abbaye de Chancelade apparaît comme un havre de paix.
Elle fut fondée au 12e s. par un moine qui adopta la règle de saint Augustin. Au 13e s., protégée par les évêques de Périgueux, puis dépendant directement du Saint-Siège, cette abbaye prospère a des privilèges considérables : droit d'asile, de sauvegarde et de franchise.
L'abbaye périclite à partir du 14e s., les Anglais s'en emparent, chassent les religieux et y installent une garnison. Du Guesclin la libère... pour peu de temps, et les Anglais la réoccupent aussitôt jusqu'au milieu du 15e s. Pendant les guerres de Religion, les bâti-ments de l'église et du monastère sont en partie détruits par les protestants de Périgueux. En 1623, le nouvel abbé, Alain de Solminihac, entreprend la réforme et la restaura-tion de Chancelade. C'est une grande réussite qui lui vaudra d'être nommé évêque de Cahors par Louis XIII. L'abbaye connut alors un siècle de tranquillité jusqu'à la Révolution où elle devint bien national.

Église – Le portail roman, dont les voussures sont soulignées de cordons de têtes de clous, est surmonté d'une élégante arcature, décelant une influence sainton-geaise, soulignée par une corniche à modillons.
Le clocher roman de section carrée se compose de trois étages d'arcatures : les unes en plein cintre, les autres brisées.
A l'intérieur, il reste peu d'éléments de l'église du 12e s ; la nef a été revoûtée d'ogives et le chœur abattu.
Les stalles du 17e s. en noyer ont conservé leurs miséricordes sculptées de pal-mettes, de roses, de coquilles, etc.

Bâtiments conventuels ⊙ – Ils comprennent l'ancien logis de l'abbé et les constructions qui entourent la cour des communs et le jardin.
Autour de la cour des communs sont rassemblés : le cuvier du 15e s., voûté en berceau surbaissé, qui sert de salle d'expositions, les écuries, les ateliers et le moulin fortifié. Un jardin fait suite à cette cour. La façade Nord, appelée logis de Bourdeilles, est flanquée de deux tourelles dont l'une est percée d'un portail de la fin du 15e s. au décor raffiné. A l'Est, l'ancien logis de l'abbé, construit au début du 17e s., est une élégante demeure, à la terrasse encadrée de pavillons.

Chapelle St-Jean – Cette petite église paroissiale, bâtie un peu à l'écart, fut consa-crée en 1147. Modeste et charmante, elle s'ouvre par un portail en plein cintre inhabituellement exigu, à trois voussures brisées, surmonté d'une baie encadrée de colonnettes et, au-dessus, d'un agneau crucifère en bas-relief (la Pax bénédictine). L'élégante abside ronde à contreforts-colonnes est ornée comme le reste de l'édifice d'une corniche à modillons.

ENVIRONS

Prieuré de Merlande – *8 km au Nord-Ouest.*

La route entre Chancelade et Merlande s'élève parmi la forêt de châtaigniers et de chênes.

Le prieuré se niche dans un vallon solitaire de la forêt de Feytaud, près d'une fon-taine. Il fut fondé au 12ᵉ s. par les moines de Chancelade. Aujourd'hui, seules subsistent la chapelle fortifiée et la maison du prieur, toutes deux fort bien res-taurées. La chapelle évoque, par son plan quadrangulaire et son chevet gardé par un véritable châtelet, une forteresse. C'est un édifice roman à nef à deux travées : la première recoupée par un doubleau est voûtée en berceau brisé, la coupole pri-mitive ayant disparu ; la deuxième a conservé sa jolie coupole sur pendentifs. Le chœur, la partie la plus ancienne, est légèrement surélevé et voûté en berceau. Il s'ouvre par un arc triomphal en plein cintre et se termine par un chevet plat. Il est entouré par une arcature dont les **chapiteaux**★ archaïques sont d'une grande finesse : des monstres enchevêtrés, des lions dans des rinceaux à palmettes com-posent une faune extraordinaire du plus saisissant effet.

COLLONGES-LA-ROUGE★★

379 habitants

Carte Michelin n° 75 Sud du pli 9 ou 239 Sud du pli 26 – Schéma p. 66.

Circulation automobile interdite dans le village en été. Utiliser le parking de l'ancienne gare.

Collonges-la-Rouge, bâtie en grès pourpre, dresse ses gentilhommières, ses vieux logis et son église romane dans un paysage déjà quercynois de garennes parsemées de genévriers, de noyeraies et vignobles. Le village s'est développé au 8ᵉ s. autour de son église et de son prieuré qui dépendait de la puissante abbaye poitevine de Charroux. Au 13ᵉ s., elle obtient les franchises et les libertés de la vicomté de Turenne dont elle fait partie *(voir p. 166)* puis devient au 16ᵉ s. le lieu de villégiature privilégié des grands fonctionnaires de la vicomté qui font construire les charmants manoirs et logis, flanqués de tours et de tourelles, qui contribuent à l'originalité de Collonges.

Une indéniable harmonie émane de la cité, sans doute liée à l'uti-lisation exclusive de matériaux traditionnels dans la construction et au jeu des proportions et cor-respondances entre les diffé-rentes catégories d'édifices.

VISITE *1 h*

Partir de l'ancienne gare.

Maison de la sirène – Coiffée d'un joli toit de lauzes, cette maison du 16ᵉ s. à encorbel-lement, précédée d'un porche, est ornée d'une sirène qui tient un miroir d'une main et un peigne de l'autre. Un intérieur collongeais d'autrefois ⊙ y a été reconstitué. Plus loin, une porte de style ogival marque l'accès du prieuré bénédictin qui fut dé-truit à la Révolution.

Hôtel des Ramades de Friac (**B**) – Cette gentilhommière, surmontée de deux tourelles, était l'ancienne maison de ville de la puissante famille dont elle porte le nom. Au-delà du Relais de St-Jacques-de-Compostelle – dont le nom rappelle que Collonges fut une étape du fameux pèlerinage –, on franchit un passage couvert peu après lequel, dans une ruelle, se dresse à droite, une vieille demeure à tourelle.

Château de Benge – Se détachant sur un fond de peupliers et de noyers ce fier manoir dresse ses tours et tourelles et s'orne d'une gracieuse fenêtre Renaissance. Les seigneurs de Benge régnèrent sur le vignoble réputé de Collonges, jusqu'à sa destruction par le phylloxera.

Porte Plate – Appelée ainsi parce qu'elle a perdu ses tours, cette porte faisait partie de l'enceinte fortifiée qui protégeait l'église, le cloître et les bâtiments du prieuré.

La halle (**D**) – Présentant une charpente supportée par de robustes piliers, la halle aux grains abrite aussi le four banal.

Collonges-la-Rouge – L'église

Église – Elle date des 11e et 12e s., mais elle a été fortifiée au cours des guerres de Religion au 16e s. Le grand donjon carré fut alors pourvu d'une salle de défense communiquant avec un chemin de ronde et le tympan mis hors d'atteinte dans le nouveau pignon de la façade. Il retrouva sa place d'origine en 1923.

★ **Le tympan** – Sculpté au 12e s. dans le calcaire blanc de Turenne, il surprend au milieu de tout ce grès rouge. C'est probablement une œuvre des sculpteurs de l'école toulousaine qui ont voulu représenter ici l'Ascension (ou peut-être la parousie, le retour du Christ à la fin des temps). Au registre supérieur, le Christ parmi les anges apparaît nimbé, tenant d'une main l'Évangile et bénissant de l'autre ; au registre inférieur, la Vierge attristée est entourée des 11 apôtres commentant ce prodige. Ce tympan est bordé par un arc brisé décoré d'un fin cordon d'animaux.

★ **Le clocher** – Avec ses deux étages carrés ajourés de baies en plein cintre, surmontés de deux étages octogonaux flanqués de gâbles, ce clocher du 12e s. est un bon exemple de style roman limousin.

Intérieur – Au 12e s., l'église présentait un plan cruciforme autour de la croisée du transept surmontée d'une coupole elle-même emboîtée dans le clocher. Celui-ci repose sur des piliers du 11e s. Des chapelles latérales ont été ajoutées aux 14e et 15e s. ainsi qu'une seconde nef de style flamboyant.

★ **Castel de Vassinhac** – Cette élégante demeure appartenait à Gédéon de Vassinhac, seigneur de Collonges, capitaine gouverneur de la vicomté de Turenne. Construit en 1583, ce castel, hérissé de grosses tours et de tourelles à poivrières, est percé de fenêtres à meneaux, mais ses échauguettes et ses meurtrières témoignent de sa fonction défensive.

Ancienne chapelle des Pénitents – Élevée au 13e s. elle a été aménagée au 17e s., lors de la contre-Réforme, par la famille de Maussac.

Rue Noire – Elle traverse le quartier le plus ancien de Collonges dont les maisons, construites en retrait les unes des autres, s'ornent de tourelles et de tours et s'habillent de glycines et de treilles.

Castel de Maussac – Cet édifice à tourelle est précédé par un portail à auvent ; une échauguette fait saillie sur une tour carrée dominée par une lucarne. Ce petit castel abrita avant la Révolution le dernier membre de la famille des Maussac qui, émigré en Italie, devint l'aumônier de la princesse Pauline Borghèse.
En poursuivant un peu plus au Sud dans la rue, on a une jolie **vue**★ sur Collonges, le castel de Vassinhac et le clocher.

Grottes de COUGNAC★

Carte Michelin n° 75 pli 18 ou 235 pli 6 (3 km au Nord de Gourdon).

Ces grottes présentent un double intérêt : d'une part, elles sont riches en concrétions naturelles, d'autre part, certaines parties ont été décorées pendant le paléolithique de peintures s'apparentant à celles de la grotte du Pech Merle.

Visite ⊘ – Les grottes, qui comprennent deux cavités distantes de 200 m environ, développent leur réseau sous un plateau calcaire portant un petit bois de chênes. La première grotte comprend trois salles de petites dimensions dont les voûtes présentent une pluie de stalactites extrêmement serrées et souvent très fines. La deuxième grotte, plus spacieuse, compte surtout deux salles remarquables : la **salle des colonnes**★ retient particulièrement l'attention par les perspectives qu'offrent ses colonnes reliant la voûte au sol ; la « **salle des Peintures préhistoriques** » est décorée de dessins exécutés dans les tons ocre et noir : on y distingue notamment des bouquetins, des cervidés, des mammouths et des figurations humaines.

CUZALS, Musée de plein air du QUERCY★

Carte Michelin n° 79 pli 9 ou 235 pli 14 (40 km à l'Est de Cahors).

Sur une superficie de 50 ha, sont évoqués tous les aspects de la vie rurale en Quercy, de l'Ancien Régime à la Seconde Guerre mondiale. L'association gestionnaire du musée s'est donné pour objectif de « ne pas embaumer les choses mortes ». C'est une authentique démarche scientifique, très rigoureuse et respectueuse du patrimoine, qui est proposée au visiteur. L'ensemble, d'un grand intérêt, mérite qu'on lui consacre une bonne demi-journée. ☉

Ph. Clair/Éd. La Clé des Champs, Cahors

Locomobile

Les deux fermes dont le mobilier est reconstitué dans le moindre détail, les mécanismes et objets rassemblés sur le thème de l'eau (ne pas manquer les surprenantes machines à laver mécaniques du début du siècle), l'inquiétant atelier de dentiste 1900, la chapellerie et la boulangerie d'autrefois, retiendront l'attention au même titre que la présentation des architectures quercynoises, des cultures spécialisées régionales ou l'invraisemblable collection d'engins agricoles de laquelle émerge une splendide locomotive routière Clayton, modèle 1910. L'été, tout ce matériel est mis en œuvre avec le concours de lotois venus des communes voisines : la batteuse bat, le moulin moud, le pain cuit dans le four et les attelages de bœufs promènent inlassablement les enfants.

DOMME★★

1 030 habitants
Carte Michelin n° 75 pli 17 ou 235 pli 6 – Schéma p. 89.

Remarquablement située sur un promontoire escarpé, la bastide de Domme, « acropole du Périgord », domine l'un des paysages les plus harmonieux de la vallée de la Dordogne.

Un exploit du capitaine Vivans – Tandis que les troubles de la Réforme incendient la France, Domme résiste jusqu'en 1588 aux huguenots qui écument le Périgord. Une ruse permet au fameux capitaine protestant **Geoffroi de Vivans** de s'en emparer. En pleine nuit, suivi de trente soldats, il grimpe le long des rochers de la Barre, endroit si abrupt qu'on n'a pas cru devoir le fortifier. Sans bruit, la troupe pénètre dans la ville endormie. Tout à coup, accompagnés de tambours et de trompettes, les huguenots crient, s'exclament, faisant un bruit infernal. Au milieu de la stupeur et de la confusion qu'ils provoquent, les assaillants ouvrent les portes des tours, tandis que les habitants, mal réveillés, ne songent pas à résister. Maître de la ville pendant quatre ans, Vivans y installe une garnison, brûle l'église ainsi que le prieuré des Augustines et établit le culte réformé. Cependant, prenant acte des succès croissants des catholiques en Périgord, il vend la place le 10 janvier 1592, ne laissant que des ruines. On trouve son nom gravé à l'intérieur d'une tour des remparts.

★★★ LE PANORAMA

Du promontoire de Domme, la vue embrasse la vallée de la Dordogne du cingle de Montfort à l'Est à Beynac à l'Ouest.
Changeante selon l'heure – voilée par la brume matinale, bleue entre les haies de peupliers à midi, ruban argenté le soir –, la Dordogne majestueuse déroule ses méandres parmi les champs quadrillés de maïs, de tabac et de céréales, sur fond de collines boisées. Émergeant à l'Est des formes vallonnées du Périgord Noir, elle s'épanouit au pied de Domme dans une vallée opulente parsemée de villages et de fermes, puis poursuit son cours au pied des falaises de la Roque-Gageac et de Beynac. De tous les créateurs qui vinrent ici chercher leur inspiration, l'écrivain Henry Miller fut sans doute le plus impressionné, qualifiant le site de meilleure évocation terrestre du paradis.

Belvédère de la Barre – De cette esplanade au bout de la Grand'Rue, le panorama apparaît soudain au pied de Domme.
Un buste représente **Jacques de Maleville** (1741-1824), Dommois qui fut un des rédacteurs du Code civil.

Promenade des Falaises – Longer le promontoire de Domme vers l'Est et passer en contrebas du jardin public. Le panorama est encore plus étendu que du belvédère de la Barre.

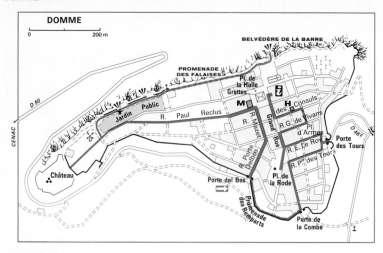

Jardin public du Jubilé – Cet agréable jardin, qui possède une table d'orientation, est aménagé au bout du promontoire, à l'emplacement du camp retranché établi en 1214 par Simon de Montfort. Celui-ci venait de vaincre les cathares et de raser leur forteresse de **Domme-Vieille**, dont il reste quelques vestiges ; pour les atteindre, sortir du jardin et dépasser le vieux moulin du Roy.

★LA BASTIDE

Fondée par Philippe le Hardi en 1283, elle est loin d'offrir le plan rectangulaire parfait dont cherchaient à s'inspirer les bastides, mais affecte la forme d'un trapèze. Les fortifications qui l'enserrent ont été adaptées dans leur tracé aux nécessités du terrain.

A l'intérieur, les rues suivent un plan géométrique, dans la mesure du possible. La bastide joua un rôle important pendant les guerres anglaises. Sa position charnière en fit au 14e s. le siège de la sénéchaussée de Périgord-Quercy. Après les guerres de Religion, le pays dommois connut une certaine prospérité grâce à la qualité de son vignoble, au commerce fluvial sur la Dordogne et à l'extraction de la pierre meulière.

Promenade des remparts – Aussitôt avant la **porte del Bos**, tracée en arc brisé et qui était fermée par une herse, suivre à gauche la promenade à l'intérieur des remparts.

A hauteur de la **porte de la Combe**, prendre à gauche vers la ville : on remarque nombre de belles maisons : l'ocre de la pierre et le brun des tuiles plates sont souvent rehaussés par l'élégance des balcons en fer forgé et égayés par des treilles et des terrasses fleuries.

Passer sous la **porte des Tours** ⊙ (fin du 13e s.), la plus imposante et la mieux conservée de l'enceinte. Du côté de la place d'Armes, le mur est rectiligne, mais sur la campagne, deux demi-tours à bossages encadrent la porte défendue autrefois par une bretèche dont on voit encore les mâchicoulis. Élevées par Philippe le Bel, ces tours servirent de corps de garde. De 1307 à 1318, elles abritèrent des Templiers incarcérés qui y tracèrent de nombreux graffiti.

Domme – La halle et la maison des Gouverneurs

Rue Eugène-Le-Roy – Durant son séjour dans une maison de cette rue, Eugène Le Roy écrivit deux de ses œuvres maîtresses, « *L'Ennemi de la mort* » et « *Le Moulin du Frau* ».

Place de la Rode – C'est le lieu où était infligé le supplice de la roue, d'où son nom. La **maison du batteur de monnaie** s'orne de belles ouvertures gothiques.

Grand'Rue – Rue commerçante de Domme, elle est bordée de magasins (spécialités périgourdines).

Rue Geoffroy-de-Vivans – La maison à l'angle de la Grand'Rue possède une belle fenêtre Renaissance.

Rue des Consuls – L'hôtel de ville occupe une construction du 13ᵉ s., ancienne maison de justice du sénéchal.

Place de la Halle – Cette vaste place carrée est occupée en son centre par une belle halle du 17ᵉ s., aux robustes piliers de pierre. En face la **maison des Gouverneurs** (16ᵉ s.) est flanquée d'une élégante tourelle. C'est le siège du syndicat d'initiative.

AUTRES CURIOSITÉS

Grottes ⊘ – Entrée dans la halle. Ces cavernes servirent de refuge aux habitants de Domme pendant la guerre de Cent Ans et les guerres de Religion.
450 m de galeries aménagées font parcourir des salles de dimensions généralement modestes et parfois séparées les unes des autres par des passages bas ; les plafonds de certaines salles sont garnis de stalactites blanches très fines. Les concrétions, stalactites et stalagmites, se rejoignent parfois pour former des colonnes ou des piliers. La salle Rouge contient quelques excentriques *(voir p. 20)*. Un jeu de lumière fait ressortir les ocres et les blancs des concrétions.
Des ossements de bisons et de rhinocéros, trouvés au cours des travaux d'aménagement, sont exposés à l'endroit même de leur découverte.

Musée d'Art et de Traditions populaires (**M**) ⊘ – Dans une maison ancienne de la place de la Halle, ce musée présente une rétrospective de la vie dommoise à travers des reconstitutions d'intérieurs, des collections de meubles, de vêtements, d'outils agricoles. Des archives, des photographies évoquent le passé de Domme. On remarquera les lettres patentes concernant les privilèges et exemptions des habitants de la ville du Mont Domme accordés par les rois de France, de Philippe de Valois à Louis XV.

Pour organiser vous-même vos itinéraires :

> *Consultez tout d'abord la carte des itinéraires de visite. Elle indique les parcours décrits, les régions touristiques, les principales villes et curiosités.*

> *Reportez-vous ensuite aux descriptions, dans la partie « Villes et Curiosités ». Au départ des principaux centres, des buts de promenades sont proposés sous les titres « Environs » ou « Excursions ».*

En outre, les cartes Michelin nᵒˢ 72, 75 et 79 signalent les routes pittoresques, les sites et les monuments intéressants, les points de vue, les rivières, les forêts...

Vallée de la DORDOGNE★★★

Cartes Michelin n° 75 plis 15 à 19 ou 235 plis 5, 6 et 239 plis 37, 38, 39.

La Dordogne, l'une des plus longues rivières de France, passe pour en être la plus belle. La variété et la beauté des paysages traversés, les merveilles architecturales agrémentant ses rives font de sa vallée une voie touristique de premier ordre.

Un beau voyage – Au pied du Sancy, le plus haut sommet du Massif central, la Dordogne naît de la réunion de la Dore et de la Dogne. Rapide et écumante, elle traverse les bassins du Mont-Dore et de La Bourboule et quitte bientôt les roches volcaniques d'Auvergne pour les granits du Limousin. De Bort à Argentat, là où la rivière coulait naguère au fond de gorges étroites, se succèdent les retenues de grands barrages. Après Beaulieu, elle s'apaise un instant dans la riche plaine où la Cère cantalienne vient la rejoindre.
C'est désormais une rivière majestueuse, mais elle reste rapide et fantasque ; les causses du Quercy lui barrent la route, elle reprend son cours héroïque et perce la belle trouée du cirque de Montvalent. Dans les plateaux du Périgord qu'elle atteint après Souillac, elle frôle le pied de rocs où s'accrochent des châteaux. A partir de Limeuil où elle reçoit la Vézère, la vallée s'élargit et, après quelques rapides, atteint Bergerac, puis les plaines de Guyenne couvertes de vignes. Au bec d'Ambès, la Dordogne termine un voyage de près de 500 km. Elle s'unit à la Garonne dont elle égale presque la puissance et forme avec elle la Gironde.

Les caprices de la Dordogne – En montagne comme en plaine, la Dordogne garde une allure rapide, mais son débit est très inégal. La fréquence des pluies en hiver, puis, au printemps, la fonte des neiges du plateau de Millevaches et des monts d'Auvergne provoquent, presque chaque année, des crues brusques et violentes, parfois catastrophiques. L'aménagement de la haute vallée, par la construction des barrages de Bort, Marèges, l'Aigle, le Chastang et Argentat *(voir guide Vert Michelin Berry Limousin)*, a permis de régulariser son cours en la canalisant.

Au temps des gabares – La navigation fut longtemps active sur la Dordogne. En dépit de ses dangers et de ses irrégularités, elle fit vivre jusqu'au siècle dernier tout un peuple de mariniers. Les bateliers se servaient d'embarcations à fond plat appelées «gabares» ou «argentats» du nom de la ville où se trouvaient les principaux chantiers de construction. Ces grosses barques, employées surtout à la descente, transportaient voyageurs et marchandises, notamment des « merrains » de chêne pour la tonnellerie bordelaise. Le voyage était plein d'imprévus et il fallait aux gabariers une technique consommée pour diriger leurs bateaux. Parvenues à destination, les gabares étaient débitées en planches et vendues.
Aujourd'hui, seule la Dordogne maritime a conservé un trafic notable. La belle rivière, lors de son parcours à travers le Quercy et le Périgord, ne porte plus que les barques des pêcheurs, les canoës et les kayaks.

★★LA VALLÉE QUERCYNOISE

1 De Bretenoux à Souillac

56 km – environ 3 h – schéma p. 89

Bretenoux – 1 211 h. Lieu de séjour. Baignée d'eau et de verdure, cette ancienne bastide, fondée en 1277 par un puissant seigneur de Castelnau, a conservé son plan en damier, sa place centrale entourée de couverts et des restes de remparts.
On ira voir la pittoresque **place des Consuls** avec sa maison du 15e s. à tourelle, dite « château du fort », et de là, par un passage sous voûte, le vieux manoir qui occupe un coin au bout de la jolie rue du Manoir-de-Cère. Tourner deux fois à droite et revenir par le quai plein de charme qui longe la Cère.
Après avoir reçu la Cère, la Dordogne passe non loin de l'imposant château de Castelnau-Bretenoux.

★★Château de Castelnau-Bretenoux – *Voir à ce nom.*
En aval, la Dordogne reçoit la Bave *(p. 153)* et coule en plusieurs bras dans une large vallée limitée au Sud par l'abrupt des causses.

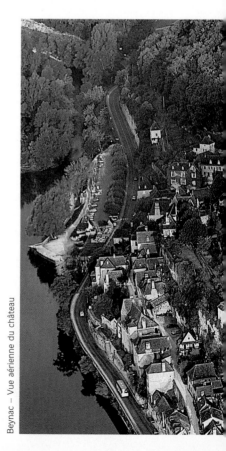

Beynac – Vue aérienne du château

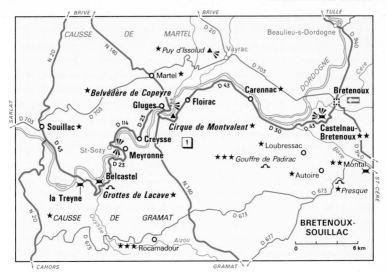

★Carennac – *Voir à ce nom.*

Après Carennac, se frayant un passage entre les causses de Martel et de Gramat, la Dordogne s'engage dans la magnifique trouée du cirque de Montvalent.

Floirac – 296 h. Une tour-donjon du 14ᵉ s. est le seul vestige des anciennes fortifications.

★Cirque de Montvalent – La route, très pittoresque, longe souvent la rivière et s'élève parfois en corniche au-dessus d'elle.

A chaque tournant se révèlent de belles perspectives sur la vallée et les falaises des causses.

★Belvédère de Copeyre – D'un rocher, surmonté d'un calvaire en bordure de la D 32 et dominant la Dordogne, très belle **vue★** sur le cirque de Montvalent : au pied de la ligne de falaises, la Dordogne décrit une vaste courbe au milieu de champs coupés de peupliers tandis qu'apparaissent, de part et d'autre de la rivière, le village de Floirac à droite et le puy d'Issolud à gauche.

Gluges – Ce village (maisons anciennes) occupe un **site★** singulièrement pittoresque au pied des falaises et à proximité de la rivière.

On contourne, dans la montée, une haute falaise en surplomb aux belles teintes ocre parfois masquées d'épais tapis de lierre. La route se poursuit, en partie creusée dans la falaise.

Creysse – 227 h. Ce charmant village groupe ses toits de tuiles brunes, ses petites rues pittoresques, ses maisons à perron où s'accrochent des treilles, au pied de l'éperon rocheux sur lequel se dresse sa vieille église préromane, ancienne chapelle du château, aux curieuses absides jumelles. On accède à celle-ci et aux vestiges du château voisin par une ruelle pierreuse en forte montée débouchant sur une terrasse. Vue d'ensemble, de la place ombragée de platanes, près du monument aux morts. Au-delà de Creysse et jusqu'à St-Sozy, la route suit de près la Dordogne, bordée de saules, que l'on franchit de nouveau au pont de Meyronne.

Meyronne – 210 h. Du pont, on découvre une jolie **vue★** sur la rivière et sur le village, ancienne résidence des évêques de Tulle, dont les belles maisons quercynoises sont pittoresquement accrochées aux falaises.

La route épouse alors le tracé de la rivière, dans un très beau décor de rochers et de falaises, puis franchit l'Ouysse près de Lacave.

★Grottes de Lacave – *Voir à ce nom.*

Château de Belcastel – Une falaise à pic surplombant le confluent de l'Ouysse et de la Dordogne porte un château, fièrement campé dans un **site★** remarquable. Seules la partie Est du corps de logis et la chapelle datent du Moyen Âge, la plupart des bâtiments ayant été reconstruits par la suite.

Château de la Treyne ☾ – Le château est accroché à une falaise surplombant la rive gauche et de l'autre côté donne sur un vaste parc. Incendié par les catholiques lors des guerres de Religion, il a été reconstruit au 17ᵉ s. Seule la tour carrée remonte au 14ᵉ s.

Les bâtiments abritent aujourd'hui un hôtel. On peut visiter le parc avec ses jardins à la française et la chapelle qui sert de cadre à des expositions de peintures et de sculptures.

La route franchit ensuite la Dordogne et mène à Souillac.

★Souillac.

★★★LA VALLÉE PÉRIGOURDINE

② De Souillac à Sarlat

32 km – Environ 1 h 1/2 – Schéma ci-dessous

★Souillac.

Seules des nuances distinguent les paysages du Quercy de ceux du Périgord Noir dans lequel la Dordogne pénètre après Souillac. La rivière, désormais plus calme, déploie ses méandres dans une succession d'opulents bassins que séparent d'étroits passages rocheux. Des crêtes couronnées de verdure sombre cernent l'horizon. La route traverse et domine les plaines alluviales bien cultivées et cernées, de part et d'autre de la rivière bordée de peupliers, par des collines boisées ; le caractère périgourdin de la vallée s'affirme.

Carlux – 594 h. Campée sur une position dominante, cette bourgade a conservé de vieilles maisons et sa petite halle. Une rare cheminée gothique, surgissant d'un mur-pignon, lui donne une note insolite. De l'important château, autrefois possession de la vicomté de Turenne, subsistent encore deux tours et d'imposantes courtines.

De la terrasse du château, jolie vue sur la vallée et les falaises servant de fondations à la forteresse.

Le franchissement de la Dordogne est gardé par le château de **Rouffillac**, dont la plaisante silhouette émerge des chênes verts.

Château de Fénelon ☾ – François de Salignac de Lamothe-Fénelon, futur précepteur du duc de Bourgogne et auteur du *Télémaque* *(voir p. 28)*, naquit dans cette demeure le 6 août 1651 et y passa sa petite enfance. Sa famille possédait le fief depuis le 14ᵉ s., et le conserva jusqu'en 1780.

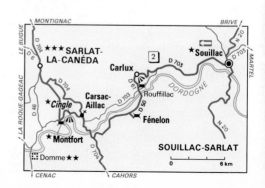

Bâti auprès du village de Ste-Mondane, sur une éminence dominant la Dordogne et les bois de la Bouriane, le château de Fénelon, dont les fondements datent des 15ᵉ et 16ᵉ s., a subi d'importantes transformations au 17ᵉ s. Sa **triple enceinte** lui confère une allure de très puissante forteresse. Les logis et les tours ont conservé leur couverture de lauzes. Un bel **escalier** à double révolution fait accéder à la cour d'honneur. On visite à l'intérieur la chambre de Fénelon, la chapelle, la cuisine creusée dans le roc, et une collection d'objets militaires médiévaux.

Carsac-Aillac – 1 219 h. Dans un site champêtre s'élève la modeste mais charmante église de Carsac bâtie en belle pierre jaune. Sa façade s'ouvre sur un porche à cinq voussures retombant sur des colonnettes ; le massif clocher roman et l'abside sont couverts de lauzes.

La nef et les bas-côtés ont au 16ᵉ s. reçu des voûtes étoilées dotées d'élégantes clefs en disques. Un petite coupole sur pendentifs surmonte la croisée du transept. Le chœur se prolonge par une abside romane, voûtée en cul-de-four et ornée d'intéressants chapiteaux de style archaïque d'inspiration orientale.

Des chapelles gothiques sont visibles de part et d'autre de la nef et à l'entrée du chœur. Les **vitraux** sont d'une facture résolument moderne.

Un **Chemin de croix**, réalisé par Zack, complète l'ornementation : l'œuvre frappe par la rudesse de son style et l'austérité de sa conception ; les textes sont empruntés à Paul Claudel.

★**Cingle de Montfort** et ★**château de Montfort** – *Voir à ce nom.*

★★★**Sarlat.**

③ De Sarlat à St-Cyprien

60 km – Environ 4 h – Schéma p. 93

Cette route constitue la plus séduisante attraction d'un voyage en Périgord. A chaque pas surgissent des rocs abrupts et dorés surmontés de vieux châteaux et de bourgs pittoresques.

★★★**Sarlat.**

Après Vitrac apparaît bientôt, sur la gauche, l'imposant promontoire sur lequel est bâtie Domme.

Cénac – 993 h. Isolée du village, l'**église** ⊘ romane de Cénac est le seul vestige d'un important prieuré bâti au 11ᵉ s. Le chevet échappa à la fureur destructrice des protestants du capitaine Vivans en 1589 *(voir p. 85)*. Au 19ᵉ s., la courte nef et le transept furent reconstruits.

Pénétrer dans le cimetière pour avoir une vue d'ensemble du chevet, couvert d'un beau toit de lauzes et épaulé de contreforts-colonnes surmontés de chapiteaux à feuillages. Une corniche à modillons sculptés de petits personnages court à la base du toit des absidioles.

A l'intérieur, le chœur et l'abside ont conservé d'intéressants **chapiteaux historiés.** L'art bestiaire le plus réaliste et le plus varié anime ces sculptures de 1130 ; remarquer le montreur de singes, Daniel dans la fosse aux lions, Jonas et le monstre marin.

★★**Domme** – *Voir à ce nom.*

On atteint alors la partie la plus belle de la vallée : la Dordogne, bordée de peupliers, s'y étale largement au milieu des cultures et des prairies. Les sites les plus extraordinaires se succèdent.

★★**La Roque-Gageac** – *Voir à ce nom.*

★**Château de Castelnaud** – *Voir à ce nom.*

Une brève excursion de Castelnaud au château des Milandes permet de passer au pied du château de Fayrac.

Château de Fayrac – Une double enceinte cerne la cour intérieure à laquelle on accède par deux ponts-levis. Ces bâtiments du 16ᵉ s., hérissés de tours à poivrières, forment un ensemble complexe et harmonieux, malgré les restaurations du 19ᵉ s., comme le pseudo-donjon. Cette demeure est nichée dans la verdure sur la rive gauche de la Dordogne face à Beynac-et-Cazenac.

Château des Milandes ⊘ – Érigé en 1489 par François de Caumont, seigneur de Castelnaud, sur l'injonction de son épouse conquise par le nouveau style architectural venu d'Italie, ce château de plaisance fut puissamment remanié au 19ᵉ s. En 1949 Joséphine Baker, chanteuse et actrice alors au faîte de sa célébrité, réalisa son rêve de fraternité universelle en réunissant aux Milandes, dans le « Village du monde », une douzaine d'enfants adoptés originaires de différents pays. Une partie importante du château est consacrée à l'évocation du souvenir de l'artiste et de sa généreuse entreprise qui cessa en 1969 avec l'épuisement de sa fortune. Remarquer les meubles de facture insolite, en particulier ceux de la chambre à coucher de Joséphine Baker, en bois de teck très ouvragé. Une des pièces abrite un petit musée de la fauconnerie.

Un jardin agréablement dessiné, où quelques faucons sont postés en sentinelles, entoure le château.

★★**Beynac-et-Cazenac** – *Voir à ce nom.*

Au-delà de Beynac, la vallée s'élargit peu avant St-Cyprien.

St-Cyprien – *Voir à ce nom.*

4 De St-Cyprien à Limeuil

34 km – Environ 1 h 1/2 – Schéma ci-contre

St-Cyprien – *Voir à ce nom.*

En aval de St-Cyprien, la Dordogne coule dans une vallée évasée dont le fond est tapissé de prairies et de cultures et que limitent des falaises et des coteaux boisés.

Siorac-en-Périgord – 904 h. Ce village recherché pour sa plage possède un château du 17ᵉ s. et une petite église romane.

Un petit détour par **Coux-et-Bigaroque** permet de découvrir un « travail » à bœufs. Vestige préservé du passé rural, il servait à ferrer les bœufs. La tête bloquée par le joug, harnaché avec des sangles de cuir, le bœuf était soulevé du sol quelques instants pour permettre au maréchal-ferrant d'exécuter son travail.

Urval – 123 h. Ce village niché dans un vallon est dominé par la silhouette massive de son église fortifiée (12ᵉ s.). Les murs du chœur rectangulaire sont revêtus d'arcs d'applique retombant sur des chapiteaux archaïques. La colonne en marbre gris est un remploi. A côté de l'église subsiste le **four banal**★ médiéval (maintenu en état de fonctionnement), auquel les villageois étaient tenus par le seigneur d'apporter leur pain à cuire, moyennant une redevance appelée banalité.

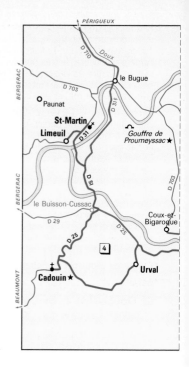

★**Cadouin** – *Voir à ce nom.*

De Cadouin la D 25 mène au Buisson à travers les collines couvertes de taillis et de châtaigniers.

Chapelle-St-Martin – Henri II Plantagenêt avait financé la construction de cette chapelle en expiation du meurtre de l'archevêque de Canterbury Thomas Becket. Elle fut achevée après sa mort sur le vœu de son fils Richard Cœur de Lion. La **pierre de dédicace** enchâssée dans le mur gauche de la nef mentionne le nom de ce dernier et la date de consécration de l'édifice, 1194 (rares sont les églises possédant leur pierre de dédicace). Une fruste coupole couronne la croisée du transept.

Limeuil – 336 h. Remonter à pied la rue principale. Construit sur un promontoire escarpé, occupant un **site**★ pittoresque, ce vieux bourg étagé domine le confluent de la Dordogne et de la Vézère, lui-même marqué par la curieuse juxtaposition de ses deux ponts de pierre construits en équerre. Le village a conservé quelques vestiges de son passé de ville close dans les ruelles qui grimpent vers l'emplacement de l'ancien château et l'église.

Très tôt s'est affirmée la vocation de « guette et d'arsenal » de Limeuil, dont la position stratégique a attiré les convoitises. Un temps, les Croquants s'en rendirent maîtres. Pendant de longs siècles, les lourdes gabares eurent par ailleurs Limeuil pour port et « Ancre de salut ».

5 De Limeuil à Bergerac

53 km – Environ 2 h 1/2 – Schéma ci-dessous

Limeuil – *Voir ci-dessus.*

Peu après le confluent de la Dordogne et de la Vézère, la route, très pittoresque, domine la Dordogne aux Roches blanches *(belvédère aménagé)*, face à la plaine de Sors.

Trémolat – 625 h. Bâti dans un méandre de la Dordogne, ce charmant village rendu célèbre par le tournage du film de Claude Chabrol « *Le Boucher* », possède

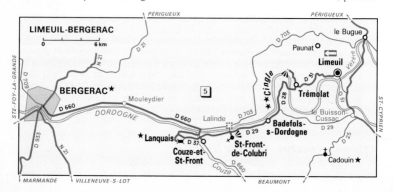

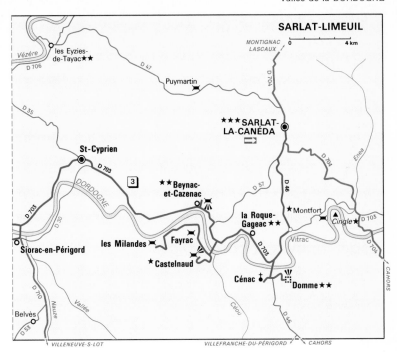

une église romane du 12e s. qui offre un condensé des particularités de l'architecture religieuse en Périgord ; elle associe en effet d'imposantes fortifications à un voûtement privilégiant la coupole. Avec son massif clocher-donjon, ses hauts murs aux contreforts percés d'étroites baies-meurtrières, c'est une véritable forteresse, dont l'immense chambre de défense couvrant l'ensemble du vaisseau pouvait servir de refuge à tout le village.

A l'intérieur la nef unique est voûtée d'une **file de trois coupoles** trapues sur pendentifs ; la croisée du transept porte une quatrième coupole plus élancée.

Dans le cimetière, la **chapelle St-Hilaire** est un petit édifice roman s'ouvrant par un joli portail surmonté d'une corniche à modillons.

A Trémolat prendre au Nord la « Route du Cingle de Trémolat » qui s'élève progressivement au-dessus de la vallée.

★★ Cingle de Trémolat – Au pied d'un hémicycle de hautes falaises blanches coupées de végétation se love la rivière, qu'enjambent plusieurs ponts aux belles pierres ocre, et dans laquelle se mirent les peupliers. Au-delà de ce magnifique plan d'eau, choisi pour servir de cadre à des compétitions d'aviron, cultures et prairies forment sur le glacis du lobe convexe un immense damier, tandis qu'à l'horizon se dessinent les collines du Bergeracois et de la région d'Issigeac et de Monpazier. Au soleil couchant, la gamme des tons est d'une richesse insoupçonnée.

Revenir à Trémolat et passer sur la rive gauche de la Dordogne.

La vallée est jalonnée de nombreux séchoirs à tabac.

Badefols-sur-Dordogne – 150 h. Le village occupe un site agréable en bordure de la Dordogne. L'église, rustique, se presse au pied des ruines du château perchées sur une falaise. Cette forteresse, détruite sous la Révolution, servit de repaire aux seigneurs de l'endroit, chefs de bandes et pillards qui ne se faisaient pas faute de rançonner les gabares qui descendaient le fleuve.

Chapelle St-Front-de-Colubri – Construite au 12e s. au sommet de la falaise dominant la Dordogne, elle protégeait les mariniers affrontant les rapides du Saut de la Gratusse. Ce passage était le plus difficile du cours moyen de la rivière, et nécessitait l'intervention de pilotes spécialisés, jusqu'au creusement du canal de Lalinde au milieu du 19e s., qui permet de le contourner. **Vue★** splendide sur la vallée, et les rapides en amont.

Couze-et-St-Front – 831 h. Au débouché de la petite vallée de la Couze, c'est une active localité, spécialisée depuis le 16e s. dans la fabrication du « papier de Hollande », qui était commercialisé jusqu'en Russie. C'était le centre papetier le plus important d'Aquitaine : 13 moulins y fonctionnaient dont le **moulin de Larroque** ☉ où l'on peut voir fabriquer du papier filigrané selon les méthodes anciennes. Plusieurs anciens moulins s'égrènent le long de la Couze, visibles en remontant la D 66 sur environ 1 km. Au dernier étage percé de baies munies de volets en bois, avait lieu le séchage du papier.

★ Château de Lanquais – *Voir à ce nom.*

Revenir en arrière, prendre la D 37 à gauche et traverser de nouveau la Dordogne.

La D 660 mène à Bergerac en longeant la large vallée alluviale.

★ Bergerac – *Voir à ce nom.*

La DOUBLE

Carte Michelin N° 76 plis 3, 4 et 5, ou 233 plis 41, 42.

Durant l'ère tertiaire, les cours d'eau descendant du Massif central étalèrent des nappes argilo-sableuses qui donnèrent naissance notamment à la Sologne, la Brenne… et la Double.

Cette région de la Double, située à l'Ouest du Périgord entre la Dronne au Nord et l'Isle au Sud, présente des paysages sauvages de forêts parsemées d'étangs et un habitat dispersé de maisons à pans de bois et torchis. C'était une région pauvre, sujette au paludisme, repaire des brigands et des loups. Elle connut un changement sous le Second Empire avec la construction de routes, le drainage, l'amendement des terres et la plantation de pins maritimes qui constituent aujourd'hui la majorité du peuplement forestier avec les chênes et les châtaigniers.

De tout temps les Doublauds ont pratiqué la pisciculture en vidant tous les deux ans ces étangs aux formes allongées dont les interminables bras, domaines des joncs, sont appelés les nauves.

Aujourd'hui, 60 % de la superficie est occupée par la forêt, exploitée pour le bois d'œuvre ou comme terrain de chasse.

Le reste est le domaine d'exploitations moyennes tournées vers l'élevage d'embouche et laitier.

BOIS, NAUVES ET COLOMBAGES

Circuit de 80 km au départ de St-Astier – Une 1/2 journée – Schéma ci-dessous

St-Astier – 4 780 h. Situé au bord de l'Isle, le noyau ancien du bourg où subsistent quelques maisons Renaissance est dominé par l'église et sa magnifique **tour-clocher** à deux étages d'arcatures, épaulée par de massifs contreforts.
Les cimenteries établies près de l'Isle donnent à St-Astier le visage d'une ville industrielle.
La route, pentue et en lacet, dévoile en s'élevant de beaux points de vue sur St-Astier, puis s'enfonce dans la forêt.

St-Aquilin – 387 h. L'église romano-gothique se termine par un chœur à chevet plat.

Château du Bellet – Sur la droite, à flanc de coteau, se dresse une demeure aux beaux toits de tuiles et aux grosses tours rondes.
A proximité, l'étang des Garennes est aménagé pour la baignade et les loisirs.

Château de la Martinie – Cette massive construction 15e s. et Renaissance, ornée d'une balustrade au-dessus de la porte charretière, est transformée en ferme.

Segonzac – L'église romane des 11e et 12e s. fut remaniée et agrandie au 16e s. L'**abside** est remarquable par son cul-de-four nervé et les chapiteaux de l'arcature, aux tailloirs démesurés richement gravés.

Revenir à la D 43.

La route de crête offre de belles vues sur la vallée de la Dronne et le Ribéracois, ses paysages vallonnés, ses cultures céréalières piquetées de bosquets.

Siorac-de-Ribérac – 227 h. Dominant un vallon, l'**église** fortifiée est un édifice roman à nef unique couvert d'une coupole sur le faux carré du transept.

Emprunter la D 13, puis la D 44 en direction de St-Aulaye.

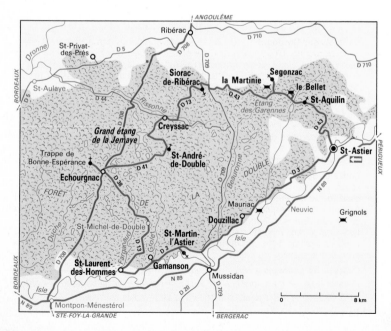

Creyssac – Cerné par les eaux d'un étang, le haut pigeonnier carré et les galli- nières qui l'accostent forment un ensemble très plaisant.

200 m plus loin, bifurcation pour le grand étang de la Jemaye.

Grand étang de la Jemaye – Au milieu de la forêt de la Jemaye, le grand étang a été aménagé en base de loisirs avec plage, pêche, planche à voile, etc.

St-André-de-Double – 176 h. La petite église à façade-tour barlongue est construite en grès tacheté de la Double.

Échourgnac – 411 h. A côté de ce village, sur la D 38, se trouve la **Trappe de Bonne-Espérance**. Ce monastère fut créé en 1868 par les moines de la Trappe du Port-du-Salut en Mayenne venus participer au plan d'assainissement prévu par Napoléon III. Ils mirent sur pied une fromagerie modèle, collectant le lait dans les fermes avoisinantes. Leur fromage, le « Trappe », ressemble beaucoup au Port-Salut. Les moines ont dû quitter le monastère en 1910 et furent remplacés en 1923 par des trappistines qui ont maintenu l'industrie fromagère.

La D 38, vers le Sud, emprunte un parcours forestier parsemé de nauves. Dans les clairières, des fermes se sont lancées dans la culture du kiwi.

St-Laurent-des-Hommes – 938 h. En face de l'église gothique, la demeure du 17e s. à pans de bois et galerie ouvragée est souvent considérée comme « la plus belle maison de la Double ».

Prendre la D 3 pour regagner St-Astier.

Gamanson – A quelques pas de la route, ce hameau en cours de restauration forme le plus riche ensemble d'habitations traditionnelles de la Double, en colombage et torchis.

St-Martin-l'Astier – 152 h. L'inhabituelle silhouette de l'**église** romane dressée au milieu du cimetière balise les confins de la Double. Le large clocher-tour octogonal, aux angles soulignés par des contreforts-colonnes, abrite en son niveau bas un **chœur** également octogonal, voûté d'une coupole soutenue par huit colonnes enga- gées. Par un des pans percé d'une porte étroite, il communique avec une très simple nef charpentée, qui s'ouvre sur l'extérieur par un portail à cinq voussures.

Douzillac – 628 h. Un monument a été élevé à la mémoire du caporal Louis Maine, un des très rares survivants du mémorable fait d'armes de la Légion étrangère à Camerone, en 1863.

Après Douzillac, on aperçoit sur la droite les grosses tours rondes du château Renaissance de **Mauriac**, qui appartient aux Talleyrand.

ESPAGNAC-STE-EULALIE

68 habitants

Carte Michelin n° 79 pli 9 ou 235 Ouest du pli 11 – Schéma p. 81.

Dans un pittoresque cadre de falaises, ce village groupe ses maisons coiffées de clo- chetons et de toits pointus autour de l'ancien prieuré Notre-Dame-du-« Val Paradis ».

Ancien prieuré Notre-Dame – Fondé au 12e s. par le moine Bertrand de Grifeuille, de l'ordre des Augustins, rat- taché à l'abbaye de la Cou- ronne, le prieuré devint en 1212 couvent de chanoi- nesses augustines. Il prit une grande extension sous l'im- pulsion de son troisième fon- dateur, Aymeric Hébrard de St-Sulpice *(p. 80)*, évêque de Coïmbra. Le monastère dé- placé en 1283, à l'abri des inondations du Célé, eut beaucoup à souffrir de la guerre de Cent Ans, qui vit le cloître et l'église en partie dé- molis. Reconstruit au 15e s., la vie religieuse put s'y pour- suivre jusqu'à la Révolution. Les bâtiments conventuels qui subsistent abritent le foyer rural et des gîtes communaux.

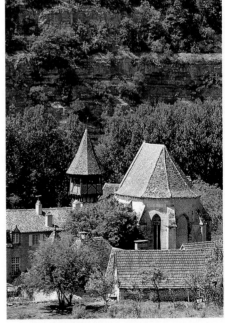

Église ⊘ – De style flam- boyant, elle a remplacé un édifice du 13e s. dont il reste les murs de la nef, un portail et, en prolongement, les ruines des travées détruites lors des incendies du 15e s.

La tour-clocher du prieuré et l'église

R. Mazin/TOP

L'extérieur offre la particularité d'un chevet pentagonal s'élevant au-dessus de la nef et flanqué, au Sud, d'une tour-clocher surmontée d'une chambre carrée en colombage de bois et brique, coiffée d'un pittoresque toit octogonal, en lauzes schisteuses.

A l'intérieur trois tombeaux placés dans des enfeus et surmontés de gisants seraient ceux d'Aymeric Hébrard de St-Sulpice, mort en 1295, du chevalier Hugues de Cardaillac-Brengues, enterré à Espagnac en 1342, et de sa femme Bernarde de Trian.

Le maître-autel à prédelle en bois doré, du 17ᵉ s., est orné d'un retable du 18ᵉ s. encadrant une Assomption peinte d'après une œuvre de Simon Vouet.

EXCIDEUIL

1 414 habitants

Carte Michelin n° 75 plis 6, 7 ou 233 Nord-Ouest du pli 44.

Couronnant une colline qui domine la vallée de la Loue, les vestiges du château d'Excideuil évoquent le souvenir des vicomtes de Limoges. Conscient de la valeur stratégique du site, d'où l'on pouvait surveiller le passage du Périgord au limousin, ils y transportèrent la Cour Vicomtale et construisirent une des plus puissantes forteresses de la région, ruinée par les sièges successifs.

Château – Une courtine, ancienne façade du château féodal, relie deux donjons démantelés, de la fin du 11ᵉ s. et du 12ᵉ s.

A côté de cette forteresse médiévale s'élève une demeure Renaissance agrandie récemment, avec tourelles et fenêtres à meneaux, qui appartint aux Talleyrand en faveur de qui Louis XIII érigea, en 1613, la terre d'Excideuil en marquisat.

La meilleure vue d'ensemble s'offre depuis les bords de la Loue.

Église ⊙ – L'ancien prieuré bénédictin du 12ᵉ s. fut très remanié au 15ᵉ s ; c'est ainsi que l'église présente un beau portail flamboyant dans le mur Sud.

A l'intérieur, un retable doré du 17ᵉ s. provient de l'église des Cordeliers. Une Pietà polychrome du 16ᵉ s., Notre-Dame d'Excideuil, est entourée d'ex-voto.

Participez à notre effort permanent de mise à jour.

Adressez-nous vos remarques et vos suggestions :

Cartes et Guides Michelin
46, avenue de Breteuil
75324 PARIS CEDEX 07

EYMET

2 769 habitants

Carte Michelin n° 75 Sud du pli 14 ou 234 Sud-Est du pli 8.

Située aux confins du Bergeracois et de l'Agenais, Eymet est encore une ville du Périgord connue pour ses conserveries fines de foie gras, de galantines et de ballottines.

La Bastide – *Visite 3/4 h.* Fondée en 1271 par Alphonse de Poitiers, la bastide d'Eymet, bien que dotée d'une charte lui concédant privilèges et libertés, fut régie par plusieurs familles seigneuriales tantôt à la solde du roi de France, tantôt à celle des rois d'Angleterre. Elle eut une histoire mouvementée pendant la guerre de Cent Ans et les guerres de Religion, les remparts furent démolis sous Louis XIII.

Place centrale – Elle a conservé ses arcades ou « cornières » et des maisons anciennes aux façades de pierres apparentes ou à pans de bois, certaines percées de fenêtres à meneaux.

Au centre de la place s'élève une fontaine du 17ᵉ s.

Une promenade dans les rues anciennes permet de vérifier la survivance du plan en damier initial.

Donjon – Cette tour du 14ᵉ s. est le seul vestige du château.

Un petit **musée** ⊙ y a été aménagé regroupant des collections régionales d'arts et traditions populaires (vêtements, outils, bottes de cocher...), ainsi que des collections préhistoriques.

Eymet vit naître le musicien le plus célèbre du Périgord, **Jean-Baptiste Moyne** dit **Lemoyne** (1751-1796). Après avoir appris la musique à la maîtrise de la cathédrale de Périgueux, il devint chef d'orchestre et parcourut la France, s'essayant à des opéras. Il s'immisça indirectement dans le duel fameux qui opposa le compositeur allemand Gluck à son rival italien Piccinni ; en imitant fortement le premier, il connut l'échec mais en plagiant le second, son opéra Phèdre (1786) connut le succès... Malgré une musique assez mièvre, son œuvre la plus connue, *les Prétendus*, figura au répertoire de l'Académie nationale de musique pendant 35 ans.

Les EYZIES-DE-TAYAC★★

863 habitants
Carte Michelin n° 75 pli 16 ou 235 pli 1 – Schéma p. 89.

Au confluent de la Vézère et de la Beune, le bourg des Eyzies occupe un site agréable dans un cadre de falaises couronnées de chênes verts et de genévriers.

Soulignée d'une double haie de peupliers, la Vézère tantôt serpente au milieu des prairies et des cultures, tantôt se resserre entre les parois rocheuses hautes de 50 à 80 m. Des abris creusés à la base des masses calcaires ont tenu lieu d'habitations aux hommes de la préhistoire, tandis que les grottes s'ouvrant en général à mi-hauteur des falaises leur servaient de sanctuaires. La découverte de ces abris, depuis un siècle, dans un rayon restreint autour des Eyzies, leur exploration méthodique et l'étude des gisements qu'ils recèlent ont permis à la préhistoire de s'ériger en science *(voir p. 21)* et ont fait des Eyzies la capitale de la préhistoire.

A la sortie du bourg vers Tursac subsistent les installations de l'ancienne forge, rappelant le passé industriel de la localité et de la région, depuis la fin du Moyen Âge jusqu'au Second Empire. Si les bâtiments actuels, avec leur grande halle et quelques maisons ouvrières, ne remontent qu'au 18e s., l'existence de la forge est attestée dès le 16e s., où elle fournissait des fers aux marchands de Bordeaux.

LA CAPITALE DE LA PRÉHISTOIRE *schéma p. 98.*

La basse Vézère à l'âge des cavernes – Alors que régnait en Europe la seconde période glaciaire, à l'époque où l'Auvergne voyait s'allumer les volcans de la chaîne des puys, les hommes durent abandonner les plaines du Nord trop froides, où s'étaient déjà développées les civilisations abbevillienne et acheuléenne, et partir, à la suite des animaux sauvages qu'ils chassaient, vers des pays plus cléments. La basse Vézère, qui coulait alors à une trentaine de mètres au-dessus de son niveau actuel, les retint par les ressources de ses massifs forestiers, par ses cavernes naturelles accessibles et ses surplombs pouvant servir d'abris, dus à la nature de ses calcaires, moins friables et moins fissurés que ceux de la vallée de la Dordogne.

Pendant plusieurs dizaines de milliers d'années les hommes se sont succédé dans ces abris, y laissant des traces de leur passage et de leurs activités : ossements, cendres de foyers, outils, armes, ustensiles, motifs décoratifs. Leur civilisation a évolué en même temps que le milieu naturel dans lequel ils vivaient. Quant aux espèces animales, elles se sont rapprochées de plus en plus des espèces actuelles : aux éléphants, puis aux ours des cavernes succédèrent bisons, aurochs, mammouths, puis bœufs musqués, rennes, bouquetins, cerfs, chevaux. Le réchauffement du climat, à la fin du magdalénien, accompagné de pluies abondantes, a poussé les hommes à abandonner les abris pour vivre en plein air sur des pentes exposées au soleil.

Le domaine des chercheurs – L'étude méthodique des gisements de la région des Eyzies a permis aux chercheurs de mieux connaître la préhistoire. Le département de la Dordogne offre en effet une contribution capitale à cette science avec près de 200 gisements dénombrés dont plus de la moitié se situent dans la basse vallée de la Vézère. En 1863 commence l'étude des gisements de Laugerie et de la Madeleine ; la découverte d'objets tels que silex, os et ivoires gravés, de sépultures avec des squelettes rougis à l'ocre, est pour les premiers chercheurs un puissant stimulant. En 1868, des ouvriers effectuant des travaux de terrassement mettent au jour les squelettes de l'abri de Cro-Magnon. Peu après, l'exploration très poussée des abris du Moustier et de la Madeleine permet de déterminer deux grandes époques de l'âge paléolithique : le moustérien et le magdalénien *(voir p. 23 et 24)*. Les découvertes se succèdent à un rythme d'autant plus rapide que la région des Eyzies se révèle comme l'une des plus riches du monde par ses **gisements** : la Micoque, Laugerie Haute, Laugerie Basse, la Ferrassie, Laussel, l'abri Pataud ; par ses **abris et ses grottes** recelant des sculptures et des gravures : le Cap Blanc, le Poisson, la Mouthe, les Combarelles, Bernifal, Commarque ; par ses **grottes à peintures** polychromes : Font-de-Gaume, Lascaux. L'étude des gravures sur os, ivoire ou pierre, et celle des bas-reliefs, des gravures et des peintures rupestres a permis de définir les croyances, les rites, les modes de vie et l'évolution artistique des hommes du paléolithique. A ces travaux sont attachés les noms de L. Capitan, D. Peyrony, l'abbé H. Breuil, H. Bordes, A. Leroi-Gourhan, H. L. Movius et H. de Lumley.

CURIOSITÉS

Les Eyzies

★**Musée national de la Préhistoire** ⊙ – Il est installé dans l'ancien château des barons de Beynac. Cette forteresse du 13e s., restaurée au 16e s., s'accroche à mi-hauteur de la falaise dominant le village, sous un surplomb rocheux. De la terrasse, où se dresse la statue de l'homme de Néanderthal tel que le voyait le sculpteur Dardé, on découvre une belle vue sur le bourg des Eyzies et sur les vallées de la Vézère et de la Beune. Une partie des très riches collections d'objets et d'œuvres d'art préhistoriques recueillis dans la région durant ces 80 dernières années est exposée dans deux bâtiments, associée à des moulages de sépultures et mobilier ayant fait la renommée d'autres hauts lieux de la préhistoire. Cette présentation est complétée par des tableaux synoptiques montrant la chronologie des époques préhistoriques, des coupes stratigraphiques et des photographies.

Une salle du 1er étage est consacrée aux différentes techniques de la taille de la pierre et à la synthèse de la préhistoire. L'art préhistorique est représenté par la peinture et la sculpture rupestres ainsi que par l'art mobilier. Le second étage contient des objets de toutes les époques préhistoriques. La salle Breuil présente

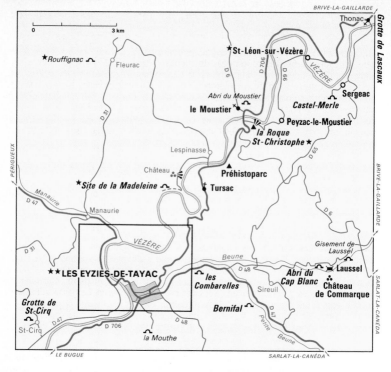

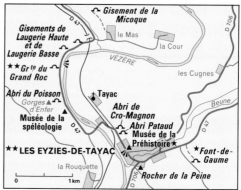

des moulages des chefs-d'œuvre de l'art préhistorique appartenant à plusieurs musées. Une salle réunit une collection impressionnante de blocs et de plaques calcaires gravés, datés entre – 30 000 et – 15 000 ans où sont représentés des animaux, des silhouettes féminines... A côté, des objets de parure en pierre, en dent, en os..., des armes de chasse (sagaies, bâtons percés, harpons...) côtoient les moulages des principales statuettes féminines d'Europe.

Au dernier étage, dans une grande salle, est présentée l'évolution de la taille des silex depuis 2,5 millions d'années.

Dans un autre bâtiment ont été reconstitués la sépulture féminine magdalénienne de St-Germain-la-Rivière avec son squelette ainsi que le squelette du Roc de Marsal.

Abri de Cro-Magnon – Mis au jour en 1868, il a révélé, outre des silex et des os travaillés de l'époque aurignacienne et gravettienne, trois squelettes d'adultes étudiés par Broca. Découvertes d'une importance primordiale pour l'étude de la préhistoire, puisqu'elles ont permis de définir les caractères de la race de Cro-Magnon *(voir p. 22)*.

★**Grotte de Font-de-Gaume** ☉ – *Laisser la voiture au débouché du vallon de St-Cyprien, face à une falaise en forme d'éperon.*

La grotte se présente sous la forme d'un couloir d'environ 120 m, sur lequel se greffent plusieurs ramifications. Connue depuis longtemps, cette grotte était un but de promenade : certains visiteurs, ignorant l'intérêt que présentaient les peintures de ses parois, leur firent subir dès le 18e s. de regrettables déprédations. L'étude de ces peintures a permis de les rattacher à l'époque magdalénienne.

Au-delà d'un passage étroit appelé « le Rubicon » apparaissent sur les parois de nombreuses peintures polychromes, souvent superposées ; toutes ces figures : chevaux, bisons, mammouths, rennes, cervidés, témoignent d'un art très poussé et constituent, après Lascaux, le plus bel ensemble de peintures polychromes de France. La frise de bisons, peinte en brun sur le fond de calcite blanc, est remarquable.

Abri Pataud ⓥ – Un musée de site montre des objets et ossements découverts au cours des fouilles et prépare par une animation-vidéo à la visite de l'abri Pataud. Celui-ci consiste en une cavité de 90 m sur 15, dont le remblai épais de plus de 9 m recèle des vestiges des civilisations du début du paléolithique supérieur (Aurignacien, Gravettien, Solutréen) échelonnées entre 35 000 et 20 000 ans avant le Christ. Sur deux grandes coupes stratigraphiques on distingue, conservés in situ, des ossements, silex et restes de foyers, ainsi qu'une Vénus sculptée, restituée par le niveau du Gravettien récent. Un film de 3 minutes projeté sur la paroi rocheuse évoque un campement de chasseurs de rennes il y a 25 000 ans.

Rocher de la Peine – Déchiqueté par l'érosion, cet imposant rocher surplombe en partie la route. Il a révélé dans ses flancs un gisement magdalénien.

Église de Tayac ⓥ – Cette église fortifiée du 12e s. séduit par les tons dorés de sa pierre. Deux tours crénelées, aménagées en réduits défensifs et coiffées de toits de lauzes, encadrent le vaisseau. Celle qui surmonte le portail fait office de clocher. Remarquer les singularités du portail : la première voussure, polylobée, lui confère une note orientale tandis que deux colonnettes de remploi en marbre bleu, surmontées de fins chapiteaux corinthiens, témoignent de l'art gallo-romain.
A l'intérieur, le plan à trois nefs séparées par de grandes arcades reposant sur des piles, tout comme le plafond en charpente, font figure d'exception en Périgord.

Le long de la D 47

Musée de la spéléologie ⓥ – Il est installé dans le fort du roc de Tayac, commandant la vallée de la Vézère. Les quatre salles taillées dans le roc sont consacrées au monde souterrain : matériel spéléologique, géologie et faune des cavernes, maquettes.

Abri du poisson ⓥ – Au plafond d'une petite cavité est sculpté un poisson, long de 1,05 m. Il s'agit d'un saumon, espèce qui abondait dans la Vézère jusqu'à une époque récente. Datée du Gravettien (environ 20 000 ans av. J.-C.), c'est la plus ancienne sculpture pariétale connue, avec la Vénus de Laussel *(voir p. 23)*.

★★Grotte du Grand Roc ⓥ – Des escaliers et de la terrasse située à l'entrée de la grotte, on jouit d'une très belle **vue★** sur la vallée de la Vézère. 40 m de tunnels permettent de découvrir, dans des salles généralement petites, une extraordinaire floraison de stalactites et de stalagmites, des excentriques comparables à des coraux, des pendeloques et des cristallisations d'une richesse et d'une variété inouïes.

Gisement de Laugerie Basse ⓥ – Situé en aval de Laugerie Haute, d'où son nom, ce site servit plusieurs fois d'habitats à l'homme, depuis 14 000 ans environ avant notre ère, jusqu'aux époques historiques. On y découvrit un important rassemblement d'outils de pierre et d'objets d'art ainsi que des ossements dispersés dans des collections privées et dans plusieurs grands musées. Des reproductions et des moulages des plus beaux d'entre eux sont présentés dans la salle d'exposition.

Gisement de Laugerie Haute ⓥ – Dans un site très pittoresque au pied des hautes falaises, des fouilles entreprises depuis près d'un siècle ont mis au jour d'importants spécimens de l'industrie et de l'art des troglodytes, à différents niveaux.
Les recherches, commencées ici en 1863, se poursuivirent par étapes, en 1911, en 1921, de 1936 à 1939, et de nouveau ces dernières années. Les travaux ont permis d'établir plusieurs coupes de terrain, montrant l'importance de ce site occupé par l'homme sans interruption du milieu du périgordien au milieu du magdalénien, c'est-à-dire pendant les quelque 300 siècles qu'a duré le paléolithique supérieur. Les coupes confondent l'imagination en rendant sensible à notre esprit l'émouvante lenteur des progrès de l'industrie humaine à travers les millénaires.
Dans l'extrémité Ouest du gisement, deux squelettes ont été découverts sous les éboulis. L'examen des falaises révèle par endroits des traces de larmiers en saillie, de chenaux, taillés au Moyen Âge dans la roche afin d'empêcher les eaux de pluie de ruisseler le long des parois et de pénétrer dans les abris.

Gisement de la Micoque – Il a fourni de nombreuses pièces de la fin de l'acheuléen au début du moustérien (tayacien et micoquien), exposées au musée des Eyzies.

Grotte de St-Cirq ⓥ – *Accès par la route qui prolonge la D 47 vers le Sud.*
Dans une petite grotte, sous une roche en léger surplomb, ont été découvertes sur les parois verticales ou les plafonds quelques gravures de l'époque magdalénienne représentant des chevaux, des bisons et des bouquetins. Mais la grotte est surtout connue pour la gravure de l'**Homme de St-Cirq** (parfois appelé improprement Sorcier de St-Cirq), l'une des plus remarquables figurations humaines trouvées dans les grottes préhistoriques.
Un petit musée présente des fossiles et de l'outillage préhistorique.

Le long de la Vézère

Les curiosités sont décrites du Nord au Sud afin de pouvoir être réunies à l'itinéraire de la vallée de la Vézère. *(Voir à ce nom).*

Castel-Merle – *Page 168.*

Le Moustier – Bâti au pied d'une colline, ce petit village possède un **abri préhistorique** célèbre. Les gisements préhistoriques du Moustier ont révélé un squelette humain et de nombreux outils de silex et ont donné leur nom (moustérien) à une époque du paléolithique moyen.
L'église du village renferme un intéressant confessionnal sculpté, du 17e s.

Peyzac-le-Moustier – Sur la D 706, un petit **musée de paléontologie** ⊙ présente une collection intéressante de fossiles qui retracent l'évolution des premiers êtres vivants. Les plus anciens, des trilobites, remontent à 600 millions d'années. On remarque les belles ammonites. Un assemblage d'outils illustre la progression des techniques humaines de la fin de l'ère tertiaire à l'époque gallo-romaine.

★ **La Roque St-Christophe** ⊙ – Cette imposante falaise surplombe, sur une longueur de plus de 900 m et 80 m de hauteur, la vallée de la Vézère. Elle se présente comme une énorme ruche creusée d'une centaine de cavités superposées sur cinq étages. Des recherches archéologiques sont en cours à ses pieds, révélant que l'homme a vécu ici depuis le paléolithique supérieur. Ses terrasses ont, au 10e s., servi de fondations à un fort utilisé contre les Normands puis durant la guerre de Cent Ans, et qui fut rasé pendant les guerres de Religion, à la fin du 16e s. Les milliers de trous de poteaux, les canalisations, éviers, citernes, les foyers, escaliers et passages creusés dans le roc montrent que La Roque St-Christophe fut le lieu privilégié d'une intense et permanente activité humaine. Du **Pas du Miroir**, on pouvait contempler son image, réfléchie par les eaux de la Vézère, lorsque celle-ci baignait encore le pied de la falaise 30 m plus bas. De la grande terrasse, on découvre une très belle **vue**★ plongeante sur l'ensemble de la vallée.

Préhistoparc de Tursac

Préhistoparc, Les Eyzies

Préhistoparc ⊙ – Dans un petit vallon en sous-bois bordé de falaises, un sentier de découverte propose la reconstitution d'une vingtaine de scènes de la vie quotidienne des hommes de Néanderthal et de Cro-Magnon : chasse au mammouth, dépeçage du renne, pêche, peinture pariétale, sépulture…

Tursac – Dominée par un énorme clocher-tour d'aspect sévère, l'église de Tursac offre une suite de coupoles caractéristiques du style roman périgourdin *(voir p. 33)*.

La route escalade la falaise ; de belles perspectives s'offrent sur le village de Tursac et la Vézère.

Vallée de la Beune

Grotte des Combarelles ⊙ – Un couloir sinueux, de 250 m de longueur, présente sur ses parois, après un parcours de 120 m, de nombreux traits, gravés parfois les uns au-dessus des autres, et figurant près de 300 animaux : chevaux, bisons, ours, rennes, mammouths, représentés tantôt au repos, tantôt en pleine action.

Découverte en 1901, presque en même temps que celle de Font-de-Gaume, cette grotte a permis de déterminer l'importance de l'art magdalénien à une époque où l'étude de la préhistoire se heurtait encore à l'incrédulité de certains savants.

Un second couloir offrant des gravures analogues a été le théâtre de la vie des hommes ; on y a trouvé des restes de foyers et des témoignages de l'industrie magdalénienne.

Grotte de Bernifal ⊙ – *(10 minutes de marche.)* Peintures et fines sculptures d'époque magdalénienne, réparties sur une centaine de mètres : mammouths, asinien et tectiformes (signes évoquant des habitations).

Abri du Cap-Blanc ⊙ – L'exploitation, en 1909, d'un petit gisement magdalénien permit de découvrir d'intéressantes **sculptures**★ en haut-relief sur les parois de l'abri rocheux.

On y remarque deux bisons et tout particulièrement une frise de chevaux pour l'exécution desquels le relief et le galbe de la roche ont été utilisés au maximum. Au pied de cette frise a été découverte une sépulture humaine.

Château de Commarque – Ses ruines imposantes se dressent face au château de Laussel, sur la rive Sud de la Beune.

Ce château fort, construit aux 12e et 13e s., fut longtemps la possession d'une branche cadette des Beynac. Occupé par les Anglais à la suite d'une trahison, il fut repris par le sénéchal de Périgord qui le rendit au baron de Beynac. Des fortifications qui le protégeaient subsistent d'importants vestiges. Le donjon, couronné de mâchicoulis, la chapelle et les différents corps de logis émergent d'un nid de verdure qui forme un cadre romantique.

Château de Laussel – Perché sur une falaise surplombant la vallée de la Beune, ce castel des 15e et 16e s., remanié au 19e s., est de dimensions modestes, mais d'allure très élégante. A quelques centaines de mètres en amont se trouvait un important gisement préhistorique où l'on découvrit plusieurs représentations humaines en bas-relief dont la célèbre « Femme à la corne » d'époque gravettienne *(illustration p. 23)* conservées au musée d'Aquitaine de Bordeaux.

FIGEAC★★ 〈🔶🔶🔶〉

9 549 habitants

Carte Michelin n° 79 pli 10 ou 235 pli 11 – Schémas p. 81 et p. 117.

Étalée sur la rive droite du Célé, Figeac s'est développée au débouché de l'Auvergne et du Haut-Quercy. Ville d'échanges, elle a connu un passé prestigieux dont témoigne aujourd'hui l'architecture de ses hautes maisons de grès.
La grande industrie de Figeac est l'entreprise Ratier spécialisée dans les constructions aéronautiques.

Des abbés au roi – Figeac se développa à partir du 9ᵉ s. autour d'un monastère qui prit une réelle expansion aux 11ᵉ et 12ᵉ s. L'abbé était le seigneur direct de la ville et la dirigeait accompagné d'une délégation de sept consuls. Tous les services administratifs se trouvaient à l'intérieur de l'abbaye.
Figeac, située sur la route de pèlerinage venant du Puy et de Conques et menant à St-Jacques-de-Compostelle, voyait affluer pèlerins et voyageurs. Ses artisans et ses commerçants fort aisés bénéficiaient de sa situation géographique entre l'Auvergne, le Quercy et le Rouergue. En 1302, à la suite d'un conflit entre l'abbé et les consuls, Philippe le Bel étendit son autorité sur la ville, s'y faisant représenter par un viguier. Il se concilia les habitants en leur accordant le privilège rare de battre monnaie.
La guerre de Cent Ans et les guerres de Religion ont ralenti le développement de la ville. De 1598 à 1622 Figeac fut une des places fortes de sûreté des calvinistes, démantelée par Richelieu.

Jean-François Champollion – Le 23 décembre 1790 naquit à Figeac cet orientaliste dont le génie permit à l'égyptologie de faire des pas de géant. Au début du 19ᵉ s. la civilisation égyptienne demeurait en effet une énigme, les hiéroglyphes (mot qui signifie « graver sacré ») n'ayant pas été interprétés.
Dès l'âge de 9 ans, le jeune Jean-François possède le latin et le grec, à 13 ans l'hébreu et à 14 ans, l'arabe, le chaldéen et le syriaque. Après de brillantes études à Grenoble, il suit à Paris les cours de l'École des langues orientales et ceux du Collège de France, tout en étudiant les manuscrits coptes et en préparant un dictionnaire et une grammaire de cette langue.
Nommé à 19 ans professeur d'Histoire à la faculté des lettres de Grenoble, il s'efforce de déchiffrer une stèle à la face polie, trouvée lors de l'expédition d'Égypte dans le delta du Nil près de Rosette, d'où son nom de « pierre de Rosette ». Cette pierre porte trois inscriptions en trois caractères différents : hiéroglyphes, démotique (écriture égyptienne simplifiée apparue vers 650 av. J.-C.) et caractères grecs. Champollion établit qu'il s'agit d'un même texte.
Il ne peut pourtant effectuer ses recherches sur la pierre elle-même, détenue par les anglais alors en conflit avec la France, et doit se contenter de copies. S'appuyant sur les travaux d'un prédécesseur, Young, qui avait réussi à identifier les genres et les noms propres, il perce progressivement le secret des hiéroglyphes. Étant inquiété pour ses opinions bonapartistes à la Restauration, ses travaux avancent peu pendant quelques années mais, en 1822, démontrant que l'écriture hiéroglyphique est « un système complexe, une écriture tout à la fois figurative, symbolique et phonétique », il touche à l'essentiel : il vient en effet de découvrir que, si dans les noms propres les Égyptiens utilisaient leurs signes comme des lettres, le reste du temps ces signes représentaient aussi des idées, des mots et des syllabes.

La pierre de Rosette

Sous le règne des Ptolémée (332 à 80 av. J.C.) les prêtres égyptiens consignèrent les décrets promulgués à l'issue de leurs synodes sur des tablettes de basalte, affichées ensuite dans les principaux temples ; la pierre de Rosette est l'une de ces tablettes, gravée en 196 av. J.C. A cette époque, les membres du clergé étaient devenus les seuls à être initiés aux hiéroglyphes, d'où la nécessité d'une rédaction en trois versions pour être compris de la population, qui pratiquait le démotique à Memphis, et le grec à Alexandrie. Ces décrets avaient un contenu politique et économique, précisant les pouvoirs respectifs des religieux et du monarque, l'étendue des privilèges fiscaux, la nature des droits et charges, etc., comme le montrent ces quelques extraits de la pierre de Rosette :
« (...) Attendu que le pharaon Ptolémée fils du pharaon Ptolémée et de la pharaonne Arsinoe, ces dieux-qui-aiment-leur-père, accomplit de nombreux bienfaits pour les temples d'Égypte et pour tous ceux qui sont sous son autorité de pharaon : il est en effet (...)
quelqu'un qui a déjà donné force argent et beaucoup de grain aux temples d'Égypte ainsi que toutes sortes de choses pour faire qu'advint la paix en Égypte et que fussent bien fondés les temples, quelqu'un qui a aussi donné des récompenses à l'armée entière qui est sous sa haute autorité. Taxe et impôt qui avaient cours en Égypte, il les a diminués ou supprimés pour faire que l'armée et tous les autres hommes fussent heureux en son temps de pharaon. (...) Il ordonna que les revenus fonciers des dieux, les sommes d'argent ou les quantités de grain que l'on doit verser comme taxe aux temples chaque année et les parts qui reviennent aux dieux pour les vignes, les arbres fruitiers et les autres choses qui leur avaient été attribuées par son père fussent confirmés. »

Traduction proposée par Didier Devauchelle/Éd. Le Léopard d'or.

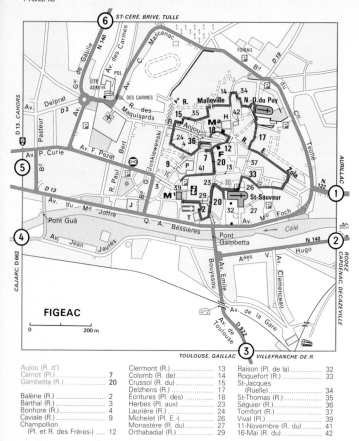

FIGEAC

0   200 m

Champollion part en mission en Égypte où il déchiffre de nombreux documents. En 1826 il fonde le musée égyptien du Louvre, dont il devient le premier conservateur. En 1831, il se voit confier une chaire d'archéologie au Collège de France, mais n'y dispense que trois cours, et meurt l'année suivante, épuisé par son énorme labeur.

★LE VIEUX FIGEAC *visite : 1 h 1/2*

Le quartier ancien de Figeac a conservé son plan du Moyen Âge avec ses rues étroites et tortueuses. Il est circonscrit par une ligne de boulevards qui occupent l'emplacement des anciens fossés.

Figeac conserve de nombreux bâtiments témoins de l'architecture des 13e, 14e et 15e s. construits dans un beau grès beige. La plupart s'ouvrent au rez-de-chaussée par de grandes ogives surmontées au 1er étage d'une galerie ajourée. Sous le toit plat, le « soleilho », grenier ouvert, servait à faire sécher le linge, à ranger le bois, à cultiver les fleurs… Ses ouvertures sont séparées par les colonnes ou piliers en bois, en pierre, parfois en briques, qui supportent la toiture. A cette architecture s'ajoutent les tours en encorbellement, portes, escaliers à vis caractéristiques de cette époque. Certains étages supérieurs sont en brique et à colombage.

★Hôtel de la Monnaie (M¹) – *Siège du syndicat d'initiative.*

Cet édifice de la fin du 13e s., restauré au début du 20e s., est caractéristique de l'architecture civile figeacoise avec son soleilho et ses ogives au rez-de-chaussée. Les fenêtres en tiers-point simples, doubles ou multiples percent la façade. Il est intéressant de comparer la façade qui donne sur la place, reconstituée avec des éléments de l'ancienne maison consulaire de la même époque, avec les autres façades plus sobres. La belle cheminée en pierre octogonale était un modèle fréquent à Figeac ; aujourd'hui il ne reste plus que quelques souches.

Le nom « Oustal dé lo Mounédo » évoque la fabrique royale de monnaie créée par Philippe le Bel, mais il semble établi aujourd'hui que l'atelier de frappe se trouvait dans un autre bâtiment et que cet immeuble servait probablement de lieu de change pour les monnayeurs. L'hôtel de la Monnaie abrite les collections du **musée** ⊘ qui présente des fragments de sculptures provenant d'anciens édifices religieux et civils de la ville (porte de l'ancien hôtel de Sully), des sarcophages, des mesures à grains, des monnaies anciennes, des sceaux de la ville au temps des sept consuls.

Rue Balène (2) – Au n° 7 le **château de Balène** dresse sa façade de forteresse médiévale percée d'une porte ogivale et des fenêtres rayonnantes de la chapelle. Construit au 14e s., cet édifice abrite la salle des fêtes. A l'intérieur les salles, qui servent de cadre aux expositions, sont voûtées d'ogives. Au n° 1, l'**hôtel d'Auglanat**, du 15e s., qui fut la demeure de l'un des viguiers (représentant du roi), s'orne d'une belle porte en arc surbaissé et d'une échauguette.

Rue Gambetta (**20**) – C'était l'artère principale de la cité. Aux n° 25 et 28 maisons en colombage garni de briques, joliment restaurées.

Église St-Sauveur – Ancienne église abbatiale dont les parties les plus anciennes remontent au 11ᵉ s., elle a conservé dans l'ensemble son plan primitif en forme de croix latine. Elle comprend une haute nef à collatéraux sur lesquels s'ouvrent des chapelles construites au 14ᵉ s. Cette nef frappe par sa dissymétrie entre les côtés Nord et Sud. Ce dernier comprend, au-dessus des arcades en plein cintre, une tribune aux baies géminées inscrites dans un grand arc, surmontée elle-même de fenêtres hautes du 14ᵉ s. Sur le côté Nord reconstruit au 17ᵉ s., ainsi que les voûtes, à la suite des guerres de Religion, la tribune a disparu.
Le chœur entouré d'un déambulatoire a été remanié au 18ᵉ s. Quatre chapiteaux romans provenant de l'ancien portail servent de support aux bénitiers.

★**N.-D.-de-Pitié** ⊙ – Ancienne salle capitulaire, elle devint lieu de culte après le départ des protestants en 1623, et reçut un somptueux **décor de bois**★ sculpté et peint, œuvre semble-t-il d'une famille de maîtres-sculpteurs figeacois, les Delclaux. A droite de l'autel un surprenant panneau montre Jésus enfant endormi sur la croix, rêvant de sa Passion future.
Entre l'église et le Célé se trouve la place de la Raison, sur l'emplacement des bâtiments conventuels détruits à la Révolution, dominée par un obélisque dédié à Champollion.

Rue du Roquefort (**33**) – La maison à tourelle en encorbellement au cul-de-lampe sculpté appartenait à Galiot de Genouillac, grand maître de l'Artillerie de François Iᵉʳ (*voir p. 44*).

Rue É.-Zola – La plus ancienne artère de la cité conserve des arcades ogivales, et aux nᵒˢ 35-37 une intéressante succession de portails Renaissance.

Rue Delzhens (**17**) – Au n° 3 l'**hôtel du Viguier** possède un donjon carré et une tourelle de vigie. La restauration en cours doit le transformer en hôtel de tourisme.

Église N.-D.-du-Puy – Elle est située sur une hauteur d'où on a une belle vue sur la ville et ses environs. Les protestants l'utilisèrent comme donjon, confortant la façade d'une chambre de veille.
Cet édifice roman très remanié entre le 14ᵉ et le 17ᵉ s. possède un vaste retable en noyer sculpté de la fin du 17ᵉ s., encadrant deux peintures qui représentent l'Assomption et le couronnement de la Vierge.
Redescendre la colline par la ruelle St-Jacques.

Rue Maleville – Elle est barrée par l'arcvôlt (passage couvert) blasonné de l'Hôtel de la Porte.

Rue St-Thomas (**35**) – Passant également sous un arcvôlt, elle est dominée par des soleilhos en encorbellement.

Rue du Crussol (**15**) – La cour de l'**hôtel de Crussol** (16ᵉ s.), devenue terrasse d'un bar, s'agrémente de deux galeries superposées.
Emprunter la rue Laurière puis la rue Bonhore pour accéder à la place Carnot. A l'extrémité de la **rue Caviale**, l'**hôtel d'Ay-de-Lostanges** (n° 35) fait face à la **Maison du Roi**, où aurait logé Louis XI en 1463.

Place Carnot (**7**) – Autrefois place Basse, elle était le siège de la halle au froment, détruite en 1888. Dans l'angle Nord-Ouest la **maison de Pierre de Cisteron**, armurier de Louis XIV, est accotée d'une tourelle.
De la place Carnot, on accède par un porche à la place des Écritures, après avoir traversé l'étroite **rue Séguier** (**36**) à l'aspect moyenâgeux.

★**Place des Écritures** (**18**) – Enchâssée dans un ensemble architectural médiéval, son sol est couvert d'une immense **reproduction de la Pierre de Rosette** (14 x 7 m), sculptée dans du granite noir du Zimbabwe par l'artiste conceptuel américain Joseph Kossuth. Inaugurée en avril 1991, cette importante œuvre contemporaine demande également

Place des Écritures

à être contemplée depuis le jardin suspendu qui domine la place. Dans une courette attenante, la traduction en français des inscriptions est gravée sur une plaque de verre. Une arcade permet d'accéder au musée Champollion.

★**Musée Champollion** ⊘ (**M²**) – Rassemblés dans la maison natale de Champollion, des documents retracent la vie du célèbre figeacois, tandis que des objets originaux ou des reproductions évoquent les utilisations de l'écriture égyptienne, les coutumes et rites de l'Égypte ancienne. Au 1er étage la salle de l'Écriture expose notamment un moulage de la Pierre de Rosette dont l'original se trouve au British Museum de Londres, des stèles sculptées, la massive statuette en granite noir de l'architecte Djehouty (15e s. av. J.-C.), une palette de scribe (nécessaire à écrire que l'on incluait dans le trousseau funéraire)… Au 2e étage l'attention est retenue par une momie et des sarcophages de la nécropole de Thèbes, des vases canopes dont l'un contient encore les viscères du défunt, une table d'offrande sculptée d'une représentation d'aliments que la magie devait rendre réels, et deux objets en faïence : une parure de momie reconstituée ainsi que le buste superbe d'un ouvrier, d'un bleu intense rehaussé de noir.

Place Champollion (**12**) – L'ancien hôpital des Templiers (14e s.) montre au 2e étage de gracieuses fenêtres gothiques.

Revenir rue Gambetta (20). Au n° 41 s'élève la commanderie des Templiers.

Commanderie des Templiers ⊘ – Vers 1187 l'ordre des Templiers, alors en plein épanouissement, vint se fixer à Figeac, et éleva cette commanderie, dont la façade gothique égaye la rue Gambetta. Au 15e s. une autre construction vint fermer l'élégante **cour** pédestre. Un remarquable escalier en bois, du 15e s., conduit au 1er étage occupé par la salle des gardes, la salle capitulaire et la chapelle, ces dernières communiquant par des guichets oratoires. Au 2e étage, un balcon de bois reconstitué relie le dortoir des moines au logis du commandeur qui comporte une chapelle-oratoire. La tour de garde, au sommet de l'édifice, a reçu une charpente au 15e s.

ENVIRONS

Domaine du Surgié ⊘ – Importante base de loisirs de 14 ha située au bord du Célé, au Nord-Est de Figeac.

Aiguilles de Figeac – Ce sont deux obélisques de forme octogonale qui se dressent l'un au Sud, l'autre à l'Ouest de la ville et mesurent respectivement 14,50 m et 11,50 m avec leur socle.
Certaines interprétations, se fondant sur l'existence non établie de deux autres aiguilles, ont voulu y voir les limites de la sauveté du monastère.
L'**aiguille du Cingle** (ou du Pressoir) est visible de la D 922 au Sud de Figeac.

Cardaillac – 475 h. 11 km au Nord-Ouest.
Ce village est le berceau de la grande famille quercynoise dont il porte le nom. En haut du bourg se dresse le quartier ancien ou fort bâti sur un éperon rocheux. De cette fortification du 12e s., de forme triangulaire, subsistent deux tours carrées, la tour de l'Horloge, ou tour des Barons, et la tour de Sagnes. Seule cette dernière se visite : elle possède deux hautes salles voûtées desservies par un escalier à vis. De la plate-forme s'offre une belle vue sur la vallée du Drauzou et la campagne environnante.

Musée Éclaté ⊘ – Il choisit d'intégrer résolument les témoignages du passé à la vie moderne du village : plusieurs sites de visite sont disséminés dans le bourg, évoquant l'école au village, l'artisanat local et la condition paysanne. La fabrication des « comportes » (hottes de vignerons), autrefois spécialité de Cardaillac, est mise à l'honneur.

Grottes de FOISSAC★

Carte Michelin n° 79 pli 10 (13 km au Sud de Figeac) ou 235 plis 11, 15.

Découvertes en 1959, les grottes ⊘ de Foissac totalisent 8 km de galeries. Le ruisseau souterrain qui les draine se jette dans le Lot à hauteur de Balaguier.

Au cours de la visite, observer le plafond à stalactites fistuleuses étincelantes de blancheur et les belles concrétions de la salle de l'Obélisque : les reflets, les tours d'ivoire et les stalagmites de la salle Michel-Roques. La salle de l'Éboulement présente un curieux plafond à champignons qui témoignent de l'existence de stalagmites bien antérieurement aux séismes qui bouleversèrent la physionomie de la grotte. Enfin d'originales stalactites bulbeuses ont été surnommées les « Oignons ». Les grottes de Foissac ont conservé des témoignages de l'occupation humaine à l'âge du cuivre (2700 à 1900 av. J.-C.), où elles ont été utilisées comme carrières, caves et cimetière : foyers de charbon de bois, ustensiles de cuivre, poteries galbées de grandes dimensions, mais surtout des squelettes humains, certains accompagnés d'offrandes attestant une inhumation, et l'empreinte fixée dans l'argile d'un pied d'enfant passé là il y a quelque 40 siècles.

Pour un bon usage des plans de villes, consultez la légende p. 2.

GAVAUDUN

287 habitants
Carte Michelin n° 79 pli 6 ou 235 pli 9 (12 km au Nord-Ouest de Fumel).

Dans l'étroite et sinueuse vallée de la Lède, Gauvaudun occupe un **site**★ pittoresque.

Donjon ⊘ – Dressant ses six étages au sommet d'un éperon rocheux dominant le village et la rivière, ce puissant donjon crénelé, à l'allure massive, date des 12e et 14e s. On y accède par un escalier creusé dans le roc.

ENVIRONS

St-Sardos-de-Laurenque – *260 h. 2 km au Nord.* L'**église** ⊘ du 12e s. s'ouvre par un intéressant portail sculpté : les chapiteaux sont ornés d'animaux et de personnages et la frise est décorée de poissons.
La nef romane conserve quelques remarquables chapiteaux.

St-Avit – 164 h. *5 km au Nord.* La route agréable, serpentant le long de la Lède, mène au hameau de St-Avit où se trouve la maison natale de Bernard Palissy. Une église à chevet circulaire couvert de lauzes et plusieurs maisons anciennes aux toits patinés s'élèvent dans un cadre champêtre dominant la vallée.

Sauveterre-la-Lémance – 685 h. *19 km au Nord-Est.* Édouard Ier, roi d'Angleterre et duc d'Aquitaine, fit bâtir cette **forteresse** ⊘ à la fin du 13e s. pour protéger ses domaines face au royaume de Philippe le Hardi. Bénéficiant d'un programme de restauration, elle abrite une exposition permanente sur les « Rois-Ducs » Plantagenêt.

GOURDON★

4 851 habitants
Carte Michelin n° 75 pli 18 ou 235 pli 6.

Capitale d'un frais pays vallonné appelé la Bouriane *(voir p. 6)*, Gourdon, à la limite du Quercy et du Périgord, s'étage au flanc d'une butte rocheuse qui portait autrefois un château seigneurial. Ses boulevards circulaires, tracés sur l'emplacement des anciens remparts, offrent d'agréables vues sur la Bouriane, ses coteaux et ses vallons.

CURIOSITÉS

★ **Rue du Majou** – La porte fortifiée du Majou et, à sa gauche, la chapelle N.-D.-du-Majou donnent accès à la rue du même nom. L'ancienne artère principale, étroite et pittoresque, est bordée par des maisons anciennes à encorbellement dont les rez-de-chaussée s'ouvrent par de grands arcs en ogives. Peu après le n° 24, belle perspective, à droite, sur la rue Zig-Zag au caractère ancien. Au n° 17, l'ancienne maison d'Anglars a conservé de jolies fenêtres à meneaux.

Hôtel de ville (**H**) – Cet ancien consulat du 13e s., agrandi au 17e s., présente des couverts qui font office de halle.

Église St-Pierre ⊘ – Commencée au début du 14e s., c'était autrefois une dépendance de l'abbaye du Vigan. Le chœur est épaulé de puissants contreforts. Elle présente sur sa façade Ouest un portail orné d'élégantes archivoltes qu'encadrent deux hautes tours asymétriques. La grande rosace est protégée par une ligne de mâchicoulis, témoins des anciennes fortifications.
La nef, voûtée d'ogives, est remarquable par son ampleur ; des panneaux de bois sculptés, peints et dorés, du 17e s., décorent le chœur et le croisillon droit.

Contourner l'église par la gauche, emprunter les escaliers puis la rampe qui mènent à l'esplanade où s'élevait le château.

Esplanade – De cette terrasse (table d'orientation), se développe un **panorama**★ : au-delà de la ville, dont on domine l'étagement des toits, avec au premier plan la masse de l'église St-Pierre, la vue se porte sur le cimetière, véritable forêt de cyprès, puis sur les plateaux qui bordent les vallées de la Dordogne et du Céou.

Revenir sur la place de l'Hôtel-de-Ville. Contourner l'église par la droite.

GOURDON

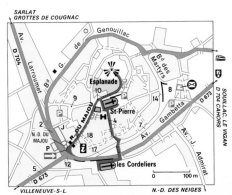

Face au chevet s'élèvent quelques maisons anciennes, parmi lesquelles celle du conventionnel Cavaignac avec un beau portail du début du 17e s. Emprunter face au portail latéral droit de l'église, la rue Cardinal-Farinié en descente, qui a conservé de vieilles maisons ornées de fenêtres à meneaux ou flanquées de tourelles.
De là, on rejoint la place de la Libération.

Église des Cordeliers ⊙ – En dépit du lourd clocher-porche ajouté au 19e s. l'église de l'ancien couvent des cordeliers mérite une visite. On trouvera dans sa nef l'élan et la pureté première d'un gothique très dépouillé. Elle fut restaurée en 1971.
La belle abside à sept pans est éclairée par des vitraux du 19e s. A l'entrée, au milieu de la nef, magnifique **cuve baptismale★** : sur son pourtour s'inscrivent dans treize arcatures trilobées un Christ en majesté entouré des douze apôtres (14e s.).

ENVIRONS

★Grottes de Cougnac – *3 km au Nord. Description p. 84.*

Chapelle de N.-D.-des-Neiges ⊙ – 1,5 km au Sud-Est. Dans le vallon du Bléou, lieu de pèlerinage, cette chapelle du 14e s. restaurée au 17e s. possède un beau retable (17e s.). Une « source miraculeuse » s'écoule dans le chœur.

Le Vigan – 922 h. *5 km à l'Est.* D'une abbaye fondée au 11e s., et qui devint au 14e s. un chapitre régulier de chanoines, subsiste une **église** ⊙ gothique dont le chevet est dominé par une tour coiffant le carré du transept. Belles voûtes d'ogives dans la nef, spectaculaire chevet intercalant des tourelles défensives entre les absidioles.

Musée Henri-Giron ⊙ – *Au lieu-dit Les Prades.* Il renferme une quarantaine d'huiles et dessins du maître bruxellois Henri Giron. L'héritage classique, celui des primitifs flamands en premier lieu, se conjugue dans son œuvre avec la remarquable modernité des ambiances et des sujets, desquels émergent de troublantes présences féminines.

Causse de GRAMAT★

Cartes Michelin n° 75 plis 18, 19, et 79 plis 8, 9 ou 235 plis 6, 7, 10, 11, 14, 15.

Le causse de Gramat qui s'étend entre la vallée de la Dordogne, au Nord, et celles du Lot et du Célé, au Sud, est le plus important et le plus sauvage des causses du Quercy. C'est un vaste plateau calcaire, haut de 350 m, qui offre de nombreuses curiosités naturelles et des paysages inhabituels.
C'est en automne qu'il faut parcourir le causse, lorsque les arbres jaunissants jettent une note dorée sur la grisaille des pierres et des rochers et que les érables ajoutent des taches pourpres qui tranchent sur le reste de la végétation.

RANDONNÉE SUR LE CAUSSE

Itinéraire de Cahors à Souillac – 140 km – compter une journée

★★Cahors – *Voir à ce nom.*

La D 653 longe la rive droite du Lot, passe par **Laroque-des-Arcs** et la chapelle de **N.-D.-de-Vêles** (p. 108), puis remonte la charmante vallée du Vers, qui tantôt s'étale sur un fond de prairies, tantôt se resserre entre de hautes falaises grises.

St-Martin-de-Vers – 126 h. Petit village dont les maisons à toits de tuiles brunes se pressent autour de l'église d'un ancien prieuré au clocher-tour barlong.
Par la D 10 et la D 71, on accède au « désert » de la **Braunhie**, portion la plus âpre du causse qui déroule à perte de vue ses murets de pierres sèches et sa maigre végétation de chênes, érables et noyers rabougris, genévriers et épineux. Pour apprécier pleinement cette contrée, il faut pousser sur la D 71 jusqu'à Quissac, et regagner Caniac-du-Causse par la D 146 et la D 42. D'anciens chemins de troupeaux réhabilités invitent à s'aventurer à pied à la découverte de cloups, igues, cuzouls ou gariottes. Le village de **Quissac** a préservé, outre de belles fermes-manoirs, son « travail » à bœufs, autrefois présent dans toutes les localités du causse *(voir à Coux-et-Bigaroque, Vallée de la Dordogne)*.

Caniac-du-Causse – Sous l'église, la **crypte** ⊙ fut construite au 12e s. par les moines de Marcilhac-sur-Célé, pour abriter les reliques de saint Namphaise, officier de l'armée de Charlemagne devenu ermite et tenu en grande vénération par les populations de la Braunhie ; il passait en effet pour avoir creusé dans le roc les petits « lacs de St-Namphaise » que l'on aperçoit encore sur le causse et qui en atténuent l'aridité. Minuscule, cette crypte présente un inhabituel voûtement et une attrayante colonnade centrale.

Labastide-Murat – *Voir à ce nom.*

La D 677 traverse la partie orientale du causse et descend vers Gramat.

Parc de vision de Gramat ⊙ – Cet espace de 38 ha a été acquis par la municipalité de Gramat pour faire connaître aux visiteurs la réalité animale et végétale dans un cadre isolé. Les spécimens de la flore locale comprennent arbres et arbustes du causse (chênes pubescents, cornouillers, frênes…).

Le parc animalier comprend une grande quantité d'espèces en majorité européennes qui vivent là en semi-liberté dans leur milieu naturel. Certains de ces animaux : l'aurochs, le cheval de Przewalski, les bouquetins, le bison d'Europe vivaient sur ces terres pendant l'époque préhistorique.

Un conservatoire de races de basse-cour présente des espèces très variées de gallinacés, de porcs, etc. Un parcours balisé de 3 km permet de découvrir tous ces animaux en faisant une agréable promenade.

Gramat – 3 526 h. Lieu de séjour. Capitale du causse qui porte son nom, Gramat est un centre de foires très importantes (ovins) et un excellent point de départ pour la visite de Padirac, de Rocamadour et de la région comprise entre le Lot et la Dordogne. C'est à Gramat qu'est installé, depuis 1945, le **Centre de formation des maîtres de chien de la Gendarmerie** ⊙, unique établissement dont dispose la Gendarmerie nationale pour le dressage des chiens et la formation des éducateurs.

La route atteint le rebord du plateau offrant de belles **vues** sur Rocamadour et franchit le canyon de l'Alzou. On entre dans la ville par des portes ogivales étroites.

★★★ Rocamadour – *Voir à ce nom.*

L'Hospitalet – *Page 147.*

Prendre à l'Hospitalet la D 673 vers Calès.

La route, très agréable, descend les vallées encaissées de l'Alzou puis de l'Ouysse. En contrebas le GR 6, large piste bien entretenue, autorise une facile promenade à pied le long des méandres, qui peut être poussée jusqu'au **gouffre** béant de Cabouy, résurgence de l'Ouysse (*aller-retour : 1 heure*).

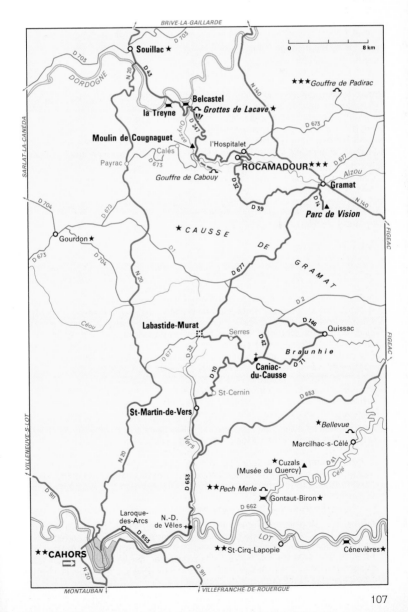

Moulin de Cougnaguet ⊘ – Ce moulin fortifié enjambe de ses arches en plein cintre une dérivation de l'Ouysse dans un **site** tout à fait charmant d'eaux vives et herbeuses. Il date du 15ᵉ s. mais fut précédé par un autre auquel le « droit des eaux » fut concédé en 1279. Au Moyen Âge le grain et la farine, denrées précieuses, très convoitées, demandaient d'être impérativement protégés ; l'impressionnant système défensif exhibé ici illustre cette nécessité. L'ouverture des vannes précipitait les assaillants vers la conduite forcée où, engloutis, ils connaissaient un sort atroce. Le moulin abrite quatre meules qui pouvaient produire 3 t de farine par jour ; l'une d'elles fonctionne et moud le grain sous les yeux des visiteurs.

Continuer de suivre la petite route qui s'élève vers la D 247 où l'on tourne à gauche, et qui offre des **vues**★ splendides sur la vallée de la Dordogne et le château de Belcastel dont le site apparaît ici sous son meilleur aspect.

★**Grottes de Lacave** – *Voir à ce nom.*
La D 43 qu'on prend à gauche passe au pied de Belcastel.

Château de Belcastel – *Page 90.*

Château de la Treyne – *Page 90.*

Aussitôt après le château, la route coupe un méandre de la Dordogne.

★**Souillac** – *Voir à ce nom.*

Château de HAUTEFORT★★

Carte Michelin n° 75 pli 7 ou 233 Nord du pli 44.

Le château de Hautefort (17ᵉ s.), propriété depuis 1929 de la famille de Bastard, rappelle, par sa fière silhouette, les demeures royales du Val de Loire plus que les forteresses périgourdines. Il fut en grande partie dévasté par un incendie dans la nuit du 30 au 31 août 1968. La restauration, entreprise dès 1969 et menée avec attachement et fidélité à la demeure ancienne, a rendu au château sa physionomie primitive.

Bertrand le troubadour – Élevé par la famille limousine des Las Tours, le premier château de Hautefort passe par mariage, au 12ᵉ s., dans la maison de Born, dont Bertrand, celui-là même dont parle Dante dans « La Divine Comédie », est le représentant le plus illustre.

Bertrand de Born, célèbre troubadour apprécié dans les cours d'amour *(voir p. 28)*, sait à l'occasion se métamorphoser en guerrier pour disputer le château familial à son frère Constantin. Obtenant l'appui de Henri Court-Mantel, il réussit à faire reconnaître ses droits par Henri II Plantagenêt, en 1185, malgré tous les efforts de Constantin, que soutient Richard Cœur de Lion ; mais dès 1186, son frère revient à Hautefort et ravage le château. Renonçant à tout, Bertrand se retire sous l'habit monastique.

Marie de Hautefort – Fille du premier marquis de Hautefort, demoiselle d'honneur d'Anne d'Autriche, la belle et vertueuse Marie, surnommée « Aurore », est restée célèbre par la profonde admiration qu'elle inspira à Louis XIII et l'amour platonique dont il l'honora. Devenue, en 1646, la femme du duc d'Halluin, elle régna dans les cercles littéraires et les salons des Précieuses.
Elle mourut en 1691, âgée de 75 ans.

VISITE *environ 1 h*

Le site d'Hautefort, une butte au centre d'un immense cirque, fut certainement utilisé très tôt pour son caractère défensif. Dès le 9ᵉ s., une forteresse des vicomtes de Limoges est mentionnée à cet endroit, et vers l'an mille, un Lastours en est propriétaire. Plusieurs châteaux se succédèrent durant le Moyen Âge, dont il subsiste quelques traces (tour de l'angle Ouest de la cour). La capacité défensive du château fut renforcée au 16ᵉ s. (châtelet d'entrée flanqué de deux échauguettes crénelées et précédé d'un pont-levis) dans les temps troublés des guerres de Religion. Une reconstruction complète fut décidée par Jacques-François de Hautefort vers 1630. Elle dura une quarantaine d'années et ses plans sont attribués à l'architecte Nicolas Rambourgt ; sans renier les dispositions anciennes du corps de logis, on procéda à des transformations considérables : les pavillons situés aux extrémités ne furent achevés qu'au 18ᵉ s. L'ensemble est une réussite harmonieuse qui confère à cet édifice mi-Renaissance mi-classique, une élégance originale.

Promenade – Après avoir longé en partie le très beau parc de 40 ha aux allées bien entretenues, on atteint les terrasses : amples, fleuries et garnies de tonnelles de cyprès, elles dominent le village et offrent des perspectives sur le parc.
Au fond de l'esplanade, un pont-levis signalant l'entrée du château franchit les douves, à l'emplacement desquelles ont été disposés des parterres de buis et de fleurs, et donne accès à la cour d'honneur : ouverte sur le village blotti au pied du château, elle forme un vaste quadrilatère dont trois des côtés délimitent le corps de logis principal.
Au sud se dressent deux tours rondes surmontées de dômes et de lanternons.

Intérieur ⊘ – La galerie est ornée de deux bustes de marbre des 16ᵉ s. (Sénèque) et 18ᵉ s. (Marc Aurèle) et de deux vases de pierre de Toro ; les portes ont été refaites à l'identique. Le salon des tapisseries présente trois tentures flamandes du 16ᵉ s. et une de Bruxelles, figurant des scènes de l'Ancien Testament. La salle à manger renferme des peintures du 17ᵉ s. tandis que les murs de la chambre d'honneur sont revêtus de cuir de Cordoue.

Hautefort – Le château

La tour du Sud-Est renferme une chapelle du 17ᵉ s. qui conserve l'autel du sacre de Charles X et des tableaux du 16ᵉ s. peints sur cuir.

La tour du Sud-Ouest présente une très belle **charpente**★★ de châtaignier, œuvre des Compagnons du Tour de France : elle abrite le musée Eugène-Le Roy, romancier né à Hautefort dans le château même, et la salle du souvenir où sont exposés des objets sauvés des flammes.

Église – Édifiée sur une vaste place au Sud du château, c'est l'ancienne chapelle d'un hospice fondé par les Hautefort. Elle présente un beau dôme recouvert d'ardoises et surmonté d'un haut lanternon.

Château de L'HERM

Carte Michelin n° 75 Sud du pli 6 ou 233 pli 43.

Au cœur de la forêt Barade en plein Périgord Noir se dressent les ruines du château de l'Herm.

Le château fut construit en 1512 par Jean III de Calvimont, président du parlement de Bordeaux, ambassadeur auprès de Charles Quint en 1526. Une succession de crimes jette une ombre sanglante sur son histoire : Jean III de Calvimont est tué, puis sa propre fille Marguerite connaît le même sort en 1605 et son meurtrier n'est autre que son mari François d'Aubusson qui se remarie aussitôt avec Marie de Hautefort. Ce couple commet une dizaine de meurtres. En 1682 le château est racheté par une autre Marie de Hautefort, nièce de la première, qui inspira un grand amour platonique à Louis XIII. Ensuite le château est laissé à l'abandon. Le souvenir des tragiques événements qui avaient marqué l'histoire du château ont incité Eugène Le Roy à le choisir pour cadre de son célèbre roman « Jacquou le Croquant ».

Les ruines du château montrant de puissantes tours crénelées émergent de la forêt qui l'entoure. La tour de l'escalier, hexagonale, s'ouvre par un portail d'esprit flamboyant mais déjà influencé par la Renaissance. La deuxième archivolte décorée de choux frisés lance très haut son pinacle. De chaque côté les personnages sculptés représentant des hommes d'armes ont été très mutilés. Cette porte donne accès à un remarquable **escalier à vis**★ dont le noyau central dessine une torsade moulurée. Sans palier, d'un seul élan cet escalier s'achève par une voûte en étoile, croisée d'ogives avec liernes et tiercerons, formant un véritable palmier de pierre.

Des fenêtres de cette tour s'offrent des vues plongeantes sur les cheminées monumentales qui décoraient les trois étages. Elles portent les armoiries de la famille de Calvimont. Le blason de la cheminée supérieure est soutenu par deux anges.

ISSIGEAC

638 habitants
Carte Michelin n° 75 pli 15 ou 235 Sud-Ouest du pli 5.

Bâtie dans la vallée de la Banège, au Sud-Est de l'important vignoble de Monbazillac, la petite cité d'Issigeac a conservé une église et un château intéressants ainsi que de pittoresques maisons à pans de bois ou à encorbellement.

Église – Construite dans les premières années du 16ᵉ s. par Armand de Gontaut-Biron, évêque de Sarlat, c'est un bel exemple de l'architecture gothique finissante. Un clocher-porche, épaulé par de puissants contreforts, abrite le portail dont le tympan est orné de voussures torsadées.

Château des Évêques – Édifié par un autre évêque de Sarlat, François de Salignac, dans la seconde moitié du 17ᵉ s., il est occupé par la mairie. C'est un vaste bâtiment flanqué de deux tours carrées : du côté Nord, elles portent en encorbellement des tourelles en brique et en pierre. Fénelon y séjourna en 1681.

ENVIRONS

Château de Bardou – *7 km à l'Est*. Cet intéressant château, construit du 15ᵉ au 17ᵉ s. se dresse au milieu d'un beau parc.

LABASTIDE-MURAT

610 habitants

Carte Michelin n° 75 Sud du pli 18 ou 235 pli 10 – Schéma p. 107.

Bâtie sur l'un des points les plus élevés du causse de Gramat, Labastide-Fortunière a pris le nom de Murat pour honorer la mémoire du plus glorieux de ses fils.
L'humble maison natale de Joachim Murat et, au Sud-Ouest de la localité, le château qu'il fit bâtir pour son frère André perpétuent le souvenir de l'un des plus vaillants soldats de l'Empire.

Le prodigieux destin de Joachim Murat – Né en 1767 de parents aubergistes et voué à l'état ecclésiastique, Murat se sent attiré, à l'âge de 21 ans, par la carrière des armes. Les champs de bataille d'Italie et d'Égypte lui permettent de gravir rapidement tous les grades dans l'ombre de Bonaparte dont il devient le beau-frère par son mariage avec Caroline, sœur du Premier Consul. Désormais, il cumule les honneurs, devient maréchal d'Empire, grand-duc de Berg et de Clèves et roi de Naples. La folle bravoure dont il fait preuve sur tous les champs de bataille de l'Europe, son ascendant sur ses cavaliers à la tête desquels il n'hésite pas à charger font de lui un héros de légende. Son étoile pâlit avec celle de son maître, qu'il abandonne aux jours sombres de l'Empire. Sa fin misérable, en 1815, illustre cette vie toute de contrastes : après le retour des Bourbons à Naples, il tente de reconquérir son royaume, mais il est fait prisonnier et fusillé.

Musée Murat ⊘ – Ce musée a été installé dans la maison natale de Murat (petite rue à gauche de l'église). On peut y voir la cuisine du 18ᵉ s., la salle d'auberge, un grand tableau généalogique où sont représentées plus de dix nations européennes et de nombreuses familles royales. Au premier étage, différents souvenirs du roi de Naples et de sa mère.

ENVIRONS

Soulomès – 129 h. *3 km au Sud-Est*. Ce petit village du causse de Gramat possède une **église** ⊘ de style gothique ayant appartenu à une commanderie de Templiers. Dans le chœur ont été dégagées d'intéressantes fresques du 14ᵉ s. représentant divers épisodes de la vie du Christ. On reconnaît, entre autres scènes, le Christ et Marie-Madeleine, l'incrédulité de saint Thomas, la Mise au tombeau, l'apparition de Jésus ressuscité à un chevalier.

Vaillac – 84 h. *5 km au Nord-Ouest*. La silhouette d'un puissant château féodal domine ce modeste village du causse. Construit aux 14ᵉ et 16ᵉ s., il se compose d'un vaste corps de logis flanqué de cinq tours et d'un donjon. Un autre bâtiment, faisant partie des communs, était utilisé comme écuries et pouvait abriter 200 chevaux.

LACAPELLE-MARIVAL

1 201 habitants (les Marivalois)

Carte Michelin n° 75 plis 19, 20 ou 239 pli 39.

De l'ancienne et importante seigneurie de Lacapelle-Marival qui appartint du 12ᵉ au 18ᵉ s. à la famille de Cardaillac, la localité a conservé d'importants témoins.

Château – Le massif donjon carré, à mâchicoulis et flanqué d'échauguettes à chacun de ses angles, remonte au 13ᵉ s., tandis que le corps de logis, cantonné de grosses tours rondes, qui s'y appuie a été ajouté au 15ᵉ s.
L'église, de style gothique, une ancienne porte de ville et des halles du 15ᵉ s., soutenues par des piliers de pierre et couvertes de tuiles rondes, forment avec le château un ensemble charmant.

ENVIRONS

Circuit de 27 km – *Environ 1 h. Quitter Lacapelle-Marival vers le Sud.*

Le Bourg – 222 h. Unique vestige d'un ancien prieuré, l'église comprend un transept et un chœur décoré d'arcatures romanes supportées par de beaux chapiteaux.

Rudelle – 155 h. Fondée au 13ᵉ s. par Bertrand de Cardaillac, seigneur de Lacapelle-Marival, l'**église** fortifiée, la plus surprenante du Quercy, est en fait un bastion féodal, dont le niveau inférieur, de plan ovale, a été aménagé en chapelle. Du vieux cimetière qui entoure cette église-forteresse *(accès par un passage public à droite de l'église)*, on a une vue sur le chevet et l'ensemble du monument.

L'accès à la chambre se fait successivement par l'escalier de bois montant à la tribune, une échelle, une trappe, un escalier de pierre. D'étroites meurtrières éclairent ce refuge qui abrite les cloches. Pour arriver à la terrasse qui servait également de refuge, il faut encore emprunter une échelle, puis un escalier de pierre ; du chemin de ronde tardivement doté de bretèches, on domine le village.

Derrière l'église, le petit oratoire décoré d'une coquille rappelle qu'un des chemins de St-Jacques-de-Compostelle longeait son chevet.

Aynac – 604 h. Dans un cadre de bois et de prairies, le château d'Aynac, centre de loisirs équestres, presse autour de son donjon ses tours d'angles crénelées couvertes de dômes.

Grottes de LACAVE★

Carte Michelin n° 75 pli 18 ou 235 pli 6 – Schémas p. 89 et 107.

Près de la vallée de la Dordogne qui creuse dans le causse de Gramat une profonde entaille, se développe, sous les falaises bordant la rivière, un important système de grottes ⊙ découvert en 1902 par Armand Viré, disciple de E.-A. Martel.

Les galeries, aménagées pour la visite proprement dite, représentent un trajet à pied de 1,6 km AR et se divisent en deux ensembles que l'on parcourt successivement. Les formes des concrétions que l'on y rencontre évoquent des personnages, des animaux, des monuments, voire des cités entières.

La première partie est riche en stalactites et stalagmites. La seconde est le domaine des eaux souterraines qui ruissellent de gour en gour. La fluorescence naturelle de certaines concrétions a permis, dans la salle du Lac, le jeu de la lumière noire qui rend luminescente la partie vivante des stalactites.

Des outils et des armes préhistoriques, en os et en corne, des silex ont été découverts lors des travaux d'aménagement des grottes.

Château de LANQUAIS★

Carte n° 75 centre du pli 15 ou 235 pli 5 (20 km à l'Est de Bergerac) – Schéma p. 92.

Sur un corps de logis des 14e et 15e s., et conservant les caractères défensifs d'un **château fort**, se greffe une **demeure Renaissance** ⊙ édifiée durant les guerres de Religion. A l'extérieur où se voient encore les impacts des boulets qui criblèrent ses murs lors de l'escarmouche de mai 1577, le premier étage n'est percé que de canonnières.

Sur cour, les grâces de la Renaissance apparaissent aux **façades★** rythmées en travées, soulignées de moulures et de bandeaux de pierre marquant les entablements et éclairés de fenêtres aux frontons triangulaires. Les lucarnes frappent par leurs bossages, leurs pignons ajourés et leurs niches sculptées. A l'intérieur il faut admirer deux **cheminées★** au décor sculpté très fouillé et observer la collection de silex réunie par le vicomte Alexis de Gourgue, un pionnier de la préhistoire.

LARAMIÈRE

251 habitants
Carte Michelin n° 79 Nord du pli 19 ou 235 Sud-Ouest du pli 15.

Situé sur le causse de Limogne parsemé de dolmens et de « caselles » *(p. 38)* aux coupoles de pierre sèche, Laramière possède de beaux vestiges d'un ancien prieuré.

Prieuré de Laramière ⊙ – Il fut fondé en 1148 par le moine Bertrand de Grifeuille, de l'ordre des Augustins, également fondateur du prieuré d'Espagnac-Ste-Eulalie.

Les bâtiments élevés aux 12e et 13e s. formaient un quadrilatère, mais une partie d'entre eux fut démolie pendant les guerres de Religion. Au milieu du 17e s. les jésuites s'y installèrent et élevèrent la maison du régisseur. La visite des bâtiments restaurés permet de voir les voûtes de la chapelle, la salle romane qui accueillait les pèlerins de St-Jacques-de-Compostelle et surtout la **salle capitulaire** avec ses murs et voûtes peints de décors géométriques et les chapiteaux à l'effigie de Saint Louis et de Blanche de Castille. Sur le mur Sud de l'église, des enfeus abritaient les tombeaux des donateurs Hugues de la Roche et sa femme.

Laramière – La salle capitulaire

J.-L. Nespoulos

ENVIRONS

Dolmen de la Borie du Bois – Bien dégagé, c'est l'un des plus beaux dolmens du Quercy.

Beauregard – 184 h. *6 km à l'Ouest*. Cette bastide a conservé le tracé de ses rues à angle droit.
Sa **halle** du 17ᵉ s., couverte de lauzes, présente des mesures à grains creusées dans la pierre.
Sur le parvis de l'église se dresse une belle croix du 15ᵉ s.

Château de LARROQUE-TOIRAC

Carte Michelin n° 79 pli 10 ou 235 Sud du pli 11 (14 km au Sud-Ouest de Figeac) – Schéma p. 117.

Accroché au flanc de la falaise, le **château** ⊙ dresse sa haute silhouette au-dessus du village et de la vallée du Lot.
Bâtie au 12ᵉ s., cette forteresse appartint à la famille de Cardaillac qui, au cours de la guerre de Cent Ans, se posa en championne de la résistance quercynoise à la domination anglaise : le château, pris et repris par les Anglais, fut finalement incendié à la fin du 14ᵉ s. et relevé de ses ruines sous Louis XI.

De la place de l'église *(parc de stationnement)*, un chemin revêtu mène au château. On atteint une tour ronde construite au début de la guerre de Cent Ans pour résister à l'artillerie alors à ses débuts, puis la partie du château qui servait de communs et, de là, la cour. L'énorme donjon, autrefois haut de 30 m et rasé jusqu'à 8 m en 1793 sur l'ordre des commissaires de la Convention, est de forme pentagonale ce qui lui permettait de mieux supporter le choc des rochers précipités sur lui du sommet de la falaise. Un escalier à vis situé dans une tour romane accolée au bâtiment principal en dessert les différents étages. La salle des Gardes a conservé une belle cheminée romane, la salle d'honneur une cheminée gothique ; les étages supérieurs ont un mobilier et une décoration allant du style Louis XIII au style Directoire.

Grotte de LASCAUX

Carte Michelin n° 75 Sud du pli 7 ou 233 pli 44 – Schéma p. 169.

La grotte de Lascaux se place au premier rang des sites préhistoriques de l'Europe pour le nombre et la qualité de ses peintures.
C'est à quatre jeunes gens partis, le 12 septembre 1940, à la recherche de leur chien disparu dans un trou que l'on doit sa découverte. A l'aide d'un éclairage de fortune, ils aperçurent sur les parois de la galerie où ils s'étaient introduits une extraordinaire fresque de peintures polychromes. L'instituteur de Montignac, averti de cette découverte, alerta aussitôt l'abbé Breuil qui vint sur place et fit une étude minutieuse des peintures de cette grotte qu'il considérait comme la « chapelle Sixtine » de la préhistoire.
En 1948, la grotte, aménagée pour la visite, est inaugurée. L'affluence des visiteurs est telle (plus d'un million de visiteurs en 15 ans) que, malgré les précautions prises (éclairage très faible, climatisation, sas d'entrée), l'effet du gaz carbonique dégagé par la respiration et la pénétration de l'humidité ont entraîné le développement de deux maladies : la « verte » qui se traduit par la poussée de mousses et d'algues, et la « blanche » qui engendre un dépôt de calcite blanchâtre.
En 1963 pour préserver ce trésor, il faut se résoudre à fermer la grotte au public.
Dix ans plus tard afin de pallier ce préjudice culturel, le projet d'un fac-similé est émis, qui aboutit à l'ouverture de Lascaux II en 1983, sous l'égide de la Régie départementale de tourisme de la Dordogne.

Un ensemble exceptionnel – La grotte, creusée dans le calcaire du Périgord Noir, est une cavité modeste qui s'étend seulement sur 150 m. Elle comprend quatre galeries dont les parois sont couvertes de plus de 1 500 dessins et gravures. Ces œuvres ont été exécutées durant la période magdalénienne, entre 17 000 et 15 000 avant J.-C. La grotte était alors ouverte sur l'extérieur, mais l'auvent de l'entrée s'est écroulé et une coulée d'argile a achevé de colmater l'éboulis. Cette fermeture hermétique et l'imperméabilité du plafond expliquent l'absence de concrétions et la parfaite conservation des peintures fixées et authentifiées par une légère imprégnation naturelle de

Grotte originale de Lascaux – Le grand taureau noir

calcite. La grotte comprend la salle des Taureaux qui se prolonge par un diverticule axial *(voir description de Lascaux II)*, ces deux espaces recélant 90 % des peintures. Sur la droite de la salle des Taureaux un passage donne accès à l'abside qui se prolonge par la nef et la galerie des Félins. A droite de l'abside s'ouvre le puits dont la partie basse est décorée d'une scène représentant un bison blessé chargeant un homme, l'une des rares représentations humaines, extrêmement schématique *(reproduction au centre de recherche et d'art préhistorique du Thot)*. De telles scènes narratives sont exceptionnelles dans tout l'art préhistorique.

Toute une faune se développe sur les parois dont les artistes ont parfois utilisé les reliefs naturels pour donner à leur sujet plus de modelé. On y retrouve les espèces courantes au début du Magdalénien : aurochs, chevaux, cerfs, bisons, bouquetins, ours, rhinocéros laineux se juxtaposant ou se superposant dans des compositions extraordinaires. Leur représentation apparemment désordonnée (superposition des dessins dans le temps ou hiérarchie des scènes qui nous échappe ?), les disproportions relatives des animaux, l'absence de tout environnement paysager (sol, plantes, petite faune) évoquent plus une expression rituelle qu'un souci narratif. Aussi les signes géométriques, les dessins énigmatiques : traits, points, grilles, ovales, bâtonnets qui accompagnent ce bestiaire font-ils penser à un sanctuaire.

Le style de Lascaux – On pourrait parler d'un « style de Lascaux » : des animaux à tête petite et effilée, ventre ballonné, membres courts et animés, pelage évoqué par des aplats de pigments colorés. Les cornes, les bois, les sabots sont souvent représentés comme vus de trois quarts – voire presque de face – sur ces silhouettes de profil ; c'est la « perspective tordue ».

★★ **Lascaux II** ⏱ – A 200 m de la grotte originale, ce fac-similé reconstitue deux galeries de la partie supérieure de la caverne, la salle des Taureaux et le diverticule axial, qui rassemblent la majeure partie des peintures de Lascaux. Des « sas muséographiques » formant antichambre retracent l'histoire de la grotte.

La description détaillée de la réalisation du fac-similé se trouve au Thot dont la visite complète celle de Lascaux II.

Une véritable prouesse technologique et une grande rigueur scientifique ont permis de recréer l'atmosphère incomparable de la cavité originale.

Dès 1966 l'Institut géographique national avait effectué des relevés photographiques, au millimètre près de la grotte de Lascaux par un procédé de stéréophotogrammétrie donnant l'illusion du relief. Ce travail permit de réaliser, dans une ancienne carrière à ciel ouvert, une coque en ferro-ciment bâtie à l'image des constructions navales.

Sur la paroi artificielle, Monique Peytral a recopié les peintures murales en s'aidant des relevés qu'elle avait effectués et de diapositives. Elle a utilisé les mêmes pigments et les mêmes procédés que les artistes magdaléniens.

Deux petites salles, reproduisant le sas de l'original, présentent l'historique de la grotte, des objets provenant de sa couche archéologique (lampes à suif, poudres colorées, silex des graveurs...), une maquette d'échafaudage, une copie du panneau des bisons croupe à croupe, les moyens de datation, les industries du silex et de l'os. Dans la salle des Taureaux, seule la partie haute des parois et le plafond, couverts de calcite, ont été utilisés. Il y a là une admirable composition graphique. Le deuxième animal, unique représentation imaginaire de Lascaux, a été surnommé « la licorne » à cause des étranges antennes qui surmontent un mufle d'ours et un corps évoquant un rhinocéros. Le reste du bestiaire est constitué par d'admirables taureaux noirs dont l'un atteint plus de 5 m de longueur, des bisons rouges, de petits chevaux et des cerfs.

Le diverticule axial présente une voûte et des parois où se juxtaposent chevaux, bovidés, bouquetins, bisons et un grand cerf. Une charmante frise de petits chevaux (les « poneys ») à longs poils, un grand taureau noir et un grand cheval rouge sombre semblant flairer une sorte de branche témoignent d'un art très évolué.

Régourdou – *1 km à l'Est.* Dans le **gisement préhistorique** ⏱ découvert en 1954, de nombreux objets et ossements ont été mis au jour dont le squelette de l'homme du Régourdou, daté de 700 siècles *(exposé au musée du Périgord à Périgueux).* Ils sont représentatifs de l'industrie moustérienne. Dans la grotte (aujourd'hui à ciel ouvert), à côté de la sépulture de l'homme du Régourdou, se trouvaient des amas d'ossements d'ours où quelques spécialistes ont voulu voir des « sépultures d'ours ». Un petit musée rassemble divers ossements (dont un moulage de la mâchoire de l'homme du Régourdou) et des outils provenant du site.

LAUZERTE

1 529 habitants (les Lauzertins)
Carte Michelin n° 79 pli 17 ou 235 Ouest du pli 18.

Cette ancienne bastide, couronnant une butte, fut fondée en 1241 par le comte de Toulouse et connut l'occupation anglaise.

Ville haute – Elle presse ses maisons de pierre, d'un gris clair, couvertes de toits presque plats, autour de l'église St-Barthélemy et de la place des Cornières.

Cette place à « cornières » a conservé une maison à colombage. Rue du Château s'élèvent plusieurs maisons anciennes, les unes à pans de bois, certaines de style gothique avec des fenêtres géminées, d'autres d'époque Renaissance, ornées de fenêtres à meneaux. Larges échappées sur un doux paysage de collines et de vallons.

LE QUERCY BLANC
Circuit de 77 km – 3 h

Entre vallée du Lot et vallée du Tarn, le Quercy Blanc, qui doit son nom à la coloration de son sol crayeux, est une région au relief paisible de bas plateaux allongés, les planhès, disséqués en lanières (les serres) que séparent des vallonnements fertiles. Le paysage est déjà garonnais, par l'apparition de constructions de briques rouges, par les toitures presque plates couvertes de tuiles romaines rose pâle, par la place que tiennent les cultures spécialisées : vigne (le fameux chasselas de Moissac), pruniers, pêchers et melons occupent les coteaux, concédant les fonds de vallée au tabac, au tournesol et au maïs.

Montcuq – 1 189 h. Chef-lieu d'une châtellenie à qui Raymond VI, comte de Toulouse, octroya une charte de coutumes au 12e s., Montcuq fut l'objet de luttes sanglantes pendant la croisade des albigeois, puis de nouveau pendant la guerre de Cent Ans et lors des guerres de Religion. De ses puissantes fortifications, il ne reste que le haut donjon du 12e s. campé en haut d'une butte dominant le cours de la Barguelonnette. Vue sur les coteaux et les vallons environnants.

Castelnau-Montratier – *Voir à ce nom.*

Église de Saux – *Page 127.*

★**Montpezat de Quercy** – *Voir à ce nom.*

Vallée de la LIZONNE

Carte Michelin n° 75 pli 4 ou 233 plis 30, 41.

Aux confins du Périgord et de l'Angoumois, la Lizonne constitue une frontière naturelle qui a marqué l'histoire. Déjà, les Pétrocores *(p. 133)* y avaient fixé les limites de leur territoire ; leurs descendants du haut Moyen Age le défendirent en y édifiant des forteresses de bois, juchées sur de considérables tertres rapportés de main d'homme, les **mottes** (Grésignac, Bourzac et en arrière-poste La Tour Blanche).
La Lizonne est aussi la limite du monde méridional : côté Périgord on y parle encore la langue d'oc avec cet accent chantant qui caractérise les parlers du Midi ; sur l'autre rive, en Angoumois, se trouve l'accent des parlers du Nord et la langue d'oïl.

LE « PAYS DE BOURZAC »
Circuit de 37 km au départ de Lusignac – 3 h

Autour d'une forteresse féodale s'organisa l'ancienne châtellenie frontalière de Bourzac. Le territoire vallonné de ce « pays de Bourzac », depuis Fontaine au Nord jusqu'à St-Paul-Lizonne au Sud, se caractérise par la richesse de ses cultures, la beauté et la tranquillité de ses villages massés autour d'églises romanes souvent fortifiées.

Lusignac – 192 h. Le village, construit sur une crête, forme un ensemble : **église** ⊙ fortifiée au 15e s. sur les bases d'une nef à file de coupoles du 12e s. (retable en bois sculpté du 17e s.), maisons anciennes et manoir des 15e et 17e s.

St-Martial-Viveyrol – 267 h. Le caractère austère de l'église romane à deux coupoles et clocher-donjon est souligné par ses étroites baies. La chambre de défense disposée au-dessus des voûtes est percée de grandes ouvertures. Autour de chacune d'elles, les quatre trous permettaient aux défenseurs de fixer les étais d'un plancher de défense en encorbellement.

Cherval – 313 h. Ce village possède l'une des plus jolies **églises à coupoles** de la région, restaurée par les Monuments historiques. Quatre coupoles en file, trois sur la nef, une sur le chœur, sont portées par de grands arcs brisés qui épousent la courbure des pendentifs. La voûte du chœur est ornée d'une couronne de pointes de diamant.

Champagne-et-Fontaine – 415 h. Ce bourg réunit une église fortifiée tardivement, voûtée d'ogives sur une double nef au 16e s. et précédée d'un porche à multiples voussures, quelques belles maisons et le manoir de Chaumont (16e s.).

Vendoire – 185 h. On y découvre une demeure à fronton central en plein cintre, bâtie sous Louis XVI. A l'Est du château, la petite église romane a conservé une abside polygonale. La façade Ouest, très abîmée, a gardé son premier niveau d'arcatures d'influence saintongeaise.

Écomusée de la tourbe ⊙ – *Accès : 3 km à l'Ouest de Vendoire (itinéraire fléché), sur les bords de la Lizonne.* Dans le lit majeur de la Lizonne se sont développées de vastes zones tourbières de fond de vallée. Une superficie de 22 ha a été aménagée pour la découverte de cet écosystème singulier : observation de la faune et de la flore à l'aide d'un livret explicatif vendu sur place, promenades en barques sur des plans d'eau communiquants. Dans le bâtiment, des vitrines pédagogiques permettent d'approfondir la visite.

Nanteuil-Auriac – 275 h. L'**église** résulte de la superposition de plusieurs époques. Son origine est romane comme l'attestent l'abside aux beaux chapiteaux et le chœur voûté d'une coupole. Fortifiée ensuite d'un clocher-porche et dotée d'une abside surélevée, l'église reçut au 16e s. des bas-côtés et des voûtes d'ogives dont subsistent les culées. Le porche d'entrée est typiquement Renaissance.

Bouteilles-St-Sébastien – 214 h. L'église est une illustration particulièrement caractéristique de cette vague de fortifications qui modifia, dans la région, de nombreux édifices romans pendant la guerre de Cent Ans. Ici, l'abside fut surélevée pour former avec le clocher un curieux donjon.

St-Paul-Lizonne – 347 h. L'**église** ⊘ fortifiée conserve un **plafond peint★** et un retable de la fin du 17ᵉ s.

Abbaye de LOC DIEU

Carte Michelin n° 79 Nord du pli 20 ou 235 pli 15
(9 km à l'Ouest de Villefranche-de-Rouergue).

Aux confins du Rouergue et du Quercy l'ancienne **abbaye** ⊘ de Loc Dieu (Locus Dei) fut construite en 1123 par des moines cisterciens venant des abbayes de Dalon et Pontigny. Restaurés et rénovés au 19ᵉ s. par Paul Goût, les bâtiments monastiques ont été transformés en un château d'allure mi-féodale mi-Renaissance.
Le cloître et la salle capitulaire détruits pendant la guerre de Cent Ans furent reconstruits au 15ᵉ s. Le cloître n'a conservé que trois galeries, restaurées au 19ᵉ s. La salle capitulaire, de la même époque, est soutenue par deux élégantes colonnes octogonales à fines moulures.

★ **Église** – Bâtie de 1159 à 1189, en grès de nuances diverses où dominent l'ocre et le jaune, c'est un magnifique exemple du plan cistercien fait de sobriété, d'harmonie des proportions et de pureté. La nef, haute de plus de 20 m, est flanquée d'étroits collatéraux ; le chœur se termine par une abside à cinq pans, contrairement à la plupart des édifices cisterciens qui ont un chevet plat. Sur le transept, dont la croisée est surmontée d'une lanterne carrée, s'ouvrent quatre absidioles ; l'une d'elles (*1ʳᵉ à droite*) abrite un **triptyque★** du 15ᵉ s. en bois sculpté et peint encadrant une Vierge à l'Enfant. L'église est voûtée sur croisées quadripartites, mais son élévation demeure romane.

Vous aimez les nuits tranquilles, les séjours reposants...
chaque année,
les guides Michelin France (hôtels et restaurants)
Camping Caravaning France
vous proposent un choix d'hôtels
et de terrains agréables, tranquilles et bien situés.

Basse vallée du LOT★★

Carte Michelin n° 79 plis 5 à 10 ou 235 plis 9, 10, 11, 14, 15.

C'est à travers les causses du Quercy que le Lot se fraie la plus belle partie de son cours. Il coule au pied d'escarpements couverts de châtaigneraies et de promontoires portant d'archaïques villages, ou enserre dans ses boucles de pittoresques cités.

Des Cévennes à l'Agenais – Le Lot est l'un des principaux affluents de la Garonne. Né dans les Cévennes, sur les pentes de la montagne du Goulet, à 1 400 m d'altitude, il traverse toute la partie méridionale du Massif central. Son cours très sinueux est une suite ininterrompue de méandres ou « cingles » dont certains pédoncules ont seulement 200 m de largeur. Entre les hautes falaises des causses quercynois, le Lot aux mille courbes offre toujours des perspectives splendides et changeantes. Sa vallée, tantôt sauvage, tantôt riante et plantureuse, est toujours pittoresque. Avant Libos, il quitte le Quercy et, après un parcours total de 480 km, va rejoindre la Garonne.

Images du passé – Avant l'établissement des chemins de fer, le Lot était une très importante voie navigable. Déjà améliorée par Colbert, cette belle et calme rivière fut plus tard pourvue de barrages et de canaux coupant les isthmes des plus grands méandres, ainsi à Luzech.
Le Lot portait autrefois une importante flotte de barques, appelées sapines ou gabares (*voir p. 88*), qui amenaient à Bordeaux les fromages d'Auvergne, les charbons de Decazeville et les vins de Cahors.

Le vignoble du Lot – Les côtes de la vallée d'Olt – nom occitan du Lot qu'on retrouve encore dans St-Vincent-Rive-d'Olt et Balaguier-d'Olt – ont été longtemps célèbres par leurs vignobles. Les vins du Quercy, très riches en alcool, ont été pour beaucoup dans la renommée de Cahors et du Val d'Olt. Dès le 1ᵉʳ s. après J.-C., pour punir Cahors d'une révolte, l'empereur romain Domitien fait arracher son vignoble ; après deux siècles de régime sec, Probus rapporte heureusement cette sentence.
Malgré le boycottage de Bordeaux par où il est exporté, le vin du Lot est durant des siècles le préféré des Anglais : en 1287, après qu'Aliénor d'Aquitaine eut apporté le Quercy en dot au roi d'Angleterre, celui-ci accorde des lettres patentes pour favoriser le commerce des vins des côtes du Lot. Le vin est expédié en Pologne, en Russie (seul le vin de Cahors fait oublier au tsar Pierre le Grand les dangereux charmes de la vodka) et même en Italie : ne rapporte-t-on pas que les papes n'en veulent pas d'autre comme vin de messe ?
Deux Quercynois, Clément Marot, le poète, et Galiot de Genouillac, grand maître de l'Artillerie de France, le font goûter à François Iᵉʳ et ce velours ravit le palais du monarque ; plus tard, ce sont des ceps des côtes du Lot qui, à grands frais, sont transportés à Fontainebleau pour créer la célèbre treille du Roi.

FALAISES ET PROMONTOIRES

De Figeac à Cahors

*115 km – Compter une journée –
Schéma p. 117*

Dans la traversée du Quercy, le Lot coule au pied de versants souvent escarpés. Quittant le Rouergue il se heurte à l'éperon qui porte le vieux bourg de Capdenac, et s'enfonce entre les parois du causse. Parfois les falaises enserrent la rivière et, du haut des escarpements, se déroulent sur la vallée de très beaux panoramas.

Figeac – *Voir à ce nom.*

Quitter Figeac au Sud-Est.

Capdenac – *Voir à ce nom.*

La D 86, sur la rive gauche, ménage ensuite de jolies vues sur Capdenac. La rivière décrit un beau méandre, au milieu d'une plaine alluviale jalonnée de cultures. Au-delà de St-Julien, la route, pittoresque, révèle un beau point de vue sur le cirque de Capdenac. Après le pont de la Madeleine, elle longe le Lot dans un cadre de rochers envahis par les broussailles. Peu après Balaguier-d'Olt, gagner St-Pierre-Toirac.

St-Pierre-Toirac – 145 h. Sur la rive droite, ce village a conservé une intéressante **église** ⊙ des 11ᵉ et 14ᵉ s. L'abside romane vient seule rompre le caractère fortifié de l'édifice, énorme donjon crénelé dont l'étage supérieur constituait un réduit pour la défense. La nef très courte, voûtée en berceau, est décorée de chapiteaux d'une facture primitive. Le chœur est orné sur les côtés d'arcs trilobés et, autour des vitraux éclairant l'abside, d'arcs en dents de scie. Des sarcophages mérovingiens mis au jour récemment ont été disposés derrière l'église.

Château de Larroque-Toirac – *Voir à ce nom.*

Sur la rive droite, dominée par des rochers ou des falaises à pic, se pressent de charmants villages ; dès que les versants s'écartent, le Lot, bordé de peupliers, s'étale en un vaste plan d'eau près duquel alternent des cultures de tabac et de céréales.

Montbrun – 95 h. Face au saut de la Mounine, dans un cadre de falaises abruptes, le village de Montbrun s'étage sur un promontoire rocheux dominant le Lot : couronnant le village, se dressent les ruines d'un château fort qui appartint à l'un des frères du pape Jean XXII, puis à la puissante famille des Cardaillac.

Cajarc – 1 033 h. Village rendu célèbre par le président Pompidou qui y avait une propriété. Près de l'église la maison de l'Hébrardie avec ses fenêtres gothiques est un vestige du château du 13ᵉ s.
La **« Maison des Arts Georges Pompidou »**, inaugurée en 1989, organise périodiquement d'importantes rétrospectives d'œuvres d'artistes contemporains européens. Les expositions Hartung, Bissière et Soulages ont hissé Cajarc parmi les principales places régionales de l'art contemporain.
Un beau plan d'eau sur le Lot a été aménagé. Franchir la rivière et remonter la rive gauche, en suivant la D 127 jusqu'au saut de la Mounine : la route passe en encorbellement au-dessus du Lot et, aussitôt après Saujac, s'élève, sinueuse, dominant une gorge boisée avant d'atteindre le sommet du causse.

Saut de la Mounine – Du sommet de cette falaise, on découvre une très belle **vue**★ sur la vallée. De l'extrémité de l'éperon, on domine un large méandre du Lot enserrant un damier de cultures. A gauche, sur l'autre rive, apparaît le château de Montbrun.

Ce nom « Saut de la Mounine » évoque une curieuse légende. Voulant punir sa fille pour l'amour qu'elle portait au fils d'un autre châtelain, le sire de Montbrun donna l'ordre de la précipiter du haut de la falaise ; ému par cette cruauté, un ermite déguisa avec des vêtements de femme une petite guenon (« mounine » en langue d'oc) aveugle et la jeta dans le vide. A ce spectacle, le père regretta son acte criminel, et sa joie de revoir sa fille saine et sauve fut telle qu'il lui pardonna.

Après avoir repris la rive droite, très vite, la route s'élève et passe près d'une chapelle des 12ᵉ et 13ᵉ s. dite « la capellette » dont seule l'abside a été conservée : de là, vue étendue sur la vallée.

Calvignac – 194 h. Ce village ancien, qui possède encore quelques vestiges d'un château fort, s'accroche à un éperon de la rive gauche du Lot.

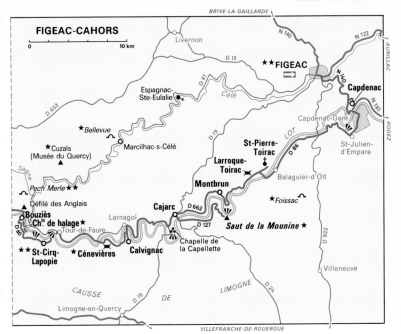

★Château de Cénevières – *Voir à ce nom.*

De Tour-de-Faure, on peut admirer le site remarquable de St-Cirq-Lapopie qui apparaît brusquement, accroché à une falaise de la rive gauche du Lot.

★★St-Cirq-Lapopie – *Voir à ce nom.*

Au-delà de St-Cirq, la D 40, taillée dans la falaise au milieu de boqueteaux de chênes, est aménagée en route touristique. D'un petit belvédère, se développe une très belle **vue★** sur le confluent du Lot et du Célé : un large méandre du Lot s'inscrit dans un cadre de falaises tantôt ocre, tantôt blanches ; de magnifiques peupliers, des prairies ajoutent à l'attrait du paysage.

Bouziès – 77 h. Lieu de séjour. Sur la rive opposée au village, le **défilé des Anglais** est le plus fameux des « creux fortifiés », bâtis au cours de la guerre de Cent Ans en utilisant des brèches cavernicoles, et dont l'accès n'était envisageable qu'avec des échelles de cordes.

★Chemin de halage du Lot *(photo p. 192)* – *Emprunter le GR 36, à droite du parking de la halte nautique.* Au bout de 500 m apparaît le spectaculaire « chemin de tire », taillé dans le roc en raison de l'encorbellement de la falaise au-dessus de la rivière. Dans de telles portions, le halage des gabares remontant le Lot avec leur chargement de sel, poisson séché, épices ou plâtre, ne pouvait plus être effectué par les habituels attelages de bœufs ou chevaux ; il fallait faire appel à des tireurs de gré, troupes querelleuses à l'existence fort âpre. De nos jours, ce parcours constitue une splendide promenade. A hauteur de la première écluse, un **bas-relief** de 15 m de long, œuvre contemporaine de D. Monnier, égaye de poissons et coquillages la paroi calcaire.
Aussitôt après Bouziès, franchir le Lot et reprendre la D 662 qui le suit de près dans un cadre pittoresque de falaises en partie boisées. La route a été souvent taillée à même le roc qui la domine parfois en surplomb. Au-delà de Vers la vallée s'élargit, les falaises font place à des collines boisées et le fond alluvial est consacré aux cultures.

N.-D.-de-Vêles – Cette petite chapelle de pèlerinage, du 12ᵉ s., a un beau clocher carré et une abside romane. Fréquentée autrefois par les mariniers du Lot, son nom signifie N.-D.-des-Voiles.

Laroque-des-Arcs – 375 h. Son nom évoque l'aqueduc qui traversait le vallon de Francoulès et alimentait Cahors en eau. Un pont de trois étages supportait l'aqueduc qui transportait sur 20 km l'eau de Vers à Divona (l'antique Cahors). Les consuls de Cahors l'ont fait démolir en 1370. Une tour perchée sur un rocher, en bordure du Lot, permettait de surveiller le trafic et de percevoir les péages.

★★Cahors.

LES « CINGLES » DU BAS PAYS

De Cahors à Bonaguil
61 km – Environ 4 h – Schéma p. 118

De Cahors à Puy-l'Évêque, le Lot décrit de nombreux méandres ou « cingles » à travers les causses du Quercy ; au-delà, il pénètre dans une région au relief moins tourmenté, et sa vallée s'étale largement.

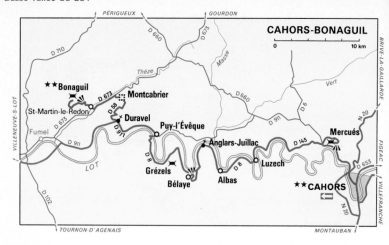

★★ Cahors.

Quitter Cahors au Nord-Ouest.

Mercuès – 768 h. Autrefois propriété des comtes-évêques de Cahors, le château est aujourd'hui transformé en hôtel. Il occupe un site remarquable au-dessus de la rive droite du Lot. Château fort en 1212, agrandi au 14ᵉ s., assiégé à plusieurs reprises au cours de la guerre de Cent Ans et pendant les guerres de Religion, remanié au 15ᵉ s., devenu château de plaisance au 16ᵉ s. avec la création de terrasses et jardins, il n'a été complètement restauré qu'au siècle dernier. Du château la **vue★** sur la vallée est remarquable.

A l'Ouest de Mercuès, la route abandonne un instant la vallée pour traverser une région où abondent la vigne et les arbres fruitiers ; puis elle épouse les courbes de la rivière.

Luzech – *Description page suivante.*

On emprunte ensuite la rive gauche et l'on découvre d'agréables perspectives sur la vallée.

Albas – 507 h. Cette bourgade a conservé des rues étroites bordées de maisons anciennes.

Anglars-Juillac – 329 h. Le portail de l'église, d'époque Renaissance, est orné d'une Crucifixion.

Bélaye – 220 h. Ancien fief des évêques de Cahors, Bélaye occupe le sommet d'une colline. De l'extrémité de l'éperon et de la place supérieure de ce petit village, se révèle une **vue★** étendue sur la vallée du Lot.

Grézels – 243 h. Le village est dominé par le **château féodal de La Coste** ⊘ plusieurs fois détruit et reconstruit. Les évêques de Cahors possédaient la vallée du Lot de Cahors à Puy-l'Évêque, et Grézels marquait une limite de leur fief. Ils avaient donc construit au 12ᵉ s. un « repaire » pour défendre l'entrée de leur territoire. Pendant la guerre de Cent Ans, il fut transformé par les Guiscard en château fort. Ayant beaucoup souffert des guerres, il fut restauré au 14ᵉ et au 16ᵉ s. puis il tomba à l'abandon après la Révolution. L'enceinte et les tours d'angle crénelées forment la partie la plus ancienne du château.

Puy-l'Évêque – *Voir à ce nom.*

Le fond alluvial s'élargit considérablement, terrasses et collines sont couvertes de vignes, tandis que la plaine est tapissée de cultures.

Duravel – 894 h. Dans l'église, édifiée au 11ᵉ s., le chœur est décoré de chapiteaux historiés ; des colonnes ornées de chapiteaux très frustes soutiennent la crypte archaïque. Les corps des saints Hilarion, Poémon et Agathon sont conservés au fond de l'abside. L'exposition solennelle de leurs reliques, appelée « ostension », a lieu tous les 5 ans.

Montcabrier – 403 h. La bastide fut fondée en 1297 par Guy de Cabrier qui lui donna son nom, puis dotée d'une charte de franchises par Philippe le Bel.

Autour de la place quelques maisons anciennes, dont la maison de la Cour royale (16ᵉ s.), occupent encore le tracé régulier du plan d'origine.

L'église, reconstruite en partie au 14ᵉ s., présente un portail flamboyant restauré surmonté d'un joli clocher ajouré. A l'intérieur une statue rustique (14ᵉ s.) de saint Louis, le saint patron de la paroisse, est entourée d'ex-voto. Cette statue faisait l'objet d'un pèlerinage local.

St-Martin-le-Redon – 208 h. Ce joli village est connu pour les eaux de la source St-Martial qui avaient la réputation de guérir les maladies de peau.

Peu après St-Martin, une très belle **vue★** s'offre sur le château de Bonaguil dressant sa fantastique silhouette dans son écrin de bois.

★★Château de Bonaguil – *Voir à ce nom.*

LUZECH

1 543 habitants

Carte Michelin n° 79 pli 7 ou 235 Nord du pli 14 – Schéma p. 118.

C'est dans la boucle d'un méandre du Lot dont l'isthme, dans sa partie la plus resserrée, atteint à peine 100 m que s'est développée Luzech. Couronnée par le donjon
de son ancien château, la bourgade est bordée au Nord par l'oppidum de l'Impernal,
au Sud par le promontoire de la Pistoule que la rivière contourne en décrivant une
boucle. Un vaste plan d'eau a été créé par la construction d'un barrage en amont de
la presqu'île et une base nautique y a été aménagée.

Le Pech de l'Impernal – Habité dès les temps préhistoriques, l'Impernal constitue
une défense naturelle appréciée par les Gaulois qui font du plateau une puissante place
forte. En contrebas est édifiée au Moyen Âge une citadelle dont il subsiste le donjon
carré. Richard Cœur de Lion est maître de Luzech en 1118. Siège de l'une des quatre
baronnies du Quercy, Luzech est convoitée par les Anglais au cours de la guerre de
Cent Ans, mais elle résiste à tous leurs assauts et devient un important centre fortifié.
Pendant les guerres de Religion, elle demeure un fidèle bastion du catholicisme en
restant aux mains des évêques de Cahors.
Des fouilles pratiquées sur la colline de l'Impernal ont permis de mettre au jour des
murailles et des vestiges de constructions des époques gauloise et romaine.

★**Point de vue** – Du haut de l'Impernal, la vue embrasse Luzech ramassée au pied
de son pech, puis le promontoire de la Pistoule, comme une proue de navire
fendant l'ample plaine alluviale où le Lot serpente parmi d'opulentes cultures.

Ville ancienne – Dans l'ancien faubourg du Barry de pittoresques ruelles relient la
rue du Barry-del-Valat aux quais.
De l'autre côté de la place du Canal, le quartier de la place des Consuls conserve
quelques vestiges architecturaux du Moyen Âge où se mêlent briques et pierres :
chapelle des Pénitents (12ᵉ s.), porte du Capsol avec son ogive de briques, maison
des Consuls ornée de belles fenêtres géminées.

Musée archéologique Armand-Viré ⊙ – Aménagé dans la belle cave voûtée de
la maison des Consuls, ce musée retrace l'histoire du site de Luzech, du paléolithique à la période gallo-romaine.
Les objets de la collection exposée proviennent des fouilles du plateau de l'Impernal
et de la grotte creusée dans ses flancs.
On remarquera des objets exceptionnels comme le **modèle réduit de la colonne Trajane★**,
diffusée dans l'Empire romain au début du 2ᵉ s. après J.-C., ou insolites comme la
cuiller articulée gallo-romaine en bronze et fer.

Donjon – *Accès depuis la place des Consuls.*

On y pénétrait à l'origine par la petite porte ogivale du premier étage. De la terrasse de ce donjon du 13ᵉ s. la vue plonge sur la ville aux toits bruns, dans son
écrin de cultures et de prairies tandis que des collines cernent l'horizon.

N.-D.-de-l'Île – Dans un cadre paisible de vignes et de vergers, sur la toile de fond
des coteaux abrupts enserrant le Lot, cette chapelle de style gothique flamboyant
s'élève à l'extrême pointe de l'isthme. Ce lieu de pèlerinage remontant au 13ᵉ s.
est encore très fréquenté comme l'attestent plusieurs ex-voto.

ENVIRONS

Cambayrac – 109 h. *8 km au Sud.* Ce hameau conserve une curieuse église que
signale de loin son clocher-mur en forme de chapeau de gendarme. A l'intérieur,
l'abside romane fut revêtue au 17ᵉ s. d'un rare décor de marbres et de stucs dans
le goût classique. Les chapelles latérales témoignent du même style.

Site de la MADELEINE★

Carte Michelin n° 75 Nord du pli 16 ou 235 pli 1 – Schéma p. 91.

Le site de la Madeleine *(accès par Tursac et le pont vers l'Espinasse)* est particulièrement bien contrasté au contact du plateau boisé et de la plaine alluviale de la Vézère
qu'il domine de 50 m.

Le paysage est façonné par le méandre le mieux dessiné et le plus étroit de la
rivière (80 m à la racine pour un développement de 2,2 km). Sur la hauteur subsistent les vestiges d'un château médiéval édifié sur le roc, au milieu du 15ᵉ s.
A mi-pente, incrusté dans la falaise et protégé par des abris-sous-roche, un **village
troglodytique** ⊙ fut probablement occupé de la fin du 10ᵉ s. (invasions normandes)
au 19ᵉ s. Une vingtaine d'habitations, aménagées sous le rocher, à proximité d'une
source, protégées par une étroite entrée fortifiée, pouvaient permettre à une centaine de personnes de séjourner en période troublée, et même en permanence. Une
chapelle, agrandie et voûtée d'ogives au 15ᵉ s., dédiée à sainte Madeleine a donné
son nom au site.
Sous ce village, au pied de la falaise, s'étend le **gisement préhistorique** qui détermina
l'étude de l'industrie magdalénienne, prépondérante durant les 60 derniers siècles
du paléolithique supérieur (15 000 à 9 000 av. J.-C.). La richesse et la qualité des
pièces découvertes par Lartet et Christy en 1863 (en particulier une plaque d'ivoire
de mammouth gravée) permirent, six ans plus tard, à Mortillet de proposer une
classification fondée sur les produits de l'industrie humaine. La plupart de ces
pièces sont exposées aux musées des Eyzies et de St-Germain-en-Laye.

MARCILHAC-SUR-CÉLÉ

196 habitants
Carte Michelin n° 79 pli 9 ou 235 Ouest du pli 11 – Schéma p. 81.

Dans la riante vallée du Célé, Marcilhac est pittoresquement bâtie au milieu d'un cirque de falaises. D'intéressantes maisons anciennes enserrent les ruines d'une abbaye bénédictine.

Dans le maquis de la procédure – Au 11e s., l'abbaye de Marcilhac possède l'humble sanctuaire de Rocamadour, mais le laisse à l'abandon ; profitant de cette négligence, des moines de Tulle s'y installent. En 1166, la découverte du corps de saint Amadour *(voir p. 144)* en fait un riche et célèbre lieu de pèlerinage.
Marcilhac se souvient alors de son droit et fait chasser les moines de Tulle. Peu après, l'abbé de Tulle s'empare à nouveau de Rocamadour et met à la porte les gens de Marcilhac ; les procès succèdent aux procès. L'affaire est épineuse, l'évêque de Cahors, le légat, l'archevêque de Bourges, le pape lui-même, appelés à se prononcer, évitent de prendre une décision ; enfin, après un siècle de chicanes, Marcilhac accepte une indemnité de 3 000 sols et abandonne Rocamadour. Jusqu'au 14e s., l'abbaye de Marcilhac jouit d'une remarquable prospérité, mais, pendant la guerre de Cent Ans, les bandes anglaises et les grandes compagnies l'anéantissent. Après les troubles de la Réforme, Marcilhac, qui est passé aux mains des Hébrard de St-Sulpice *(voir p. 80)*, n'est plus qu'un fantôme de monastère. Les religieux doivent renoncer à la vie conventuelle et aller loger chez l'habitant. En 1764 l'abbatiale est sécularisée.

CURIOSITÉS

Ancienne abbaye – Elle se compose de deux parties bien distinctes.
Partie romane – Le porche, à l'Ouest, et les trois premières travées de la nef sont à ciel ouvert et flanqués d'une haute tour carrée, vraisemblablement fortifiée au 14e s. Au Sud, une porte en plein cintre est surmontée d'éléments sculptés formant **tympan** et représentant le Jugement dernier : le Christ en majesté, entouré de deux emblèmes figurant, croit-on, le Soleil et la Lune, est placé au-dessus de deux anges trapus aux ailes déployées et de saint Pierre et saint Paul. Ces sculptures, d'un style archaïque, sans doute influencé par le décor d'orfèvrerie, semblent remonter au 10e s. Franchir cette porte et pénétrer à droite dans l'église.
Partie gothique – Fermée à l'Ouest au-delà de la 4e travée, la partie de l'église relevée au 15e s. est de style flamboyant. Le chœur, voûté en étoile, est entouré d'un déambulatoire. Une stalle baroque aux armes des Hébrard recèle une somptueuse **miséricorde** sculptée d'une tête d'ange. Une chapelle à gauche du chœur offre des fresques du 15e s. : le Christ bénissant est entouré des 12 apôtres ; sous chaque apôtre on peut lire son nom et une phrase qui le caractérise. Le blason au centre de chaque triade est celui des Hébrard de St-Sulpice.
En sortant de l'église, prendre sur la droite, dans la 2e travée romane, un sentier qui conduit à l'ancienne salle capitulaire, dont les baies sont décorées de chapiteaux romans d'une grande finesse, alternativement exécutés en calcaire gris bleu et pierre de stalagmite rosée.
Gagner une esplanade ombragée de platanes : une tour ronde indique l'emplacement de la maison de l'abbé. Au bord du Célé, à droite, une poterne perce les anciens remparts.

★**Grotte de Bellevue** ⊙ – *1,5 km au Nord-Ouest*. La route d'accès s'élève en corniche au-dessus de la vallée du Célé, offrant de beaux **aperçus** du village et de l'abbaye. Après les quatre lacets en forte montée, prendre à la première bifurcation la route à gauche vers le hameau de Pailhès. *Parc de stationnement à 200 m à gauche*. La grotte fut découverte en 1964 et ouverte au public deux ans plus tard. Elle possède des concrétions d'une richesse remarquable : stalactites, stalagmites, draperies, colonnes effilées ou massives, immense coulée de calcite au blanc immaculé strié d'ocre ou de carmin. Bellevue a aussi la spécialité de déployer dans sa grande salle la variété de ses excentriques, concrétions qui telle une floraison de corail semblent pousser en tous sens, épousant des formes variées. Les stalagmites particulièrement belles évoquent de longs cierges. La « Colonne d'Hercule », frappante de régularité, mesure 4 m de hauteur pour une circonférence de 3,50 m, sa partie supérieure étant formée d'un disque incliné à 45°.

MARTEL★

1 462 habitants
Carte Michelin n° 75 pli 18 ou 235 pli 2.

Bâtie sur un causse du Haut-Quercy auquel elle a donné son nom, Martel, « la ville aux sept tours », possède plusieurs monuments du Moyen Âge. C'est un centre actif du commerce des noix et de l'industrie des conserves et produits régionaux.

Les trois marteaux – Après avoir arrêté les Arabes à Poitiers en 732, **Charles Martel** les poursuit en Aquitaine. Quelques années plus tard, il leur livre un nouveau combat et les anéantit. Pour commémorer cette victoire sur les infidèles et remercier Dieu, il fait édifier en ce lieu une église, près de laquelle s'élève bientôt une ville – cette cité reçoit le nom de Martel, en souvenir de son fondateur – et met sur son blason trois marteaux, armes favorites du sauveur de la chrétienté.

120

Martel et la vicomté de Turenne – La fondation de Martel par le vainqueur des Arabes tient probablement plus de la légende que de l'histoire. Par contre, on sait que les vicomtes de Turenne en firent une communauté urbaine importante dès le 12ᵉ s. En 1219, le vicomte Raymond IV octroie à Martel une charte la reconnaissant comme ville libre et lui accorde l'exemption d'impôts vis-à-vis du roi et le droit de frapper monnaie. La ville reste cependant fidèle au roi de France. Très vite Martel s'organise avec un conseil communal et un consulat et devient le siège du bailliage royal et de la sénéchaussée. Véritable cour d'appel où se traitaient toutes les affaires juridiques de la région, elle occupait plus de 50 magistrats, juges et avocats. Son apogée se situe à la fin du 13ᵉ s. et au début du 14ᵉ s. ; ensuite elle connaît les vicissitudes de la guerre de Cent Ans qui la voit ballottée entre Français et Anglais, puis celles des guerres de Religion, pendant lesquelles elle est saccagée par les bandes huguenotes. En 1738, la vente de la vicomté de Turenne au roi *(p. 166)* fait perdre ses privilèges à Martel qui devient simple châtellenie.

Le fils rebelle – A la fin du 12ᵉ s., Martel est le théâtre d'un épisode des tragiques discordes qui mettent aux prises le roi d'Angleterre **Henri Plantagenêt**, maître de tout l'Ouest de la France, sa femme, Aliénor d'Aquitaine, et ses quatre fils. Le ménage royal est un royal enfer. Henri ne peut plus supporter Aliénor, déjà répudiée par le roi de France : il l'enferme dans une tour. Les fils prennent alors les armes contre le père et l'aîné, **Henri Court-Mantel**, ravage la vicomté de Turenne et le Quercy. Pour le punir, Henri Plantagenêt donne ses terres à son troisième fils, Richard Cœur de Lion, et suspend la pension qu'il sert à son aîné.
Henri Court-Mantel, sans ressources, traqué, est dans une situation désespérée : aussi, pour payer ses soldats, va-t-il piller les trésors des abbayes. A Rocamadour, il enlève la châsse et les pierreries de saint Amadour dont le corps est profané et il vend la célèbre épée de Roland, « Durandal ». Mais, comme il quitte Rocamadour, après ce sacrilège, la cloche miraculeuse tinte : c'est un avertissement de Dieu. Henri s'enfuit jusqu'à Martel où il arrive fiévreux ; il sent venir la mort et le remords l'étreint. Il confesse ses crimes, tandis qu'on court chercher le roi Henri ; occupé au siège de Limoges, le souverain envoie le pardon paternel. Lorsque arrive le messager, Henri Court-Mantel agonise sur un lit de cendres, une lourde croix de bois sur la poitrine. Bientôt il expire, adressant à sa mère Aliénor un suprême adieu.

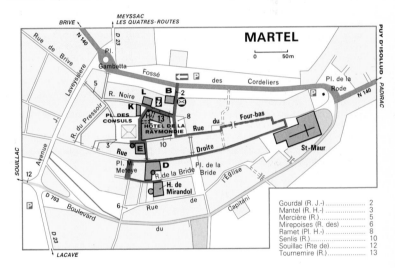

VISITE *1 h*

Ancienne enceinte – Des boulevards – fossé des Cordeliers, boulevard du Capitani – ont été aménagés à l'emplacement des anciens remparts des 12ᵉ s et 13ᵉ s. La **tour de Tournemire** (**B**), au sommet crénelé (tour de la Prison), la porte de Souillac et la porte de Brive évoquent l'époque où Martel était une ville forte, protégée par une double enceinte. La deuxième enceinte englobait les faubourgs.

Laisser la voiture au parking aménagé le long des remparts du Nord. Passer entre la poste et la tour de Tournemire pour pénétrer dans la vieille ville.

Rue du Four-Bas – Traversée par une archivolte ogivale, elle conserve quelques maisons anciennes.

Église St-Maur – Cet édifice gothique (13ᵉ-16ᵉ s.) présente d'intéressants caractères défensifs : massifs contreforts aménagés en tours de défense et mâchicoulis protègent le chevet plat, et la tour-clocher de 48 m de haut prend des allures de donjon. Sous le porche s'ouvre un beau **tympan** historié, d'époque romane, représentant le Jugement dernier : le Christ assis, la tête entourée du nimbe crucifère, écarte les bras et montre ses plaies ; deux anges tiennent les instruments de la Passion, deux autres sonnent les trompettes de la Résurrection.
La nef ne manque pas d'ampleur ; le chœur, couvert d'une savante voûte en étoile, est éclairé par la grande **verrière** du 16ᵉ s. qui représente Dieu le Père, les quatre évangélistes et diverses scènes de la Passion.

Rue Droite – Elle est bordée de vieux hôtels dont l'hôtel **Vergnes-de-Ferron** (**D**) qui s'orne d'une belle porte Renaissance.

Hôtel de Mirandol – Il possède une grosse tour carrée et une tourelle ronde accouplées.

★**Place des Consuls** – Le centre en est occupé par la **halle**, qui date du 18ᵉ s. La charpente repose sur de gros piliers de pierre. On remarque sur l'un des côtés les anciennes mesures de Martel.

★**Hôtel de la Raymondie** – L'ancienne forteresse des vicomtes de Turenne, commencée vers 1280, transformée en palais gothique au 14ᵉ s., est dominée par un beffroi et couronnée de tourelles d'angle. La **façade**★ donnant sur la rue de Senlis est remarquable par ses ouvertures : la file d'arcades en ogive du rez-de-chaussée est surmontée de sept fenêtres à roses quadrilobées. Le portail de l'entrée principale, place des Consuls, s'orne d'un écusson sculpté de trois marteaux, armes de la ville. Après avoir servi de maison de Justice, l'hôtel abrite la mairie. Dans les salles du 1ᵉʳ étage, remarquer les deux cheminées en bois sculpté et le bas-relief Renaissance. Dans le haut du donjon, un petit **musée** ⊙ local présente des pièces provenant des fouilles du puy d'Issolud *(voir ci-dessous)*.

Maison Fabri (**E**) – La tour, dite d'Henri-Court-Mantel, car celui-ci y mourut en 1183, montre sur cinq niveaux des baies ornées de frontons à boules.

Rue Tournemire (**13**) – Cette pittoresque petite rue s'ouvre à gauche de l'hôtel de la Raymondie. L'hôtel de la Monnaie (13ᵉ s.) (**K**), aux tourelles compénétrées, frappait écus et deniers pour la vicomté de Turenne. La Maison Grise, du 16ᵉ s. (**L**), s'orne d'un buste sculpté et d'un écusson aux trois marteaux.

ENVIRONS

★**Puy d'Issolud** – *14 km à l'Est.* Le plateau proche de Vayrac, dont le point le plus élevé, appelé puy d'Issolud, atteint 311 m, est bordé de falaises abruptes surplombant de petits affluents de la Dordogne. Entouré à l'époque gauloise de solides retranchements en terre et en pierres sèches qui en faisaient l'un des « oppida » les plus redoutables du Quercy, ce puy passe pour être l'ancien Uxellodunum qui fut le théâtre de l'ultime résistance gauloise à César après Alésia, dirigée par Drapès et le Cadourque Luctérius. Certains auteurs situent Uxellodunum à Capdenac *(p. 76)* ou Luzech *(p. 119)*, mais les travaux de recherche archéologiques donnent un avantage au puy d'Issolud. La lutte, menée par les légions romaines avec un acharnement inouï, se solde par une nouvelle défaite gauloise, à la suite du détournement d'une source, qui fit croire aux défenseurs d'Uxellodunum que leurs dieux les avaient abandonnés. César, irrité de la longue résistance des assiégés, aurait fait couper la main droite de tous les prisonniers.

Les divers objets découverts au cours des fouilles ont été rassemblés au petit musée de l'hôtel de la Raymondie, à Martel *(voir p. 120)*.

Du plateau : **vue**★ étendue, bien que fragmentée, en direction de la Dordogne.

En empruntant la D 15 à Vayrac, on parvient (10 km) à **Curemonte***, beau village perché fortifié (voir Guide Vert Berry-Limousin)*

Château de MONBAZILLAC★

Carte Michelin nᵒ 75 plis 46, 14, 15 ou 234 pli 8 – Schéma p. 53.

Émergeant d'un océan de vignes *(voir p. 53)*, le **château** ⊙ de Monbazillac est fièrement campé sur le rebord d'un plateau calcaire dominant la vallée de la Dordogne. Il est la propriété de la Cave coopérative de Monbazillac qui l'a restauré et aménagé.

Le château séduit par sa silhouette élégante, compromis entre l'architecture militaire et l'architecture Renaissance. Construit vers 1550, c'est un édifice de petites dimensions entouré de douves sèches. Un chemin de ronde crénelé et des mâchicoulis enserrent le corps de bâtiment que flanquent aux angles de grosses tours rondes. La façade est percée d'une double rangée de fenêtres à croisillons et d'une porte d'entrée ornée dans le style Renaissance. Deux rangées de lucarnes superposées surmontent les mâchicoulis. La patine grise de la pierre s'harmonise avec les tons bruns des tuiles des tourelles et des pavillons.
De la terrasse Nord se développe une vue sur le vignoble et sur Bergerac.

Intérieur – Couverte d'un plafond à la française décoré de rinceaux dorés, la « **Grande Salle** » s'orne d'une cheminée monumentale Renaissance, de deux belles tapisseries des Flandres du 17ᵉ s. et de meubles de la même époque. Dans une pièce voisine sont exposés des meubles rustiques du Périgord. Une « salle protestante » présente d'intéressants documents sur l'histoire du protestantisme en France.
A l'étage plusieurs salles se visitent ; on remarque surtout la reconstitution de la **chambre** de la vicomtesse de Monbazillac meublée en style Louis XIII.
Les anciennes caves du château abritent un petit **musée du vin** consacré aux instruments anciens de la récolte et de la vinification.

Sachez tirer parti de votre **guide Michelin***.*
Consultez la légende en p. 2.

MONPAZIER★

531 habitants
Carte Michelin n° 75 pli 16 ou 235 Nord du pli 9.

Monpazier est une des bastides créées pour commander les routes allant de l'Agenais aux rives de la Dordogne. Sa place à arcades, ses carreyous (ruelles), ses maisons, son église, les vestiges de ses fortifications en font le type le mieux conservé des bastides du Périgord.

La place centrale

Des débuts difficiles – Le 7 janvier 1284, la bastide de Monpazier est fondée par **Édouard Iᵉʳ**, roi d'Angleterre et duc d'Aquitaine, désireux de compléter la zone de défense et de colonisation déjà entreprise en Périgord depuis 1267 avec la fondation de Lalinde, Beaumont, Molières, et Roquépine.

A cet effet, il s'associe à Pierre de Gontaut, seigneur de Biron. Mais des difficultés surgissent bientôt : retards dans la construction, conflits entre le seigneur de Biron et les habitants de Monpazier, reprise des hostilités entre le roi d'Angleterre et Philippe le Bel. La situation devient rapidement difficile et, au cours de la guerre de Cent Ans, la bastide est plusieurs fois envahie et pillée.

Monpazier reçoit... – La Réforme, dont le maréchal de Biron est un des chefs de file, marque le début d'une ère de violence. Le 21 juin 1574, la ville est livrée par trahison au célèbre chef huguenot Geoffroi de Vivans, qui plus tard s'illustre en prenant Domme par ruse *(voir p. 85)*.

Jeanne d'Albret, qui se rend au mariage de son fils Henri de Navarre avec Marguerite de Valois, s'arrête à Monpazier : en son honneur, « on nettoie places et rues et l'on oste les fumiers ». Cet hommage à la plus militante des calvinistes n'empêche pas la cité de se mettre en frais pour recevoir, peu de temps après, le duc d'Anjou – futur Henri III – chef des catholiques.

Buffarot le croquant – Après les guerres de Religion, les paysans se soulèvent en une nouvelle jacquerie. Les révoltés, appelés « croquants », tiennent leur grande assemblée à Monpazier en 1594. L'insurrection se rallume en 1637 : conduits par Buffarot, un tisserand du bourg voisin de Capdrot, 8 000 paysans se répandent dans la campagne et pillent tous les châteaux. Les troupes du duc d'Épernon les pourchassent et, non sans peine, s'emparent de Buffarot. Ramené à Monpazier, le chef de la rébellion subit le supplice de la roue sur la place.

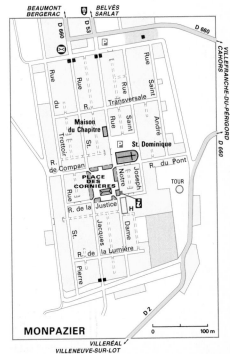

MONPAZIER

CURIOSITÉS

De la bastide, subsistent le plan d'ensemble et trois des six portes fortifiées. Plusieurs maisons ont conservé leur caractère original. La ville forme un quadrilatère de 400 m sur 220 m, le grand axe étant orienté Nord-Sud. Des rues courent d'une extrémité à l'autre, parallèlement aux grands côtés. Quatre rues transversales les croisent, décomposant ainsi la cité en compartiments rectangulaires. Toutes les habitations présentaient à l'origine la particularité d'être d'égales dimensions et séparées les unes des autres par d'étroits intervalles ou « andrones », prévus pour éviter la propagation des incendies.

★Place centrale – Elle est rectangulaire comme la bastide elle-même. Du côté Sud s'élève une halle abritant les anciennes mesures. Sur le pourtour, les galeries couvertes, supportées par des arceaux, ont conservé leurs « cornières ».

Église St-Dominique – Elle présente une façade remaniée à différentes époques : le portail, orné d'archivoltes, la rose et le pignon ont été reconstruits vers 1550. La nef unique, très large, est voûtée d'ogives et se prolonge par un chevet polygonal.

Maison du chapitre – Située près de l'église, cette maison du 13e s. fut utilisée comme grange aux dîmes. Elle est éclairée, à son étage supérieur, par des fenêtres géminées.

Château de MONTAL★★

Carte Michelin n° 75 pli 19 ou 239 pli 39 (3 km à l'Ouest de St- Céré) – Schéma p. 153.

Sur les pentes d'un coteau, près de la riante vallée de la Bave, le château de Montal dresse sur un tertre boisé la masse harmonieuse de ses bâtiments, coiffés de toits en poivrières.

Un miracle d'amour maternel – Pour son fils aîné Robert, qui guerroie en Italie au service de François Ier, **Jeanne de Balsac d'Entraygues**, veuve d'Amaury de Montal, gouverneur de Haute-Auvergne, fait construire en 1523 un manoir de « plaisance » à l'emplacement d'un château féodal. Des rives de la Loire, la châtelaine fait venir les meilleurs artistes et, en 1534, s'élève ce chef-d'œuvre dû au tendre orgueil d'une mère.

« Plus d'espoir » – Tout est prêt pour recevoir le fier chevalier. Cependant les jours, les ans s'envolent. Marignan, Pavie, Madrid sont loin ; la mère attend toujours le retour du fils aîné. Hélas, seul le cadavre de Robert revient au castel. Le beau rêve s'écroule. Jeanne fait sceller la lucarne à laquelle elle s'accoudait pour guetter l'arrivée de son fils et, sous celle-ci, graver ce cri déchirant : « Plus d'espoir. » Son second fils, Dordé de Montal, dignitaire de l'Église, reçoit alors l'autorisation du pape de se démettre de ses fonctions afin de perpétuer le nom de sa race.

Agonie... et résurrection – Proclamé bien national et devenu inhabitable à la suite des déprédations commises au cours de la Révolution, Montal échoit en 1879 à un certain Macaire. Cet aventurier, sans cesse à court d'argent, entre en rapport avec une bande de démolisseurs et met le château en pièces : 120 tonnes de pierres sculptées sont débitées et expédiées à Paris. Vendus à l'encan, les chefs-d'œuvre de Montal sont dispersés dans les musées et les collections privées d'Europe et d'Amérique. En 1908, sur l'initiative de son nouvel acquéreur, M. Fenaille, s'accomplit la résurrection de Montal. Avec un zèle et une piété admirables, il rend au château tous ses joyaux, rachetés à prix d'or, et, après l'avoir meublé entièrement, en fait don à l'État en 1913.

VISITE ⏱ environ 3/4 h

Extérieur – Par ses toits à forte pente couverts de lauzes, ses grosses tours rondes à meurtrières, le château présente l'aspect d'une forteresse. Cette sévérité fait mieux ressortir, par contraste, le charme de la cour intérieure, parée des sourires de la Renaissance. Montal se compose de deux corps de logis en équerre reliés par la tour carrée qui abrite l'escalier. Une double galerie également en équerre devait fermer le carré de la cour d'honneur ; elle ne fut jamais construite. Cette façade, d'une grande richesse décorative, est une des gloires du château.

La frise – Au-dessus des ouvertures du rez-de-chaussée court une frise de 32 m de longueur, merveille d'ornementation aux sujets les plus divers : amours, oiseaux, chimères voisinent avec des écussons et une énorme tête humaine ; on y remarque les initiales de la fondatrice et de ses fils : I (Jeanne), R (Robert), D (Dordé).

Les bustes – Au 1er étage, les fenêtres à meneaux alternent avec de fausses lucarnes à frontons très ouvragés, encadrant sept bustes en haut relief, chefs-d'œuvre d'un réalisme et d'un goût parfaits. On reconnaît, de gauche à droite, les effigies des membres de la famille de Montal : Amaury, l'air hautain, coiffé d'un bonnet ; Jeanne, sa femme, la fondatrice du château, dont le visage, presque monacal, semble figé dans un deuil éternel ; Robert le fils aîné, tué en Italie, qui porte un chapeau à panache à la mode de François Ier ; Dordé, le second fils, à la figure de jeune page ; Robert de Balsac, père de Jeanne de Montal, coiffé d'un bonnet de l'époque Louis XII ; Antoinette de Castelnau, mère de Jeanne ; le dernier descendant de cette génération, Dordé de Béduer, qui fut abbé régulier de Vézelay.

Les lucarnes – Au nombre de quatre, elles rappellent par leur décoration celles de Chambord : de part et d'autre des pignons sont accolés de petits personnages et leurs niches abritent des figures.

Intérieur – On y accède par une porte, placée à l'angle des deux corps de bâtiment, flanquée de pilastres et surmontée d'un linteau supportant plusieurs niches.

★★**Escalier Renaissance** – Construit en belle pierre blonde de Carennac, il est magnifique de proportions et d'ornementation. L'évidement du mur central permet d'admirer le dessous des marches, très finement sculpté ; rinceaux, coquillages, oiseaux fantastiques, initiales, petits personnages forment un plafond dont la décoration complète celle des voûtes à clefs des vestibules. Ce chef-d'œuvre de sculpture allie la grâce à la féerie.

Appartements – La salle des Gardes, voûtée d'arcs surbaissés et ornée d'une magnifique cheminée, la salle du Cerf et le reste des appartements, où voisinent meubles anciens (surtout Renaissance et Louis XIII), retables, tableaux, plats attribués à Bernard Palissy et tapisseries des Flandres et de Tours, se complètent harmonieusement et constituent un ensemble particulièrement digne d'admiration.

MONTFORT

Carte Michelin n° 75 pli 17 ou 239 pli 37 – Schéma p. 93.

Site★ privilégié sur la Dordogne, Montfort a donné son nom à un des cingles les plus connus du Périgord. Le petit village aux toits de lauzes se groupe au pied de son château, perché sur un rocher criblé d'alvéoles.

Cingle de Montfort – De la D 703, adossée au rocher, on découvre dans un virage *(parc de stationnement)* une belle **vue**★ sur un méandre de la Dordogne qui se développe en contrebas, enveloppant la presqu'île de Tursac plantée de noyers, tandis que le château de Montfort s'accroche au sommet d'un promontoire.

Château de Montfort – Sa situation exceptionnelle a suscité au cours des siècles la convoitise de ceux qui prétendaient à la suzeraineté du Périgord et son histoire est une longue suite de sièges et de luttes pour sa possession. Propriété du sire de Cazenac, il est, en 1214, pris d'assaut par le redoutable **Simon de Montfort** qui le rase. Reconstruit une première fois, il est détruit à trois autres reprises, au temps de la guerre de Cent Ans, sous Louis XI, puis sur l'ordre de Henri IV, et chaque fois rebâti.
Les restaurations du 19e s., avec leurs adjonctions de loggias à l'italienne et lanternons « germaniques », lui ont donné une plaisante allure de château d'opérette.

MONTIGNAC

2 938 habitants
Carte Michelin n° 75 Sud du pli 7 ou 233 pli 44 – Schémas p. 133 et 169.

Bâtie sur les bords de la Vézère, Montignac présente un ensemble de maisons anciennes au pied d'une tour qui rappelle le souvenir d'un château fort ayant appartenu aux comtes du Périgord.
Cette paisible ville devint en quelques années un centre touristique important à la suite de la découverte de la grotte de Lascaux.
Eugène Le Roy, le célèbre écrivain périgourdin *(voir p. 29)* a vécu à Montignac.

Musée Eugène-Le Roy ⊘ – Installé dans le syndicat d'initiative, ce musée est en partie consacré à l'auteur de « Jacquou le Croquant » ; on y voit entre autres la reconstitution du bureau où l'auteur écrivit ce roman.
Il présente d'autre part des collections d'arts et traditions populaires évoquant des métiers disparus et des scènes historiques locales.
Une petite collection d'objets préhistoriques complète cet ensemble.

Fanlac – 158 h. *7 km à l'Ouest.* Très beau village, où Eugène Le Roy a situé en partie l'action de « Jacquou le Croquant ». Les splendides maisonnettes de calcaire blond aux toitures chaotiques, le puits et la croix polylobée précédant la façade Renaissance de la petite église composent un ensemble au charme aigu.

★**Circuit du Périgord Noir** – De Montignac à Sarlat, 56 km. *Description p. 133.*

★**St-Amand-de-Coly** – *9 km par la D 704 et une petite route à gauche. Description p. 149.*

★**Le Pays d'Ans** – *Circuit de 101 km. Description p. 43.*

La Grande Filolie – *4 km par la D 704 et une petite route à droite. Description p. 132.*

Grotte de Lascaux, ★★**Lascaux II** – *1 km au Sud. Description p. 112.*

★**Le Thot, Espace Cro-Magnon** – *5 km par la D 706. Description p. 165.*

*Avec ce guide, voici les **cartes Michelin** qu'il vous faut :
72, 75 et 79.*

En lisière du causse de Limogne, cette pittoresque petite ville du Bas-Quercy, qui a conservé une place à couverts et de nombreuses maisons anciennes à pans de bois ou en pierres, doit son renom et ses trésors artistiques à la famille Des Prés.

La famille Des Prés – Originaire de Montpezat, cette famille a donné à l'Église cinq éminents prélats. Pierre Des Prés, cardinal de Préneste (aujourd'hui Palestrina en Italie) est le fondateur de la collégiale St-Martin qu'il consacra en 1344 ; son neveu Jean Des Prés mort en 1351, fut évêque de Coïmbra au Portugal, puis de Castres. Trois autres membres de la même famille montèrent successivement sur le siège épiscopal de Montauban : ce furent Jean Des Prés (1517-1539), qui offrit à la collégiale de Montpezat ses célèbres tapisseries flamandes, Jean de Lettes (1539-1556) et Jacques Des Prés (1556-1589). Ce dernier fut un évêque guerrier grand pourfendeur de huguenots. Il batailla pendant 25 ans, son diocèse étant l'un des plus ardents foyers de protestantisme : il fut tué dans une embuscade à Lalbenque, à une quinzaine de kilomètres de Montpezat.

COLLÉGIALE ST-MARTIN *visite : 1/2 h*

Dédiée à saint Martin de Tours, elle fut construite en 1337 par un architecte de la Cour papale d'Avignon. Elle présente les caractéristiques des édifices du Languedoc : nef unique et chapelles séparées par les contreforts intérieurs de la nef.

Vaisseau – Voûté d'ogives dont les clefs de voûte sont peintes aux armes du fondateur, il frappe par son unité, sa simplicité et l'harmonie de ses proportions. Dans la 1re chapelle à droite, on verra une belle Vierge de piété, en grès poly-chrome du 15e s. Dans la chapelle opposée, Vierge aux colombes (14e s.), statue en albâtre.

Dans la 2e chapelle à droite, trois éléments de retable en albâtre provenant de Nottingham ont pour thème la Nativité, la Résurrection et l'Ascension ; enfin, dans la 4e chapelle à gauche, coffrets en bois du 15e s. avec application de pâtes dorées.

Montpezat-du-Quercy – Tapisserie représentant saint Martin partageant son manteau

★★**Tapisseries** – Elles proviennent d'ateliers du Nord de la France et comportent cinq panneaux de trois tableaux, spécialement adaptés au plan du sanctuaire, longs de près de 25 m et hauts de 2 m environ. L'excellent état de conservation de ces tapisseries datant du 16e s., l'éclat et la richesse de leurs coloris, l'existence d'une telle série placée dans le cadre même pour lequel elle a été conçue leur donnent un intérêt exceptionnel. Seize scènes retracent les épisodes historiques et légen-daires les plus fameux de la vie de saint Martin : on reconnaît, entre autres, le partage du manteau, diverses guérisons obtenues par le saint, sa lutte victorieuse contre le Diable ; chaque scène est commentée par un quatrain en ancien français, placé à la partie supérieure de chaque panneau.

★**Gisants** – Si le corps du cardinal Pierre Des Prés repose sous le pavement en avant du chœur, le mausolée en marbre de Carrare qui le représente fut placé en 1778 à l'entrée du chœur, à droite. En face, lui faisant pendant, le gisant, en pierre, de son neveu Jean Des Prés, est un chef-d'œuvre de la statuaire tombale.

ENVIRONS

Saux ⊘ – *4 km à l'Ouest.* Cette **église** se trouve isolée au milieu des bois. L'intérieur, très simple, composé de trois travées à coupoles, est décoré de belles **fresques** des 14e et 15e s. Les mieux conservées, dans le chœur, représentent le Christ en majesté entouré des attributs des quatre évangélistes, la Crucifixion et des scènes de l'enfance de Jésus. Dans la chapelle de droite, légende de sainte Catherine ; dans celle de gauche, légende de saint Georges.

MUSSIDAN

2 985 habitants
Carte Michelin n° 75 Sud du pli 4 ou 233 pli 41.

Au bord de l'Isle, cette ancienne cité huguenote fut assiégée à plusieurs reprises pendant les guerres de Religion. Le siège de 1569, particulièrement meurtrier, inspira à Montaigne son Essai : *L'Heure des Parlements dangereuse.*

Musée des Arts et Traditions populaires du Périgord André-Voulgre ⊘ – Présentées dans la belle chartreuse périgourdine où demeurait le docteur Voulgre, les collections de meubles, objets, outils, que celui-ci avait réunies au cours de sa vie sont riches et variées. Plusieurs salles reproduisent un intérieur bourgeois du 19e s. : cuisine, salle à manger, salon, chambres, meublés de belles armoires, de vaisseliers, etc. Des ateliers d'artisans ont été reconstitués (du tonnelier, du sabotier, du forgeron) tandis qu'une grange abrite une importante collection de matériel agricole. On remarquera la locomotive à vapeur en service en 1927, l'alambic à distiller, le tracteur de 1920 qui avait emprunté les chenilles des chars d'assaut de la guerre 1914-1918, la moissonneuse-lieuse. Dans une grande salle d'exposition : collection de cuivres, d'étains, de faïences, d'animaux naturalisés.

CHÂTEAUX DU LANDAIS

Circuit de 43 km – Environ 3 h – Schéma ci-dessous.

Au Sud de la vallée de l'Isle, les paysages du Landais rappellent par bien des points ceux de la Double. De la même façon les sables et argiles arrachés au Massif Central y ont recouvert à l'ère tertiaire le calcaire. Cependant, les bois y sont moins profonds, les étangs moins nombreux ; la terre, plus généreuse, est habitée de châteaux, manoirs et gentilhommières.

Château de Montréal ⊘ – Cet édifice mi-féodal, mi-Renaissance, entouré de beaux communs, se dresse au sommet d'une colline dominant la Crempse. Dans le salon 18e s., un ensemble de sièges à médaillons d'époque Louis XVI a conservé ses tapisseries tissées sur le thème des fables de La Fontaine. Dans les communs, un escalier du 12e s. voûté de berceaux successifs, eux-mêmes agencés en escalier, conduit aux caves que prolonge une grotte parée de petites concrétions.
Selon la tradition, ce serait au sire de Montréal, Claude de Pontbriand, compagnon de Jacques Cartier pendant son second voyage au Canada, que la ville bâtie sur le Saint-Laurent devrait son nom.

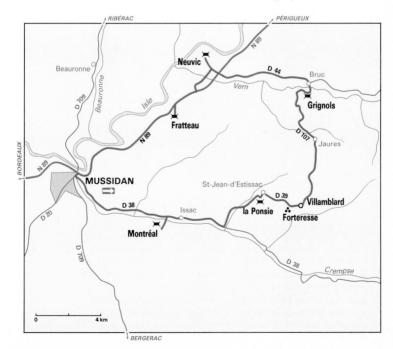

Une chapelle fut construite au 16ᵉ s. pour abriter le reliquaire de la Sainte Épine prise sur le corps de Talbot à la bataille de Castillon qui mit fin à la guerre de Cent Ans.

Château-manoir de la Ponsie – Son logis rectangulaire est visible depuis la route, près de St-Jean-d'Estissac. J.-B. de Salignac, aumônier de la Reine Marie-Antoinette et protecteur des « Petits Savoyards » de Paris (ramoneurs, porteurs d'eau, montreurs de marmottes...), naquit à la Ponsie ; il fut guillotiné sous la Terreur.

Villamblard – 813 h. Dans le bourg se dressent les ruines d'une **forteresse** qui fut une des principales places fortes du Périgord durant la guerre de Cent Ans, et accueillit Calvin au 16ᵉ s.

Château de Grignols – Cette forteresse défendait la route entre Périgueux et Bordeaux. Elle est campée sur une crête rocheuse dominant la vallée du Vern. La demeure est aménagée sur une terrasse triangulaire entre deux douves. Les logis édifiés des 13ᵉ au 17ᵉ s. s'imbriquent les uns dans les autres, dominés par un donjon carré. La plupart des bâtiments furent démantelés pendant la Fronde.

La route longe le Vern bordé de peupliers, puis parvient à Neuvic-sur-l'Isle, bourgade industrielle où est installée une importante usine de chaussures du groupe Bata.

Château de Neuvic ⊘ – Bâti dans le premier tiers du 16ᵉ s., dans un style caractéristique de la Première Renaissance avec un chemin de ronde à mâchicoulis plus décoratif que défensif, s'interrompant au droit des baies. A l'intérieur, certaines pièces sont décorées de fresques. C'est devenu un centre médico-pédagogique, géré par les religieuses de Ste-Marthe.

Château de Fratteau ⊘ – Récemment restauré, ce château fort abrite **un écomusée de la poterie**, dont le village voisin de Beauronne fut un important centre de production.

*Dans le **guide Rouge Michelin France** de l'année,*
vous trouverez un choix d'hôtels agréables, tranquilles, bien situés, avec
l'indication de leur équipement (piscine, tennis, plage aménagée, aires de repos...)
ainsi que les périodes d'ouverture et de fermeture des établissements.

Vous y trouverez aussi un choix de maisons qui se signalent par la qualité de leur
cuisine : repas soignés à prix modérés, étoiles de bonne table.

*Dans le **guide Michelin Camping Caravaning France** de l'année,*
vous trouverez les commodités et les distractions offertes par de nombreux terrains
(magasins, bars, restaurants, laverie, salle de jeux, tennis, golf miniature, jeux pour
enfants, piscines...)

Gouffre de PADIRAC★★★

Carte Michelin n° 75 pli 19 ou 239 plis 38, 39.

Le gouffre de Padirac donne accès à de merveilleuses galeries creusées par une rivière souterraine dans la masse calcaire du causse de Gramat *(p. 00)*. La visite du puits vertigineux, de la mystérieuse rivière et des vastes cavernes ornées de concrétions calcaires, laisse au touriste une saisissante impression du monde souterrain.

De la légende à l'exploration – Jusqu'au 19ᵉ s., le gouffre a causé l'effroi des habitants de la région. L'origine de cette énorme cavité était attribuée à une intervention du Diable. Saint Martin, revenant d'une tournée sur le causse à la recherche d'âmes à sauver et n'en ayant pas trouvé, vit brusquement sa mule refuser d'avancer : Satan portant un grand sac plein d'âmes destinées à l'enfer se trouvait devant lui. Se moquant du saint, il lui propose un marché ; les âmes qu'il emporte, il les lui donnera, à condition que saint Martin fasse franchir à sa mule un obstacle qu'il crée sur-le-champ. Il frappe le sol du pied et aussitôt apparaît un gouffre béant. Le saint sollicite sa mule. L'animal fit un tel bond de l'autre côté de l'abîme que les empreintes de ses sabots y sont encore visibles ; dépité, Satan regagne l'enfer par le trou qu'il a créé.

Le gouffre sert de refuge aux habitants du causse pendant la guerre de Cent Ans et au cours des guerres de Religion, mais il semble que ce soit seulement vers la fin du 19ᵉ s. à la suite d'une violente crue de la rivière, qu'une communication praticable se soit ouverte entre le fond du puits et les galeries souterraines. Le spéléologue **Édouard-A. Martel**, le premier, découvre ce passage en 1889. De 1889 à 1900, il entreprend 9 expéditions, atteignant dès 1890 la salle du Grand Dôme. En 1898, Padirac est inauguré et reçoit ses premiers touristes.

Depuis lors, de nombreuses expéditions spéléologiques ont permis de porter la longueur du réseau reconnu à ce jour à 22 km. Celle de 1947 a permis de déterminer, par une expérience de coloration à la fluorescéine, que les eaux de Padirac réapparaissent à l'air libre à 11 km de là, à la source du Lombard et à la fontaine de St-Georges, au **cirque de Montvalent**, près de la Dordogne. Au cours des expéditions de 1984 et 1985, les spéléologues accompagnés de paléontologues, de préhistoriens et de géologues ont mis au jour, à 9 km de l'orifice sur l'affluent du Joly, un gisement qui renferme de nombreux ossements de mammouths, de rhinocéros, de bisons, d'ours, de lions des cavernes, de cerfs, etc. qui datent de 150 à 200 000 ans. Parmi les ossements ont aussi été découverts des silex taillés datant de 30 à 50 000 ans. Certaines copies de ces ossements sont exposées dans le hall d'entrée du gouffre.

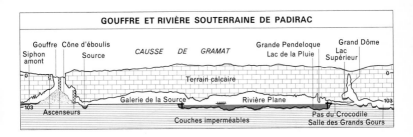

GOUFFRE ET RIVIÈRE SOUTERRAINE DE PADIRAC

VISITE ⊙ *environ 1 h 1/2*

A la descente, deux ascenseurs, que doublent des escaliers, conduisent à l'intérieur du gouffre de 99 m de circonférence, jusqu'au cône d'éboulis formé par l'effondrement de la voûte primitive. De là, à 75 m de profondeur, la vue est saisissante sur les parois couvertes de coulées de stalagmites et de végétation et sur le coin du ciel qui se détache au-dessus de l'orifice. Des escaliers mènent, jusqu'au niveau de la rivière souterraine, à 103 m au-dessous du sol. Après la descente au fond du gouffre on parcourt environ 2 000 m sous terre, dont 700 m en barque.

Galerie de la Source – Elle est aménagée au fond d'un canyon souterrain dont la voûte s'élève peu à peu. Longue de 300 m, elle emprunte le tracé de la rivière qui l'a creusée et conduit à l'embarcadère.

Rivière Plane – Une flottille de bateaux plats insubmersibles permet d'effectuer une féerique promenade sur la « rivière plane » aux eaux étonnamment limpides ; la profondeur de la rivière varie de 50 cm à 4 m, la température de l'eau est constante à 10 °5, celle de la grotte est toujours de 13°. La hauteur de la voûte s'élève progressivement jusqu'à atteindre 78 m. Au cours de cette promenade en barque, remarquer les niveaux d'érosion correspondant aux cours successifs de la rivière. En fin de parcours, on admire la **Grande Pendeloque du lac de la Pluie**. Cette gigantesque stalactite dont la pointe atteint presque la surface de l'eau n'est que le pendentif final d'un chapelet de concrétions de 78 m de hauteur.

Pas du Crocodile – Un passage resserré entre de hautes parois sépare le lac souterrain des salles vers lesquelles se poursuit la visite : à gauche, le **Grand Pilier**, haut de 40 m.

Salle des Grands Gours – Une série de bassins séparés par des gours, barrages naturels de calcaire, partagent la rivière et le lac en superbes vasques au-delà desquelles une cascade haute de 6 m marque l'extrémité du parcours aménagé pour les touristes.

Lac Supérieur – Alimenté seulement par les eaux d'infiltration tombant de la voûte, il est situé à 20 m au-dessus de la rivière plane, et limité par une série de gours aux formes arrondies. Ses eaux sont d'un beau vert émeraude.

Salle du Grand Dôme — Cette salle impressionnante par la hauteur de son plafond (91m) est la plus belle et la plus vaste du gouffre. Le belvédère établi à mi-hauteur permet d'observer les formations rocheuses et les coulées de calcite qui décorent ses parois. Au cours de la descente vers l'embarcadère, vues intéressantes sur le Grand Pilier et la Grande Pendeloque. De l'extrémité de la galerie de la Source, près du gouffre, 4 ascenseurs, évitant la montée de 455 marches, ramènent au pavillon d'entrée.

AUTRE CURIOSITÉ

Zoo le Tropicorama ⊙ – Installé dans un cadre de verdure où l'on peut admirer un jardin « Bonsaï », des cactées et des plantes tropicales rares, le zoo renferme une importante collection d'oiseaux tropicaux : perroquets, calaos, toucans, rapaces, etc. et une intéressante sélection de mammifères : singes rares, lémuriens, ocelots, coatis. Certains de ces animaux sont présentés en totale liberté.

PAUNAT

246 habitants
Carte Michelin n° 75 pli 16 (7 km au Nord-Est de Trémolat) ou 235 plis 1, 5.

Niché dans un petit vallon à proximité du confluent de la Dordogne et de la Vézère, Paunat a conservé une imposante église qui dépendait d'un monastère autrefois rattaché à la puissante abbaye St-Martial de Limoges.

Église St-Martial – Construite en belle pierre ocre, cette église du 12e s. a été remaniée et fortifiée au 15e s. De l'extérieur elle offre un aspect sévère avec ses murs nus et ses hauts contreforts plats. Le puissant clocher-porche comporte deux étages voûtés chacun d'une coupole, la plus haute de facture archaïque. Une telle disposition est tout à fait exceptionnelle en Périgord. La croisée du transept est également voûtée d'une coupole, reposant sur des arcs brisés. Les fouilles dans le sol ont permis de dégager au pilier Nord les assises d'édifices antérieurs.
Sur la place de l'église on aperçoit, au bord du ruisseau, une curieuse construction sous auvent, composée de deux chaudières qui servaient à la cuisson de la nourriture des animaux les jours de foire.

Grotte du PECH MERLE★★

Carte Michelin n° 79 pli 9 ou 235 Est des plis 10, 14.

Cette grotte, connue de l'homme de la préhistoire qui y accomplissait les rites de sa religion, a été redécouverte de nombreux millénaires plus tard, en 1922. Intéressante par sa décoration naturelle, elle présente des gravures et des sculptures rupestres qui constituent des documents de grande valeur pour les préhistoriens.

Les « Robinsons » souterrains – Deux garçons de 14 ans ont été les héros de la découverte du Pech Merle. Mis en goût par les excursions et les recherches effectuées dans toute la région par l'abbé **Lemozi**, curé de Cabrerets, préhistorien et spéléologue, ils explorent une petite faille connue seulement pour avoir servi de refuge pendant la Révolution. Les deux amis s'aventurent en rampant dans un boyau étroit et gluant coupé de puits et obstrué par des concrétions calcaires. Après plusieurs heures d'efforts, ils contemplent de merveilleuses peintures.
L'abbé Lemozi, qui en fait peu après l'exploration rationnelle, reconnaît l'intérêt du sanctuaire souterrain et son aménagement est décidé. En 1949, la découverte d'une nouvelle salle a permis de retrouver l'accès primitif, celui qu'utilisaient les hommes il y a environ 10 à 20 000 ans pour pénétrer dans cette caverne.

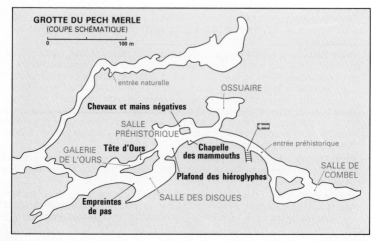

GROTTE DU PECH MERLE
(COUPE SCHÉMATIQUE)
0   100 m

entrée naturelle

OSSUAIRE

Chevaux et mains négatives

SALLE
PRÉHISTORIQUE

entrée préhistorique

GALERIE
DE L'OURS   **Tête d'Ours**

**Chapelle
des mammouths**

SALLE DE
COMBEL

Plafond des hiéroglyphes

**Empreintes
de pas**   SALLE DES DISQUES

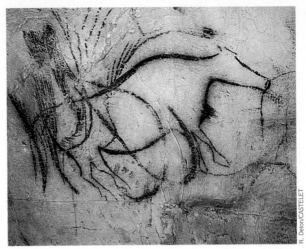

R. Delon/CASTELET

Peinture pariétale

VISITE ⊙ *environ 1 h 3/4*

A l'intérêt que présentent pour les amateurs de spéléologie des salles de vastes dimensions communiquant largement entre elles et décorées de très belles concrétions, la grotte du Pech Merle ajoute celui qu'offrent aux préhistoriens le spectacle de gravures et de peintures témoignant d'une technique déjà éprouvée et les traces matérielles du passage des hommes préhistoriques.

1 200 m de salles et de galeries sont actuellement accessibles aux visiteurs.

La salle préhistorique dans son niveau supérieur est ornée de dessins de bisons et de mammouths, exécutés au trait noir, formant une frise longue de 7 m et haute de 3 m. Cet ensemble est baptisé **« la chapelle des mammouths »** (ou encore frise noire).

La salle des Disques est ornée de nombreuses et curieuses concrétions, évoquant des disques, dont la formation est encore inexpliquée pour les spécialistes. Dans un gour se remarquent, pétrifiées, des empreintes de pas faites dans l'argile humide par un homme de la préhistoire.

On monte ensuite dans une galerie intéressante pour ses concrétions naturelles : colonnes aux dimensions impressionnantes, excentriques dont les fines protubérances défient les lois de la pesanteur, perles des cavernes qui retiennent l'attention par leurs couleurs allant du blanc étincelant de la calcite pure à l'ocre rouge dû à la présence dans le calcaire d'argile et d'oxyde de fer.

On redescend par un boyau, où est gravée une tête d'ours, dans la partie inférieure de la salle préhistorique. Là un panneau est décoré de **deux silhouettes de chevaux** *(voir photo p. 10)* surchargées et entourées de points, de signes mystérieux et d'empreintes de mains, dites « mains négatives », obtenues en contournant les doigts posés à plat sur le roc à l'aide de pigments. Les chevaux ont des silhouettes déformées avec un corps énorme et une tête minuscule (comme à Lascaux). Ces peintures et le plafond des hiéroglyphes décoraient un sanctuaire plus ancien que celui de la chapelle des mammouths. Dans la dernière salle visitée, la salle de Combel, on voit des ossements d'ours des cavernes et la racine particulièrement développée d'un chêne venant chercher l'humidité.

Musée Amédée-Lemozi ⊙ – C'est un centre de recherches et de vulgarisation pour la préhistoire en Quercy. L'étage inférieur ouvert au public comporte une salle où sont présentés de façon attrayante et didactique les ossements, les outils, les armes, les ustensiles, les œuvres d'art trouvés dans 160 gisements préhistoriques différents : les objets couvrent toute la période du paléolithique ancien à l'âge du fer. Une salle voisine évoque au moyen de photos les grottes ornées de la région (principalement Pech Merle et Cougnac). Enfin dans une salle de cinéma est projeté un film sur l'art paléolithique en Quercy.

PENNE

507 habitants
Carte Michelin n° 79 pli 19 ou 235 Nord-Est du pli 22 – Schéma p. 151.

S'accrochant à un piton rocheux qui surplombe la rive gauche de l'Aveyron, dans la partie la plus pittoresque de son cours, le vieux bourg de Penne, dominé par les ruines de son château occupe un **site★** remarquable. On en a une bonne vue de la D 33, au Nord du village, et de la D 133 au Sud.

Au-dessus des maisons aux toits plats se découpe la silhouette tourmentée de la puissante forteresse médiévale, dont certains pans de murs déchiquetés, posés à l'extrême pointe du rocher, semblent défier les lois de l'équilibre.

Village – *Laisser la voiture sur la D 9, à l'entrée du village.*

Une rue étroite mène à l'église dont le clocher-beffroi percé d'une porte ogivale marque l'entrée fortifiée du village. Le chœur perdit son caractère de bastion au 17e s. lorsqu'on y perça l'entrée principale de l'église. Du beffroi, une rue pittoresque bordée de maisons anciennes monte en direction du château, puis redescend vers la porte Peyrière, à l'autre extrémité du bourg.

La croix de la peste (17e s.), rappelant le fléau qui s'abattit à plusieurs reprises sur Penne, marque le départ du sentier qui grimpe à flanc de rocher vers les tours en ruine.

Château – Sa situation lui a permis de jouer un rôle de premier plan dans l'histoire du Quercy. Lors de la croisade des albigeois, il est l'enjeu de guerres sanglantes entre le seigneur de Penne, rallié à l'hérésie, et les partisans de Simon de Montfort. Plus tard pendant la guerre de Cent Ans, Anglais et routiers s'emparent tour à tour de la forteresse qui n'est tombée en ruine qu'au siècle dernier. De l'extrémité du promontoire se dégage une belle **vue**★ sur les tours et les pans très murs déchiquetés du château, sur Penne et la vallée de l'Aveyron.

Le PÉRIGORD NOIR★

Carte Michelin n° 75 plis 7, 17 ou 235 plis 2, 6.

Vaste plateau crétacé entaillé par la Vézère à l'Ouest et la Dordogne au Sud, le Périgord Noir confond en partie ses limites avec le Sarladais. Le qualificatif de noir évoque sa couverture forestière de chênes, de châtaigniers et de pins maritimes.

L'architecture traditionnelle des maisons, châteaux, manoirs et églises, dont les murs construits dans le beau calcaire doré de la région sont couverts de toits pentus en lauzes ou en petites tuiles plates au chaud coloris brun, est en parfaite harmonie avec ces paysages vallonnés et boisés. Une partie du Périgord Noir est décrite dans le chapitre Vallée de la Dordogne, de Souillac à Limeuil, et une autre dans celui de la vallée de la Vézère, de Montignac à Limeuil.

L'itinéraire décrit ci-dessous parcourt le triangle délimité par la Vézère et la Dordogne.

La Grande Filolie

DE MONTIGNAC A SARLAT

56 km – Environ 3 h – Schéma page suivante.

Montignac – *Voir à ce nom.*

La Grande Filolie – Au creux d'un vallon, ce pittoresque château présente un ensemble de bâtiments et de tours imbriqués les uns dans les autres datant des 14e et 15e s., construits en calcaire ocre et recouverts de toits de lauzes. C'est un exemple intéressant d'une résidence mi-château, mi-ferme, comprenant un repaire noble du 15e s., de forme quadrangulaire flanqué à chaque extrémité d'une tour carrée couronnée de mâchicoulis, un logis Renaissance, un pavillon d'entrée surmonté d'une bretèche et une chapelle dont l'extrémité est une tour ronde au toit très pointu.

★ **St-Amand-de-Coly** – *Voir à ce nom.*

★ **St-Geniès** – 736 h. C'est l'un des beaux villages du Périgord Noir, avec ses maisons de calcaire doré couvertes de lauzes, les ruines d'un donjon roman, et son château du 15e s. accoté à l'église. On pénètre dans celle-ci par un clocher-porche fortifié, rajouté au 16e s. Le chevet pentagonal est sommé d'une corniche à arceaux reposant sur des modillons sculptés de têtes.

La **chapelle du Cheylard**, petite construction gothique située au sommet d'une butte, derrière la poste, est ornée de belles **fresques**★ du 14e s. relatant la vie du Christ et de saints populaires.

La route à gauche après un calvaire, descend dans un frais vallon vers St-Crépin.

St-Crépin-et-Carlucet – 321 h. St-Crépin et Carlucet ne forment qu'une seule commune. On aperçoit d'abord, à St-Crépin, le ravissant **château de Lacypierre** ⊙, gentilhommière bâtie à la fin du 16e s. à l'emplacement d'une ancienne demeure fortifiée. Le logis rectangulaire est conforté de deux tourelles. L'ensemble est recouvert de lauzes.

En contrebas, l'**église** romane a été remaniée à l'époque gothique.

En continuant sur cette petite route qui serpente dans le vallon, on arrive à Carlucet.

Carlucet – L'église de Carlucet est accompagnée d'un curieux cimetière du 17e s. dont une partie des tombes se trouvent dans des enfeus creusés dans le mur d'enceinte.

Salignac-Eyvigues – *Page 158.*

Manoir d'Eyrignac – *Page 159.*

Ste-Nathalène – Sortir du bourg et suivre la direction Proissans sur 1,5 km. Le Moulin de la Tour ⊙ (16e s.), actionné par les eaux de l'Enea, perpétue la fabrication traditionnelle d'huile de noix et noisette. Nombreux étaient autrefois en Périgord les moulins céréaliers équipés pour le toit de sa production complémentaire, en hiver, d'huile de noix ; le mécanisme de celui-ci date de 150 ans. La visite fait découvrir les diverses étapes de la fabrication.

Temniac – Située sur une colline au-dessus de Sarlat d'où s'offre un beau **point de vue★** sur la ville, la chapelle Notre-Dame fut le but d'un pèlerinage fréquenté. L'édifice, du 12e s., présente les caractéristiques du style roman périgourdin avec sa nef voûtée de deux coupoles et son chœur à cinq pans. Une Vierge noire, objet de la dévotion, habite la crypte voûtée d'ogives archaïques. À côté s'élève l'enceinte du château, aujourd'hui en ruine, qui fut une commanderie des Templiers avant de devenir la résidence des évêques de Sarlat.

★★★ Sarlat – *Voir à ce nom.*

PÉRIGUEUX★★

Agglomération : 51 450 habitants (les Périgourdins)
Carte Michelin n° 75 pli 5 ou 233 plis 42, 43.

Bâtie dans la fertile vallée de l'Isle, Périgueux est une ville très ancienne dont l'histoire peut se lire dans la structure urbaine et ses deux quartiers distincts, chacun marqué par les coupoles de son sanctuaire : d'une part la Cité, dominée par le toit de tuiles de St-Étienne, d'autre part le Puy St-Front avec la silhouette byzantine aux multiples clochetons de l'actuelle cathédrale. On a un bon aperçu général de la ville du pont qui franchit la rivière dans le prolongement du cours Fénelon au Sud-Est.

La superbe Vésone – La source sacrée de Vésone est à l'origine de Périgueux. C'est près d'elle que les Gaulois **Pétrocores** (le terme Petrocorii, signifiant en celtique « les quatre tribus », a donné son nom à Périgueux et au Périgord) établissent, sur la rive gauche de l'Isle leur principal oppidum. Après avoir pris fait et cause pour la résistance de Vercingétorix contre César, les Pétrocores doivent accepter la domination romaine, mais profitent largement de la « paix romaine » qui fait de la ville l'une des plus belles cités de la province d'Aquitaine. Vésone s'étend au-delà de la boucle de l'Isle, tandis que s'élèvent temples, forums, basiliques, arènes et que l'eau est amenée jusqu'aux thermes par un aqueduc long de 7 km.

Cette prospérité est brusquement ruinée au 3e s. par les Alamans qui détruisent la ville ainsi que 70 autres bourgades de la Gaule.

La malheureuse cité – Pour éviter un nouveau désastre, les Vésoniens s'enferment dans une étroite enceinte ; les pierres des temples servent à élever un puissant rempart, les arènes sont transformées en donjon. Malgré ces précautions, la ville subit les sévices des envahisseurs barbares : Wisigoths, Francs et Normands la pillent et la brûlent tour à tour. Dans cette cascade de malheurs, Vésone, devenue humble bourgade, perd jusqu'à son nom. On ne l'appelle plus que la cité des Pétrocores, ou plus simplement la Cité. Au 10e s., siège d'un évêché fondé par saint Front, la Cité devient la modeste capitale du comté de Périgord.

L'ambitieuse Puy St-Front – Non loin de la Cité s'élevait un petit sanctuaire abritant le tombeau de saint Front, apôtre du Périgord. Objet d'un pèlerinage, ce lieu saint devient un centre monastique autour duquel se groupe un bourg actif : Puy St-Front, dont l'importance éclipse bientôt celle de la Cité.

Ses bourgeois participent aux ligues féodales contre les rois anglais, établissent le régime émancipateur du consulat puis prennent parti pour Philippe Auguste contre Jean sans Terre.

Peu à peu, l'envahissante St-Front s'adjuge les prérogatives de la Cité, les escarmouches se multiplient entre les deux rivales. La Cité, ne pouvant triompher d'une voisine protégée par le roi de France, doit accepter l'union. Le 16 septembre 1240, un acte d'union décide que la Cité et le Puy St-Front ne formeront qu'une seule communauté sous le gouvernement d'un maire et de 12 consuls.

La constitution municipale fut établie en 1251 et les deux villes s'assemblent sous le vocable de Périgueux. Chaque quartier garde cependant sa personnalité, la Cité est celui des clercs et des aristocrates, Puy St-Front celui des commerçants et des artisans.

Périgueux, la loyale – « Je puise ma force dans la fidélité de mes concitoyens », telle est la devise de Périgueux. Séparée de la France à la suite du traité de Brétigny en 1360, la ville répond la première à l'appel de Charles V et prend les armes contre les Anglais. C'est dans les murs de Périgueux que Du Guesclin prépare ses campagnes qui lui permettront de chasser l'envahisseur.

Peu après, le comte Archambaud V, soudoyé par les Anglais, trahit ouvertement le roi et maltraite les consuls. Une longue guerre s'ouvre entre les bourgeois patriotes et le suzerain félon ; à l'arrivée des troupes royales, Archambaud V s'enfuit et le Parlement confisque le Périgord au profit de la Couronne.

Pendant la Fronde, la bonne foi de Périgueux est surprise par Condé. Les frondeurs mettent la ville en état de siège, les églises St-Front et St-Étienne subissent de graves dommages. A bout de patience, les notables entraînent le peuple à la révolte ; la garnison est réduite à l'impuissance et, peu après, les troupes royales font une entrée triomphale.

Périgueux, préfecture – En 1790, lors de la création du département de la Dordogne, Périgueux est choisie comme préfecture, de préférence à Bergerac. Cette ville qui s'était peu à peu endormie et n'avait connu comme bouleversement au 18e s. que la création des allées de Tourny par l'intendant du même nom fut soudain l'objet d'un nouvel essor. Des avenues, de nouvelles places furent aménagées entre les quartiers anciens.

Périgueux aujourd'hui – Petite capitale régionale au centre d'une région agricole, Périgueux joue surtout un rôle de marché.

Ses spécialités gastronomiques, parmi lesquelles la truffe et le foie gras occupent des places de choix, ont acquis une renommée universelle. Ses fonctions sont essentiellement administratives et commerciales, cependant quelques industries se sont installées, les principales étant les ateliers de réparation de matériel ferroviaire et l'Imprimerie des timbres-poste. Le transfert de cette dernière de Paris à Périgueux constitua en 1970 une des plus précoces opérations de décentralisation et d'aménagement du territoire. La production, pour la France et une vingtaine de pays étrangers, de figurines postales (plus de 3,5 milliards par an !) s'accompagne de celle de valeurs fiduciaires (timbres fiscaux, vignette auto), postchèques et mandats.

★LES ÉGLISES A COUPOLES *visite : 1 h*

★St-Étienne-de-la-Cité (**BZ**) ⊘ – Construite au 12e s. à l'emplacement de l'antique temple de Mars, cette église, premier sanctuaire chrétien de la ville, fut consacrée par saint Front au martyr saint Étienne et resta cathédrale jusqu'en 1669 où elle fut remplacée par St-Front.

Elle comprenait une file de quatre travées à coupoles précédées d'un imposant clocher-porche. Les protestants ne laissèrent debout après l'occupation de la ville en 1577 que les deux travées orientales. Le palais épiscopal tout proche fut aussi démoli. Restaurée au 17e s., mutilée à nouveau pendant la Fronde, St-Étienne fut désaffectée à la Révolution et rendue au culte sous le Premier Empire.

Telle qu'elle nous est parvenue, cette église reste un exemple très pur du style roman périgourdin.

A l'extérieur on voit encore l'amorce d'une travée ruinée et les vestiges d'une coupole démolie.

A l'intérieur il est intéressant de comparer l'architecture des deux travées construites à un demi-siècle d'intervalle. La première, élevée au 11e s., est archaïque, fruste, trapue, obscure. Les grands arcs jouent le rôle de formerets et la coupole, la plus vaste du Périgord avec ses 15 mètres de diamètre, est éclairée par de petites fenêtres ouvertes dans la calotte hémisphérique elle-même. La seconde est plus élancée. La coupole cursive repose sur des arcs brisés à rouleau retombant sur des piliers carrés allégés dans leur aspect par des colonnes jumelées. Une élégante arcature aveugle à colonnes supporte la galerie de circulation au-dessus de laquelle les fenêtres moulurées à colonnettes dispensent leur lumière. Cette partie fut très endommagée par les huguenots et rebâtie au 17e s. avec une scrupuleuse volonté de recopier ce qui existait avant.

Contre le mur Sud de la première travée se trouve un imposant **retable** du 17e s. en chêne et noyer exécuté pour le Grand Séminaire. En face, l'arcade sculptée qui faisait partie du tombeau de Jean d'Asside, évêque de Périgueux de 1160 à 1169, encadre aujourd'hui des fonts baptismaux du 12e s.

Un chemin de croix contemporain a été réalisé par le peintre J.-J. Giraud.

★**Cathédrale St-Front** ⊘ (DZ) – Dédiée à saint Front, premier évêque de Périgueux, cette église est l'une des plus vastes du Sud-Ouest et l'une des plus originales de France. Élevée dans le plus pur style périgourdin, elle a été en grande partie reconstruite par Abadie à partir de 1852, dans le goût des pastiches du Second Empire. Il s'inspira de cette restauration pour établir ensuite les plans du Sacré-Cœur de Paris.

Dès le 6e s. est élevée une chapelle à l'emplacement du tombeau de saint Front. Autour du sanctuaire s'établit une abbaye dont on ne sait si elle était à l'origine augustinienne ou bénédictine. En 1047 une église plus vaste est consacrée. Ce second édifice est ravagé par un incendie en 1120 et l'on décide alors la construction d'une église encore plus grande, dans le prolongement de l'église endommagée.

Achevée vers 1173, cette troisième basilique, de type byzantin, rappelle par ses coupoles et son plan en croix grecque, rare en France, St-Marc de Venise et les Saints-Apôtres de Constantinople : c'est la première des églises à coupoles élevée le long de la voie romaine, encore fréquentée au Moyen Âge, allant de Rodez à Cahors et à Saintes.

En 1575, au cours des guerres de Religion, St-Front est pillée par les protestants, le trésor dispersé, le tombeau du saint détruit. Plusieurs restaurations sont menées sans tenir compte du plan original.

La réfection complète effectuée de 1852 à 1901 sous la direction des architectes Abadie et Boeswillwald s'est accompagnée de la destruction des bâtiments conventuels. Seul subsiste le cloître.

Extérieur – *Vue d'ensemble depuis la place de la Clautre.* Avant la restauration, les coupoles, couvertes de pierres et de tuiles, portaient de discrets amortissements. La façade donnant sur la place de la Clautre et les travées dévoûtées appartiennent à l'église du 11e s. Le beau clocher à étages est le seul élément de l'église du 12e s. à peu près conservé tel quel. Abadie s'est inspiré de sa lanterne pour concevoir les gros clochetons qui coiffent les nouvelles coupoles.

Intérieur – Pénétrer dans la cathédrale par le porche latéral Nord. Pour respecter l'ordre chronologique de la construction de l'édifice, on verra d'abord, tenant lieu de base au clocher, les vestiges de l'église du 11e s. : deux travées couvertes de coupoles juchées sur de hauts tambours.

De son prestigieux modèle roman, l'église réinventée par Abadie a repris les dimensions, la hardiesse des coupoles sur pendentifs et la puissance des curieux piliers creusés de passages en forme de croix.

Un monumental **retable**★★ en noyer meuble le fond de l'abside, magistral chef-d'œuvre de sculpture baroque provenant du collège des Jésuites. Il magnifie la Dormition et l'Assomption de la Vierge. Les stalles, du 17e s., sont celles de l'ancienne abbaye bénédictine de Ligueux.

Remarquer aussi la **chaire**★, bel exemple d'ébénisterie du 17e s., notamment l'Hercule soutenant la cuve auquel font écho les deux atlantes portant l'abat-son. Les cinq lustres de cuivre monumentaux, éclairant chacun une travée de l'édifice, furent dessinés par Abadie. Ils servirent pour le mariage de Napoléon III à N.-D. de Paris.

Cloître – Il date des 12e, 13e et 16e s. et présente une architecture mi-romane, mi-gothique.

La salle capitulaire est recouverte de voûtes d'arêtes retombant sur des colonnes. L'énorme « pomme de pin », au centre du cloître, coiffait autrefois le sommet du clocher. Un coq la remplaça à la Révolution puis ce fut l'ange placé par Abadie.

Dans les galeries du cloître sont présentés des éléments architecturaux de St-Front avant la restauration.

Périgueux – Les coupoles de St-Front

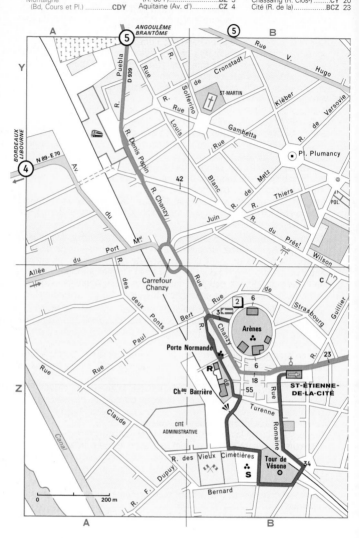

★ 1 QUARTIER DU PUY ST-FRONT *visite : 2 h*

L'ancien quartier des artisans et des commerçants a retrouvé un nouveau visage.
Déclaré secteur sauvegardé, il fait l'objet d'importantes restaurations. Ses façades
Renaissance, ses cours, ses escaliers, ses maisons nobles, ses échoppes ont été
sauvés de la ruine et remis en valeur. Les rues piétonnes ont retrouvé leur fonction d'artères commerçantes : les places du Coderc, de l'Hôtel-de-Ville s'animent
le matin avec le marché aux fruits et aux légumes tandis que la place de la Clautre
sert de cadre aux grands marchés du mercredi et du samedi.
En hiver, les prestigieuses ventes de truffes et de foie gras attirent des foules de
connaisseurs.
En été les tables des restaurants débordent sur le pavé et l'on peut savourer la
prestigieuse cuisine périgourdine dans un cadre d'une autre époque.
Partir de la tour Mataguerre, face à l'office du tourisme.

Tour Mataguerre (**CZ B**) ⊙ – Cette tour ronde, couronnée d'un parapet à mâchicoulis et percée d'archères, date de la fin du 15e s. et faisait partie du système de
fortifications qui protégeait le Puy St-Front au Moyen Âge. On voit encore l'arra-
chement du rempart côté rue de la Bride. Son nom lui viendrait d'un Anglais qui
y fut emprisonné.
Du sommet de cette tour s'offre une vue intéressante sur les toits de tuiles du
vieux quartier de Périgueux, les tours des maisons nobles, les coupoles de St-Front
et les collines environnantes dont la fameuse colline d'Écornebœuf qui était si raide
que les bêtes s'y rompaient le cou... et y perdaient leurs cornes.

Rue des Farges (**CZ**) – Aux nos 4 et 6, la **maison des Dames de la Foi** dresse sa façade
mutilée dont on lit encore l'ordonnance médiévale (13e s.) : arcs brisés au rez-de-
chaussée, plein cintre au niveau supérieur, loggia sous la toiture. Un petit clocheton

à un angle rappelle que l'édifice abritait au 17e s. un couvent d'une congrégation dont il a gardé le nom. L'édifice aurait accueilli Du Guesclin pendant la guerre de Cent Ans.

Rue Aubergerie (CZ 9) – Au n° 16, l'**hôtel d'Abzac de Ladouze** se compose d'un logis précédé d'une grande arche en plein cintre, soudé à une tour octogonale et à une tourelle en encorbellement, architecture caractéristique du 15e s. Aux nos 4 et 8, l'**hôtel de Sallegourde**, également du 15e s., présente une tour polygonale couronnée d'un chemin de ronde à mâchicoulis.

Rue St-Roch (CDZ 48) – Au n° 4, petite loggia à arcature décorée de pointes de diamants.

Rue de Sully (DZ 53) – Joliment restaurée, elle comporte des maisons à pans de bois.

Rue du Calvaire (DZ 16) – Les condamnés qui étaient exécutés place de la Clautre gravissaient cette rue qui était leur « calvaire ». On y voit au n° 3 une belle porte cloutée sous un portail Renaissance.

Place de la Clautre (DZ 26) – Une intéressante perspective s'offre sur l'imposante cathédrale St-Front. Son sous-sol renferme des sarcophages.

Place du Thouin (DZ 54) – Ses deux canons de bronze portant l'inscription « Périgueux 1588 » furent exhumés place du Coderc en 1979, à l'emplacement de l'ancien Consulat où était établie l'armurerie.

Maison natale de Daumesnil (DYZ D) – *7, rue de la Clarté*. Dans cette demeure présentant une façade du 18e s. naquit le 27 juillet 1776 le **général Pierre Daumesnil** qui suivit Napoléon à Arcole, en Égypte, puis à Wagram où il perdit une jambe. En 1815, alors qu'il était gouverneur du fort de Vincennes, il répondit à l'ennemi qui le sommait de quitter la place : « Je rendrai Vincennes quand on me rendra ma jambe. »

Place de l'Hôtel-de-Ville (CZ **37**) – La mairie est installée dans l'**hôtel de Lagrange-Chancel** (**H**) datant des 17e et 18e s. Au n° 7 une demeure du 15e s. présente une tour d'escalier polygonale caractéristique de l'époque. Ses mâchicoulis, comme l'échoppe qui borde la rue, sont néogothiques.

Place du Coderc (DY **27**) – A l'origine pré à parquer les cochons, elle devint par la suite le cœur géographique et administratif du Puy St-Front. Au début du 19e s., l'ancien consulat, centre de la vie municipale et siège du tribunal, y dressait encore son haut beffroi carré vieux de 600 ans. Sur son emplacement furent élevées les halles, vers 1830.

Rue de la Sagesse (CDY **50**) – Au n° 1, l'**hôtel de Lestrade** ⊘ (**E**) abrite un très bel **escalier Renaissance★** de plan carré, décoré de caissons au plafond, représentant des scènes de la mythologie, dont Vénus déposant les armes, symbole de la jeune mariée entrant dans la maison. Le H et le S entremêlés sont les initiales des Hautefort et des Solminihac.

Place St-Louis (CDY) – Elle est connue localement comme la « place du marché aux gras » : c'est là que les éleveurs vendent leurs foies d'oie, à la fin de l'automne. Elle s'orne d'une fontaine moderne décorée d'un bronze de Ramon : la Source.
En face, la **maison Tenant ou maison du Pâtissier** (**F**) est l'ancien hôtel des Talleyrand, constitué d'un logis en équerre accoté d'une tourelle en encorbellement. La porte d'angle est curieusement surmontée d'une double trompe. Un parapet à mâchicoulis délimite la petite cour intérieure. La façade sur la rue Éguillerie montre une **fenêtre** gothique d'une remarquable qualité.

Rue Lammary (DY **38**) – Au n° 5, rare superposition de fenêtres à meneaux d'angle.

★**Rue Limogeanne** (DY) – Cette rue menait autrefois à la porte Limogeanne qui s'ouvrait sur la route de Limoges. Grande artère piétonne du quartier sauvegardé, elle est bordée de nombreux magasins et de quelques beaux hôtels Renaissance.
Au n° 12, l'**hôtel de Méredieu** possède dans sa cour intérieure une porte sculptée du 15e s., ornée d'un blason rajouté au 17e s.
Au n° 7, au centre de l'imposte en fer forgé, remarquer les initiales A.C. Ce sont celles d'Antoine Courtois, traiteur célèbre au 18e s., connu jusqu'à la Cour de Prusse pour ses pâtés de perdrix. C'est dans les caves de ce logis qu'il officiait.
Au n° 5, la **maison Estignard** présente une élégante façade Renaissance avec lucarnes très ouvragées, fenêtres à meneaux, pilastres à chapiteaux décorés de têtes d'hommes, d'animaux et autres motifs.
Au n° 3, est installé le Service départemental de l'architecture. Derrière la lourde balustrade surmontant le portail, la cour intérieure se pare d'une belle porte ornée de grotesques sur le linteau, et de la salamandre de François 1er au tympan. L'escalier monumental donne accès à une exposition permanente sur la restauration d'immeubles de Périgueux.
Au n° 1, la **maison Lapeyre**, qui fait l'angle avec la place de Coderc, présente une tourelle d'angle en encorbellement.

★**Galerie Daumesnil** (DYZ **30**) – Elle s'ouvre en face du n° 3 rue Limogeanne. C'est un ensemble de cours et de petites places reliées les unes aux autres par des passages. Les demeures parasites qui s'étaient construites au fil des siècles ont été rasées, laissant des dégagements permettant d'admirer les belles façades des 15e-16e-17e s.
La galerie débouche sur la rue de la Miséricorde, sous un beau portail à fronton brisé.
Dans la rue St-Front percée au 19e s., on peut voir à gauche le curieux bâtiment de la loge maçonnique, percé de baies en archères. Les sculptures de la façade représentent les attributs de la maçonnerie.

Rue de la Constitution (DY **29**) – Au n° 3, la **porte de l'hôtel de Crémoux** est décorée d'un arc à choux frisés encadré de hauts pinacles.
Au n° 7, l'**hôtel de Gamanson** comprend deux corps de logis du 15e s. en retour d'équerre réunis par une tour d'escalier avec tourelle en encorbellement et fenêtres à meneaux. Un puits du 17e s. s'abrite sous une coupole outrepassée.

Rue du Plantier (DY) – Au-delà du carrefour avec la rue Barbecane, on verra le pignon à crochets, très aigu, de l'hôtel des Monnaies (n° 24), témoin de l'ancienneté de la demeure (16e s.).

Rue du Port-de-Graule (DY **45**) et rue Ste-Marthe (DZ **49**) – Elles ont gardé leur aspect moyenâgeux, avec leurs gros pavés inégaux, leurs portes basses, leurs départs de venelles–escaliers. En 1967, plusieurs scènes du film « Jacquou le Croquant » y furent tournées.

Les Quais (boulevard Georges-Saumande) (DYZ) – Le long de l'Isle quelques belles maisons se côtoient.
La **maison Lambert** (DZ **K**), dite maison aux colonnes à cause de sa galerie, est un bel hôtel Renaissance avec deux logis en équerre éclairés par des baies à meneaux.
A côté la **maison Cayla** (DZ **L**), dite maison des Consuls, fut construite au 15e s. sur le rempart. La toiture est décorée de lucarnes de style flamboyant.
Faisant l'angle avec l'avenue Daumesnil, la **maison de Lur** (DZ **N**) date du 16e s.
Sur les quais se poursuivant de l'autre côté de l'avenue Daumesnil, l'édicule à pans de bois, encorbellé sur le mur d'enceinte, est un vestige du **grenier du chapitre** cathédral, nommé le vieux moulin et qui autrefois surplombait la rivière.

② QUARTIER DE LA CITÉ : CIRCUIT ANTIQUE *visite : 1 h*

Situé à l'emplacement de l'ancienne Vésone, ce quartier possède encore de nombreux vestiges gallo-romains.

Les arènes (BZ) – Un agréable jardin public occupe aujourd'hui l'espace des arènes. Construit au 1er s., cet amphithéâtre elliptique, l'un des plus vastes de la Gaule avec ses 153 m sur 125, pouvait contenir 20 000 personnes. D'énormes blocs de maçonnerie font encore apparaître des cages d'escalier, des vomitoires et des voûtes, mais toute la partie inférieure reste enfouie dans le sol. La démolition des arènes commença dès le 3e s., lorsqu'elles furent aménagées en bastions et incorporées aux remparts de la cité. Au 11e s., un comte du Périgord y installa une forteresse qui fut démantelée en 1391 après la trahison d'Archambaud V. Transformées en carrières, les arènes servirent à l'édification de certains immeubles de la ville.

La muraille gallo-romaine – Plusieurs constructions ont été élevées sur l'enceinte elliptique du 3e s., par ailleurs définitivement abattue au cours des guerres de Religion.

Porte normande (BZ) – C'est le plus intéressant monument de cet ensemble, dont la date d'érection est controversée (3e ou 10e s. ?). Son nom vient de ce que, selon la tradition, elle aurait joué un rôle dans la défense de la ville contre les Vikings, qui au 9e s. remontaient l'Isle.

Maison romane (BZ R) – Bâtiment rectangulaire du 12e s., voisinant avec les vestiges d'une tour de l'enceinte gallo-romaine, où s'enchevêtrent éléments de chapiteaux, tambours de colonnes, etc. C'est ici que fut découvert l'autel taurobolique exposé au musée du Périgord.

Château Barrière (BZ) – Son donjon du 12e s. surmonte l'une des tours des remparts. Remanié à la Renaissance, il a gardé la belle porte d'honneur de sa tour d'escalier. De style flamboyant, elle rappelle par son ornementation à pinacles et choux frisés celle du château de l'Herm *(voir à ce nom).*

Prendre la rue de Turenne puis franchir le pont de chemin de fer qui donne accès à la rue des Vieux-Cimetières.

Du pont une vue intéressante s'offre sur le mur d'enceinte antique.

Tourner à gauche dans la rue des Vieux-Cimetières.

Domus du Bouquet, dite « villa de Pompeius » ⊙ (BZ S) – Les vestiges de cette domus (maison individuelle urbaine) furent découverts en 1959 alors que l'on s'apprêtait à construire un immeuble.
Les fouilles ont permis de dégager les bases de cette riche demeure gallo-romaine qui ordonnait ses pièces d'habitation et de service autour d'une cour carrée bordée d'un péristyle. Elle était dotée de tout le confort avec son chauffage par hypocauste (l'air chaud circulait dans des conduits de brique), ses bains. Une piscine et des baignoires individuelles complétaient cet ensemble ainsi que des ateliers d'artisans (forgeron, potier). Le site, aujourd'hui sans charme, doit faire l'objet d'une mise en valeur.

Tour de Vésone (BZ) ⊙ – Cette tour de 20 m de haut et de 17 m de diamètre est le seul vestige d'un temple dédié à la déesse tutélaire de Vésone. Élevé au cœur du forum de la cité antique sous le règne de Antonius au 2e s. apr. J.-C., ce temple comprenant à l'origine un péristyle était entouré de portiques et encadré par deux basiliques. La tour reste imposante malgré ses mutilations et la brèche qui la déchire.

AUTRES CURIOSITÉS

★**Musée du Périgord** (DY M¹) ⊙ – Situé sur les allées de Tourny à l'emplacement de l'ancien couvent des Augustins, ce musée a d'abord été créé autour des antiquités gallo-romaines de l'ancienne Vésone auxquelles s'ajoutèrent au fil des découvertes de riches collections provenant de nombreuses stations préhistoriques de la région. C'est aujourd'hui l'un des plus importants musées de préhistoire de France. Une collection d'ethnographie exotique, témoin d'une récente « préhistoire », complète cette présentation.

Section de préhistoire – Nous décrivons les collections selon l'ordre de la visite.
La salle Maurice-Féaux est consacrée au paléolithique inférieur et présente surtout des bifaces en silex et des outils de pierre. Dans une vitrine on voit le squelette néandertalien du Régourdou (env. 70 000 ans av. J.-C.) trouvé près de Montignac. La salle Michel-Hardy évoque le paléolithique supérieur et le mésolithique à travers les gros blocs sculptés de Castel-Merle, les galets peints du Mas d'Azil et surtout le squelette de l'homme de Chancelade, daté d'il y a 15 000 ans, trouvé dans l'abri-sous-roche de Raymonden avec tout le mobilier qui l'accompagnait. Le squelette de l'homme de Combe-Capelle, découvert à St-Avit-Sénieur (sépulture intentionnelle du gravettien inférieur, 25 000 ans av. J.-C.), est un moulage.
La salle Henri-Breuil montre l'évolution du néolithique à l'âge du fer à travers les polissoirs en grès, les haches polies, les poteries, les haches en bronze et des bijoux. S'y ajoutent des témoignages des « Temps Barbares ».

Précédant la salle « Vesunna Petrucorum », le vestibule orné d'une reconstitution de fresque de style pompéien contient deux pièces exceptionnelles : une **pompe à eau** en bois parfaitement conservée trouvée à Périgueux, et un **diadème funéraire**★ en or, œuvre de facture très délicate, exécutée au 3e s. en Grande Grèce.

Salle « Vesunna Petrucorum » : archéologie gallo-romaine – Provenant pour la plupart des fouilles de l'antique Vésone, les collections sont riches en mosaïques, en stèles, en cippes funéraires, en verreries et en poteries. On remarquera l'**autel taurobolique** trouvé près de la porte Normande. Dédié à Cybèle, cet autel qui servait aux sacrifices d'animaux porte sur une de ses faces une tête de taureau ceinte d'une bandelette avec le couteau de sacrifice et le crochet pour arracher les entrailles ainsi que l'aiguière et la coupe des libations.

L'autel dédié à Apollon provient également de Vésone, la **mosaïque de sol** à emblema (tableau central) représentant un cerf et une daine a été transférée d'une villa du 4e s. des environs de Terrasson.

Salle L – Le magnifique **épi de faîtage** en terre cuite émaillée de Thiviers décorait la toiture du château de la Borde : il représente son bâtisseur, Christophe Joumard, en tenue de lansquenet. Sur le mur, des caricatures du joyeux humoriste **Sem**, né à Périgueux.

Salle octogonale – Elle rassemble le mobilier médiéval, avec notamment le **diptyque de Rabastens** – enluminures du 13e s. sur parchemin de grand format – une petite pietà du 15e s. en pierre, d'une grande finesse d'exécution, et un « Dieu Bénissant » en bois polychrome, œuvre germanique du 15e s.

Département des peintures – Parmi les tableaux, remarquer le portrait de Fénelon par F. Bailleul. De beaux meubles sculptés sont également exposés, dont une armoire de sacristie du 15e s., ayant appartenu à l'abbaye de Chancelade.

Le Cloître – Ses galeries abritent les collections lapidaires de toutes les époques : inscriptions gallo-romaines, stèles funéraires, sculptures de la Renaissance, éléments architecturaux provenant de St-Front dont un retable représentant la Mort de la Vierge (12e s.)

Musée du Périgord, Périgueux

Périgueux – Épis de faîtage (16e s.), château de la Borde, Festalemps

Musée militaire du Périgord (**CZ M²**) ⊘ – Une multitude d'armes, de drapeaux, d'uniformes, évoque le passé militaire du Périgord du Moyen Âge à aujourd'hui et ses grands hommes d'armes tels Bugeaud, député de la Dordogne, et le général Daumesnil né à Périgueux. Le 50e Régiment d'infanterie basé à Périgueux depuis 1876 y est particulièrement à l'honneur. Ce musée conserve un drapeau de ce régiment que le colonel Ardouin s'enroula autour du corps lors de la capitulation de Sedan pour ne pas le livrer à l'ennemi.

ENVIRONS

Vallée de la Beauronne. – *Circuit de 45 km au nord de Périgueux – 2 h.*

★**Abbaye de Chancelade** – *Page 82.*

Prieuré de Merlande – *Page 83.*

Château-l'Évêque – Le château épiscopal donna son nom au village. Modifié à de nombreuses reprises depuis le 14e s., ce château se compose d'un corps de logis dissymétrique. Ses façades sur la vallée de la Beauronne sont percées de baies à croisillons de pierre et surmontées d'un chemin de ronde à mâchicoulis.
L'église paroissiale servit de cadre à l'ordination de saint Vincent de Paul par Mgr François de Bourdeille le 23 septembre 1600.

Agonac – *Page 42.*

Château de Caussade – *10 km au Nord-Est.*
Dans une clairière de la forêt de Lanmary, cette noble forteresse reproduit à petite échelle toutes les caractéristiques d'une maison forte du 15e s.
Son enceinte polygonale, entourée de douves à demi comblées, est flanquée de tours carrées.

Dans le guide Rouge Michelin France *de l'année,*
vous trouverez un choix d'hôtels agréables, tranquilles, bien situés, avec
l'indication de leur équipement (piscine, tennis, plage aménagée, aires de repos...)
ainsi que les périodes d'ouverture et de fermeture des établissements.

Vous y trouverez aussi un choix de maisons qui se signalent par la qualité de leur
cuisine : repas soignés à prix modérés, étoiles de bonne table.

Dans le guide Michelin Camping Caravaning France *de l'année,*
vous trouverez les commodités et les distractions offertes par de nombreux terrains
(magasins, bars, restaurants, laverie, salle de jeux, tennis, golf miniature, jeux
pour enfants, piscines...)

Château de PUYGUILHEM ★

Carte Michelin n° 75 Nord-Est du pli 5 ou 233 plis 31, 32
(10 km à l'Ouest de St-Jean-de-Côle) – Schéma p. 63.

Construit au début du 16ᵉ s. par Mondot de la Marthonie, premier président aux Parlements de Bordeaux et de Paris, le **château de Puyguilhem** ⊘ présente les caractères des châteaux du Val de Loire du temps de François Iᵉʳ. Racheté par les Beaux-Arts en 1939, il a été restauré et remeublé après la dernière guerre.

Le corps de logis est flanqué, d'un côté, d'une grosse tour ronde accolée à une tourelle octogonale, de l'autre, d'une tour barlongue aux pans coupés, renfermant l'escalier d'honneur. La décoration de l'ensemble, très homogène, offre beaucoup d'harmonie. La balustrade ajourée qui court à la base du comble du corps de logis, les lucarnes et les cheminées finement sculptées, les fenêtres à meneaux, les mâchicoulis délicatement décorés de la grosse tour ronde, contribuent à l'élégance de cet édifice de la première Renaissance.

A l'intérieur, admirer les **cheminées** ★ sculptées, en particulier celle de la salle des Gardes au manteau orné de rinceaux et de médaillons. Au 1ᵉʳ étage, celle de la grande salle des Travaux d'Hercule, en partie moderne, présente des piédroits ornés de niches à coquilles et un entablement représentant six des travaux du dieu antique. La charpente de châtaignier de la grande salle du 2ᵉ étage et les sculptures du grand escalier retiendront également l'attention.

Afin de donner à nos lecteurs l'information la plus récente possible, les conditions de visite des curiosités décrites dans ce guide ont été groupées en fin de volume.

Dans la partie descriptive du guide, le signe ⊘ placé à la suite du nom des curiosités soumises à des conditions de visite les signale au visiteur.

PUY-L'ÉVÊQUE

2 209 habitants
Carte Michelin n° 79 Sud du pli 7 ou 235 Est des plis 10, 14 – Schéma p. 118 –
Lieu de séjour.

La petite ville prit ce nom lorsqu'elle passa sous la suzeraineté de l'évêque de Cahors. Étagées sur la rive droite du Lot, dans l'un des sites les plus pittoresques de la vallée en aval de Cahors, ses vieilles maisons aux belles pierres ocre sont dominées par le donjon et l'église.

De la rive opposée, à l'entrée du pont, l'on découvre la meilleure **vue** d'ensemble sur la ville.

Église ⊘ – Située au Nord-Est de la ville, à l'extrémité du système de défense dont elle faisait partie, elle est précédée d'un puissant clocher-porche flanqué d'une tourelle.

Le portail, couronné d'un fronton en accolade, est décoré de statues où l'on reconnaît aux pieds du Christ en Croix, la Vierge et saint Jean. La nef, date des 14ᵉ et 15ᵉ s.

A gauche de l'église, une croix de calvaire est ornée de sculptures de facture archaïque.

Donjon – Seul vestige de l'ancien château épiscopal, il remonte au 13ᵉ s.

De l'esplanade de la Truffière, attenante au donjon, on découvre une vue étendue sur la vallée du Lot.

Château de PUYMARTIN

Carte Michelin n° 75 pli 17 (9 km au Nord-Ouest de Sarlat) ou 235 Sud-Est du pli 2.

Fait d'une belle pierre jaune et couvert de lauzes, le **château** ⊘ s'élève sur une colline abrupte au cœur du Périgord Noir. Construit aux 15ᵉ et 16ᵉ s. (restauré au 19ᵉ), il est formé de plusieurs corps de logis reliés à des tours rondes et cernés de courtines. Durant les guerres de Religion, ce fut une base catholique face aux protestants établis à Sarlat.

L'intérieur offre un **décor** ★ et un **mobilier** ★ de qualité. La chambre d'honneur est ornée de verdures d'Aubusson (18ᵉ s.) aux tons restés très frais. Jouxtant celle-ci, le charmant **cabinet de méditation** ★ est le petit joyau du château, par ses boiseries murales recouvertes de peintures à la détrempe évoquant des thèmes mythologiques. Dans la grande salle, dont la cheminée est habillée en trompe-l'œil et le plafond fait de poutres peintes au 17ᵉ s., on peut notamment admirer une suite de 6 tapisseries flamandes relatant la guerre de Troie, une table et des sièges Louis XIII, une commode Régence, un secrétaire Louis XV.

La visite permet d'accéder à une chambre de défense hexagonale voûtée en étoile, puis aux combles. Elle s'achève par la salle du rez-de-chaussée, ancienne salle d'armes, où sont rassemblés divers meubles, tapisseries et peintures.

RIBÉRAC

4 118 habitants
Carte Michelin n° 75 pli 4 ou 233 pli 41.

La petite capitale du Ribéracois, qui fut sous-préfecture jusqu'en 1926, est un des marchés agricoles les plus actifs de l'Aquitaine, aux foires grasses réputées.

Un poète admiré – Au château de Ribérac, démoli au 18ᵉ s., vit le jour vers 1150 le troubadour **Arnaut Daniel** (voir encadré) ; ce virtuose de la poésie lyrique occitane fit l'admiration de Pétrarque aussi bien que de Dante, qui lui rendit hommage en le faisant intervenir dans *La Divine Comédie*.

Ancienne collégiale Notre-Dame-de-Ribérac – Cette église, au chœur surmonté d'une coupole sur pendentifs, est devenue une salle d'expositions et de concerts après avoir bénéficié d'une complète restauration.

LE VAL DE DRONNE

Circuit de 105 km – Une 1/2 journée.

Dernière terre d'Occitanie avant les pays de langue d'oïl angoumois et charentais, le Ribéracois se distingue au sein de l'ensemble périgourdin par ses paysages largement ouverts, mettant à nu les moutonnements de ses collines blanchâtres vouées aux labours. A l'originalité des aspects naturels, cette région ajoute le charme de ses bourgs ruraux et une exceptionnelle densité d'**églises romanes à coupoles**, particulièrement rassemblées dans la riante vallée de la Dronne.

St-Martin-de-Ribérac – 607 h. Église du 12ᵉ s. dotée de deux coupoles, dont les calottes ont été remontées au 19ᵉ s. La bourgade vit naître en 1908 Guy de Larigaudie, l'une des grandes figures du scoutisme de l'entre-deux-guerres, mort au champ d'honneur en 1940.

Après la traversée du pont de Tocane-St-Apre, l'itinéraire se poursuit sur la rive droite de la Dronne.

Montagrier – 397 h. Tout près d'une terrasse de laquelle se révèle une vue étendue sur la vallée, se dresse l'église de Montagrier, chapelle d'un prieuré disparu qui dépendait de Brantôme. Seuls subsistent de l'édifice du 12ᵉ s. le carré du transept, couvert d'une coupole sur pendentifs, et l'**abside trilobée** nantie de deux absidioles en appendice, dispositif unique en Périgord. Au-dessus de l'arc triomphal, remarquer le réemploi d'un chrisme en bas-relief, du 6ᵉ s.

Grand-Brassac – 488 h. Cette petite bourgade possède une intéressante **église fortifiée** ⊘. Pour servir de refuge aux villageois furent installés, dès le 13ᵉ s., les dispositifs fortifiés qui donnent à cette église un aspect sévère : créneaux, galeries de défense, ouvertures très étroites ressemblant plus à des meurtrières qu'à des fenêtres. Le portail de la façade Nord a reçu une **décoration sculptée** de fragments de diverses époques : au-dessus d'un arc orné de beaux rinceaux qui abrite des statuettes ayant appartenu à une Adoration des Mages, cinq statues du 16ᵉ s. sont disposées sous un auvent. On reconnaît le Christ entre saint Jean et la Vierge, plus bas saint Pierre et un autre saint. A l'intérieur, l'étroitesse de la nef accentue le caractère élancé du vaisseau.

Villetoureix – 779 h. Situé au bord de la Dronne à 1 km en amont du bourg, le manoir de la Rigale incorpore une **tour d'époque gallo-romaine**, sans doute une ancienne cella de temple comparable, avec des dimensions moindres, à la tour de Vésone à Périgueux. Dans le village, église à file de coupoles.

★**Aubeterre-sur-Dronne** – *Voir à ce nom.*

St-Aulaye – L'église Ste-Eulalie, à la belle façade de style saintongeais, a perdu la coupole qui coiffait sa croisée de transept. L'élégant château du 16ᵉ s. qui abrite la mairie a appartenu à la famille Chabot dont un fils, Guy Chabot de Jarnac, seigneur de St-Aulaye, fut l'auteur du fameux « coup de Jarnac » : grâce à cette botte secrète apprise d'un spadassin italien, il sortit vainqueur du duel l'opposant au favori du roi Henri II.

Parcoul – Halte de détente pour les parents et les enfants, le **parc de loisirs du Paradou** ⊘ s'étend sur 15 ha autour d'un plan d'eau et offre de nombreux divertissements (golf miniature, petit train, tennis, toboggan aquatique, trampolines...).

Revenir à St-Aulaye par la D 44.

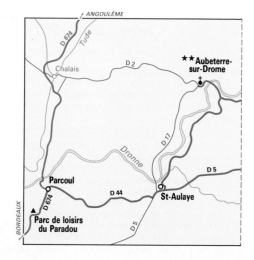

St-Privat-des-Prés – *Voir à ce nom.*

Cumond – Dans un joli hameau, près d'une ferme dotée d'un imposant pigeonnier, l'église à coupole, du 12e s., possède un remarquable **portail** à neuf voussures, et chapiteaux sculptés de motifs géométriques. L'abside a aussi été délicatement décorée, intérieurement et extérieurement.

Vanxains – Le bourg conserve quelques belles maisons des 16e-18e s. et une **église** romane fortifiée. A l'intérieur, l'ample chœur rectangulaire éclairé par une triple baie, décoré d'arcs d'applique et parcouru de cordons sculptés très ornementaux, l'avant-chœur sous coupole aux élégants chapiteaux, signent l'origine romane de cet édifice très remanié. On verra dans le collatéral Nord du vaisseau gothique (15e s.) un maître-autel en bois sculpté du 17e s. Le lourd clocher-porche remonte au 16e s.

Arnaut Daniel, « Grand Maître de la Poésie »

Vers la fin du 12e s., la région située aux confins du Périgord et du Limousin a compté un nombre particulièrement élevé de troubadours de grand talent, parmi lesquels Arnaut Daniel, natif de Ribérac. Celui-ci accomplit, entre 1180 et 1210 environ, une très brillante carrière poétique, au point d'être tenu par Dante et Pétrarque pour le meilleur artiste en langue d'oc. Poète raffiné de l'amour, virtuose extraordinaire de la versification, inventeur de la Sestine (chanson de six couplets de six vers), il fut l'un des représentants les plus accomplis du « trobar ric », mode créatif accumulant à souhait les difficultés : emploi de mots rares et précieux, rimes équivoques, périphrases... De son abondante production, seulement dix-huit pièces nous sont parvenues, dont deux assorties de leur accompagnement musical. Ces quelques vers, extraits d'une sestine fort prisée en son temps, donnent un aperçu de l'art du troubadour Arnaut Daniel :

... «Tant fin'amors com cela qu'el còr m'intra
    Non cug fos anc en còrs, ni eis en arma ;
    On qu'ilh estèi, fors en plaz', o dins cambra,
    Mos còrs no'is part de lièis tant com ten l'ongla. »

Traduction :

    Si fine amour, qui dans le cœur me rentre
    Ne fut jamais en corps, ni même en âme ;
    Où qu'elle soit, dehors ou dans sa chambre,
    Mon cœur y tient comme la chair à l'ongle.

Sestine «Lo ferm voler qu'el còr m'intra »

Texte et Traduction proposés par P. Bec/Anthologie des troubadours, 10/18.

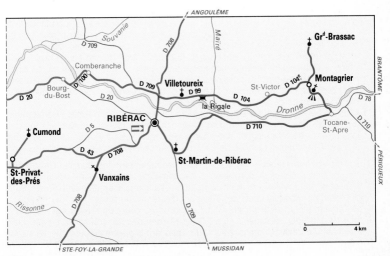

ROCAMADOUR★★★

627 habitants (les Amadouriens)
Carte Michelin n° 75 plis 18, 19 ou 239 pli 38 – Schéma p. 107.

Surmontée par le fin donjon de son château, Rocamadour accroche un extraordinaire entassement de vieux logis, d'oratoires, de tours et de rocs en surplomb aux flancs escarpés d'une falaise dominant de 150 m le canyon de l'Alzou. Son site dont la réputation est bien établie est l'un des plus extraordinaires de France *(voir photo p. 41)*.

★★★ **Le site** – C'est par la route de l'Hospitalet qu'il faut arriver à Rocamadour. D'une terrasse formant belvédère on découvre une **vue** remarquable sur Rocamadour : tandis que l'Alzou, au fond d'une gorge, serpente au milieu des prairies, se détache à 500 m environ, agrippé à la falaise du causse, l'extraordinaire profil du village dont l'élévation, d'une hardiesse invraisemblable, est un défi à l'équilibre ; audessus du bourg s'étage la cité religieuse couronnée par les remparts du château. C'est le matin quand le soleil éclaire violemment le rocher, le moment le plus favorable pour découvrir cette vue d'ensemble.

De la D 32, route de Couzou, on découvre également, en descendant du plateau à hauteur d'un chemin prenant sur la gauche, une vue saisissante sur Rocamadour.

LE ROC AMADOUR, HAUT LIEU DE LA CHRÉTIENTÉ MÉDIÉVALE

L'énigmatique saint Amadour – Son identité n'a pu être établie d'une façon formelle. Un chroniqueur rapporte qu'en 1166 « un habitant de la localité ayant manifesté le désir d'être enterré sous le seuil de la chapelle élevée à la Vierge, on trouva en creusant la terre un corps intact, que l'on déposa auprès de l'autel pour l'exposer à la vénération des fidèles et que de nombreux miracles se produisirent depuis lors en ce lieu ».

Quel était ce personnage mystérieux dont la sépulture semblait très ancienne ? On a soutenu sur ce point les thèses les plus contradictoires. Certains auteurs en font un ermite égyptien, d'autres l'identifient à saint Sylvain. La légende la plus souvent répandue (à partir du 15ᵉ s.) est qu'il s'agit du publicain Zachée, disciple du Christ et mari de sainte Véronique, celle-là même qui, rencontrant le Christ montant au calvaire, aurait essuyé avec un voile le visage couvert de sueur et de sang de Jésus. Tous deux seraient venus s'établir en Limousin et, à la mort de Véronique, Zachée se serait retiré dans cette vallée de l'Alzou, alors désertique et sauvage. C'est là pure légende ; une seule chose est certaine : il s'agissait d'un ermite, familier du rocher qui souvent lui servait d'abri ; la traduction de l'expression occitane « roc amator » = « qui aime le rocher » décida du nom de ce village sanctuaire, qui devint par la suite Roc Amadour puis Rocamadour.

La renommée de Rocamadour – Dès les premiers miracles et jusqu'à la Réforme, le pèlerinage de Rocamadour est l'un des plus célèbres de la chrétienté. Les foules y accourent. Les jours de grands pardons où l'indulgence plénière est accordée, 30 000 personnes se pressent à Rocamadour. Comme le village est trop exigu, la vallée de l'Alzou est transformée en un vaste campement. Henri Plantagenêt, roi d'Angleterre, miraculeusement guéri, est l'un des premiers à s'agenouiller devant la Vierge et son exemple est suivi, au cours du Moyen Âge, par les plus illustres personnages : saint Dominique, saint Bernard, saint Louis et Blanche de Castille, Philippe IV le Bel, Philippe VI et Louis XI. Le culte de N.-D. de Rocamadour s'établit à Lisbonne, à Porto, à Séville et même en Sicile ; l'étendard de Rocamadour, déployé à la bataille de Las Navas de Tolosa, met en fuite les musulmans et donne la victoire aux rois catholiques d'Espagne.

Le pèlerinage et les pénitents – Les tribunaux ecclésiastiques, et parfois les tribunaux civils, ont fréquemment imposé le pèlerinage de Rocamadour. C'était une grande pénitence, infligée surtout aux hérétiques albigeois qui passaient pour haïr la Mère de Dieu. Le jour de son départ, le pénitent entendait la messe et, vêtu d'un costume orné de grandes croix, coiffé d'un vaste chapeau, il partait bourdon en main et besace au dos. Arrivé au terme de son voyage, le pèlerin se dépouillait de ses vêtements et, en chemise, gravissait à genoux les fameux degrés. On lui attachait alors des chaînes aux bras et au cou. Conduit devant l'autel de la Vierge noire, il prononçait l'amende honorable dans cette posture humiliante. Le prêtre récitait les prières purificatrices et enlevait ses fers au pénitent qui, désormais sanctifié, recevait une attestation du recteur et une « **sportelle** », sorte de médaille de plomb à l'image de la Vierge miraculeuse.

Mais les pèlerinages n'étaient pas toujours un but d'actions pieuses : les seigneurs, les consuls des villes aimaient à se placer sous la protection de Notre-Dame pour conclure un traité ou signer une charte. On venait aussi à Rocamadour par curiosité pour rencontrer nombre de gens ou éventuellement traiter des affaires.

Déclin et renaissance – Au 13ᵉ s., Rocamadour atteint son apogée. On y obtient des grâces refusées à Jérusalem ; les donations affluent sans cesse. Mais les richesses accumulées suscitent de nombreuses convoitises. Pendant un siècle, les abbayes de Marcilhac et de Tulle se disputent la possession de l'église de Rocamadour ; après arbitrage Tulle l'emporte. Au cours du Moyen Âge, la ville est plus d'une fois saccagée : Henri-Court-Mantel révolté contre son père Henri Plantagenêt, dévaste l'oratoire en 1183 ; pendant la guerre de Cent Ans, les bandes anglaises et les routiers pillent à plusieurs reprises le trésor : au cours des guerres

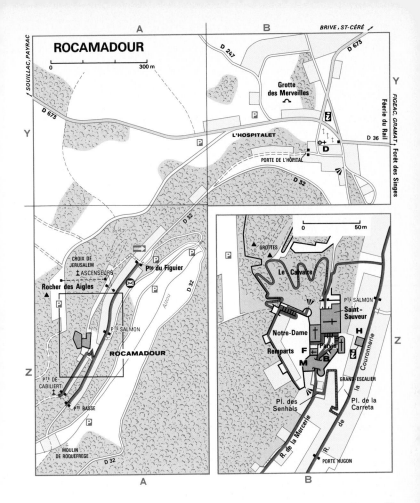

de Religion, le capitaine protestant Bessonies s'empare de Rocamadour qu'il profane et dévaste : seules, la Vierge et la cloche miraculeuse échappent à la destruction. Le corps toujours intact de saint Amadour est livré aux flammes : il ne brûle pas ! De rage, Bessonies le brise à coups de marteau. Rocamadour ne se relève pas de ses ruines, le sanctuaire végète jusqu'à la Révolution qui lui porte le coup de grâce. Au 19e s., les évêques de Cahors essaient de faire renaître le pèlerinage : les sanctuaires sont restaurés. Avec une partie de sa splendeur passée, Rocamadour a retrouvé la ferveur des pèlerins et c'est encore aujourd'hui le centre d'un pèlerinage très suivi.

LE BOURG *visite : 1/2 h*

Le bourg et la cité religieuse sont piétonniers. On y accède soit depuis le plateau (parking) à pied ou en ascenseurs (payants), soit depuis la vallée de l'Alzou (parkings), à pied, ou en petit train (payant) jusqu'au bourg ; de celui-ci à la cité religieuse, on a le choix entre les escaliers de la Via Sancta et l'ascenseur.

Ancienne ville forte, Rocamadour a conservé de nombreux témoins de son passé défensif. Par la **porte du Figuier (AZ)**, qui existait au 13e s., on pénètre dans la rue principale du village, encombrée de magasins de souvenirs, rue étroite accrochée au rocher, et que domine en surplomb l'étagement des maisons, des sanctuaires et du château.

Au-delà de la porte Salmon, surmontée d'une tour à deux étages, se dresse à droite l'hôtel de ville.

Hôtel de ville (BZ H) ⊘ – Il est installé dans une maison du 15e s., restaurée, appelée la Couronnerie ou maison des Frères. Dans la salle du Conseil sont exposées deux belles **tapisseries★** dues à Jean Lurçat représentant la flore et la faune du causse.

En continuant de suivre la rue de la Couronnerie, on passe sous la porte Hugon, du 13e s. Jusqu'à la porte Basse, la rue traverse un pittoresque quartier dont les petites maisons dévalent la pente jusqu'à l'Alzou, près duquel se dresse le vieux moulin fortifié dit « de Roquefrège ».

LA CITÉ RELIGIEUSE

Gravir les 233 marches du Grand Escalier (« Via Sancta ») dont les pèlerins font souvent l'ascension en s'agenouillant à chaque degré. Les 141 premières marches conduisent en cinq paliers à une plate-forme où s'élèvent les habitations des chanoines, aujourd'hui converties en magasins et en hôtelleries.

145

Le Fort (**BZ B**) – Ancien palais des évêques de Tulle, c'est un vaste bâtiment d'aspect militaire, que surplombe l'énorme rocher de la falaise. Il abritait les pèlerins illustres. Construit au 14ᵉ s., il a été restauré au 19ᵉ s., par un élève de Viollet-le-Duc. Sur cette plate-forme, dite place des Senhals parce qu'on y fabriquait des insignes de pèlerinage appelés « senhals » ou « sportelles », débouche la petite rue de la Mercerie.

Rue de la Mercerie (**BZ**) – Cette rue, la plus ancienne, est bordée de jardins en terrasses ; elle aboutit à la porte de Cabiliert, du 13ᵉ s., que flanquait autrefois une tour de défense.

La **porte du Fort**, percée sous le mur d'enceinte du palais, permet d'accéder à l'Enceinte Sacrée. Un escalier de 75 marches conduit au parvis entouré des sanctuaires.

Le parvis des églises (**BZ**) – Également appelé place St-Amadour, c'est un espace assez restreint autour duquel s'élèvent sept sanctuaires : la basilique St-Sauveur en face de l'escalier, la crypte St-Amadour sous la basilique, la chapelle Notre-Dame ou chapelle miraculeuse à gauche, à droite les trois chapelles St-Jean-Baptiste, St-Blaise et Ste-Anne, tandis que la chapelle St-Michel se dresse à gauche sur une terrasse.

Basilique St-Sauveur – De style romano-ogival (11ᵉ-13ᵉ s.), elle comprend deux nefs égales de trois travées, séparées par de grosses colonnes. L'un des murs est remplacé par la roche de la falaise sur laquelle viennent prendre appui les arcs de la troisième travée. La mezzanine en bois a été rajoutée au siècle dernier pour pallier la petitesse de la basilique lors des grands pèlerinages.

Au-dessus de l'autel se dresse un beau **Christ** en bois polychrome du 16ᵉ s. dont la croix représente un arbre écoté.

Crypte St-Amadour ⊘ – C'est une église inférieure qui s'étend sous la basilique St-Sauveur. Elle comporte un chevet plat et deux travées sous voûtes quadripartites. Elles servaient autrefois de lieu de culte : on venait y vénérer le corps de saint Amadour.

Chapelle Notre-Dame (**BZ**) – Du parvis, un escalier de 25 marches s'élève jusqu'à la chapelle miraculeuse, considérée comme le « Saint des saints » de Rocamadour. C'est en effet que l'ermite avait, dit-on, aménagé un oratoire dans le roc. Écrasée en 1476 par la chute d'un rocher, elle fut reconstruite en gothique flamboyant. Cette nouvelle chapelle, saccagée pendant les guerres de Religion et sous la Révolution, a fait l'objet d'autres travaux au siècle dernier.

Sur la façade extérieure à droite de la porte flamboyante subsiste une partie de la fresque du 13ᵉ s. illustrant la danse macabre « des trois morts et trois vifs ». Trois squelettes menaçants sont prêts à ensevelir ou à tuer.

Dans la pénombre de la chapelle noircie par la fumée des cierges, on découvre sur l'autel la Vierge miraculeuse appelée aussi **Vierge noire**★ : de petite taille (69 cm) elle est assise, très rigide, portant sur son genou gauche, sans la tenir, l'Enfant Jésus au visage d'adulte. Cette statue reliquaire en bois de facture rustique date du 12ᵉ s. Sculptée dans du noyer, elle était recouverte de lames d'argent dont subsistent quelques lambeaux noircis par la fumée des cierges et l'oxydation.

Tout autour ont été accrochés de nombreux témoignages de reconnaissance : ex-voto, fers qu'on mettait jadis aux pèlerins pendant certaines cérémonies de pénitence. Suspendue à la voûte et difficile à distinguer dans la pénombre, une très vieille **cloche**, faite de plaques de fer assemblées et datant sans doute du 9ᵉ s., sonnait d'elle-même pour annoncer les miracles, par exemple lorsque les marins perdus en mer invoquaient Notre-Dame de Rocamadour.

Dès le 11ᵉ s. le pèlerinage de Rocamadour fut très populaire chez les marins bretons et une chapelle N.-D.-de-Rocamadour a été élevée à Camaret. Cette tradition explique la présence de petits navires parmi les ex-voto.

En sortant de la chapelle Notre-Dame, on peut voir au-dessus de la porte une grossière épée de fer enfoncée dans la paroi rocheuse. La légende l'identifie à « **Durandal** » la célèbre épée de Roland et raconte que cerné par les Sarrasins et ne pouvant casser son épée, Roland implora l'archange saint Michel et lança son épée qui d'un seul jet vint se planter dans le rocher de Rocamadour, loin des Infidèles.

Chapelle St-Michel (**BZ F**) ⊘ – Surélevée de quelques marches, cette chapelle de style roman est complètement abritée par un encorbellement rocheux. Son abside, dans laquelle s'inscrit un petit oratoire, fait saillie du côté du parvis. Elle servait pour les offices des moines du prieuré qui y avaient aussi aménagé leur bibliothèque.

Sur le mur extérieur deux fresques représentent l'Annonciation et la Visitation : l'habileté de la composition, la richesse des tons (ocre, jaune, rouge-brun, fond bleu roi), l'élégance des mouvements semblent témoigner d'une œuvre réalisée au 12ᵉ s. et inspirée à la fois des châsses limousines (saillies rondes qui parsèment le fond) et des mosaïques byzantines (personnages aux visages basanés).

Au-dessous, une autre fresque du 14ᵉ s. montre un immense saint Christophe, patron des voyageurs et par extension des pèlerins.

A l'intérieur, le chœur est orné de peintures, moins bien conservées que celles de l'extérieur : le Christ en majesté est entouré des évangélistes, tandis qu'au-dessous un séraphin et l'archange saint Michel pèsent les âmes.

★ **Musée d'Art sacré (Francis-Poulenc)** (**BZ M**) ⊘ – Il est dédié au grand musicien qui, après avoir reçu le « coup de poignard de la grâce » lors d'une visite à Rocamadour en 1936, composa les « Litanies à la Vierge noire de Rocamadour ».

Dans le hall, des cartes, une statue de saint Jacques en pèlerin (Rocamadour était une étape vers St-Jacques-de-Compostelle), des documents divers évoquent l'histoire de Rocamadour et de son pèlerinage. Le vestibule présente des objets provenant du sanctuaire comme le vitrail du 13ᵉ s. montrant la mort de saint Martin, seul vestige des verrières de St-Sauveur, et le reliquaire de saint Amadour (17ᵉ s.) qui contenait les reliques du corps du saint détruit pendant les guerres de Religion. La première galerie rassemble des ex-voto, toiles et bois sculptés, la plupart du 17ᵉ s. Un panneau naïf daté de 1648 montre saint Amadour saluant la Vierge par l'Ave Maria, à côté une statue baroque d'origine flamande représente le prophète Jonas sous l'aspect d'un vieillard écrivant.

La salle du trésor rassemble quelques très belles pièces provenant du Trésor jadis fabuleux du sanctuaire. Les **châsses limousines** de Lunegarde (12ᵉ s.), de Laverhne (12ᵉ s.) et de Soulomès (13ᵉ s.) décorées d'émaux montrent la virtuosité des artistes limousins. Parmi les autres œuvres présentées, citons le chef reliquaire en argent doré de saint Agapit (14ᵉ s.), la monstrance reliquaire en argent surmontée du Christ en croix entre la Vierge et saint Jean, une croix processionnelle en argent du 15ᵉ s. et une Vierge assise en bois mutilée du 12ᵉ s. La galerie suivante est consacrée aux peintures religieuses des 17ᵉ, 18ᵉ et 19ᵉ s.

En sortant du musée, emprunter la galerie dite « le tunnel » qui passe sous la basi-lique St-Sauveur et conduit à une terrasse dominant le canyon de l'Alzou.

LE PLATEAU

Calvaire (BZ) – Un chemin de croix ombragé, en lacet, monte vers les remparts. Après les grottes de la Nativité et du Sépulcre, on aperçoit la grande croix de Jérusalem, apportée des Lieux saints par les pèlerins de la Pénitence.

Remparts (BZ) ⊘ – Ce sont les vestiges d'un fort du 14ᵉ s. destiné à barrer l'éperon rocheux et à protéger le sanctuaire. Adossée à ce fort, la demeure des chapelains de Rocamadour a été construite au 19ᵉ s.

De ces remparts en surplomb se révèle un **panorama**★★★ remarquable sur le causse, les gorges de l'Alzou, le site de Rocamadour et le cirque de rochers qui l'entoure.

Rocher des Aigles (AZ) ⊘ – Tout près des remparts se trouve un centre d'élevage et de reproduction de rapaces qui présente d'étonnantes démonstrations de rapaces dressés, en vol.

Pour redescendre au bourg, revenir à une esplanade au niveau de l'enceinte sacrée et emprunter l'ascenseur qui permet de gagner la rue principale près de la porte Salmon.

L'HOSPITALET

Le nom de ce village, sur le rebord de la falaise de Rocamadour, lui vient d'un petit hôpital fondé au 11ᵉ s. par Hélène de Castelnau, pour soigner les pèlerins sur la route du Puy à Compostelle.

Il reste peu de vestiges de cet hôpital, la **chapelle** romane (BY D), qui se trouve au milieu du cimetière, a été remaniée au 15ᵉ s.

L'Hospitalet, où se trouve un important syndicat d'initiative, est très fréquenté pour son point de vue sur le site de Rocamadour.

Grotte des Merveilles (BY) ⊘ – Découverte en 1920, cette petite grotte, à 8 m seulement de profondeur, présente quelques belles formations : stalactites, sta-lagmites, gours où se reflètent la voûte et ses concrétions, etc. Sur ses parois quelques peintures rupestres remontant sans doute au solutréen (il y a env. 18 000 ans) représentent des mains négatives, des ponctuations, quelques chevaux, un félin, un cervidé schématique.

Féerie du rail ⊘ – 60 trains en miniature circulent dans l'univers animé d'une **maquette**★ géante (70 m²), fourmillant de détails. Par le bruitage et l'éclairage, l'attention est guidée successivement sur les principales scènes de la vie citadine, montagnarde et campagnarde.

Forêt des singes ⊘ – Sur 10 ha boisés, 150 singes vivent en liberté dans ce cadre qui rappelle les hauts plateaux d'Afrique du Nord, dont ils sont originaires. Ce sont des magots ou macaques de Barbarie (c'est-à-dire de Berbérie) dont l'espèce est en voie de disparition.

LA ROQUE-GAGEAC★★

407 habitants (les Laroquois)
Carte Michelin n° 75 pli 17 ou 235 Ouest du pli 6 – Schéma p. 93.

Adossé à une falaise qui surplombe la Dordogne, le village de La Roque-Gageac occupe un **site**★★ admirable, l'un des plus beaux de cette fraction de vallée qui, en quelques kilomètres, voit s'échelonner Domme, Castelnaud, Beynac-et-Cazenac.

★★**Le coup d'œil** – C'est en abordant La Roque-Gageac par l'Ouest qu'on en a la meilleure vue d'ensemble. En fin d'après-midi, le soleil éclaire la haute falaise grise couverte de chênes verts tandis que les maisons aux toits de lauzes ou de tuiles se reflètent dans la rivière. Au premier plan se détache la silhouette du château de la Malartrie et à l'autre extrémité du village, apparaît, sous le surplomb de roche, le charmant manoir de Tarde.

Le village – Des ruelles pittoresques, où les habitations de paysans et d'artisans côtoient de nobles demeures, s'agrippent à l'à-pic rocheux. L'une d'elles, débutant à droite de l'hôtel Belle Étoile, grimpe à travers une végétation luxuriante vers la petite église (beau point de vue sur la Dordogne), puis le manoir de Tarde.

K. Hackett/VLOO

Manoir de Tarde – Deux logis à pignons aigus, percés de fenêtres à meneaux, accostent une tour cylindrique. A ce manoir est attaché le nom de la famille Tarde, dont les membres les plus célèbres ont été le chanoine Jean Tarde, humaniste sarladais du 16e s. qui fut historien, cartographe, astronome, mathématicien, et, au siècle dernier, le sociologue Gabriel Tarde.

Au sommet de la falaise, une trace claire rappelle qu'une tragique nuit de 1957, un énorme bloc se détacha de la paroi, écrasant maisons et dormeurs.

Château de la Malartrie – Cet édifice n'a été construit qu'au début du 20e siècle en s'inspirant très fortement du style du 15e s.

GROTTE DE ROUFFIGNAC★

Carte Michelin n° 75 Sud-Est du pli 6 ou 235 Nord-Est pli 1.

Cette **grotte** ⊘ sèche, appelée aussi Cro de Granville, était déjà connue au 15e s. Ses galeries ont plus de 8 km de longueur. La visite, en chemin de fer électrique, fait parcourir 4 km dans les galeries principales.

En 1956, le professeur L. R. Nougier signala son remarquable ensemble de dessins au trait noir et de **gravures★** exécuté au magdalénien moyen ou supérieur (il y a environ 10 à 13 000 ans). Ces gravures représentent des chevaux, des bouquetins, des rhinocéros, des bisons et surtout des mammouths parmi lesquels on remarquera le « Patriarche » et une étonnante frise de deux hardes s'affrontant.

Le plafond de la dernière salle (malheureusement couvert de graffiti) présente un ensemble exceptionnel de dessins.

Église de Rouffignac – 5 km au Nord. Elle a seule échappé à la destruction systématique de la localité en mars 1944, le bourg ayant été reconstruit.

Elle s'ouvre par un intéressant clocher-porche dont le portail est du style de la première Renaissance. Exécuté vers 1530, il est orné de chapiteaux corinthiens et surmonté d'un linteau finement sculpté : la décoration profane – sirènes, bustes de femmes – surprend un peu en pareil lieu.

Le vaisseau se compose d'une nef de deux travées à collatéraux de style flamboyant d'égale hauteur, dont les voûtes d'ogives sont supportées par des piliers cylindriques renforcés par de remarquables colonnes engagées moulurées en hélice.

ENVIRONS

Château de l'Herm – 6 km au Nord-Ouest. Voir à ce nom.

Château et musée automobile de Fleurac ⊘ – 11 km. Suivre la D 32 jusqu'au village de Rouffignac et tourner à droite dans la D 31. On visite quelques pièces du rez-de-chaussée du château, élevé à la fin du 19e s. dans le style de la Renaissance périgourdine ; la salle à manger est remarquable par sa fantaisie décorative, bien dans le goût de l'époque de la construction. Dans un bâtiment annexe sont exposées une quarantaine d'automobiles, modèles surtout français produits entre le début du siècle et les années 1970.

ST-AMAND-DE-COLY★

312 habitants
Carte Michelin n° 75 Sud du pli 7 ou 239 Sud du pli 25 – Schéma p. 133.

Caché dans le repli d'un vallon à l'écart de la vallée de la Vézère, St-Amand-de-Coly rassemble ses vieilles maisons couvertes de lauzes au pied de son imposante église abbatiale.

★★ Église – Bâtie en belle pierre calcaire jaune, c'est peut-être la plus étonnante église fortifiée du Périgord. L'abbaye augustinienne dont elle faisait partie connut au cours des guerres anglaises un déclin de son activité spirituelle – en 1430 elle ne comptait plus que deux moines – et se mua en forteresse, qualifiée par les textes de l'époque de « fort St-Amand ». Le système défensif très élaboré fut conçu pour maintenir l'ennemi à distance, mais aussi le déloger en cas d'incursion dans l'église.
Les huguenots installés dans celle-ci en 1575 purent ainsi résister six jours aux 20 000 soldats du sénéchal du Périgord équipés d'une puissante artillerie.

Extérieur – Une impression de puissance se dégage de la **tour-donjon** percée d'un immense porche en arc brisé, supportant une chambre de défense destinée à interdire l'approche du portail ; à sa paroi supérieure des corbeaux, encore visibles, recevaient un hourd de bois. Un étroit couloir pavé, gardé par une fortification creusée de chambres fortes, cerne le chevet. Les absidioles contrastent par leur harmonie avec la sévérité des hauts murs de la nef et du transept ; ces derniers sont encore alourdis par des terrasses défensives perchées sur les pignons des croisillons.
 Un chemin de ronde court autour de l'édifice, à la base des toits de lauzes.

Intérieur – La pureté des lignes et la simplicité de la décoration, habituelles dans les constructions augustiniennes, concourent à la beauté du haut vaisseau. Le carré du transept est surmonté d'une archaïque coupole sur pendentifs, et le chœur, surélevé de huit marches, couvert d'une croisée d'ogives, se termine par un chevet plat. Le souci défensif a aussi présidé à l'aménagement intérieur ; il en reste une coursière cernant le chœur et une partie des croisillons, les logettes de guet placées dans les piliers du carré du transept, et les trous de tir perçant la base de la coupole.
En face de l'église, dans l'**ancien presbytère** ⊘, est présenté un spectacle audiovisuel sur l'église et son historique.

MICHELIN

St-Amand-de-Coly – Le village et l'église

ST-ANTONIN-NOBLE-VAL★

1 867 habitants
Carte Michelin n° 79 pli 19 ou 235 Sud-Ouest du pli 19.

Face aux rochers d'Anglars qui se dressent comme une barrière au-dessus de la vallée de l'Aveyron, St-Antonin, vieille cité bâtie à la limite du Quercy, de l'Albigeois et du Rouergue, étage ses maisons aux toits presque plats, coiffés de tuiles rondes décolorées par le soleil, sur la rive droite de la rivière.
Son site agréable a valu à la station gallo-romaine, ancêtre de la ville actuelle, le nom de Noble-Val. Un oratoire, fondé par saint Antonin, apôtre de la région, est remplacé au 8e s. par une abbaye. Au Moyen Âge, la bourgade se développe comme en témoignent les demeures des 13e, 14e et 15e s., qui appartenaient à de riches marchands de draps, fourrures et cuirs, dont la clientèle s'étendait jusqu'à Gênes.

Jordan, chantre de l'« Amour courtois » – Le vicomte de St-Antonin Ramon Jordan, né vers 1150, comptait parmi les plus brillants troubadours de son temps. Ses poèmes vibrent de l'amour passionné, mais chaste et pur selon les conceptions de l'« Amour courtois », qu'il vouait à Adelais, épouse du Sire de Penne. Étant parti guerroyer en Terre Sainte, la fausse nouvelle de sa mort se répandit. Le tourment fut immense pour Adelais, qui se retira dans un couvent. Rentré sain et sauf, Jordan, apprenant qu'il ne pourrait revoir sa bien aimée « perdit joie et chants et allégresse (…) et plus jamais ne chevaucha » : à son tour, il choisit de finir sa vie en reclus.

« Le temps de faire cuire un œuf » – St Antonin, qui penchait au début du 13e s. pour la religion cathare et clamait très haut sa fidélité au comte de Toulouse, ne fut pas épargné par la croisade des albigeois dirigée par Simon de Montfort. Les habitants encerclés, ayant tenté une téméraire sortie, furent vivement repoussés et, « à peine le temps de faire cuire un œuf », ironise le chroniqueur Guilhem Peyre (auteur d'une *Chanson de la croisade*), la place fut prise, livrée au pillage ; ceux des vaincus qui avaient trouvé refuge dans le monastère ne furent autorisés à regagner leurs foyers qu'après avoir été dépouillés de tous leurs vêtements.

★**Ancien hôtel de ville** – Bâti en 1125 à l'intention d'un riche bourgeois anobli, Pons de Granolhet, c'est l'un des plus anciens spécimens d'architecture civile en France.

Au 14e s., il fut utilisé comme maison des Consuls. Viollet-le-Duc le restaura au siècle dernier et lui adjoignit son beffroi carré, couronné d'une loggia à mâchicoulis dans le style italien toscan, selon un projet qu'il présenta en 1845. Il est aujourd'hui occupé par un musée.

La façade se compose de deux étages. La galerie de colonnettes du 1er étage est ornée de deux piliers portant les statues du roi Salomon et d'**Adam et Ève** ; trois baies géminées s'ouvrent au second étage.

Musée ⊙ – Il abrite des collections de préhistoire, parmi lesquelles la période magdalénienne est particulièrement bien représentée. Une salle est réservée au folklore.

Rue Guilhem Peyre – Débutant sous le beffroi de l'ancien hôtel de ville, c'était la voie noble qu'empruntaient tous les cortèges. A droite s'élève l'ancienne caserne royale dite « caserne des Anglais », et dans le coude de la rue une splendide demeure des 13e-16e s.

Rue des Grandes-Boucheries – La « Maison du Roy » (devenue restaurant) présente au rez-de-chaussée cinq arcades ogivales, et au premier étage autant de baies géminées, aux chapiteaux ornés de têtes juvéniles.

Ancien couvent des Génovéfains – Construit en 1751, il accueille la mairie et le syndicat d'initiative.

Pilier d'Adam et Ève

Delderfield/IMAGES PHOTOTHÈQUE

Croix de la Halle – Devant la halle aux robustes piliers, se dresse une curieuse **croix** du 14e s. « à raquette », sculptée sur ses deux faces. Cet ouvrage original et rare aurait figuré primitivement à l'entrée ou au centre de l'ancien cimetière.

Rue Pélisserie – Elle est bordée des riches maisons des maîtres-tanneurs et fourreurs (13e et 14e s.).

Rue Rive-Valat – Longée par un petit canal enjambé par des ponts, une des nombreuses dérivations de la rivière Bonnette creusées au Moyen Âge pour servir de tout-à-l'égout et alimenter les tanneries ; celles-ci possèdent un dernier étage à claire-voie, à usage d'entrepôt et de séchoir, semblable à un « soleilho ».

Rue Droite – Deux habitations se distinguent par la qualité de leurs clefs de voûtes figurées, la **Maison de l'Amour** (fin du 15e s.) où un homme et une femme unissent leurs lèvres en un chaste baiser – et la Maison du Repentir où, à l'inverse, deux visages se détournent l'un de l'autre. Vers le milieu de la rue, très belle façade à double encorbellement, colombage garni de tuf calcaire et croisillons de bois.

ENVIRONS

★**1 Gorges de l'Aveyron** – *Circuit de 49 km – Environ 3 h. Quitter St-Antonin vers le Sud. Franchir l'Aveyron et prendre à droite la route construite à l'emplacement d'une ancienne voie ferrée.*

A 2,5 km à gauche, la belle **route de corniche**★★ s'élève rapidement. On traverse le hameau du Vieilfour, aux toits coiffés de tuiles rondes. Peu après un passage en tunnel, un belvédère situé à hauteur d'un surplomb rocheux offre un beau point de vue sur l'Aveyron encadré de hautes parois rocheuses. Au cours de la descente vers la rivière, le hameau de Brousses apparaît.

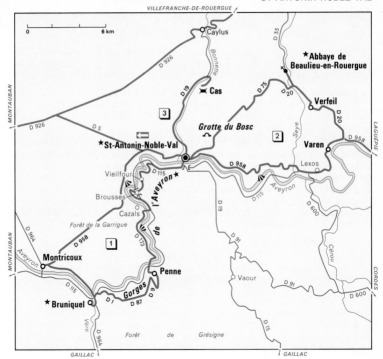

Sur la rive droite, la D 115 s'élève au milieu des vignes et ménage de belles vues sur les méandres de l'Aveyron et le fond de la vallée où se succèdent des plantations de pêchers et de pommiers, des prairies coupées de peupliers.

Penne – *Voir à ce nom.*

Quitter Penne au Sud par la D 9 qui offre des **vues★** magnifiques sur le village. La route escalade le rebord du plateau sur lequel elle court ensuite au milieu d'une maigre végétation d'arbustes rabougris mêlés de quelques vignes ; puis elle redescend dans la vallée dans un paysage de hautes collines boisées où le rocher apparaît souvent.

★**Bruniquel** – *Page 67.*

Montricoux – *Page 68.*

La D 958 traverse la forêt de la Garrigue et offre des échappées permettant d'admirer les gorges de l'Aveyron en contrebas. Puis la route en corniche longe l'Aveyron.

2 Vallée amont de l'Aveyron – *Circuit de 42 km – Environ 2 h – Schéma ci-dessus. Quitter St-Antonin au Nord-Est.*

Grotte du Bosc ⊙ – Ancien lit asséché d'une rivière souterraine, un boyau long de 200 m s'étend sous le plateau entre les vallées de l'Aveyron et de la Bonnette. Très nombreuses stalactites et excentriques. Un musée minéralogique et préhistorique a été aménagé dans le hall de réception.

★**Abbaye de Beaulieu-en-Rouergue** – *Voir à ce nom.*

Verfeil – 360 h. Ce petit bastion de la vallée de la Seye offre le charme de ses vieilles demeures aux façades fleuries, entourant une halle refaite en pierre. Dans l'église, on peut voir un maître-autel en bois doré historié et un Christ en bois du 17e s. provenant de l'ancienne abbaye de Beaulieu.

Varen – *Voir à ce nom.*

A l'entrée de Lexos, la route passe près d'une grande cimenterie. 2 km après Lexos, prendre à droite la D 33, puis à gauche la route signalée : « St-Antonin par le coteau. »

La route s'élève alors rapidement, à flanc de colline, multipliant les échappées sur la vallée de l'Aveyron qu'elle rejoint après une descente sinueuse. La rivière, bordée d'une haie de peupliers, coule au pied de falaises auxquelles s'accroche une maigre végétation. Peu avant St-Antonin, la route et la rivière sont resserrées entre deux escarpements rocheux.

3 Château de Cas ⊙ – *6 km au Nord – Schéma ci-dessus.*

Élevé au 12e s., ce château fut remanié au 14e et au 16e s. Il abrita une commanderie de Templiers au 13e s. avant de devenir la propriété de la puissante famille des Cardaillac puis celle des Lastic Saint-Jal.

Cette solide construction de calcaire blanc comporte de nombreuses pièces meublées.

ST-AVIT-SÉNIEUR

366 habitants
Carte Michelin n° 75 pli 16 ou 235 pli 5 – Schéma p. 48.

Ce petit village est dominé par une église massive et quelques bâtiments monastiques, vestiges d'une ancienne abbaye bénédictine élevée au 11ᵉ s. en souvenir d'Avitus Senior, soldat périgourdin du roi wisigoth Alaric II, devenu ermite.

Église – L'extérieur donne une impression de sévérité et de rudesse : elle fut fortifiée au 14ᵉ s., comme en témoignent la bretèche crénelée au-dessus du porche, les hautes murailles presque aveugles de la nef et du chevet, et les tours encadrant la façade reliées par un chemin de ronde.
L'intérieur, en cours de restauration, n'est pas accessible.

Bâtiments monastiques – Quelques arcades de l'ancien cloître et la salle capitulaire sont les seuls vestiges de l'abbaye. Dans l'ancien dortoir des moines au-dessus de la salle capitulaire a été aménagé un **musée de géologie et d'archéologie** ⊘ traitant plus particulièrement du bassin de la Dordogne. Des fouilles ont dégagé les soubassements des bâtiments conventuels et d'une église romane primitive.
A droite le beau logis à porches en plein cintre et galerie à colonnes est l'ancien château de la famille de Cugnac, devenu presbytère.

ST-CÉRÉ★

3 760 habitants
Carte Michelin n° 75 plis 19, 20 ou 239 pli 39.

Dans la riante vallée de la Bave, St-Céré groupe ses pittoresques maisons anciennes au pied des hautes tours de St-Laurent. Située au carrefour des routes du Limousin, de l'Auvergne et du Quercy, St-Céré est à la fois un lieu de séjour recherché pour l'agrément de son **site**★ et un excellent point de départ pour de nombreuses promenades et excursions dans le Haut-Quercy.

Une ville prospère – Au 13ᵉ s., les vicomtes de Turenne, suzerains de St-Céré, accordent aux habitants franchises et libertés. D'autres chartes libérales permettent à la ville de s'enrichir par l'établissement de foires et le développement d'échanges commerciaux. Des consuls et des syndics administrent la cité dont la protection est assurée par le château de St-Laurent et par une puissante ligne de remparts. La guerre de Cent Ans ne cause pas de graves préjudices à la ville qui connaît à partir du 16ᵉ s. une nouvelle période de prospérité.

Un académicien de la première heure – Si St-Céré s'honore d'avoir vu naître le maréchal **Canrobert** qui, glorieux soldat des campagnes d'Algérie, commanda en chef en Crimée et s'illustra à St-Privat, en 1870, elle compte aussi parmi ses enfants les plus célèbres le poète **François Maynard**. Bien que né à Toulouse, en 1582, ce fils d'un conseiller au Parlement passe à St-Céré de nombreuses années de sa vie. Attiré dès sa jeunesse par la vie brillante de la cour, il était parvenu à devenir secrétaire de Marguerite de Valois, épouse répudiée de Henri IV. Une vocation de poète-courtisan pousse le jeune François à donner libre cours à son talent. Malherbe le remarque ainsi que Richelieu qui le nomme membre de la toute neuve Académie. Maynard, aimant les honneurs mais ne dédaignant pas l'argent, aurait sollicité de Son Éminence une preuve tangible de sa confiance. Aux vers non déguisés :

> « Mais s'il demande à quel emploi
> Tu m'as occupé dans le monde
> Et quels biens j'ai reçu de toi,
> Que veux-tu que je lui réponde ? »

« Rien » aurait sèchement répondu le Cardinal.
Écarté de la vie parisienne, le poète séjourne à St-Céré où il s'adonne à la versification, fréquentant la société littéraire et mondaine, assistant aux fastueuses réceptions données dans le château de Castelnau-Bretenoux. A sa mort, en 1646, il est inhumé dans le chœur de l'église Ste-Spérie.

Jean Lurçat à St-Céré – Né en 1892 dans les Vosges, Jean Lurçat, destiné d'abord à la médecine, s'orienta vers la peinture, le décor de théâtre, la mosaïque, la céramique. Mais très vite il s'intéressa à la tapisserie et c'est comme peintre-cartonnier qu'il a accédé à la notoriété mondiale. Après un séjour à Aubusson, il participe au maquis comme résistant et découvre le Lot. Il se fixe à partir de 1945 à St-Céré, dans les tours de St-Laurent où il a installé son atelier et dont il fera sa résidence jusqu'à sa mort en 1966. L'artiste faisait exécuter par les ateliers d'Aubusson la plupart des tapisseries dont il avait créé les cartons.

LA VILLE ANCIENNE

De nombreuses demeures des 15ᵉ, 16ᵉ et 17ᵉ s. donnent à St-Céré son cachet pittoresque. Certaines ont conservé leurs façades à pans de bois en encorbellement et leurs beaux toits de petites tuiles brunes.

Place de l'Église – L'église Ste-Spérie, centre d'un culte local très ancien a été reconstruite aux 17ᵉ et 18ᵉ s. en style gothique. Sur la place, près du chevet, l'**hôtel de Puymule** (15ᵉ s.) est un édifice à tourelles dont les portes et les fenêtres sont décorées d'arcs en accolades.

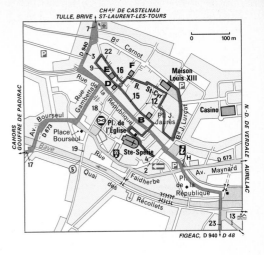

Rue du Mazel (**15**) – Elle constitue, avec ses abords, la partie la plus curieuse de la vieille ville et offre plusieurs maisons anciennes et de beaux portails. A l'angle de la rue St-Cyr, remarquer l'**hôtel Ambert** (**B**) (15e s.) avec ses deux tourelles terminées en cul-de-lampe et sa porte Renaissance.

Plus loin s'ouvre, à droite, **le passage Lagarouste** (**12**) à ruisseau central, pavé de galets, dont l'étroitesse fait ressortir les maisons à encorbellement.

Place du Mercadial (**16**) – C'était la place du marché. Les pêcheurs venaient y déposer leurs prises sur le « taoulié », banc de pierre qui flanque la **maison de Jean de Séguirier** (**D**) (15e s.) à l'angle de la rue Pasteur ; de cet endroit on a un joli coup d'œil sur la place et ses maisons à colombage se détachant sur les tours de St-Laurent.

La **maison des Consuls** (**E**) offre surtout l'intérêt de sa façade Renaissance qui donne sur la rue de l'Hôtel-de-Ville.

Rue St-Cyr – Elle est bordée à son entrée par une belle maison du Moyen Âge, à encorbellement sur ses trois façades. Quelques mètres plus loin à droite se dresse, flanqué d'une tourelle d'angle, l'**hôtel de Miramon** (**F**), du 15e s.

La rue se développe en arc de cercle, bordée de maisons anciennes, pour rejoindre la rue du Mazel.

Maison Louis XIII – Ce bel hôtel présente une élégante façade ornée d'une loggia.

AUTRES CURIOSITÉS

Galerie du Casino ⊘ – Outre des expositions temporaires, on y trouve en permanence une abondante collection de **tapisseries de Jean Lurçat★**. Sur les murs, matière, formes, couleurs se déploient chaleureusement à travers un bestiaire fabuleux ou des visions cosmiques. « Feu du ciel, feu des laines, feu du cœur, c'est toujours la même chaleur qui rayonne des murailles tissées qu'invente Jean Lurçat. »

Tours de St-Laurent – 2 km au Nord. Perchées sur la colline abrupte qui domine la ville, les deux hautes tours médiévales et leur enceinte sont inséparables du site de St-Céré. La circulation sur la route privée qui s'embranche à droite est tolérée. On accède *(1 h à pied AR)* à un chemin qui fait le tour des remparts, offrant des **vues★** très agréables sur la ville, les vallées de la Bave et de la Dordogne, et tous les plateaux environnants.

★Atelier-musée Jean-Lurçat ⊘ – Au rez-de-chaussée de cette maison bâtie vers 1900, plusieurs pièces (ateliers, salon et salle à manger) servent de cadre à l'exposition de ses différentes œuvres : tapisseries, cartons, peintures, céramiques, lithographies, gouaches, papiers peints. Remarquer les copies des trônes commandés, en 1956, par Haïlé Sélassié, empereur d'Éthiopie.

ENVIRONS

★1 Vallée de la Bave – *25 km – Environ 3 h. Quitter St-Céré à l'Ouest.*

Les tours du château de Montal apparaissent à gauche, dans un cadre de riches cultures et de prairies plantées de peupliers.

★★Château de Montal – *Voir à ce nom.*

La route, en direction de Gramat, s'élève au-dessus de la vallée de la Bave : vues sur les tours de St-Laurent.

★Grotte de Presque ⊘ – Une suite de salles et de galeries se développent sur une longueur de 350 m. Des concrétions et particulièrement des piliers stalagmitiques aux formes curieuses, aux coulées murales aux mille facettes s'accumulent dans la salle des Draperies, la salle de la Grande Cuve, la salle de Marbre Rouge. A l'entrée de la salle des Merveilles s'élèvent des colonnes très fines et d'une éclatante blancheur.

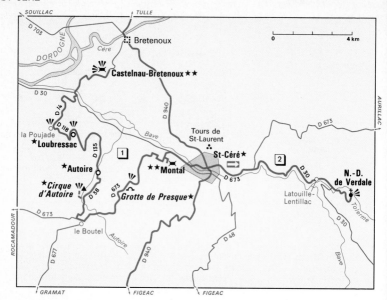

★ **Cirque d'Autoire** – Prendre à gauche de la route un sentier dominant qui retombe en cascade (belvédère). Après le petit pont, un sentier rocailleux, en forte montée, court à flanc de rocher. Très rapidement, se développe une **vue**★★ magnifique sur le cirque, le vallon et le village d'Autoire.

★ **Autoire** – 272 h. Le village, qui a conservé intact son caractère quercynois, occupe un **site**★ pittoresque. Au hasard de ses rues, on découvre des tableaux pleins de grâce : fontaine entourée de maisons à colombage, vieilles demeures à encorbellement coiffées de tuiles brunes, élégants manoirs et gentilhommières flanqués de tourelles.

De la terrasse proche de l'église au beau chevet roman, on a une jolie vue sur le moulin de Limargue et le cirque rocheux qui se dessine au Sud-Ouest.

★ **Loubressac** – 449 h. Le vieux bourg fortifié de Loubressac se dresse au sommet d'un piton rocheux dominant la rive gauche de la Bave.

Près de l'église on a une bonne **vue** sur la vallée et sur St-Céré qu'on reconnaît à ses tours. En empruntant de charmantes ruelles aux maisons coiffées de tuiles brunes on gagne la poterne du château. Ce manoir du 15e s., remanié au 17e s., occupe un **site**★ remarquable à l'extrémité de l'éperon qui porte le village.

La D 118 puis la D 14 que l'on prend au hameau de la Poujade descendent vers la vallée de la Bave en offrant des **vues**★ remarquables sur la vallée de la Dordogne, dominée par l'imposante silhouette du château de Castelnau-Bretenoux.

★★ **Château de Castelnau-Bretenoux** – *Voir à ce nom.*

② **Chapelle N.-D.-de-Verdale** – *10 km à l'Est puis 1 h à pied AR.*

La route remonte la vallée de la Bave, dans un décor de prairies et de collines boisées.

De la D 30, au-delà de Latouille-Lentillac, part à gauche une petite route menant à un hameau où laisser la voiture.

Un sentier borde le cours torrentueux du Tolerme, qui coule en cascade au milieu des rochers. Franchir à deux reprises le ruisseau par de rudimentaires ponts de bois ; le sentier s'élève alors rapidement, dans un cadre vallonné.

De la chapelle de pèlerinage N.-D.-de-Verdale, accrochée à un piton rocheux, on découvre une **vue**★ étendue sur les gorges du Tolerme et sur les collines rocheuses couvertes de châtaigniers.

ST-CIRQ-LAPOPIE★★

187 habitants
Carte Michelin n° 79 pli 9 ou 235 Nord-Est du pli 14 – Schéma p. 117.

Perchée sur un escarpement rocheux surplombant de 80 m la rive gauche du Lot, face à un cirque de hautes falaises blanches, St-Cirq-Lapopie (prononcer St-Cyr) occupe un **site**★ remarquable.

Un site défensif recherché – Il est vraisemblable que l'occupation de cet escarpement commandant la vallée a tenté les hommes dès l'époque gallo-romaine. Le nom actuel de la localité rappelle le martyr du jeune saint Cyr, tué avec sa mère en Asie Mineure sous le règne de Dioclétien et dont les reliques auraient été, croit-on, rapportées par saint Amadour. Les La Popie, seigneurs du lieu au Moyen Âge, donnèrent leur nom au château établi au plus haut de la falaise et par extension au bourg qui se développa à ses pieds. L'histoire de la forteresse est une longue suite de sièges. Dans sa lutte contre Pépin le Bref, au 8ᵉ s., le duc d'Aquitaine Waïfre place dans ce bastion ses derniers espoirs. En 1198, Richard Cœur de Lion tente en vain de s'en emparer. Lors de la guerre de Cent Ans, les Anglais disputent St-Cirq à la garnison du seigneur de Cardaillac, resté fidèle au roi de France. Démoli en 1471 sur ordre de Louis XI, le château en ruine présente encore un intérêt stratégique suffisant pour que les huguenots tiennent à s'en rendre maîtres pendant les guerres de Religion. En 1580, Henri de Navarre, futur Henri IV, fait abattre les derniers pans de murs de la vaillante forteresse.

La fin d'un artisanat – Depuis le Moyen Âge était établie une puissante corporation de tourneurs sur bois. Ces artisans, encore nombreux au siècle dernier, utilisaient un tour primitif et leur activité jetait une note pittoresque dans le cadre ancien que forment les ruelles du petit bourg. Les « roubinetaïres » fabriquaient des robinets de barriques, les boisseleurs des chandeliers, grains de rosaire, barreaux de chaises. Les façades de leurs boutiques juxtaposaient une grande et une petite ouverture en ogive. Elles abritent aujourd'hui d'autres activités car il ne subsiste plus qu'un seul tourneur sur bois à St-Cirq.

CURIOSITÉS

Il faut flâner au hasard des rues étroites et en forte pente, bordées de maisons coiffées de beaux toits de tuiles brunes, dont certaines, aux façades en encorbellement et à poutres apparentes, ont des fenêtres gothiques ou des baies à meneaux de style Renaissance. La plupart de ces demeures ont été restaurées par des artistes, notamment des peintres, et des artisans, séduits par St-Cirq et la vallée du Lot. Parmi les plus célèbres, citons André Breton, qui vécut place du Carol dans l'ancienne auberge des mariniers, les peintres Henri Martin et Pierre Daura ; ce dernier habitait la maison aux poutres sculptées (par lui-même) dans la ruelle de la Fourdonne.

Église – Bâti sur une terrasse rocheuse dominant le Lot, cet édifice du 16ᵉ s. est précédé d'un clocher-tour trapu flanqué d'une tourelle ronde. Le vaisseau, voûté d'ogives, abrite quelques statues de l'époque baroque.
De la terrasse à droite de l'église, belle vue.

Château de la Gardette – Les deux corps de logis flanqués d'une échauguette à un angle abritent un **musée** ⊙ contenant les collections de M. Rignault, peintre et collectionneur qui fit don de ses biens au département du Lot.
Des meubles anciens (cabinet et buffet Renaissance, coffre de mariage du 14ᵉ s.), des statues des 14ᵉ et 15ᵉ s. voisinent avec des laques de Chine et des fresques de l'époque Ming.

La Popie – Un sentier, à droite de la mairie, conduit aux vestiges de l'ancien château et au point le plus élevé de la falaise. De ce rocher (longue vue), où se dressait autrefois le donjon de la forteresse de La Popie, on embrasse une **vue**★★ remarquable sur le village de St-Cirq et son église accrochée au flanc de la falaise, sur un méandre du Lot enserrant un damier de cultures et de prairies et souligné d'une rangée de peupliers, sur les reliefs boisés de la bordure du causse de Gramat au Nord.

Le Bancourel – Pour atteindre ce promontoire rocheux dominant le Lot, suivre pendant 300 m la D 40 en direction de Bouziès. A l'embranchement de la D 8 à gauche, au départ de la route touristique tracée en corniche dans la falaise *(voir p. 117)*, a été aménagée une esplanade *(parc de stationnement)*. Du Bancourel se développe une très belle **vue**★ sur la vallée du Lot et St-Cirq d'où surgit le rocher de La Popie.

Novall/IMAGES PHOTOTHÈQUE

ST-CYPRIEN

1 693 habitants (les Cypriotes)
Carte Michelin n° 75 pli 16 ou 235 Est du pli 5 – Schéma p. 93.

Accrochée au flanc d'un coteau proche de la rive droite de la Dordogne, dans le décor de collines et de forêts caractéristique du Périgord Noir, St-Cyprien est dominée par la silhouette massive de son église autour de laquelle se groupent, dans des ruelles, des maisons anciennes.

Église – Bâtie au 12ᵉ s. et remaniée à l'époque gothique, elle appartenait à une abbaye de chanoines augustiniens. De dimensions imposantes, elle a conservé un clocher-donjon de style roman. Le vaisseau, de vastes proportions, est voûté d'ogives. Un riche mobilier du 17ᵉ s. comprend des retables, une chaire, des stalles, un buffet d'orgue, une balustrade en fer forgé.

Chapelle de Redon l'Espi – *7,5 km à l'Est*. Perdue au fond d'un vallon sauvage, cette sobre chapelle romane est flanquée au Sud des ruines d'un petit monastère. Au début du 16ᵉ s., des religieuses de l'ordre de Fontevrault habitaient les bâtiments qui furent saccagés pendant les guerres de Religion. Le nom de Redon l'Espi viendrait du latin *rotondo spino*, évocation possible d'une relique de la Sainte Épine conservée pendant des siècles à la proche abbaye de St-Cyprien.

Gourmets...
Le chapitre en introduction de ce guide vous documente sur les spécialités gastronomiques les plus appréciées et les vins les plus réputés du pays.
Et chaque année, le guide Rouge Michelin France
vous propose un choix de bonnes tables.

ST-JEAN-DE-CÔLE★

339 habitants (les Jean-Côlois)
Carte Michelin n° 75 Nord du pli 6 ou 233 Sud du pli 32.

Une curieuse église et un château forment avec le village, auquel vieilles maisons et pont gothique confèrent un cachet ancien, un cadre charmant où l'ocre des pierres patinées se marie avec le brun des petites tuiles. Un vieux pont très étroit et en dos d'âne à avant-becs franchit la Côle, petit affluent de la Dronne.

Église – Commencée au 11ᵉ s., cette chapelle de l'ancien prieuré est remarquable par la forme curieuse de son clocher percé de baies, par sa nef, très haute par rapport à sa longueur, par les chapiteaux qui cantonnent sa chapelle droite et le chœur, par ses sculptures à la base des toitures et par les vieilles halles accolées au chevet.
À l'intérieur remarquer dans le chœur les boiseries du 17ᵉ s., en chêne. La nef est couverte par un plafond de bois remplaçant une coupole effondrée dont subsistent les pendentifs ; sur le côté droit, une chapelle contient un enfeu à gisant.

Château de la Marthonie ⊙ – Le château édifié au 12ᵉ s. fut en grande partie détruit. Seules en restent la souche du bâtiment donnant sur la place, et une tour. Il fut reconstruit aux 15ᵉ et 16ᵉ s. ; quelques fenêtres à meneaux subsistent de cette époque. Du 17ᵉ s. datent la galerie aux arcades surbaissées et l'escalier intérieur à rampes droites et aux arcs excentrés ou en anse de panier que l'on voit en visitant une exposition de papiers artisanaux et d'affiches publicitaires anciennes.

ENVIRONS

★**Château de Puyguilhem** – *Voir à ce nom.*

★**Grottes de Villars** – *Page 63.*

Thiviers – *Page 62.*

ST-LÉON-SUR-VÉZÈRE★

427 habitants
Carte Michelin n° 75 Nord-Ouest du pli 17 ou 235 plis 1, 2 – Schéma p. 98.

Bâti dans une boucle pittoresque de la Vézère, ce charmant village noyé dans la verdure possède une des plus belles églises romanes du Périgord et deux châteaux.

★**Église** – Elle faisait partie d'un prieuré conventuel bénédictin fondé au 12ᵉ s. qui dépendait de l'abbaye de Sarlat. L'édifice a été élevé sur les restes d'une villa gallo-romaine dont on aperçoit les vestiges d'un mur du côté de la Vézère.
De la place, l'abside, les absidioles parfaitement lisses et le beau clocher carré à deux étages d'arcatures forment un ensemble parfaitement équilibré. Le tout est coiffé de lourdes lauzes calcaires du Périgord Noir.
À l'intérieur la croisée du transept est voûtée d'une coupole tandis que les absidioles communiquent avec l'abside par d'étroites ouvertures dites « passages berrichons ». Cette dernière et l'absidiole Sud sont décorées de quelques éléments de fresques romanes à dominante rouge.

Château de la Salle – Situé sur la place, ce petit château en pierres sèches présente un beau donjon carré du 14ᵉ s.

Château de Clérans – Cette élégante construction des 15ᵉ et 16ᵉ s., flanquée de tours et de tourelles à mâchicoulis, se dresse au bord de la Vézère.

Chapelle du cimetière – Cette petite chapelle date du 14ᵉ s. Surmontant la porte, une inscription en langue d'oc évoque un événement extraordinaire : en 1233, un domestique, ayant décoché une flèche sur le crucifix qui gardait l'entrée du cimetière, tomba raide mort « ayant son visage tourné derrière-devant ». En 1890, la tombe du profanateur fut fouillée, et on y découvrit un squelette au crâne retourné… Le cimetière s'orne toujours d'un haut crucifix, et six enfeus de forme ogivale prennent place dans le mur d'enceinte.

St-Léon-sur-Vézère – L'église

D. Cauchois/PIX

ST-MARTIN-DE-GURSON

559 habitants
Carte Michelin n° 75 Nord du pli 13 ou 234 pli 4.

Situé à la limite du Périgord et de la Guyenne dans le pays de Gurson, St-Martin possède une église intéressante.

Église – Sa belle façade de style saintongeais date du 12ᵉ s. Le portail sans tympan s'ouvre sous cinq voussures lisses retombant sur dix colonnes aux chapiteaux sculptés d'oiseaux et de monstres. Au-dessus une arcature, composée de sept arcs en plein cintre reposant sur des colonnettes, est bordée d'une moulure décorée de têtes surmontée d'une belle corniche à modillons sculptés.
A l'intérieur, la troisième travée est recouverte d'une coupole ovoïde.

ENVIRONS

Montpeyroux – *10 km au Sud-Ouest*. Cette excursion traverse le pays de Gurson, région plate, où pousse la vigne, dominée par des buttes couronnées de tables calcaires.

Carsac-de-Gurson – Entouré de vignobles, ce village possède une église dont la façade romane présente toutes les caractéristiques du style saintongeais.

Château de Gurson – Campé sur une butte, le château dresse quelques vestiges de ses fortifications. Ce château avait été donné par Henri III d'Angleterre, duc d'Aquitaine, à son sénéchal Jean de Grailly. Il fut reconstruit au 14ᵉ s.
Au pied de la butte un plan d'eau a été aménagé.

Montpeyroux – 318 h. La butte de Montpeyroux est couronnée par un ensemble de bâtiments comprenant une église et un château.
De son extrémité une belle vue s'offre sur la région, les maisons basses se dispersant au milieu du vignoble.
L'**église** romane, entourée du cimetière, présente une façade saintongeaise rappelant celle de St-Martin-de-Gurson. Remarquer la très belle corniche à modillons sculptés courant le long de l'abside revêtue de neuf arcs d'appliques.
A côté, un élégant château des 17ᵉ et 18ᵉ s. se compose d'un logis flanqué de deux pavillons en équerre cantonnés de tours rondes. Chaque ouverture est surmontée d'un œil-de-bœuf.

ST-PRIVAT-DES-PRÉS

702 habitants
Carte Michelin n° 75 Ouest du pli 4 ou 233 Nord-Ouest du pli 41 – Schéma p. 143.

Ce village, situé aux confins du Périgord et des Charentes, possède une belle église romane qui appartenait autrefois à un prieuré bénédictin du 12ᵉ s. dépendant de l'abbaye d'Aurillac.

★ **Église** – Sa façade occidentale est très influencée par l'art roman saintongeais. Elle présente un élégant portail comprenant neuf voussures en plein cintre et une archivolte sculptée de dessins géométriques. Refuge pour le village, l'église conserve des témoignages de son rôle de forteresse : à l'Est la surélévation du chevet en tour de défense, à l'Ouest l'épaisseur du mur de façade dans lequel fut aménagé un couloir de défense, et sur le haut des murs des vestiges de merlons.

L'intérieur séduit avec ses collatéraux très étroits voûtés en berceau brisé. La coupole de la croisée du transept est postérieure à la construction de l'édifice. De part et d'autre de l'abside en hémicycle, voûtée en cul-de-four, deux petites chapelles très remaniées abritent chacune un **retable** en bois sculpté (17ᵉ s.).

A l'entrée, beau baptistère roman.

Musée de l'outil et de la vie au village ⊙ – Situé à côté de l'église, ce musée réunit de nombreux objets évoquant la vie traditionnelle dans cette région. Une épicerie ancienne a été reconstituée ainsi que des ateliers d'artisans, les éléments d'une école du début du siècle, l'installation d'un cordonnier, des vêtements, des outils... Une salle annexe présente une quinzaine de **maquettes★**, en bois, de châteaux et de cathédrales de France.

ST-ROBERT

331 habitants

Carte Michelin n° 75 Est du pli 7 (5 km au Nord-Ouest d'Ayen) ou 239 pli 25.

Agréable bourgade sommant un puy, aux confins de la Corrèze et de la Dordogne. Sa grand-place, ses robustes maisons de pierre blanche couvertes d'ardoises et son église servirent de cadre au feuilleton télévisé « Des grives aux loups » tiré du roman de Claude Michelet qui lui-même vit dans cette région. De la terrasse de la mairie : **vue** sur le chevet de l'église et les environs.

★**Église** – De l'édifice construit au 12ᵉ s. ne subsistent que le transept, dont la croisée supporte un clocher octogonal, et le chœur, de belles proportions. Les tours qui flanquent le chevet sont les témoins du système de défense ajouté au 14ᵉ s.

Le chœur, éclairé par des fenêtres hautes, est séparé du déambulatoire par six colonnes surmontées d'intéressants chapiteaux historiés ; ceux qui sont accolés au mur du déambulatoire sont de facture plus archaïque ; remarquer les deux vieillards se tirant la barbe.

A gauche est placé un **Christ** en bois de l'école espagnole du 13ᵉ s.

STE-FOY-LA-GRANDE

3 218 habitants (les Foyens)

Carte Michelin n° 75 plis 13, 14 ou 234 Nord du pli 8.

Alphonse de Poitiers, frère de Saint Louis, fonda cette bastide en 1255 sur la rive Sud de la Dordogne.

C'est aujourd'hui un marché régional de fruits, de fleurs, de tabac et un centre vinicole où règne l'animation des villes commerçantes.

Ste-Foy est la patrie des chirurgiens **Paul Broca** (1824-1880), fondateur de l'école d'anthropologie, et **Jean-Louis Faure** (1863-1944), initiateur de techniques nouvelles, d'**Élie Faure** (1873-1937), critique et historien d'art dont les ouvrages ont été un jalon marquant dans l'évolution de l'histoire de l'art, ainsi que celle des frères Reclus.

Les frères Reclus – Le plus célèbre, **Élisée** (1830-1905), a rédigé une Géographie universelle, œuvre monumentale. Il dut quitter la France en 1851 pour ses idées républicaines tout comme son frère aîné **Élie** (1827-1904), écrivain qui vécut surtout en Belgique. **Onésime** (1837-1914) et **Armand** (1843-1927) parcoururent l'un l'Afrique, l'autre l'Amérique latine et publièrent plusieurs ouvrages. Enfin le dernier, **Paul** (1847-1914), chirurgien renommé, donna son nom à la maladie de Reclus.

La ville – La place de la Mairie entourée de couverts et les nombreuses maisons médiévales, Renaissance, ou 17ᵉ s., qui bordent les rues alentour, donnent un cachet ancien à la ville dominée par la haute flèche (62 m) de l'église néo-gothique. Signalons dans la rue de la République, au n° 53, une maison flanquée d'une jolie tourelle d'angle, au n° 94 une demeure du 15ᵉ s. à pans de bois sculptés et, au n° 102, une autre tourelle d'angle.

Les quais paisibles de la Dordogne, au pied de ce qui subsiste des remparts, invitent à la flânerie.

SALIGNAC-EYVIGUES

1 035 habitants

Carte Michelin n° 75 plis 17, 18 ou 235 pli 2 – Schéma p. 133.

Au Pays d'Artaban – La petite région commandée par Salignac a pris le nom de pays d'Artaban, par allusion au personnage créé par Gauthier de Costes, dit **la Calprenède**, né au manoir du Toulgou. Ce romancier à succès du 17ᵉ s., adulé des Précieuses, est aujourd'hui tombé dans l'oubli, mais l'expression « fier comme Artaban » est par contre passée à la postérité.

Village de Salignac – La place de la halle, sur laquelle donne la façade du couvent des Croisiers (13ᵉ s.), et les ruelles avoisinantes, la rue Sainte-Croix en particulier, forment un ensemble plaisant, à quelques pas de l'entrée du château.

Château ⊙ – De la D 60, à l'Est du bourg, on a une belle vue d'ensembl
forteresse médiévale qui appartient toujours à la famille dont est issu l'ar
de Cambrai, François de Salignac de La Mothe-Fénelon *(voir p. 77)*. Bâti
au 17ᵉ s., le château est encore flanqué de sa ceinture de remparts. Le corps ue
logis, égayé de fenêtres à meneaux, est encadré de tours rondes et carrées. Les
tons chauds de la pierre, les beaux toits de lauzes mettent cet ensemble en valeur.
Par un escalier à vis Renaissance on visite plusieurs pièces dotées d'un mobilier
intéressant, surtout d'époque Renaissance et Louis XIII.

Manoir d'Eyrignac ⊙ – De beaux **jardins**★ du 18ᵉ s., mi-à la française, mi-à l'italienne, comprenant des perspectives de verdure, des parterres ponctués d'ifs, de
buis ou de charmes, enserrent une sobre demeure sarladaise du 17ᵉ s. La chapelle,
décorée d'une minuscule tribune à balustres et d'un sol de pisé sarladais, occupe
un pavillon carré bâti près de l'entrée.

SARLAT-LA-CANÉDA★★★

9 909 habitants (les Sarladais)
Carte Michelin n° 75 pli 17 ou 235 pli 6 – Schémas p. 90, 93 et 133.

Au cœur du Périgord Noir, Sarlat-la-Canéda est bâtie dans une dépression ceinturée
de collines boisées. Elle offre la physionomie d'une petite ville de marchands et de
clercs, sous l'Ancien Régime, avec ses rues étroites qui ont conservé leur allure médiévale, ses hôtels gothiques et Renaissance restaurés, son célèbre **marché** du samedi où
se négocient toujours les volailles, les grains, les noix, les foies gras et les truffes.

●●●●●●●●●●●●●●●●●●●●●● **Sarlat pratique** ●●●●●●●●●●●●●●●●●●●●

La visite de nuit ⊙ – Conçu par Jacques Rouveyrollis, talentueux éclairagiste du
monde du spectacle, et mis en place par Gaz de France, un éclairage au gaz
naturel diffusé par 36 candélabres équipe la vieille ville. Chacun de ces candélabres est muni d'une veilleuse brûlant en continu ainsi que de six manchons ; en
matière poreuse, ceux-ci sont portés à incandescence par la veilleuse lorsque le
gaz est libéré lors de la mise en route de l'éclairage public. Cet équipement confère
à Sarlat la nuit un charme supplémentaire. La lumière intime rehausse la douceur
de l'architecture et accentue l'atmosphère moyenâgeuse du site.

Produits régionaux – Au début de la rue des Armes, rue des Consuls, rue de la
Liberté, un peu partout dans la ville, conserves artisanales ou industrielles sont
proposées qui s'accompagnent souvent d'une dégustation et d'un accueil régional
et convivial. Auparavant, une dégustation à la Maison des vins de Bergerac, place
des Oies, permettra de se mettre en bouche... Deux sympathiques façons de
découvrir le pays et son terroir !

UN PEU D'HISTOIRE

De l'abbaye à l'évêché – Sarlat s'est développée autour d'une abbaye bénédictine
fondée au 9ᵉ s. qui avait reçu sous Charlemagne les reliques de saint Sacerdos, évêque
de Limoges, et de sa mère sainte Mondane.
Les abbés étaient tout-puissants jusqu'au 13ᵉ s. qui vit la décadence de l'abbaye
plongée dans des luttes intestines aux épisodes parfois sanglants : ainsi en 1273, lors
d'un office, l'abbé fut soudain terrassé par une flèche décochée par un moine.
En 1299, un acte d'affranchissement, « le livre de la Paix », signé par la commune,
l'abbaye et le roi préservait le rôle de seigneur de l'abbé mais donnait aux consuls
tous les pouvoirs concernant l'administration de la ville.
En 1317, le pape Jean XXII, partageant l'évêché de Périgueux, proclame Sarlat siège
épiscopal d'un territoire dont les limites s'étendent bien au-delà du Sarladais. L'abbatiale devient cathédrale et les moines constituent le chapitre.

L'âge d'or de Sarlat – Le 13ᵉ s. et le début du 14ᵉ s. avaient été une période prospère pour cette ville de foires et de marchés, mais la guerre de Cent Ans l'avait ruinée,
la laissant exsangue et dépeuplée. Le roi Charles VII, pour la remercier de sa fidélité,
de son âpre défense contre les Anglais (auxquels elle avait été cependant cédée par
le traité de Brétigny en 1360), lui accorda de nombreux privilèges dont l'attribution
de nouveaux revenus et l'exemption de certaines taxes. Les Sarladais se mirent aussitôt à reconstruire leur ville et entre 1450 et 1500 édifièrent la plupart des hôtels
qui font aujourd'hui la fierté de Sarlat. Les magistrats, les clercs, l'évêque et les digni-
taires du chapitre, les marchands formaient une bourgeoisie aisée importante à laquelle
s'ajoutaient des hommes de lettres comme Étienne de La Boétie.

Un ami si fidèle – Né à Sarlat en 1530, **Étienne de La Boétie**, dont la maison natale nous
a été conservée, devait s'illustrer par plus d'un trait : magistrat brillant au Parlement
de Bordeaux, écrivain passionné (il n'avait que 18 ans lorsqu'il composa son « Discours
sur la servitude volontaire » ou « Contr'un », vibrant appel à la liberté, dont J.-J.
Rousseau s'inspira dans le « Contrat social »), il était aussi traducteur des auteurs
grecs et poète délicat. La Boétie se lia avec **Michel de Montaigne** d'une amitié qui ne se
démentit jamais. Quand il mourut prématurément en 1563, Montaigne était au chevet

159

..e son ami, qui lui inspira le fameux chapitre sur l'Amitié, dans lequel il donne cette formule admirable : « Si on me presse de dire pourquoi je l'aimais, je sens que cela ne se peut exprimer qu'en répondant : parce que c'était lui, parce que c'était moi... »

Architecture sarladaise – Le vieux Sarlat a été coupé en deux par la Traverse (ou rue de la République), artère percée au 19e s. qui sépare le quartier Ouest plus populaire et le quartier Est plus aristocratique. Les maisons frappent par leur architecture : les cours intérieures, l'appareillage et la qualité de leurs pierres de taille choisies dans un beau calcaire ocre blond. Leurs couvertures traditionnelles de lauzes calcaires maçonnées et lourdes exigent une charpente pentue pour que le poids énorme (500 kg/m²) repose sur les murs très épais. La plupart des maisons ont été exhaussées au cours des siècles et présentent un rez-de-chaussée médiéval, un étage gothique rayonnant ou Renaissance, des faîtages et des lanternons classiques.

Cet ensemble préservé des adjonctions du modernisme des 19e et 20e s., grâce à son éloignement des grandes voies de communication fut choisi en 1962 comme l'une des opérations pilotes pour la sauvegarde des vieux quartiers. Les travaux engagés en 1964 ont permis de raviver le charme de cette petite ville.

★★★ LE VIEUX SARLAT
visite : 1 h 1/2

★**Maison de La Boétie** (Z) – Construite en 1525 par Antoine de La Boétie, lieutenant criminel de la sénéchaussée de Sarlat, elle a vu naître Étienne de La Boétie. Au rez-de-chaussée un large arc abritait autrefois une échoppe.

Au-dessus, deux étages de style Renaissance italienne sont percés de larges baies à meneaux encadrés de pilastres à médaillons et à losanges. Les rampants du pignon très aigu sont ornés de choux frisés. Dans la partie gauche de la maison, la toiture de lauzes est percée d'une lucarne à la décoration luxuriante.

A gauche de la maison s'ouvre le **passage Henri-de-Ségogne** (Z 21), aménagé entre l'hôtel de Maleville et la maison de La Boétie, qui permet de « trabouler » à la lyonnaise en passant successivement sous un arc, dans un couloir, puis sous une voûte.

De pittoresques constructions à colombage ont été restaurées. En été, de nombreux artisans y vendent leur production.

Sarlat – Maison de La Boétie

Ancien évêché (Z T) – A droite de la cathédrale St-Sacerdos, la façade de l'ancien évêché montre de grandes fenêtres gothiques au premier étage, Renaissance au second et au-dessus une galerie supérieure Renaissance italienne qui fut ajoutée par l'évêque italien Nicolo Goddi, ami de la reine Catherine de Médicis. L'intérieur a été transformé en théâtre.

Cathédrale St-Sacerdos (Z) – Une église St-Sacerdos avait été construite à cet emplacement au 12e s. En 1504 l'évêque Armand de Gontaut-Biron entreprend la démolition de l'édifice pour reconstruire une cathédrale plus importante. Mais il part de Sarlat en 1519 et les travaux sont abandonnés pendant plus d'un siècle. L'église actuelle, élevée au 16e s. et 17e s., a conservé la souche romane de la tour de façade qui présente un premier étage à arcatures aveugles et un deuxième étage à baies ouvertes. Le troisième étage est une adjonction du 17e s.

L'intérieur frappe surtout par ses heureuses proportions et son élévation. La vaste nef voutée d'ogives prolonge un chœur à cinq pans pourvu d'un déambulatoire. Parmi le mobilier on remarquera une tribune supportant des orgues de Lépine (célèbre facteur d'orgues du 18e s.).

Sortir par le portail latéral droit.

D'une première cour, sur laquelle s'ouvre la **chapelle des Pénitents bleus** (12e s.), vestige de l'abbaye bénédictine, d'une architecture romane très pure, on découvre le flanc de la cathédrale avec ses arcs-boutants, ses chapelles entre les contreforts, le bulbe à lanternon du clocher.

Passer dans la **cour des Fontaines**, puis, à gauche, dans la **cour des Chanoines** (**3**) fermée au Nord par la chapelle des Pénitents. Contourner la chapelle par la droite pour atteindre le chevet de la cathédrale, appuyé à des bâtiments à toitures de lauzes.

Lanterne des morts (**Z**) – Construite à la fin du 12e s., cette énigmatique tour cylindrique, surmontée d'un cône terminal décoré de quatre bandeaux, compte deux salles. L'une au rez-de-chaussée, couverte d'une voûte bombée supportée par six arcs d'ogive et l'autre dans la partie conique qui était inaccessible à un homme.

De nombreuses hypothèses ont été émises à son sujet : tour élevée pour commémorer le passage de saint Bernard en 1147 – celui-ci avait béni des pains qui guérirent miraculeusement les malades –, lanterne des morts – mais l'on ne comprend pas comment la lanterne pouvait être éclairée puisque la salle du haut était inaccessible – ou peut-être chapelle funéraire.

Sarlat – La lanterne des Morts

Du jardin aménagé à côté de la lanterne des morts, belle **vue** sur le chevet de la cathédrale et les différentes cours.

Prendre la petite rue en face du jardin.

Au coin de l'impasse où se trouve l'ancien relais de poste et de la rue d'Albusse, se dresse l'**hôtel de Génis**, édifice sobre et massif du 15e s., dont l'étage en encorbellement est supporté par sept corbeaux de pierre.

Présidial (**Y**) – C'était l'ancien siège de la justice royale créé par Henri II en 1552. Le bâtiment que l'on aperçoit à travers la grille montre une façade du 16e s. couverte d'un lourd toit de lauzes. Au centre deux baies superposées sont surmontées d'un lanternon octogonal, à toit en cloche contrebuté par des béquilles, ajouté au 17e s.

Hôtel de Grézel (**Y**) – Édifié à la fin du 15e s., il présente une façade à colombage à laquelle est accolée une tour noble à la belle porte en accolade de style gothique flamboyant. Plus bas, remarquer sur plusieurs toitures le beau montage des lauzes épousant parfaitement l'évasement du bas du toit (dû aux coyaux, petites pièces de charpente atténuant la pente du toit pour lui faire chevaucher l'épaisseur du mur de façade) témoignant ainsi de la maîtrise des charpentiers et des couvreurs.

Place de la Liberté (**Y**) – Place centrale de Sarlat où les terrasses de café sont très animées, elle est bordée à l'Est par l'**hôtel de ville** (**Y H**) du 17e s., et au Nord par l'**ancienne église Ste-Marie** (**Y D**) mutilée et désaffectée dont le chœur a été démoli, créant l'espace occupé aujourd'hui en été par la scène du festival de théâtre de Sarlat. On remarque sur la couverture de lauzes de l'église Ste-Marie et de plusieurs toits alentour des « houteaux », petites ouvertures triangulaires destinées à l'aération des combles.

Derrière cet espace s'élève « en toile de fond » l'**hôtel de Gisson** (16e s.) se composant de deux corps de bâtiments soudés par une tour d'escalier hexagonale au remarquable toit pointu couvert de lauzes.

★**Place des Oies** (**Y**) – Lors du marché du samedi, de novembre à mars, cette place est réservée aux négociations concernant les oies. Elle offre un beau décor architectural de tourelles, clochetons et escaliers d'encoignure.

★**Rue des Consuls** (**Y 4**) – Les hôtels de cette rue forment un ensemble extrêmement intéressant d'architecture sarladaise du 14e au 17e s.

Hôtel de Vassal (**Y**) – Situé à l'angle de la place des Oies, cet hôtel du 15e s. présente deux bâtiments en équerre flanqués d'une double échauguette.

★**Hôtel Plamon** (**Y**) – Appartenant à une famille de drapiers, les Selves de Plamon, dont le nom apparaît encore sur l'écu du fronton triangulaire du premier portail, ce groupe de bâtiments construits à différentes époques présente le grand intérêt de montrer les styles qui se sont succédé à Sarlat.

Ainsi, le rez-de-chaussée du 14e s. s'ouvre par deux grandes arcades ogivales. Au premier étage les trois baies gothiques sont ornées d'un remplage gothique rayonnant. Les fenêtres à meneaux du deuxième étage sont postérieures (15e s.).

A gauche de ce bâtiment, la tour de Plamon, fort étroite, a été percée de fenêtres de plus en plus petites vers le haut de façon à donner une ligne de fuite.

Au tournant de la rue répond un balcon arrondi, en avancée, monté sur une trompe.

Pénétrer dans la cour intérieure de l'hôtel et admirer un très bel **escalier★** en bois, à balustres, du 17e s.

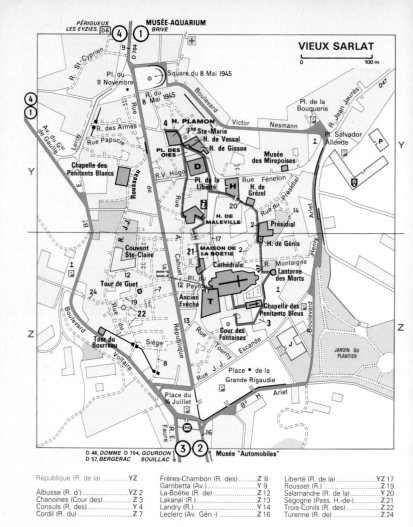

VIEUX SARLAT

0   100 m

Fontaine Ste-Marie (Y) – Située face à l'hôtel de Plamon, elle s'épanche sous la voûte fraîche d'une grotte.

★**Hôtel de Maleville** (Y) – Il est aussi connu sous le nom d'hôtel de Vienne car il appartint d'abord à Jean de Vienne, Sarladais né dans une famille pauvre en 1557, qui après une ascension sociale remarquable devint surintendant des Finances de Henri IV. Plus tard cet hôtel fut racheté par la famille de Maleville dont est issu le juriste Jacques de Maleville *(voir p. 85).*

Cet hôtel fut agencé au milieu du 16e s. en résidence noble à partir de trois maisons plus anciennes. Le pavillon central, très haut et étroit, qui fait office de tour noble, est précédé d'une terrasse sous laquelle s'ouvre l'arc de la porte d'entrée surmonté de médaillons représentant Henri IV et Marie de Médicis. Il se soude à l'aile gauche par un pan coupé flanqué d'une tourelle en encorbellement. L'aile droite sur la place de la Liberté se termine par un pignon dont l'élévation rappelle celle de la maison de La Boétie mais dans un style Renaissance plus évolué avec ses baies inscrites entre les colonnettes sous entablement ou fronton.

★QUARTIER OUEST

Situé de l'autre côté de la Traverse, il fait l'objet d'un plan de rénovation et de réhabilitation. Sillonné de ruelles tortueuses et déclives, son calme permet de découvrir un autre aspect de la ville.

Chapelle des Pénitents Blancs (Y) – Utilisée par les Pénitents Blancs, elle faisait partie du couvent des Pères Récollets et sa construction commencée en 1622 fut achevée quatre ans plus tard. Fermée au public, elle témoigne de sa présence par un intéressant et surprenant portail composé de quatre colonnes cannelées dont les chapiteaux laissent perplexe quant à la finition de l'entablement qu'elles soutiennent.

Rue Jean-Jacques Rousseau (Y) – Artère principale de ce quartier, elle est jalonnée de belles maisons anciennes. Au n° 9, à l'angle de la côte de Toulouse, l'Hôtel Monméja présente une belle façade du 18e s. et à l'angle de la rue de La Boétie, une échauguette signale le **couvent Ste-Claire**, vaste bâtiment du 17e s. autrefois occupé par les Clarisses, aujourd'hui transformé en habitations H.L.M. Son jardin est utilisé lors du Festival de Théâtre en été, concerts et autres événements culturels.

Tour de Guet (Z) – Imbriquée dans des immeubles, elle est couronnée par des mâchicoulis du 15e s. et flanquée d'une tourelle en encorbellement.

Rue des Trois-Conils (des Trois-Lapins) (Z 22) – Elle se coude au pied d'une maison agrémentée d'une tour ayant appartenu à des consuls apparentés à la famille de La Boétie.

Tour du Bourreau (Z) – Cette tour qui faisait partie des remparts de la ville date de 1580.

AUTRES CURIOSITÉS

Musée des Mirepoises (Y) ⊙ – Caché derrière une admirable façade Renaissance, ce musée est installé dans le manoir d'Aillac construit en 1540 par le baron du même nom. Devenu « couvent des Mirepoises » en 1640, il abrita des religieuses qui devaient leur nom à la duchesse de Mirepoix, leur bienfaitrice. A la Révolution, celles-ci furent emprisonnées puis exécutées. Outre quelques belles armes, armures et meubles anciens, la visite de ce musée permet surtout de découvrir l'aménagement et l'agencement intérieur d'une élégante demeure seigneuriale sarladaise du 16e s.

Musée « Automobiles » ⊙ – *Accès par* ③ *du plan.* Soixante véhicules regroupés par marques, rutilants et en état de fonctionnement, proposent au visiteur un voyage dans le temps. Parmi eux, une étonnante Panhard et Levassor, constituée d'un attelage rudimentaire fait d'un moteur et de roues de charrette dont la construction présumée se situerait entre 1891 et 1894, côtoie un taxi de la Marne (Renault 1912), rare rescapé. Un peu plus loin, une Rolls Royce de 1929 rivalise avec une Hispano Suiza de 1936. Bon nombre de marques prestigieuses sont présentes : Lorraine Dietrich 1926, De Dion-Bouton, Hotchkiss, Bentley, Amilcar, Bugatti... et plus contemporaine, une Ferrari futuriste rouge. Un détail amusant : une Citroën « Citron » (parce que peinte en jaune citron) des années 20, resitue l'origine de son surnom.

Musée-Aquarium ⊙ – *Accès par l'avenue Gambetta puis suivre la signalisation.* La « Rivière Dordogne » nous est ici contée : pêche, navigation, aménagements des barrages, etc. Les techniques de pêche utilisées de la Préhistoire à nos jours y sont illustrées, notamment la pêche à la foëne ou fouëne (harpon) à l'époque magdalénienne, les pêcheries du Moyen Âge, la pêche à la senne ou à l'épervier, etc. Nombre de ces instruments d'origine sont ici rassemblés. Un développement sur l'écosystème de ce fleuve explique comment la navigation puis les barrages et enfin la pollution ont mit fin aux pêches miraculeuses d'antan. Dans une suite d'aquariums les espèces migratrices : saumons atlantiques, esturgeons, lamproies, anguilles... voisinent avec les espèces sédentaires de la région : brochets, perches, ablettes, barbeaux, etc. Des montages audiovisuels montrent les expériences en cours pour tenter la réhabilitation des espèces migratrices.

ENVIRONS

Temniac – *3 km au Nord. Description p. 133.*

Château de Puymartin – *9 km au Nord-Ouest. Voir à ce nom.*

Cabanes du Breuil ⊙ – *Sur la D 47, 2 km après le cimetière d'Allas, tourner à droite et suivre le fléchage.*

Le hameau du Breuil constitue le plus riche ensemble de bories *(voir p. 38)* du Périgord : une dizaine de cabanes, dont certaines jumelées, aux toitures en coupoles percées de lucarnes.

Les Bories

SORGES

1 074 habitants
Carte Michelin n° 75 pli 6 ou 233 pli 43 – Lieu de séjour.

Sur la route de Périgueux à Limoges, non loin de la vallée de l'Isle, sur la pente des plateaux qui montent du Périgord Blanc vers le Nontronnais, Sorges est un bourg agréable, connu au début du siècle pour sa production de truffes.

Église – C'est un édifice roman à coupole avec un puissant clocher carré à baies jumelées ; elle possède un beau portail Renaissance.

Maison de la Truffe ⊙ – La récolte des truffes est une ressource importante du Périgord *(voir p. 15)*. Un musée didactique fort bien installé dans les locaux du syndicat d'initiative illustre cette activité au moyen de tableaux, de cartes, de photos, de films et même de textes littéraires. Il apprend au visiteur l'histoire de la truffe, ses différentes espèces, ses terrains d'élection et ses arbres-hôtes, les méthodes de recherche, et donne un aperçu de la place de ce champignon dans l'économie et la gastronomie.

Un parcours pédestre « À la découverte des truffières » a été aménagé à 2 km de Sorges.

SOUILLAC★

3 459 habitants (les Souillagais)
Carte Michelin n° 75 pli 18 ou 235 pli 6.
Plan dans le guide Rouge Michelin France.

Au confluent de la Borrèze et de la Dordogne, au centre d'une région qui contraste par sa fertilité avec la pauvreté des causses de Martel et de Gramat, Souillac, traversée par la N 20, est une petite ville commerçante et touristique qui, au 13e s., grandit autour d'une abbaye dépendant du monastère bénédictin d'Aurillac.

Quand les bénédictins s'installent dans la plaine de Souillès – ainsi nommée d'un mot local « souilh » signifiant lieu marécageux où se vautraient les sangliers – ils remplacent une communauté fondée là, d'après la tradition, par saint Éloi. Les moines assèchent sans relâche et transforment le marécage en un riche domaine. Plusieurs fois ruinée et saccagée par les Anglais au cours de la guerre de Cent Ans, l'abbaye se relève grâce à la ténacité des abbés, mais les guerres de Religion lui causent encore de plus grands dommages. Reconstruite au 17e s. et rattachée alors à la congrégation de St-Maur, l'abbaye cesse d'exister à la Révolution, ses bâtiments étant transformés en Magasin des Tabacs.

Ancienne église abbatiale – *Visite : 1/2 h.* Placée sous le vocable de Ste-Marie, elle remplace comme église paroissiale l'église St-Martin détruite lors des guerres de Religion, et dont ne subsiste qu'un clocher mutilé devenu le beffroi de l'hôtel de ville. Construit au 12e s., l'édifice actuel s'apparente aux cathédrales romanes d'inspiration byzantine d'Angoulême, Périgueux et Cahors, mais il est plus évoluée dans la légèreté de ses piles et l'élévation de ses grandes arcades que cette dernière qui lui servit d'exemple. De la place de l'Abbaye on peut admirer d'abord le joli chevet aux cinq absidioles pentagonales. Le vaisseau est précédé d'une tour ornée à la base du dernier étage de modillons sculptés ; appartenant à un édifice antérieur et datée du 10e s. ou du début du 11e s., elle est assimilée aux tours-porches tenant lieu de narthex dans les églises pré-romanes. A l'intérieur la nef, aux lignes très pures, est couverte d'une file de trois hautes coupoles sur pendentifs. A gauche dans la première travée se trouve un polyptique du 16e s. peint sur bois : « les Mystères du Rosaire ».

★**Revers du portail** – Cette composition est constituée par les restes de l'ancien portail qui, endommagé par les protestants, a été placé à l'intérieur de la nef au 17e s.

Au-dessus de la porte, on voit, entouré des statues de saint Pierre, à droite, et de saint Benoît, à gauche, un bas-relief relatant les épisodes de la vie du moine Théophile, diacre d'Adana en Cilicie. Un nouvel abbé trompé, par des rapports mensongers, enlève à Théophile sa charge d'économe du monastère ; celui-ci, de dépit signe un pacte avec le Diable pour retrouver ses fonctions (à gauche).

Souillac
Le prophète Isaïe

Revenu de ses erreurs, Théophile fait pénitence et implore la Sainte Vierge (à droite) qui lui apparaît, accompagnée de saint Michel et de deux anges qui lui font cortège, pendant son sommeil et lui rapporte le pacte où elle montre qu'elle a fait annuler sa signature et obtenu son pardon. Le pilastre de droite, qui primitivement constituait le trumeau du portail, est d'une très grande richesse de décoration : son côté droit dépeint la concupiscence aux divers âges de la vie. Sur sa face principale s'enlacent et s'entredévorent des animaux monstrueux. Son côté gauche annonce la rémission du péché par le sacrifice d'Isaac. La main d'Abraham est retenue par l'envoyé de Dieu. De chaque côté de la porte se détachent, dans des poses audacieusement décoratives, les admirables bas-reliefs représentant le prophète **Isaïe**★★ (à droite) saisissant d'expression et le patriarche Joseph (à gauche).

Sous le narthex s'étend une crypte abritant des sarcophages rustiques.

★**Musée national de l'automate et de la robotique** ○ – *Accès par le parvis de l'abbatiale St-Pierre.*

C'est autour d'un fonds riche de trois mille pièces dont près d'un millier d'automates, la collection Roullet-Descamps, que s'est constitué ce musée spectacle.

Dès 1860, la dynastie **Roullet-Descamps**, à travers quatre générations de créateurs, a renouvelé la conception et donné ses lettres de noblesse à cette activité où imaginaire et ingéniosité ne font qu'un.

C'est en 1865 que Jean Roullet dépose son premier modèle de jouet mécanique, un petit jardinier qui marche en poussant une brouette de fleurs. En 1909, il crée pour le grand magasin du Bon Marché la première vitrine de Noël animée.

La collection est conservée à Souillac et présentée par grands thèmes permettant de connaître l'évolution des automates de l'Antiquité à nos jours.

Observer en particulier l'exceptionnel **Jazzband**, groupe d'automates électriques créé en 1920, où violoniste, pianiste et batteur noirs donnent un vrai petit concert, ou encore le féerique et irréel ballet de la **Reine des Neiges**, créé en 1956 d'après le conte d'Andersen. L'imposant cerveau robotique qui règle l'animation des automates, et la nouvelle collection de « robots de l'an 2000 » donnent la mesure des extraordinaires évolutions que connaît ce domaine à l'orée du 21e s.

ENVIRONS

Belvédère de Lanzac – *5 km au Sud.* A gauche de la N 20 se développe une vue étendue sur les sinuosités de la vallée de la Dordogne d'où surgissent la blanche silhouette du château de la Treyne à l'Est et celle du pigeonnier du Bastit au Sud-Est.

LE THOT, ESPACE CRO-MAGNON★

Carte n° 75 Sud du pli 7 (7 km au Sud de Montignac) ou 235 pli 2 – Schéma p. 169.

Créé en 1972, le Centre du Thot ○ propose une initiation à l'art préhistorique, et prépare ainsi à la visite de nombreux sites du Périgord, notamment à celle de Lascaux II, fac-similé de la grotte de Lascaux *(voir p. 112).*

Le **musée** présente un large panorama de l'expression de l'homme de la préhistoire par la peinture, la sculpture, les graffiti… : sa place dans l'histoire de l'humanité, son évolution, ses motivations ; ces différents thèmes sont abordés à l'aide de techniques modernes : fac-similés, diapositives géantes, montage audiovisuel, film, etc.

Le **parc**, implanté sur un site privilégié, permet d'avoir un aperçu de la faune que l'homme de Cro-Magnon côtoyait et représentait sur les parois des grottes : animaux vivants tels que les « aurochs », bisons d'Europe, chevaux de Prjewalski – ou reproductions grandeur nature et animées d'espèces disparues comme le mammouth et le rhinocéros « laineux ».

Plusieurs reconstitutions de campements, souvent spectaculaires, et de scènes de la vie quotidienne au Paléolithique supérieur, contribuent à rendre la visite très attractive.

TOURTOIRAC

756 habitants
Carte Michelin n° 75 pli 7 ou 233 Nord-Ouest du pli 44.

Ce bourg, niché dans la verdure sur les bords de l'Auvézère, fut au 12e s. le siège d'une abbaye royale. Le cimetière abrite le tombeau d'un personnage extraordinaire.

Orélie-Antoine de Tounens, roi d'Araucanie et de Patagonie – Né à Chourgnac d'Ans, où on peut encore voir sa maison natale en 1825, Orélie-Antoine de Tounens exerce en 1858 la profession d'avoué à Périgueux quand brusquement le désir d'un destin hors mesure s'empare de lui. Persuadé qu'un homme audacieux s'imposerait aux tribus peu évoluées d'Amérique du Sud et parviendrait à créer un royaume puissant, en marge du Chili et de l'Argentine, il emprunte une somme importante et s'embarque pour le Chili. Accueilli par les Indiens comme un libérateur, il est proclamé roi d'Araucanie, en 1860, sous le nom d'Orélie-Antoine Ier, lève une armée, promulgue une constitution. Le Chili s'inquiète, épie ses faits et gestes puis fait arrêter et emprisonner le « Libertador ». Rapatrié en France, notre monarque ne perd pas courage, rassemble les fonds nécessaires pour une seconde expédition et en 1869 débarque secrètement en Patagonie. Après une extraordinaire équipée, il est de nouveau rapatrié. Deux autres tentatives sont également vouées à l'échec et en 1878 il meurt à Tourtoirac, où il s'est retiré.

Abbaye ○ – Les vestiges de cette ancienne abbaye bénédictine, fondée au 11e s., se dressent dans le jardin du presbytère. A droite, une petite chapelle prieurale voûtée en berceau et munie d'échéas (sorte d'amphores encastrées dans la maçonnerie et servant à améliorer l'acoustique), le four à pain des moines et le chemin de ronde. De l'ancienne abbatiale de plan tréflé, seul subsiste le transept surmonté d'un puissant clocher carré, l'abside ayant été détruite à la Révolution. Remarquer les beaux chapiteaux sculptés du début du 12e s. et la coupole sur pendentifs. La nef, très remaniée, est rendue au culte. Sous le presbytère a été mise au jour la salle capitulaire ornée de remarquables chapiteaux romans, jumelés, et donnant sur les restes du cloître.

TURENNE★

740 habitants

Carte Michelin n° 75 Sud-Est du pli 8 ou 239 Sud du pli 26 – Schéma p. 66.

« Pompadour pompe, Ventadour vente, Turenne règne », ce vieux dicton caractérise bien la fière capitale de l'ancienne « vicomté », dressant aujourd'hui autour des ruines de son château le pittoresque amphithéâtre de ses maisons.

Petite ville, grand passé – L'incapacité des derniers carolingiens à gouverner l'ensemble de leurs possessions, et l'aptitude des seigneurs de Turenne à résister aux invasions normandes semblent être à l'origine de l'émancipation du fief vis-à-vis du pouvoir royal. Dès le 11ᵉ s. une forteresse couronne la butte témoin détachée du causse de Martel. Au 15ᵉ s., Turenne a sous sa dépendance le tiers du Bas-Limousin, le Haut-Quercy et le Sarladais, soit 1 200 villages et bon nombre d'abbayes. La vicomté jouit alors d'enviables privilèges : tout comme le roi de France, les vicomtes agissent en véritables souverains anoblissant à leur guise, créant offices et consulats, battant monnaie, levant les impôts.

Les La Tour d'Auvergne – C'est la famille de La Tour d'Auvergne qui a rendu célèbre le nom de Turenne. Au 16ᵉ s., Henri de La Tour d'Auvergne est le chef des huguenots du Limousin et le plus vaillant soutien de la Réforme. Pour récompenser son zélé lieutenant, Henri IV lui fait épouser l'héritière du duché de Bouillon, Charlotte de La Marck ; les Turenne émigrent alors à Sedan, administrant de loin leur vicomté toujours indépendante. Charlotte meurt trois ans après ce mariage, laissant à son mari les titres de duc de Bouillon et de prince de Sedan. Celui-ci se remarie avec Élizabeth de Nassau dont il aura huit enfants. Son fils cadet, prénommé aussi Henri deviendra le Grand Turenne. Mais c'est l'aîné, Frédéric-Maurice, qui hérite de la vicomté. Il y reçoit en 1650 la princesse de Condé et son fils le duc d'Enghien. La rencontre entre ces deux partisans de la Fronde fut l'objet de telles magnificences qu'elle resta célèbre sous le nom de « semaine folle de Turenne » et qu'il fallut prélever deux années d'impôts pour rembourser les dépenses occasionnées.

« Heureux comme les vicomtins » – Ce dicton illustre la vie paisible et aisée des habitants de la vicomté qui coulaient des jours heureux dans leur petit État. Ils étaient dispensés des tailles qui pesaient lourdement sur les roturiers français, ce qui rendait leur situation fort enviable. Cet âge d'or eut une fin : en 1738, le dernier des neuf vicomtes de la dynastie des La Tour d'Auvergne, qui n'avait plus un sou vaillant, vendit la vicomté à Louis XV pour 4 200 000 livres, mettant fin à l'indépendance quasi totale de ce dernier fief français. Les impôts des vicomtins furent soudain multipliés par dix.

VISITE *1 h 1/2*

La ville basse – C'est le quartier du Barri-bas, ancien faubourg de la ville.
Sur la **place du Foirail** (**6**), l'hôtel Sclafer (**B**) avec sa terrasse à l'italienne était la demeure de notaires au 17ᵉ s. ; en face une échoppe du 15ᵉ s. ouvre sa grande arcade (**D**). La rue du Commandant-Charolais mène à la place de la Halle. Les logis tout autour témoignent de la richesse des habitants, surtout l'élégante **maison Vachon**, demeure des consuls de Turenne aux 16ᵉ et 17ᵉ s. Entre deux hôtels, l'étroite **rue Droite** s'élève vers le château, bordée de maisons anciennes en encorbellement et d'échoppes. On prend à droite la rue Joseph-Rouveyrol et l'on admire la **maison de l'Ancien Chapitre** dont la tour est décorée d'une belle porte de style gothique flamboyant.

Église ⊙ – Sa construction fut décidée par Charlotte de La Marck en 1593, année de la conversion au catholicisme de Henri IV. Celui-ci mourut peu après et c'est la seconde femme de Henri de La Tour d'Auvergne, Élizabeth de Nassau, qui s'occupa de la faire terminer. Elle ne fut consacrée qu'en 1668.
L'édifice, en forme de croix grecque, est curieusement voûté d'une belle mosaïque de pierres jaunes et blanches dessinant un réseau de nervures prismatiques. Le mobilier des 17ᵉ et 18ᵉ s. comprend des stalles et surtout un maître-autel surmonté d'un retable en bois sculpté et doré figurant la Passion du Christ.

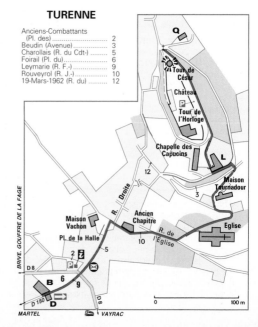

TURENNE

Anciens-Combattants
　(Pl. des) 2
Beudin (Avenue) 3
Charollais (R. du Cdt-) 5
Foirail (Pl. du) 6
Leymarie (R. F.-) 9
Rouveyrol (R. J.-) 10
19-Mars-1962 (R. du) 12

166

Un décor en trompe-l'œil plus tardif occupe de part et d'autre l'espace entre les colonnes torses.

Juste au-dessus de l'église, un vaste bâtiment, la **maison Tournadour**, était l'ancien grenier à sel de la ville.

La ville haute – On y pénètre par la **porte fortifiée** de la deuxième des trois enceintes qui protégeaient le château. A droite la maison du Sénéchal (**L**) s'orne d'une élégante tour. A gauche la **chapelle des Capucins** (1644) sert de cadre à des expositions. En contournant le château par la droite, on peut voir une série de manoirs recouverts de toits d'ardoises et flanqués de tours trapues, solides constructions qui ont des noms parfois évocateurs comme l'ancienne fonderie d'or (**Q**).

Le château ⊘ – Il fut démantelé par le roi juste après la réunion de la vicomté à la Couronne. Seules les tours de l'Horloge et de César furent épargnées, occupant chacune une extrémité du promotoire, **site**★ remarquable qui était autrefois entièrement couvert par le château et ses vastes corps de logis. Une chapelle s'élevait derrière la tour de l'Horloge.

Tour de l'Horloge – De cet ancien donjon du 13ᵉ s. on ne visite que la salle des gardes voûtée en berceau brisé. Quelques objets évoquant le passé de Turenne y ont été rassemblés. Au-dessus se trouve la salle de la monnaie ou salle du trésor.

Tour de César – Cette tour circulaire à l'appareillage irrégulier semble dater du 11ᵉ s. Un escalier permet d'accéder au sommet d'où l'on découvre un vaste **panorama**★★ sur la région par-delà un paysage verdoyant et vallonné, les monts du Cantal vers l'Est et en plein Sud la vallée de la Dordogne *(table d'orientation)*.

On peut rejoindre la place du Foirail en repassant par la porte fortifiée et en descendant la rue Droite.

VAREN

870 habitants

Carte Michelin n° 79 pli 19 ou 235 Sud-Ouest du pli 19 (16 km à l'Est de St-Antonin-Noble-Val) – Schéma p. 151.

Blotti autour de son église romane que protège un important système défensif, le vieux bourg de Varen est installé sur la rive droite de l'Aveyron.

Pénétrer dans la partie ancienne de la localité par le Sud.

La porte El-Faoure, ancienne porte fortifiée, donne accès à des rues étroites bordées de maisons aux pans de bois garnis de torchis ; leurs étages en encorbellement, leurs toits plats coiffés de tuiles rondes composent un tableau charmant et pittoresque.

Château – C'est un puissant donjon rectangulaire surmonté d'un chemin de ronde à mâchicoulis et flanqué d'une tourelle en encorbellement. C'est dans ce château que le « seigneur-prieur » de Varen s'enfermait pour braver les décisions de l'évêque de Rodez et faire preuve de la plus complète indépendance. Cette situation prit fin lorsqu'en 1553 le concile de Trente remplaça les moines du prieuré bénédictin par un collège de douze chanoines, plus docile.

★**Église St-Pierre** – Construite à la fin du 11ᵉ s., elle faisait partie du système défensif de la ville, sa façade servant de mur d'enceinte. La porte latérale a été ouverte en 1758 ; la porte principale fut percée en 1802, après la disparition des fossés.

L'ancien portail communiquait avec le bourg par le chevet de l'église, il fut muré au 16ᵉ s. ; il en reste deux chapiteaux de facture archaïque représentant saint Michel terrassant le dragon (à gauche) et Samson ouvrant la gueule du lion (à droite).

Un sobre clocher sur plan carré surmonte le chœur plat entre deux absidioles semi-circulaires.

Le bas-côté droit, épaulé par d'énormes arcs-boutants, comporte de nombreuses baies.

Le vaisseau, de style roman très pur, comprend une longue nef aveugle à neuf travées séparées des bas-côtés par des piles carrées ; le chœur et les absidioles sont ornés d'intéressants chapiteaux à motifs végétaux, entrelacs, animaux affrontés, chérubins, encadrant l'arbre de vie, et des stalles du 17ᵉ s.

Vallée de la VÉZÈRE★★

Carte Michelin n° 75 plis 7, 8 et 16, 17 ou 239 plis 25, 26.

Cette vallée, classée patrimoine mondial par l'UNESCO, constitue une remarquable voie touristique par la beauté des paysages qu'elle traverse et l'intérêt des témoignages laissés aux environs de Montignac et des Eyzies par les générations d'hommes qui se sont succédé là depuis environ 100 000 ans *(voir p. 20 à 23)*. Pour permettre au public de tirer le meilleur parti de sa visite, un dispositif important d'information et de documentation a été installé au long de la vallée, comprenant deux « portes » placées aux extrémités de l'espace inclus dans le « plan Vézère » (Terrasson et le Bugue), et quatre « bornes télématiques » établies à Terrasson, Montignac, Les Eyzies et le Bugue).

LA VÉZÈRE PÉRIGOURDINE

De Brive à Limeuil

108 km – Compter 1 journée – Schéma page suivante

Grossie par la Corrèze, la Vézère qui venait du Nord change brusquement de direction et se dirige vers l'Ouest ; elle coule dans un paysage typiquement périgourdin où les saules, les peupliers et les falaises étrangement sculptées forment un ensemble harmonieux.

Brive-la-Gaillarde – *Voir à ce nom.*

Quitter Brive à l'Ouest.

La N 89 traverse le bassin de Brive, domaine des cultures maraîchères et fruitières et rejoint la Vézère à proximité de St-Pantaléon.

Entre Larche et Terrasson, on quitte la vallée par la D 60 qui escalade le plateau.

Chavagnac – 301 h. A la limite du causse corrézien et du Périgord, ce village est dominé par un puissant donjon surmonté de corbeaux, vestige du château du 13ᵉ s. L'église du 12ᵉ s. a conservé sa coupole.

La D 63, pittoresque et sinueuse, traverse des champs plantés de noyers. Au cours de la descente sur Terrasson, la vigne apparaît sur le flanc des coteaux.

Terrasson-la-Villedieu – 6 004 h. Terrasson étage ses quartiers anciens au flanc d'une colline dominant la rive gauche de la rivière face à la Villedieu. C'est une petite ville active, centre important du marché des truffes et des noix.
L'**église** bâtie au 15ᵉ s. dans la partie haute de la ville ancienne de Terrasson a subi de nombreuses restaurations. La nef unique, le transept et le chœur sont voûtés d'ogives. De la terrasse bordant l'église au Nord, on embrasse du regard le site de Terrasson : à gauche les toits d'ardoises de la ville haute dégringolent jusqu'à la Vézère qu'enjambent deux ponts ; au loin, au-delà des quartiers de la rive droite les traditionnelles haies de peupliers bordant la rivière et les plantations de noyers qui alternent avec les cultures font place peu à peu aux habitations. Le Pont Vieux est un ouvrage du 12ᵉ s. à avant-becs.

De Terrasson à Condat, où l'on gagne la rive droite, la route suit le creux de la vallée. 3 km après Condat, la rivière se taille un passage entre des versants boisés.

Montignac – *Voir à ce nom.*

★★**Lascaux II ; Régourdou** – *Page 113.*

De Montignac aux Eyzies, la route longe de près la rivière que bordent de magnifiques peupliers. C'est la section la plus attachante de la vallée. Peu après Montignac, de la D 65 on aperçoit, entre les arbres, dominant la Vézère sur la rive opposée, la silhouette du château de Losse.

Château de Losse ⊙ – Accroché à un rocher surplombant la rive droite de la Vézère, cet élégant édifice du 16ᵉ s. émerge d'un séduisant cadre de verdure. Le corps de logis, flanqué d'une tour d'angle ronde, est précédé d'une terrasse ornée d'une balustrade que supporte un bel arc en anse de panier. L'intérieur vaut surtout par la qualité de son mobilier (armoires et coffres italiens du 16ᵉ s., meubles Louis XIII) et surtout de ses **tapisseries** : remarquer la vivacité de couleurs conservée par la tapisserie flamande de la chambre de la tour et par le Retour de la Courtisane, tapisserie florentine de la grande chambre (toutes deux du 17ᵉ s.).

Sergeac – 156 h. Ce village est agréablement situé sur la rive de la Vézère, bordée de hautes falaises au pied desquelles ont été découverts de nombreux gisements préhistoriques. Sergeac, à l'entrée duquel se dresse une croix du 15ᵉ s. finement sculptée, conserve quelques maisons anciennes couvertes de lauzes et un manoir à tourelle, vestige d'une commanderie de l'ordre de St-Jean-de-Jérusalem. L'**église** romane, au porche creusé de voussures en belles pierres ocre, offre un aspect défensif avec ses chambres à meurtrières et les mâchicoulis de son clocher-mur. Un arc triomphal en plein cintre retombant sur des colonnes jumelées donne accès au chœur à chevet plat orné de chapiteaux à sculptures archaïques.

Castel-Merle – Ce site préhistorique bien connu des spécialistes est resté longtemps fermé au public. Une partie des ossements, silex, parures… qui y furent découverts est exposée aux Eyzies, à St-Germain-en-Laye et à Périgueux. Mais à proximité du site, un petit **musée** ⊙ possède nombre de pièces intéressantes allant du moustérien à l'époque gallo-romaine dont de beaux colliers reconstitués avec les perles de pierre et d'os, les dents et les coquillages percés trouvés lors des fouilles.

On visite plusieurs **abris** ⊘ dont l'un présente des restes de sculptures magdalé-niennes (bisons, cheval). Dans l'abri de la Souquette on peut observer une coupe stratigraphique qui fait apparaître les niveaux superposés depuis l'aurignacien jusqu'à l'époque moderne.

★**Le Thot** – *Voir à ce nom.*

Thonac – 257 h. Dans l'église, émouvante **Vierge de majesté**★, de facture régionale, en bois polychrome *(photo p. 35)*.

Tour de la Vermondie – Sur un coteau dominant la Vézère, près d'un manoir du 15ᵉ s., se dresse une curieuse tour penchée qui fut, dit-on, démantelée par les Sarrasins en 732. Une légende rapporte qu'il y a bien longtemps, cette tour était habitée par un jeune prince que l'on y tenait enfermé ; chaque jour passait en bas sa fiancée ; émue par leur infortune, la tour s'inclina un jour si bas qu'ils purent échanger un baiser.

Plazac – 543 h. Perchée sur une butte dominant le village, l'église romane est entourée d'un pittoresque cimetière planté de cyprès. Le clocher-donjon du 12ᵉ s., couvert de lauzes, est orné d'arcatures aveugles retombant sur des bandes lom-bardes.

Revenir à Thonac. Pour la partie de cet itinéraire entre Thonac et Les Eyzies-de-Tayac voir p. 98 et 99 le schéma et le texte.

Après Thonac, la route permet de découvrir à tout moment les perspectives les plus agréables sur un paysage typiquement périgourdin : fond de prairies, rideaux de peupliers ou de saules se reflétant dans l'eau calme, hautes falaises blanches et grises semées de broussailles et de chênes verts, façonnées par l'érosion, dont certaines sont en surplomb au-dessus de la route et ont été utilisées comme abris au cours de la préhistoire. Ce tableau se retrouve à maintes reprises au Sud de St-Léon-sur-Vézère, ainsi qu'à La Roque-St-Christophe, à Tursac et près des Eyzies-de-Tayac, tandis que châteaux et castels ajoutent une note élégante à cet ensemble.

★**St-Léon-sur-Vézère** – *Voir à ce nom.*

★**La Roque-St-Christophe** – *Voir Les Eyzies.*

Le Moustier – *Voir Les Eyzies.*

Tursac – *Voir Les Eyzies.*

★★**Les Eyzies-de-Tayac** – *Page 97.*

Au-delà des Eyzies, la vallée s'élargit, les versants s'abaissent, les cultures où se mêlent les plantations de noyers se multiplient.

Campagne – 281 h. Lieu de séjour. Au débouché d'un vallon, on découvre la petite église romane précédée d'un mur-clocher.
Le **château** des seigneurs de Campagne, édifié au 15ᵉ s., a été restauré au 19ᵉ s. Les tours avec créneaux et mâchicoulis qui flanquent le logis ainsi que les éléments néo-gothiques lui confèrent une allure de manoir anglais. Le dernier marquis de Campagne fit don du château à l'État en 1970.

Le Bugue – *Voir à ce nom.*

La D 703, direction Bergerac, puis la D 31, direction Trémolat, conduisent à la **cha-pelle St-Martin**, édifice de la fin du 12ᵉ s. entouré de cyprès.

Limeuil – *Page 92.*

Sarlat la nuit

Renseignements
pratiques

Préparation du voyage

VOTRE HÉBERGEMENT

Le Périgord et le Quercy offrent toute une gamme de formules d'hébergement en milieu rural : chambres et tables d'hôtes, fermes de séjour, fermes-auberges, etc. Pour obtenir des renseignements et adresses, consulter sur Minitel le 36 15 Gîtes de France ou le 36 15 ATV 24, contacter à Paris la **Maison des Gîtes de France** (35 rue Godot-de-Mauroy 75009 Paris, ☎ 47 42 20 20) ou la **Maison du Périgord** (6 rue Gomboust, 75001 Paris, ☎ 42 60 38 77), ou s'adresser aux services Loisirs-accueil et Comités départementaux de tourisme :

Dordogne – Loisirs-accueil Dordogne-Périgord, 16 rue Wilson, 24009 Périgueux Cedex, ☎ 53 53 44 35. Comité départemental de tourisme : même adresse.

Lot – Loisirs-accueil Lot, 53 rue Bourseul, BP 162, 46003 Cahors Cedex, ☎ 65 22 19 20. Comité départemental du tourisme, Chambre de Commerce, 107 quai Cavaignac, 46001 Cahors Cedex, ☎ 65 35 07 09.

Corrèze – Loisirs-accueil Corrèze, Maison du tourisme, quai Baluze, 19000 Tulle, ☎ 55 29 98 70. Comité départemental du tourisme : même adresse.

Tarn-et-Garonne – Loisirs-accueil Tarn-et-Garonne, Hôtel des Intendants, place du Maréchal-Foch, 82000 Montauban, ☎ 63 66 04 42. Office départemental du tourisme : même adresse, ☎ 63 63 31 40.

À l'échelon local, la promotion des « vacances vertes » est de plus assurée par de nombreux Syndicats d'initiative et associations : « **Bienvenue à la ferme en Sarladais** » (Maison de l'Agriculture, place de la Grande-Rigaudie, 24200 Sarlat, ☎ 53 59 41 56), « **Bienvenue à la ferme à Ribérac et dans la riante vallée de la Dronne** » (Syndicat d'initiative de Ribérac, ☎ 53 90 03 10), etc.

Les pratiquants itinérants d'activités de plein air (randonnées à pied ou à cheval, cyclotourisme, canoë...) pourront consulter le guide « **Gîtes et refuges, France et Frontières** » par A. et S. Mouraret, éd. La Cadole, 74 rue Albert-Perdreaux, 78140 Vélizy-Villacoublay.

Tourisme et handicapés – L'ouvrage « **Touristes quand même ! Promenades en France pour les voyageurs handicapés** », édité par le Comité National Français de Liaison pour la Réadaptation des Handicapés (38 bd Raspail, 75007 Paris, ☎ 45 48 90 13) fournit, pour près de 90 villes en France, de très nombreux renseignements d'ordre pratique facilitant le séjour ainsi que la visite d'un certain nombre de curiosités aux personnes à mobilité réduite, déficients visuels et malentendants.

Par ailleurs, les **guides Rouge Michelin France** et **Camping Caravaning Michelin France** indiquent respectivement les chambres accessibles aux handicapés moteurs et les installations sanitaires aménagées.

BLOC-NOTES

Tourisme-infos sur Minitel – Consulter le 36 15 Périgord, le 36 15 Quercy ou le 36 15 Michelin. Ce dernier service aide en outre à la préparation des itinéraires et communique d'utiles informations routières.

Liaisons aériennes – La compagnie Littoral assure 3 AR quotidiens Paris-Périgueux ☎ 53 54 40 98 et 2 AR quotidiens Paris-Bergerac ☎ 53 57 00 09. La compagnie TAT (Transport Aérien Transrégional) assure 2 AR quotidiens Paris-Brive ☎ 42 79 05 05. Se renseigner pour les week-ends.

Prévisions météorologiques régionales – Elles peuvent être obtenues par téléphone en composant le 36 68 02 suivi du numéro minéralogique du département ou en consultant le Minitel, code 36 15 Météo.

Documentation :
Géographie, Histoire, Art, Société, Gastronomie

Périgord, par M. Blancpain (Nathan, Paris).

A travers le Lot, par J. Fourgous (Tardy, Cahors).

Aquitaine, et **Midi-Pyrénées** (Guides Bleus Hachette, Paris).

Nouveau Guide du Périgord-Quercy, par J. L. Aubarbier, M. Binet, G. Mandon (Ouest-France, Rennes).

Histoire du Périgord (2 tomes), par G. Fayolle (Fanlac, Périgueux).

La Vézère des origines, Guides archéologiques de France (Imprimerie nationale, Paris).

La vie quotidienne en Périgord au temps de Jacquou le croquant, par G. Fayolle (Hachette, Paris).

Le Périgord oublié (recueil de cartes postales anciennes), par P. Pommarède (Fanlac, Périgueux).

L'art en Périgord, par J. Secret (Fanlac, Périgueux).

Périgord roman, et **Quercy roman** (Collection Zodiaque, exclusivité Weber, Paris).

Architecture paysanne en Périgord et sa restauration, par J. P. Simon (Fanlac, Périgueux).

Vieilles coutumes dévotieuses et magiques du Périgord, par G. Rocal (Fanlac, Périgueux).

Science de gueule en Périgord (Fanlac, Périgueux).

Périgord et Quercy en romans

Jacquou le croquant, par E. Le Roy (Collection Le Livre de Poche, Paris).

La Grâce et le venin, par M. Jeury (collection Le Livre de Poche, Paris).

Le Déjeuner de Sousceyrac, par P. Benoit (Albin Michel, Paris).

Des Grives aux loups, par C. Michelet (Presses Pocket, Paris).

La Rivière Espérance, par C. Signol (Presses Pocket, Paris).

Ciné-tourisme : Sélection de films et téléfilms tournés dans la région

Le Capitan (1960), d'A. Hunebelle, avec J. Marais, Bourvil (Fayrac, Hautefort, Biron...).

Jacquou le croquant (1969), de S. Lorenzi (Fanlac, Montignac, Périgueux...).

Le Boucher (1970), de C. Chabrol, avec J. Yanne, S. Audran (Trémolat).

Collinot-Trousse Chemise (1974), de N. Companeez, avec B. Bardot, F. Huster (Sarlat).

Le Vieux Fusil (1976), de R. Enrico, avec P. Noiret, R. Schneider (Bruniquel).

Les Misérables (1982), de R. Hossein, avec L. Ventura, M. Bouquet, J. Carmet (Sarlat, Monpazier).

La Fille de d'Artagnan (1994), de B. Tavernier, avec S. Marceau, P. Noiret, S. Frey, C. Rich (Sarlat, château de Beynac).

DÉCOUVERTE INSOLITE

Aux visiteurs non pressés s'offrent de multiples possibilités de « voyager autrement », qui favorisent une perception optimale des richesses artistiques, des terroirs et de la vie quotidienne.

Itinéraires thématiques

« Promenades littéraires en Périgord ». Office départemental du tourisme de la Dordogne, 16 rue Wilson, 24009 Périgueux Cedex, ☎ 53 53 44 35.

« Circuit Jacquou le Croquant ». Syndicat d'initiative de Périgueux, Rond-point de la Tour Mataguerre, 26 place Francheville, ☎ 53 53 10 63.

« Route historique des Mille et un Châteaux du Périgord ». Même adresse que ci-dessus.

« Route du tabac, de Bergerac à Sarlat ». Centre de formation et de perfectionnement des planteurs de tabac, avenue Paul-Painlevé, 24100 Bergerac, ☎ 53 57 49 33.

« Route historique des Marches du Quercy ». Comité départemental du tourisme du Lot, 107 quai Cavaignac, 46001 Cahors Cedex, ☎ 65 35 07 09.

« Circuit des églises à coupoles du Ribéracois ». Syndicat d'initiative de Ribérac, ☎ 53 90 03 10.

Visites de fermes

Des visites accompagnées de fermes, que l'on effectue avec son propre véhicule, sont organisées par les syndicats d'initiative de **Ribérac** (le mardi après-midi, du 15 juin au 15 septembre, ☎ 53 90 03 10), **Brantôme** (le mercredi après-midi en juillet-août, ☎ 53 05 80 52), **Belvès** (en juillet et août, ☎ 53 29 01 40), Sarlat (en juillet et août, ☎ 53 59 41 56). Ces visites donnent quelquefois l'occasion de déguster des produits régionaux.

Tourisme équestre

A cheval – Randonnées en liberté ou accompagnées à partir de **Monpazier** ou **Alles-sur-Dordogne**, avec étapes en hôtels 2 étoiles (environ 4 500 F la semaine) ou chambres d'hôtes et gîtes (environ 3 500 F la semaine). Renseignements au comité départemental du tourisme de la Dordogne, 16 rue Wilson, 24009 Périgueux Cedex, ☎ 53 53 44 35. L'Association de tourisme équestre de la Dordogne (Chambre d'Agriculture, 4-6 place Francheville, 24000 Périgueux, ☎ 53 09 26 26) et l'Association de tourisme équestre du Lot (BP 7, 46002 Cahors Cedex, ☎ 65 35 07 09) procurent d'autres adresses. On trouvera auprès de cette dernière association, ainsi que dans les librairies, une **« Carte départementale de la randonnée »**, à l'échelle 1/200 000ᵉ, reprenant le tracé des sentiers de Grande Randonnée et des pistes équestres.

Promenades en calèche – Des promenades d'une journée en calèche sont proposées, par Tourisme Attelé Diffusion – 46120 Aynac, ☎ 65 38 93 16. Les sociétés Périgord en calèches – 24550 Mazeyrolles-près-Monpazier ☎ 53 29 98 99 et le Relais de Bellemire – 46200 Lacave ☎ 65 37 05 85 proposent, en plus, des promenades à cheval en forêt. Les Attelages du Haut Repaire – 24390 Coubjours ☎ 53 50 32 79 organisent, outre des promenades en calèches, des bivouacs sur 4 ou 5 jours, toute l'année, ainsi que des cours d'initiation d'attelage.

En roulotte – Visiter le Périgord en roulotte à cheval aménagée (couchettes, coin-cuisine), à raison de 15 à 20 km parcourus journellement, est une possibilité offerte au départ des domaines de « Beauvignière » (**à Quinsac, en Périgord Vert**) et « Faurilles » (**à Issigeac, en Bergeracois**) : prix moyen en haute-saison 4 500 F.
Renseignements au comité départemental du tourisme de la Dordogne, 16 rue Wilson, 24009 Périgueux Cedex, ☎ 53 53 44 35.
En Quercy, s'adresser aux Roulottes du Quercy (46700 Sérignac, ☎ 65 31 96 44) ou à Tourisme Attelé Diffusion (46120 Aynac ☎ 65 38 93 16).

Randonnées pédestres

De nombreux sentiers de Grande Randonnée sillonnent le Périgord et le Quercy : **GR 6** (Alpes-Océan), **GR 65** (Le Puy-St-Jacques-de-Compostelle), **GR 36** (Manche-Pyrénées), **GR 46** (Limousin-Quercy), etc.

Les topo-guides des sentiers de Grande Randonnée sont édités par la Fédération Française de la Randonnée pédestre-Comité national des sentiers de Grande Randonnée, et peuvent être achetés au Centre d'information, 64 rue de Gergovie, 75014 Paris ☎ 45 45 31 02.

Pour le Quercy, il existe une collection de 7 petits guides « promenades et randonnées » décrivant chacun 20 à 30 circuits de petite randonnée : « **Entre Lot et Célé** », « **Jardin du Ségala** », « **Causse de Gramat** », « **La Bouriane** », « **Les Marches du Sud Quercy** », « **Basse vallée du Lot de Vers à Soturac** » et « **Vallée de la Dordogne et Causse de Martel** » ; ils sont disponibles en librairie ou auprès du Comité départemental du tourisme du Lot (BP 7, 46001 Cahors Cedex, ☎ 65 35 07 09), qui distribue également l'intéressant dépliant « **Le Lot les chemins de la rivière** », sélection d'itinéraires au départ des haltes nautiques. Beaucoup de communes remettent en état, créent et entretiennent des sentiers pédestres, et procurent aux touristes des documents permettant de les emprunter en liberté (c'est le cas à St-Antonin-Noble-Val, Montignac, etc.). S'adresser aux syndicats d'initiative ou mairies.

Une formule non-conformiste : la randonnée pédestre en compagnie d'un âne bâté, portant les bagages. S'adresser à Picotin et Constant (St-Avit-Vialard, 24260 Le Bugue, ☎ 53 07 15 40) ou à la Fédération nationale Anes et Randonnées (Ladevèze, 49090 Coux, ☎ 65 31 42 79).

Cyclotourisme

S'il n'existe pas de piste cyclable en Périgord et Quercy, des milliers de kilomètres de routes et de chemins, en partie épargnés par l'intensification du trafic automobile, sont en revanche à la disposition des cyclotouristes. Les syndicats d'initiative et offices de tourisme communiquent les adresses de très nombreux points de location de vélos, parmi lesquels les gares SNCF de Bergerac, Le Bugue, Cahors, Gourdon, Gramat, Rocamadour-Padirac, Sarlat et Souillac.

Pour le Périgord, on trouvera des propositions de circuits dans la brochure « **Cyclotourisme en Périgord** » (diffusion : Office départemental du tourisme de la Dordogne, 16 rue Wilson, 24009 Périgueux Cedex, ☎ 53 53 44 35) et dans l'ouvrage de Claire Gérardin, « **Connaître et savourer le Périgord** » (vendu en kiosque et chez Gérardin Books, BP 2056, 24002 Périgueux Cedex).

Le topo-guide « **Cyclotourisme dans le Lot** » peut être acheté dans les librairies et syndicats d'initiative du Lot, ainsi qu'au comité départemental de cyclotourisme du Lot, Le Couderc, 46300 St-Projet ☎ 65 37 98 13 ou au Comité Départemental de Tourisme du Lot, Chambre de Commerce, 107 quai Cavaignac, 46001 Cahors Cedex, ☎ 65 35 07 09. Un fascicule de **36 circuits VTT dans le Quercy**, édité par les Éd. La Bouriane à Gourdon, peut s'obtenir aux mêmes adresses ou chez les loueurs de VTT.

Au fil de l'eau en canoë-kayak

Les eaux paisibles des rivières périgourdines et quercynoises se prêtent bien à une pratique touristique du canoë-kayak, moyen idéal de découverte des beaux châteaux et autres curiosités remarquables répartis au long des vallées.

Les bases nautiques accueillent les débutants comme les pratiquants confirmés (la location d'un canoë biplace coûte de 50 à 90 F l'heure, 130 à 200 F la journée) ; celles qui sont énumérées ci-dessous sont affiliées à la Fédération française de canoë-kayak :

Sur la Dordogne – Bases nautiques de **Vézac** (pont SNCF, ☎ 53 29 54 27) et **Bergerac** (AOL canoë-kayak, Promenade Pierre-Loti, ☎ 53 27 20 05). Safaraid propose différentes formules (à la journée ou à la semaine), sur plusieurs bases et départ, ☎ 55 28 80 70. Canoë Dordogne organise des promenades en canoë de 6 à 12 personnes dirigées par un guide animateur à partir de la Roque-Gageac ☎ 53 29 58 50. Possibilités de randonnées libres (2 à 7 jours) en canoë avec prêt du matériel de camping : Randonnée-Dordogne, « Le port de Domme », 24250 Cénac ☎ 53 28 22 01.

Sur la Vézère – Base de **Montignac** (Nouveau Pont, ☎ 53 51 91 14).

Sur le Célé – Base du **Liauzu** (Les Amis du Célé, 46300 Orniac, ☎ 65 31 32 17).

Sur le Lot – Base nautique de **Caïx** (CPL, 46140 Luzech, ☎ 65 20 11 30).

Les topo-guides « **Descente du Célé** », « **Descente de la Dordogne** » et « **Descente du Lot** » sont disponibles dans les librairies et syndicats d'initiative du Lot, ou au Comité départemental du tourisme du Lot, 107 quai Cavaignac, 46001 Cahors Cedex, ☎ 65 35 07 09.

Navigation fluviale

La visite du Quercy peut s'agrémenter de quelques jours de navigation en liberté sur le Lot, à bord d'une **pénichette habitable** se pilotant sans permis spécial (prix de la semaine en haute saison pour 4 personnes : 7 000 à 10 000 F). L'attrait d'une telle expérience est encore accru par la réouverture récente d'une partie des écluses du Lot à la navigation.

Location de bateaux de promenade aménagés auprès des sociétés Locaboat Plaisance (quai du Port-au-Bois, 89300 Joigny, ☎ 86 91 72 72 – Base : **Luzech** ☎ 65 30 71 11), Crown Blue Line (le Grand Bassin, BP 21, 11401 Castelnaudary, ☎ 68 23 17 51 – Base : **Douelle** ☎ 65 20 08 79), Babou Marine (Port St-Mary, 46000 Cahors, ☎ 65 30 08 99 – Base : **Cahors**), Lot Plaisance (Côte des Sapins, 46000 Cahors

Vallée de la Dordogne à Belcastel

☎ 65 35 36 87 – Base : **Laroque-des-Arcs**), Safaraid (46140 Albas, ☎ 65 36 23 54 – Base : **Bouziès** ☎ 65 30 22 84) et Lot Navigation (46330 Bouziès, ☎ 65 30 24 41 – Base : **Bouziès**).

Les promenades en **bateaux à passagers** sur le Lot, la Dordogne et la Dronne sont signalées dans la partie « Conditions de visite ».

Une carte « Pratique de la randonnée à cheval, à vélo, à pied et en canoë-kayak », éditée par le Comité Départemental du Tourisme du Lot peut être obtenue auprès de ce dernier ou en librairie.

VOS LOISIRS

Baignade – Des plages sont aménagées le long des rivières, mais attention au courant qui peut être fort.

Les parcs de loisirs aquatiques dotés de toboggans, bassins à vagues, etc. se sont récemment multipliés ; les principaux sont cités dans la partie « Conditions de visite ».

Voile et planche à voile – Quelques plans d'eau permettent la pratique de la voile, et surtout de la planche à voile. Les plus importants sont l'étang de la Jemaye dans la Double, le lac du Causse près de Brive, les retenues de Tauriac, Trémolat et Mauzac sur la Dordogne, de Cajarc et Luzech sur le lot.

Spéléologie – Le Périgord et le Quercy, aux reliefs calcaires truffés de grottes et de cavités, se prêtent à merveille à la spéléologie.

Lot : contacter le Comité départemental de spéléologie, J.R. Broqua, 46230 Bach, ☎ 65 31 70 81.

Dordogne : Randonnée Dordogne (Le Port de Domme-Cénac, 24250 Domme, ☎ 53 28 22 01) organise des séances d'escalade et de spéléologie pour tous niveaux.

Pêche – De très beaux parcours en rivières de première et deuxième catégorie s'offrent aux pêcheurs de tous niveaux. Renseignements auprès des Fédérations départementales des associations agréées de pêche et de pisciculture (dans le **Lot**, 182 quai Cavaignac, 46000 Cahors, ☎ 65 35 50 22 ; en **Dordogne**, 2 rue Antoine-Gadaud, 24000 Périgueux, ☎ 53 53 44 21 ; en **Corrèze**, 1 avenue Winston-Churchill, 19000 Tulle, ☎ 55 26 11 55).

Stages de cuisine régionale – Sauf exception, ils ont lieu d'octobre à avril et se déroulent sur la durée d'un week-end. Les personnes désirant apprendre à confectionner les **confits, foies gras, desserts traditionnels**, etc. sont reçues dans des fermes, et hébergées en chambres d'hôtes (prix moyen 700 à 1 000 F). Les adresses qui suivent sont communiquées à titre indicatif :

M. Alard, la Maurinie, 24330 Eyliac, ☎ 53 07 57 18 (cuisine traditionnelle du canard).
M. J. Archer, la Barabie, route de St-Alvère, 24520 Lamonzie-Montastruc (Nord-Est de Bergerac), ☎ 53 23 22 47 (cuisine du foie gras et du confit, connaissance et cuisine de la truffe).
D. et G. Dubois, Peyrenègre, 24120 La Dornac, ☎ 53 51 04 24 (cuisine de l'oie et du cochon, connaissance des truffières).
E. Coustatie, Boyer, 24220 Meyrals, ☎ 53 29 24 83 ; possibilité de stages d'une semaine (cuisine de l'oie).
Ferme-auberge, Élevage d'oies de la Faisanderie, la Baronnie, Audrix, 24260 Le Bugue, ☎ 53 07 24 17 (cuisine de l'oie et du foie gras).
Loisirs-accueil Lot, 5 rue Bourseul, BP 162, 46003 Cahors Cedex, ☎ 65 22 19 20 ; stages de cuisine quercynoise (foies gras, confits, desserts) à Moncabrier ou Marcilhac-sur-Célé.

Foires et marchés

Quelques foires et marchés agricoles spécialisés, par leur originalité et la qualité des produits offerts, par leur évocation de la tradition locale et leur animation particulière, méritent d'être inscrits aux programmes de visite de la région.

Les marchés aux **noix**, aux **châtaignes** et aux **champignons** se tiennent généralement en octobre et novembre, les marchés aux « **gras** » (volailles grasses, foies gras...) de novembre à mars, les marchés aux **truffes** de décembre à mars, les marchés aux **fraises** entre avril et novembre. Les principaux sont indiqués ci-dessous et signalés sur la carte p. 16.

PRINCIPALES FOIRES

Début janvier
Brive................................ Foire des Rois

1er mercredi à partir du 6 janvier
Périgueux .... Foire des Rois

2e dimanche de mars
Latronquière.................... Foire au bois

Fin avril-1er mai
La Latière (St-Aulaye) ...... Foire aux chevaux, bestiaux et volailles

Dimanche après la St-Georges
Aubazine.......................... Foire aux chèvres

1er mai
Calès................................ Foire aux fleurs

1er vendredi de juin
Souillac............................ Foire à la canaille

Dimanche de la Pentecôte
Rocamadour .... Foire aux fromages

23 juillet
Martel .... Foire à la laine

1er lundi d'août
Hautefort......................... Foire aux dindons

Début août
Lalinde............................. Foire aux vins

14 et 15 août
Duravel .... Foire aux vins

PRINCIPAUX MARCHÉS

BELVÈS

Marchés fermier — le mercredi à 18 h, du 15 juin à fin août.

Machés aux noix — le mercredi, d'octobre à mi-décembre.

BRANTÔME

Marché fermier — le mardi en juillet et août.

Marché aux noix — le vendredi en octobre et novembre.

Marché gras — le vendredi de novembre à février.

BRIVE-LA-GAILLARDE

Marché gras — de novembre à mars. Trois foires grasses primées en décembre, janvier et février.

EXCIDEUIL

Marché gras et marché aux truffes — le jeudi matin en décembre et janvier.

LALBENQUE

Marché aux truffes — le mardi après-midi de fin novembre à fin mars et le 24 décembre.

LIMOGNE-EN-QUERCY

Marché aux truffes — le vendredi à 10 h 30 du 1er décembre au 15 mars.

Marché aux truffes d'été — le dimanche à 10 h 30 du 1er juin au 15 août.

MONTIGNAC

Marché aux noix — le mercredi en octobre et novembre.

PÉRIGUEUX

Marché aux animaux vivants (place de la Clautre) et **marché aux fleurs** (place de la Mairie) — les mercredis et samedis toute l'année.

Marché gras (place St-Louis) et **marché aux truffes** (place St-Silain) — les mercredis et samedis de novembre à mars.

SARLAT

Marché aux noix et aux châtaignes – le samedi en octobre et novembre.

Marché au gras et aux truffes – le samedi de novembre à mars.

THIVIERS

Marché aux foies gras et volailles grasses – le samedi matin de novembre à mars.

VERGT

Marché aux fraises – tous les jours, à 14 h, de mi-avril à mi-novembre.

VILLEFRANCHE-DU-PÉRIGORD

Marché aux châtaignes – le samedi matin d'octobre à fin décembre.

Marché aux cèpes – tous les jours à partir de 16 h et le dimanche toute la journée de juin à octobre.

Marché du Périgord

Fêtes, festivals, expositions

Dernier dimanche de janvier (matin)
Lalbenque .... Concours du plus beau panier de truffes ☎ 65 31 61 17

Mars à novembre
Cajarc .... Expositions d'art contemporain ☎ 65 40 63 97

Avril-septembre
Beaulieu-en-Rouergue ..... Expositions d'art contemporain ☎ 63 67 06 84

Dimanche de la Pentecôte
Sarlat-la-Canéda .... Fête de la Ringueta, jeux traditionnels (tous les deux ans : 1995, 97 ...) ☎ 53 59 27 67

17 juin-3 juillet
Cahors .... Printemps de Cahors (photographie et art visuel) ☎ 65 22 07 32

Mi-juin
Brive .... Fêtes chorales ☎ 55 92 39 39

Début juillet-15 août
Gourdon .... Rencontres estivales (concerts, théâtre) ☎ 65 41 20 06

7-15 juillet
Terrasson-la-Villedieu .... Festival « Les chemins de l'Imaginaire » ☎ 53 50 13 80

Mi-juillet-mi-août
Aubazine .... Musique sacrée en Aubazine ☎ 55 84 24 74
Domme .... Festival du « Temps de Domme » ☎ 53 28 30 18

Mi-juillet
Bergerac .... Fête de la gourmandise, « La Table de Cyrano » ☎ 53 57 71 51

Juillet
Brive .... Festival de folklore ☎ 55 24 45 76
Cahors .... Festival de Blues ☎ 65 35 22 29
Montignac .... Rencontres de folklore et d'amitié ☎ 53 51 82 60
Souillac .... Festival de Jazz « Sim Copans » ☎ 65 37 81 56

23 juillet
Meyrals .... Fêtes des vendanges ☎ 53 29 22 24

Fin juillet-début août
Sarlat-la-Canéda .... Festival des jeux du théâtre ☎ 53 31 10 83

Juillet-août
Brantôme .... Concerts de musique classique ☎ 53 05 80 63
Brive .... Festival de la Vézère (musique classique et opéra) ☎ 55 23 25 09
Castelnaud .... Spectacle nocturne « Il était une fois » ☎ 53 29 57 08
Périgord Noir .... Festival musical et Rencontres cinématographiques ☎ 53 51 95 17
Ribérac .... Festival « Musique et Paroles en Ribéracois » ☎ 53 90 28 67
St-Robert .... Concerts de musique classique ☎ 55 25 10 91

Fin juillet-mi-août
St-Céré .... Festival de musique et d'art lyrique ☎ 65 38 28 08

1re quinzaine d'août
Périgueux .... Festival du mime « mimos » ☎ 53 53 55 17

Mi-août
Rocamadour .... Fête de l'Assomption, procession aux flambeaux

14 et 15 août
St-Amand-de-Coly .... Concert de trompes et messe de St-Hubert ☎ 53 51 67 50

2e quinzaine d'août
Brive .... Orchestrades Universelles ☎ 55 92 39 39

Août
Bonaguil .... Festival de musique et de théâtre ☎ 53 71 13 70
Dans le Quercy .... Festival de musique du Quercy blanc ☎ 63 94 61 94

8 septembre

Belvès............................ Notre-Dame-du-Capelou – Pèlerinage annuel

Rocamadour .... Pèlerinage annuel

15 septembre-1er octobre

Périgueux .... Sinfonia en Périgord ☎ 53 53 32 95

Début novembre

Brive.............................. Foire du livre ☎ 55 92 39 39

UNE FÊTE TRADITIONNELLE : LA FÉLIBRÉE

Chaque année au mois de juillet, une ville différente du Périgord accueille la Félibrée. L'élue est décorée de milliers de fleurs multicolores en papier encadrant les fenêtres, les portes, fleurissant les arbres et les haies, formant des arcs de triomphe.

Les Périgourdins convergeant de tous les coins du département arborent les costumes traditionnels à coiffes de dentelle, fichus brodés, longues jupes pour les femmes, grands feutres noirs, amples blouses blanches et gilets de velours noir pour les hommes.

La reine, entourée par le majoral et les gardiens des traditions locales, reçoit les clefs de la ville et fait un discours en patois. Puis la foule se rend en procession à la messe au son des vielles, avant de s'installer pour un grand banquet. Traditionnellement le repas commence par le chabrol, ce mélange de vin et de bouillon typique du Sud-Ouest, que l'on déguste dans les assiettes fabriquées pour l'occasion et portant le nom de la félibrée et son année. Ces assiettes que chacun garde en souvenir décorent de nombreuses maisons et l'on peut en voir dans des musées d'art traditionnel comme celui de Mussidan (p. 117).

Conditions de visite

Les renseignements énoncés ci-dessous s'appliquent à des touristes voyageant isolément et ne bénéficiant pas de réduction. Pour les groupes constitués, il est généralement possible d'obtenir des conditions particulières concernant les horaires ou les tarifs. Ces données ne peuvent être fournies qu'à titre indicatif en raison de l'évolution du coût de la vie et de modifications fréquentes dans les horaires d'ouverture de nombreuses curiosités. Lorsqu'il nous a été impossible d'obtenir des informations à jour, les éléments figurant dans l'édition précédente ont été reconduits. Dans ce cas ils apparaissent en italique.

*Les **édifices religieux** ne se visitent pas pendant les offices. Certaines églises et la plupart des chapelles sont souvent fermées. Les conditions de visite en sont précisées si l'intérieur présente un intérêt particulier ; dans le cas où la visite ne peut se faire qu'accompagnée par la personne qui détient la clé, une rétribution ou une offrande est à prévoir.*

*Dans certaines villes, des **visites guidées** de la localité dans son ensemble ou limitées aux quartiers historiques sont régulièrement organisées en saison touristique. Cette possibilité est mentionnée en tête des conditions de visite, pour chaque ville concernée. Dans les Villes d'Art et d'Histoire et les Villes d'Art* *, les visites sont conduites par des guides-conférenciers agréés par la Caisse Nationale des Monuments Historiques et des Sites.*

Lorsque les curiosités décrites bénéficient de facilités concernant l'accès pour les handicapés, le symbole ♿ figure à la suite de leur nom.

A

AGONAC

Église St-Martin – Visite accompagnée tous les jours (sauf le week-end) de 16 h à 18 h 30. ☎ 53 06 38 54 (Mr le Curé).

Les ARQUES

Musée Zadkine – Visite libre ou accompagnée (1 h) tous les jours de 11 h à 19 h de juin à septembre ; tous les jours (sauf le lundi et le mardi) de 14 h à 17 h d'octobre à mai. 15 F (visite libre) ; 30 F (visite accompagnée incluant la visite du village : sur demande préalable 48 h à l'avance auprès de Mme Martinez). ☎ 65 22 89 29.

ASSIER

Château – Visite accompagnée (30 mn) tous les jours (sauf le mardi) de 9 h à 12 h 30 et de 14 h à 18 h 30 (dimanche de 11 h 30 à 18 h) en juillet et août ; de 9 h à 12 h et de 14 h à 18 h (dimanche de 11 h 30 à 17 h 30) d'avril à juin et en septembre ; de 10 h à 12 h et de 14 h à 17 h (le dimanche de 11 h 30 à 16 h 30) d'octobre à mars. Fermé les 1er janvier, 1er mai, 1er et 11 novembre, 25 décembre. 14 F. ☎ 65 40 40 99.

AUBAZINE

Bâtiments conventuels – Visite accompagnée (45 mn) tous les jours (sauf le lundi) à 11 h, 15 h 30 et 16 h 30 en juillet et août ; à 11 h et 16 h en juin et septembre ; à 16 h d'octobre à mai. Fermé en janvier. 15 F. ☎ 55 84 61 12.

AURIAC-DU-PÉRIGORD

Écomusée de l'Abeille – ♿ Visite accompagnée (1 h) tous les jours de 10 h à 12 h et de 14 h 30 à 19 h de mars à décembre. Fermé en janvier et février. Entrée gratuite. ☎ 53 54 40 53.

B

Abbaye de BEAULIEU-EN-ROUERGUE

Visite accompagnée (30 mn) tous les jours de 10 h à 12 h et de 14 h à 18 h (dernières entrées à 11 h 45 et 17 h 45) en juillet et août ; tous les jours (sauf le mardi) aux mêmes horaires d'avril à juin et en septembre. Fermé le 1er mai. 27 F. ☎ 63 67 06 84.

BERGERAC

🛈 97, rue Neuve d'Argenton – ☎ 53 57 03 11

Visite commentée de la ville – S'adresser à l'Office de tourisme.

Promenades en bateau sur la Dordogne – Départ du Vieux-Port tous les jours toutes les heures de mai à octobre. Parking gratuit.

Expositions au temple – ♿ Visite libre ou accompagnée tous les jours de 10 h à 12 h et de 14 h à 18 h de la deuxième semaine de juillet à la deuxième semaine de septembre. Le reste de l'année sur demande préalable. Entrée gratuite. ☎ 53 57 02 79.

Musée du Tabac – ♿ Visite libre ou accompagnée (45 mn) tous les jours (sauf lundi) de 10 h à 12 h et de 14 h à 18 h, le samedi de 10 h à 12 h et de 14 h à 17 h, le dimanche de 14 h 30 à 18 h 30. Fermé les jours fériés. 15 F. ☎ 53 63 04 13.

Musée d'Histoire urbaine – ♿ Visite incluse avec celle du Musée du Tabac (même billet).

Maison du Vin-Cloître des Récollets – Visite accompagnée (45 mn) tous les jours (sauf le dimanche) de 9h à 12h 30 et de 13h 30 à 17h 30 de juillet à septembre ; visite libre tous les jours (sauf le week-end) aux mêmes horaires d'octobre à juin. Fermé les jours fériés et la semaine de noël au jour de l'an. 20F (l'été), entrée gratuite (le reste de l'année). ☎ 53 57 12 57.

Musée du Vin, de la Batellerie et de la Tonnellerie – Visite tous les jours (sauf le lundi, le samedi après-midi et le dimanche matin) de 10h à 12h et de 14h à 17h 30 (dimanche 18h 30) de mi-mars à novembre ; mêmes conditions mais fermé le dimanche toute la journée de décembre à mi-mars. 5F. ☎ 53 57 80 92.

Église St-Jacques – *Visite libre tous les jours de 14h à 18h.*

Musée d'Art sacré – Visite libre ou accompagnée tous les jours (sauf le lundi) de 15h 30 à 18h pendant les vacances scolaires de printemps et d'été ; le dimanche et les jours fériés aux mêmes horaires le reste de l'année. Sur demande préalable auprès de l'abbé Delage 24140 Maurens. 12F. ☎ 53 57 33 21.

BEYNAC-ET-CAZENAC
🏛 la Balme – 24220 – ☎ 53 29 43 08

Promenades en gabare sur la Dordogne – Départ (pour 50 mn) du parking automobile tous les jours de 10h à 18h (toutes les demi-heures) de juin à septembre. Le reste de l'année sur demande préalable. ☎ 53 28 51 15.

Château – Visite libre (de 12h à 14h) ou accompagnée (50 mn) tous les jours de 10h à 18h de mars à novembre ; de 13h à 18h de décembre à février. 30F. ☎ 53 29 50 40.

Musée de la Protohistoire et parc archéologique – Visite libre ou accompagnée (1h 30) tous les jours de 10h à 19h de mi-juin à mi-septembre. 25F. ☎ 53 29 51 28.

Château de BIRON

Visite accompagnée (1h) tous les jours de 10h à 19h de juillet à début septembre ; tous les jours (sauf le lundi) de 10h à 12h et de 14h à 18h d'avril à juin et de début septembre à mi-octobre ; tous les jours (sauf le lundi) de 14h à 17h de début février à mars et de mi-octobre à décembre. Fermé le 25 décembre et en janvier. 25F. ☎ 53 35 50 10.

Château de BONAGUIL

Visite accompagnée (1h 30) tous les jours de 10h à 17h 30 de juin à août ; de 10h 30 à 12h et de 14h 30 à 16h 30 des vacances scolaires de février à mai et de septembre à novembre. Fermé en décembre et janvier. 25F. ☎ 53 71 39 75.

Château des BORIES

Visite accompagnée (30 mn) tous les jours de 10h à 12h et de 14h à 19h de juillet à septembre. Le reste de l'année sur demande préalable. 25F. ☎ 53 06 00 01.

Grotte du BOSC

Grotte – Visite accompagnée (40 mn) tous les jours en juillet et août de 10h à 12h et de 14h à 18h ; le dimanche et les jours fériés de 14h à 18h de Pâques à juin et en septembre. Fermé le reste de l'année. 25F. ☎ 63 30 62 91.

BOURDEILLES

Château – Visite accompagnée (1h) tous les jours de 10h à 19h de juillet à début septembre ; tous les jours (sauf le mardi) de 10h à 12h et de 14h à 17h d'avril à juin et de début septembre à mi-octobre ; tous les jours (sauf le mardi) de 14h à 17h de février à mars et de mi-octobre à décembre. Fermé le 25 décembre et en janvier. 25F. ☎ 53 03 73 36.

BRANTÔME
🏛 pavillon Renaissance – 24310 – ☎ 53 05 80 52

Visite commentée de la ville – *Tous les samedis en juillet et août ; départ du cloître à 21h 15. S'adresser au Syndicat d'Initiative.*

Promenades en bateau sur la Dronne – *Tous les jours du 15 juin au 15 septembre ; départ du quai du Pavillon Renaissance.*

Clocher – Visite accompagnée (1h) tous les jours (sauf le dimanche matin) de 10h à 19h en juillet et août ; tous les jours (sauf le mardi et le dimanche matin) de 10h à 12h et de 14h à 18h d'avril à juin. *20F.* ☎ 53 05 80 63.

Parcours troglodytique « du Creusé au Construit » – ♿ Visite tous les jours (sauf le mardi) de 10h à 19h en juillet et août ; de 10h à 12h et de 14h à 18h d'avril à juin et en septembre ; de 14h à 17h de février à mars et d'octobre à décembre. Fermé en janvier. 20F. ☎ 53 05 80 63.

Cabanes du BREUIL

Visite tous les jours de 10h à 19h 30 de juillet à septembre ; de 10h à 12h et de 14h à 18h le reste de l'année. 15F. ☎ 53 29 67 15.

BRIVE-LA-GAILLARDE

🅱 place du 14-Juillet – 19100 – ☎ 55 24 08 80

Musée d'Art et d'Histoire Labenche – ♿ Visite libre ou accompagnée (1 h 30) tous les jours (sauf le mardi) de 10 h à 18 h 30 pour les collections permanentes, de 10 h à 12 h et de 13 h 30 à 18 h 30 pour l'exposition temporaire d'avril à octobre ; de 13 h 30 à 18 h (collections permanentes), de 10 h à 12 h et de 13 h 30 à 18 h (exposition temporaire) de novembre à mars. Fermé les 1ᵉʳ janvier, 1ᵉʳ mai et 25 décembre. 26 F. ☎ 55 24 19 05.

Musée Edmond-Michelet – Visite libre ou accompagnée (1 h 15) tous les jours (sauf le dimanche) de 10 h à 12 h et de 14 h à 18 h. Fermé les jours fériés. Entrée gratuite. ☎ 55 74 06 08.

Parc de loisirs du lac du Causse – Ouvert tous les jours de 10 h à 19 h de mi-juin à mi-septembre ; de 9 h à 12 h et de 14 h à 17 h le reste de l'année. La base aquatique n'est ouverte que de mi-juin à mi-septembre. Fermé la 1ʳᵉ semaine de septembre et de mi-décembre à janvier. 35 F. ☎ 55 85 35 46 (base nautique) ou 55 85 42 93 (base aquatique).

BRUNIQUEL

Château – Visite libre ou accompagnée (1 h) tous les jours de 10 h à 12 h 30 et de 14 h à 19 h en juillet et août ; le dimanche et les jours fériés de 10 h à 12 h 30 et de 14 h à 18 h, la semaine de 14 h à 18 h de Pâques à juin et de septembre à la Toussaint. 12 F (visite libre), 17 F (visite accompagnée). ☎ 63 67 27 67.

Maison Payrol – Visite tous les jours de 10 h à 19 h en juillet et août ; de 10 h à 12 h et de 14 h à 18 h d'avril à juin et en septembre. 15 F. ☎ 63 67 26 42.

Le BUGUE

Le village du Bournat – ♿ Visite libre ou accompagnée (1 h 15) tous les jours de 10 h à 19 h de mai à septembre ; de 10 h à 17 h d'octobre à avril. Fermé en janvier. 39 F. ☎ 53 08 41 99.

Aquarium – ♿ Visite tous les jours de 9 h à 19 h de mai à mi-novembre (le mardi, le jeudi et le samedi, nocturnes jusqu'à minuit en juillet et août) ; de 10 h à 12 h et de 14 h à 18 h de mi-février à avril. 39 F. ☎ 53 07 16 38.

Musée de paléontologie – Visite accompagnée par bande son (45 mn) tous les jours de 10 h à 19 h en juillet et août ; tous les jours (sauf le lundi) de 10 h à 12 h 30 et de 14 h 30 à 19 h d'avril à juin et en septembre ; de 10 h à 12 h 30 et de 14 h 30 à 18 h 30 en octobre ; de 10 h 30 à 12 h et de 14 h 30 à 18 h de novembre à mars. Fermé le 1ᵉʳ novembre. 20 F. ☎ 53 04 24 34.

Caverne de Bara-Bahau – Visite accompagnée (35 mn) tous les jours de 9 h à 19 h en juillet et août ; de 10 h à 12 h et de 14 h à 17 h de fin mars à juin et de septembre à mi-novembre. 27 F. ☎ 53 07 27 47.

Maison de la vie sauvage – ♿ Visite tous les jours de 10 h à 12 h 30 et de 14 h à 18 h d'avril à octobre ; de 14 h à 18 h de novembre à mars. 20 F. ☎ 53 08 28 10.

C

CADOUIN

Cloître et musée du suaire – Visite accompagnée (40 mn) tous les jours de 10 h à 19 h de juillet à début septembre ; tous les jours (sauf le mardi) de 10 h à 12 h et de 14 h à 18 h d'avril à juin et de début septembre à mi-octobre ; tous les jours (sauf le mardi) de 14 h à 17 h de début février à mars et de mi-octobre à décembre. Fermé le 25 décembre et en janvier. 25 F. ☎ 53 35 50 10.

Musée du Vélocipède – ♿ Visite libre ou accompagnée (1 h) tous les jours de 10 h à 19 h. 20 F. ☎ 53 63 46 60.

CAHORS

🅱 place Aristide-Briand – 46000 – ☎ 65 35 09 56

Visite commentée de la cité médiévale 🅰 – Se renseigner à l'Office de tourisme.

Promenades en bateau sur le Lot – Départ quai Valentré tous les jours à 11 h, 15 h, 16 h 30 et 18 h d'avril à novembre.

Pont Valentré – Visite tous les jours de 10 h à 12 h et de 14 h 30 à 18 h en juillet et août. 12 F. ☎ 65 35 09 56.

Moulin à nef – En cours de réfection, se renseigner. ☎ 65 35 49 30.

Chapelle St-Gausbert – *Visite libre tous les jours en été seulement, de 10 h à 12 h et de 14 h à 18 h.* ☎ 65 35 12 30.

Maison de Roaldès – Visite accompagnée (1 h) tous les jours de 10 h à 12 h et de 14 h à 18 h 30 de fin juin à fin septembre ; mêmes horaires pendant les fêtes de Pâques, du 1ᵉʳ et 8 Mai, de l'Ascension, de la Pentecôte et de la Toussaint. 25 F. ☎ 65 35 04 35.

Église St-Barthélemy – Visite le dimanche de 9 h à 12 h. ☎ 65 35 06 80.

Les églises ne se visitent pas pendant les offices.

CANIAC-DU-CAUSSE

Crypte – Visite de préférence le mercredi et le week-end. Sinon, s'adresser à la maison située à gauche du monument aux morts.

CAPDENAC

Musée du donjon et Fontaine des Cent-Marches – Visite libre ou accompagnée (1 h) tous les jours de 10 h à 12 h et de 14 h 30 à 19 h de mi-juin à mi-septembre. 10 F. ☎ 65 34 17 23 (Mairie).

CARDAILLAC

Musée Éclaté – Visite accompagnée (2 h 30) tous les jours (sauf le samedi) de 15 h à 18 h en juillet et août ; à 16 h 30 en septembre. Le reste de l'année sur demande préalable auprès de Mr Mage, place de la Tour, 46100 Cardailhac. Tarif à l'appréciation du visiteur à la fin de la visite. ☎ 65 40 10 63.

CARENNAC

Cloître – *Visite libre ou accompagnée (1 h) tous les jours de 10 h à 12 h et de 14 h à 19 h en juillet et août ; de 10 h à 12 h et de 14 h 30 à 18 h d'avril à juin et de septembre à octobre. 7 F (libre) ; 10 F (accompagnée).* ☎ 65 10 97 01.

Château de CAS

Visite accompagnée (1 h) tous les jours (sauf le lundi) de 10 h à 12 h et de 14 h à 18 h en juillet et août ; le week-end et les jours fériés de 10 h à 12 h et de 14 h à 18 h d'avril à juin et de septembre à novembre (les autres jours sur demande préalable). 25 F. ☎ 63 67 07 40.

CASTEL-MERLE

Musée – Visite libre ou accompagnée (45 mn) tous les jours uniquement sur demande préalable auprès de Mr le Conservateur. 15 F. ☎ 53 50 77 45.

Site préhistorique – &. Visite libre ou accompagnée (1 h) tous les jours de 10 h à 19 h en juillet-août ; tous les jours (sauf le mercredi) de 10 h à 12 h et de 14 h à 17 h 30 de Pâques à juin et en septembre. 20 F. ☎ 53 50 79 70.

CASTELNAU-BRETENOUX

Château fort – Visite accompagnée (30 mn) tous les jours de 9 h à 18 h 45 en juillet et août ; de 9 h 30 à 12 h 15 et de 14 h à 18 h 15 en juin et en septembre ; tous les jours (sauf le mardi) de 10 h à 12 h et de 14 h à 17 h 15 d'octobre à mai. Fermé les 1er janvier, 1er mai, 1er et 11 novembre, 25 décembre. 27 F. ☎ 65 10 98 00.

Collégiale Saint-Louis – *Visite tous les jours de 8 h à 18 h 45 de Pâques à mi-octobre. Le reste de l'année 9 h à 17 h.*

Château de CASTELNAUD

Visite libre ou accompagnée (1 h) tous les jours de 9 h à 20 h en juillet et août ; de 10 h à 19 h de mai à juin et en septembre ; de 10 h à 18 h de mars à avril et d'octobre à mi-novembre et vacances scolaires ; tous les jours (sauf le samedi) de 14 h à 17 h de mi-novembre à février. 30 F. ☎ 53 29 57 08.

CÉNAC

Église – Visite tous les jours de 10 h à 18 h de Pâques à la Toussaint. ☎ 53 28 32 73 (Mr le Curé).

Château de CÉNEVIÈRES

Visite accompagnée (1 h) tous les jours de 10 h à 12 h et de 14 h à 18 h de Pâques à septembre ; de 14 h à 18 h d'octobre à début novembre. 25 F. ☎ 65 31 27 33.

Abbaye de CHANCELADE

Chapelle St-Jean – Sur demande préalable auprès du presbytère de l'abbaye 24650 Chancelade.

Visite tous les jours de 14 h à 19 h en juillet et août. 20 F. ☎ 53 04 86 87.

La CHAPELLE-FAUCHER

Château – &. Visite accompagnée (45 mn) tous les jours de 10 h à 12 h et de 14 h à 19 h en juillet et en août. 15 F. ☎ 53 54 81 48.

CIEURAC

Château – Visite accompagnée (35 mn) tous les jours (sauf le jeudi) de 10 h à 12 h et de 14 h à 18 h 30 de juillet à mi-septembre. 20 F. ☎ 65 31 64 28.

COLLONGES-LA-ROUGE

Visite commentée du village – Départ du Musée d'Arts et Traditions Populaires (1 h 15) tous les jours à 10 h 30 et 14 h 30 en juillet et août. Le reste de l'année auprès de Mme Ghislaine Faucher, « visites guidées », le Bourg 19500 Collonges-la-Rouge. 10 F. ☎ 55 25 42 48 ou 55 84 08 03 (Musée).

Maison de la Sirène – Visite libre ou accompagnée tous les jours de 10 h 30 à 12 h 30 et de 15 h à 18 h 30 en juillet et août ; le week-end, les jours fériés et pendant les vacances scolaires de 10 h 30 à 12 h et de 15 h à 18 h le reste l'année. 6 F. ☎ 55 84 08 03.

Grottes de COUGNAC

Visite accompagnée (1 h) tous les jours de 9 h 30 à 18 h en juillet et août ; de 9 h 30 à 11 h et de 14 h à 17 h des Rameaux à juin et de septembre à la Toussaint. Le reste de l'année sur demande préalable. 29 F. ☎ 65 41 47 54 ou 65 41 22 25.

COUGNAGUET

Moulin – ♿ Visite accompagnée (30 mn) tous les jours de 9 h 30 à 12 h et de 14 h à 19 h en juillet et août ; de 10 h à 12 h et de 14 h à 18 h d'avril à juin et de septembre à mi-octobre. 16 F. ☎ 65 32 63 09.

COUZE-ET-ST-FRONT

Moulin de Larroque – Visite libre ou accompagnée (30 mn) tous les jours (sauf le week-end) de 9 h à 12 h et de 14 h à 17 h pour les ateliers de fabrication ; tous les jours (sauf le dimanche) de 9 h à 12 h et de 14 h à 18 h pour la galerie d'artisanat. Fermé les jours fériés et la semaine entre Noël et le Jour de l'An. 5 F. ☎ 53 61 01 75.

CUZALS

Musée de plein air du Quercy – Visite tous les jours (sauf le samedi) de 10 h à 19 h de juin à mi-septembre ; de 14 h à 18 h de la première semaine d'avril à mai et de mi-septembre à début novembre. 45 F (saison), 35 F (hors saison). ☎ 65 22 58 63.

D

DOMME　　　　　　　　　　🛈 place de la Halle – 24250 – ☎ 53 28 37 09

Porte des Tours et Promenade des remparts – Visite accompagnée (1 h) tous les jours sur demande préalable auprès de l'Office de tourisme (15 jours à l'avance). 27 F. ☎ 53 28 37 09.

Grottes – Visite accompagnée (30 mn) tous les jours de 9 h 30 à 19 h en juillet et août ; de 9 h 30 à 12 h et de 14 h à 18 h d'avril à juin et en septembre ; de 14 h à 18 h en octobre. Le reste de l'année pendant les vacances scolaires. 25 F. ☎ 53 28 37 09.

Musée d'Art et de Traditions populaires – Visite tous les jours (sauf le samedi) de 10 h à 13 h et de 14 h à 18 h en juillet et août ; de 10 h à 12 h et de 14 h à 18 h en mai et juin ; de 10 h à 12 h et de 14 h à 17 h en septembre. 17 F. ☎ 53 28 37 09.

E

EXCIDEUIL

Église – *Visite accompagnée sur demande de 9 h à 12 h et de 14 h à 18 h. ☎ 53 62 40 91. Possibilité d'emprunter la clef 1 place Rudeuil ou 5 rue Chavoix.*

EYMET

Musée – Visite accompagnée tous les jours (sauf le dimanche matin) de 10 h à 11 h 30 et de 15 h à 18 h 30 de mi-juillet à août ; de 15 h 30 à 17 h 30 de mi-juin à mi-juillet et la première quinzaine de septembre. 12 F. ☎ 53 23 74 95.

EYRIGNAC

Jardins – ♿ Visite accompagnée (40 mn) tous les jours de 10 h à 19 h de juin à septembre ; de 10 h à 12 h 30 et de 14 h à 19 h en avril et mai ; de 10 h à 12 h 30 et de 14 h à la tombée de la nuit d'octobre à mars. 30 F. ☎ 53 28 99 71.

Les EYZIES-DE-TAYAC　　　　🛈 place de la Mairie – 24620 – ☎ 53 06 97 05

Musée national de la Préhistoire – Visite libre ou accompagnée (1 h) tous les jours (sauf le mardi) de 9 h 30 à 12 h et de 14 h à 18 h de mars à mi-novembre ; de 9 h 30 à 12 h et de 14 h à 17 h de mi-novembre à février. Fermé le 1er janvier et le 25 décembre. 20 F. ☎ 53 06 97 03.

Grotte de Font-de-Gaume – Visite accompagnée (40 mn), uniquement sur réservation, tous les jours (sauf le mardi) de 9 h à 12 h et de 14 h à 18 h d'avril à septembre ; de 9 h 30 à 12 h et de 14 h à 17 h 30 en octobre et mars ; de 10 h à 12 h et de 14 h à 17 h de novembre à février. Dernière visite 1 h avant la fermeture. Fermé les 1er janvier, 1er mai, 1er et 11 novembre, 25 décembre. 32 F + 10 F de réservation. ☎ 53 06 90 80.

Église de Tayac – Visite accompagnée tous les jours (sauf le dimanche). S'adresser au presbytère.

Musée de la Spéléologie – Visite libre tous les jours de 11 h à 18 h de la quatrième semaine juin à la première semaine de septembre. 15 F. ☎ 53 35 43 77.

Gisement de Laugerie Haute – Visite accompagnée (1 h), uniquement sur réservation, tous les jours (sauf le mardi) de 9 h à 12 h et de 14 h à 18 h en juillet et août ; de 10 h à 12 h et de 14 h à 17 h de septembre à juin. Pour les réservations s'adresser à la grotte de Font-de-Gaume. 14 F (Hors saison, billet jumelé avec l'Abri du Poisson). ☎ 53 06 90 80.

Grotte du Grand Roc – Visite accompagnée (30 mn) tous les jours de 9 h à 19 h (dernière entrée à 18 h 30) de juin à mi-septembre ; de 9 h 30 à 18 h 30 (dernière entrée à 18 h) d'avril à mai et de mi-septembre à mi-novembre ; de 10 h à 17 h de février à mars et de mi-novembre à décembre. Fermé en janvier. 35 F. ☎ 53 06 92 70.

Gisement de Laugerie-Basse – &. Visite accompagnée (45 mn) tous les jours de 9 h à 19 h (dernière entrée à 18 h 30) de juin à mi-septembre ; de 9 h 30 à 18 h 30 (dernière entrée à 18 h) d'avril à mai et de mi-septembre à mi-novembre ; de 10 h à 17 h de février à mars et de mi-novembre à décembre. Fermé en janvier. 20 F. ☎ 53 06 92 70.

Grotte de St-Cirq – Visite accompagnée (20 mn) tous les jours (sauf le samedi) de 9 h à 18 h de juin à septembre ; de 12 h à 16 h d'octobre à mai. 20 F. ☎ 53 07 14 37.

La Roque-St-Christophe – Visite libre ou accompagnée (45 mn) tous les jours de 10 h à 19 h (dernière entrée à 18 h 30) de juillet à mi-septembre ; de 10 h à 18 h 30 (dernière entrée à 18 h) de mars à juin et de mi-septembre à mi-novembre ; de 11 h à 17 h (dernière entrée à 16 h 30) de mi-novembre à février. Fermé en janvier. 30 F. ☎ 53 50 70 45.

Préhistoparc de Tursac – &. Visite tous les jours de 9 h 30 à 19 h (dernière entrée à 18 h 30) de juillet à mi-septembre ; de 10 h à 18 h 30 (dernière entrée à 18 h) de mars à juin ; de 10 h à 18 h (dernière entrée à 17 h 30) de mi-septembre à mi-novembre. Fermé de mi-novembre à mars. 27 F. ☎ 53 50 73 19.

Grotte des Combarelles – Visite accompagnée (45 mn), uniquement sur réservation, tous les jours (sauf le mercredi) de 9 h à 12 h et de 14 h à 18 h d'avril à septembre ; de 9 h 30 à 12 h et de 14 h à 17 h 30 en octobre et mars ; de 10 h à 12 h et de 14 h à 17 h de novembre à février. Dernière visite 1 h avant l'heure de fermeture. Fermé les 1er janvier, 1er mai, 1er et 11 novembre, 25 décembre. 32 F + 10 F de réservation. ☎ 53 06 90 80.

Grotte de Bernifal – Visite accompagnée (1 h) tous les jours de 9 h à 19 h en juillet et août ; de 9 h 30 à 12 h 30 et de 14 h 30 à 18 h en juin et septembre. Le reste de l'année sur demande préalable. 25 F. ☎ 53 29 66 39.

Abri du Cap-Blanc – Visite accompagnée (30 mn) tous les jours de 9 h 30 à 19 h en juillet et août ; de 10 h à 12 h et de 14 h à 18 h d'avril à juin et de septembre à octobre. 25 F. ☎ 53 59 21 74.

Abri du Poisson – Visite accompagnée (45 mn), uniquement sur réservation, tous les jours (sauf le mardi) de 9 h à 12 h et de 14 h à 18 h en juillet et août ; de 10 h à 12 h et de 14 h à 17 h de septembre à juin. Pour la réservation, s'adresser à la Grotte de Font-de-Gaume. Fermé les 1er janvier, 1er mai, 1er et 11 novembre, 25 décembre. 14 F (Hors saison, billet jumelé avec le Gisement de Laugerie Haute). ☎ 53 06 90 80.

Abri Pataud – Visite libre et accompagnée (1 h) tous les jours de 10 h à 19 h de juillet à début septembre ; tous les jours (sauf le lundi) de 10 h à 12 h et de 14 h à 18 h d'avril à juin et de début septembre à mi-octobre ; tous les jours (sauf le lundi) de 14 h à 17 h de début février à mars et d'octobre à mi-novembre. 25 F. ☎ 53 35 50 10.

*L'EUROPE en une seule feuille : **carte Michelin** n° 970.*

F

La FAGE

Gouffre – Visite libre (d'avril à mi- juin) ou accompagnée (50 mn) tous les jours de 9 h 30 à 19 h de mi-juin à mi-septembre ; de 14 h à 18 h 30 d'avril à mi-juin ; de 14 h à 17 h 40 de mi-septembre à fin octobre. 25 F. ☎ 55 87 12 21 ou 55 85 81 14.

FÉNELON-STE-MONDANE

Château – Visite accompagnée (45 mn) tous les jours de 10 h à 19 h en juillet et août ; de 10 h à 12 h et de 14 h à 18 h de mars à octobre ; de 10 h à 12 h et de 14 h à 17 h de novembre à février. 30 F. ☎ 53 29 81 45.

FIGEAC 🖪 hôtel de la Monnaie – place Vival – 46102 – ☎ 65 34 06 25

Visite commentée de la vieille ville 🅰 – S'adresser à l'Office de tourisme.

Musée de l'Hôtel de la Monnaie – Visite tous les jours de 10 h à 12 h 30 et de 14 h à 19 h en juillet et août ; de 10 h à 12 h et de 14 h 30 à 18 h d'avril à juin et de septembre à octobre ; de 11 h à 12 h et de 14 h 30 à 17 h 30 de novembre à mars. Fermé le 1er mai. 10 F. ☎ 65 34 06 25.

Musée Champollion – Visite libre ou accompagnée (i h) tous les jours de 10h à 12h et de 14h 30 à 18h 30 en juillet et août ; tous les jours (sauf le lundi) aux mêmes horaires de mars à juin et de septembre à octobre ; de 14h à 18h le reste de l'année. Fermé les 1ᵉʳ janvier, 1ᵉʳ mai et 25 décembre. 20F. ☎ 65 50 31 08.

Commanderie des Templiers – Visite accompagnée (1h) tous les jours de 10h à 13h et de 14h à 19h 30 de juillet à septembre (nocturne le mardi et le jeudi à 21h 30). Le reste de l'année sur demande préalable. 28F, 38F (nocturne). ☎ 65 34 48 11.

Domaine de loisirs du Surgié – Ouvert tous les jours de 11h à 23h en juillet et août ; de 14h à 19h pendant les vacances scolaires de Pâques ; le week-end de 14h à 19h d'avril à juin et en septembre. 15F. ☎ 65 34 59 00.

FLEURAC

Château et musée automobile – &. Visite accompagnée pour le château (1h), libre pour le musée tous les jours de 10h 30 à 19h de mi-juillet à août ; de 14h 30 à 18h de mi-juin à mi-juillet et la première quinzaine de septembre ; tous les dimanches et jours fériés de 14h 30 à 18h de Pâques à mi-juin et de mi-septembre à mi-octobre. Fermé le reste de l'année. 35F. ☎ 53 05 95 01 ou 53 05 98 48.

Grottes de FOISSAC

Visite accompagnée (1h) tous les jours de 10h à 19h 30 (dernière entrée à 18h 30) en juillet et août ; de 10h à 12h 30 et de 14h à 19h (dernières entrées à 11h 30 et 18h en juin et en septembre ; le dimanche et les jours fériés de 14h à 19h (dernière entrée à 18h) d'avril à mai et en octobre. 28F. ☎ 65 64 77 04.

FRATTEAU

Écomusée de la poterie – Visite accompagnée (45 mn) tous les jours de 14h à 19h du premier dimanche de juillet au dernier dimanche d'août ; le dimanche de 14h à 18h le reste de l'année. 30F. ☎ 53 81 61 93.

G

GAVAUDUN

Donjon – Visite accompagnée (1h) tous les jours de 10h à 18h de juillet à septembre ; tous les jours (sauf le mardi) de 14h à 17h d'avril à juin ; le week-end, les jours fériés et pendant les vacances scolaires d'octobre à mars. Fermé en décembre et janvier. 12F. ☎ 53 36 30 98.

GOURDON 24, rue du Majou – 46300 – ☎ 65 41 06 40

Visite commentée de la ville – S'adresser à l'Office de tourisme.

Église des Cordeliers – S'adresser à l'Office de tourisme.

Chapelle Notre-Dame-des-Neiges – S'adresser au presbytère. ☎ 65 41 12 90.

GRAMAT

Parc de vision de Gramat – &. Visite tous les jours de 9h à 19h de Pâques à la Toussaint ; de 14h à 18h le reste de l'année. 30F (adulte), 20F (enfant). ☎ 65 38 81 22.

Centre de formation des maîtres de chiens de la Gendarmerie – Visite le jeudi de 14h 30 à 17h 30 du deuxième jeudi de juin au deuxième jeudi de septembre. De 15h 30 à 16h 30 démonstration du travail des chiens ; de 16h 30 à 17h 30 visite des chenils. Entrée gratuite. ☎ 65 38 71 59.

GRÉZELS

Château de la Coste – Visite accompagnée tous les jours de 14h à 18h en juillet et août. 20F. ☎ 65 21 34 18.

Dans le guide Rouge Michelin France de l'année,
vous trouverez un choix d'hôtels agréables, tranquilles, bien situés, avec l'indication
de leur équipement (piscine, tennis, plage aménagée, aires de repos...) ainsi que les
périodes d'ouverture et de fermeture des établissements.

Vous y trouverez aussi un choix de maisons qui se signalent par la qualité de leur cuisine :
repas soignés à prix modérés, étoiles de bonne table.

Dans le guide Michelin Camping Caravaning France de l'année,
vous trouverez les commodités et les distractions offertes par de nombreux terrains
(magasins, bars, restaurants, laverie, salle de jeux, tennis, golf miniature, jeux pour
enfants, piscines...)

H

Château de HAUTEFORT

Visite accompagnée (45 mn) tous les jours de 9h 30 à 12h 45 et de 14h à 19h en juillet et août ; de 10h à 12h et de 14h à 18h d'avril à juin et de septembre à mi-octobre ; de 14h à 18h de février à mars et de mi-octobre à mi-novembre ; le dimanche de 14h à 18h la deuxième quinzaine de janvier et de mi-novembre à mi-décembre. 28 F. ☎ 53 50 51 23 ou 53 50 59 46.

Château de L'HERM

Visite tous les jours de 10h à 19h de juillet à mi-septembre. 24 F. ☎ 53 05 46 61.

L'HOSPITALET

Grotte des Merveilles – Visite accompagnée (30 mn) tous les jours de 9h à 19h en juillet et août ; de 10h à 12h et de 14h à 18h d'avril à juin et de septembre à octobre. 25 F. ☎ 65 33 67 92.

Féerie du rail – ♿ Visite (45 mn) tous les jours à 10h 45, 11h 30, 13h 40, 14h 25, 15h 10, 15h 55, 16h 40, 17h 25, 18h 15 et 21h 30 de mi-juillet à fin août ; à 10h 45, 11h 30, 13h 50, 14h 40, 15h 25, 16h 10 et 17h de juin à mi-juillet et à la fin août ; à 14h 45, 15h, 15h 45 et 16h 30 d'avril à mai et de septembre à octobre. 31 F (adulte), 19 F (enfant). ☎ 65 33 71 06.

Forêt des singes – Visite tous les jours de 10h à 19h en juillet et août ; de 10h à 12h et de 13h à 18h d'avril à juin et en septembre ; de 10h à 12h et de 13h à 17h en octobre ; le mercredi et le week-end de 10h à 12h et de 13h à 17h en novembre. 30 F. ☎ 65 33 62 72.

L

LABASTIDE-MURAT

Musée Murat – *Visite accompagnée (1/2 h) tous les jours de 10h à 12h et de 15h à 18h de mi-juin à mi-septembre.*

Grottes de LACAVE

Visite accompagnée (1 h 15) tous les jours de 9h à 18h 30 de mi-juillet au dernier dimanche d'août ; de 9h à 12h et de 14h à 18h d'avril à mi-juillet et du dernier lundi d'août à septembre ; de 9h 30 à 12h et de 14h à 17h 30 la première quinzaine d'octobre ; de 10h à 12h et de 14h à 17h de mi-octobre à la Toussaint. 35 F. ☎ 65 37 87 03.

Château de LANQUAIS

Visite accompagnée (40 mn) tous les jours de 10h à 18h 30 en juillet et août ; tous les jours (sauf le jeudi) de 10h à 12h et de 15h à 18h d'avril à juin et de septembre à octobre. 25 F. ☎ 53 61 24 24.

LARAMIÈRE

Prieuré – Visite accompagnée (45 mn) tous les jours de 14h à 18h de juillet à mi-septembre. Le reste de l'année sur demande préalable 2 jours avant. 20 F (en saison) et 15 F (hors saison). ☎ 61 85 51 48.

Château de LARROQUE-TOIRAC

Visite accompagnée (40 mn) tous les jours de 10h à 12h et de 14h à 18h de début juillet à début septembre. 21 F.

Grotte de LASCAUX

Lascaux II – Visite accompagnée (40 mn) tous les jours de 9h 30 à 19h en juillet et août ; tous les jours (sauf le lundi) de 10h à 12h et de 14h à 17h 30 de début février à juin et de septembre à décembre. Fermé le 25 décembre et en janvier. Attention ! Durant l'été la billetterie se trouve à Montignac, sous les arcades du Point-Information. La vente des billets commence à 9h le matin et se termine aussitôt atteinte la barre des 2 000 entrées, ce qui se produit rapidement. 50 F (le billet d'accès à Lascaux II permet également de visiter le parc et le musée du Thot). ☎ 53 35 50 10.

Abbaye de LOC DIEU

Visite accompagnée (45 mn) tous les jours (sauf le mardi) de 10h à 12h et de 14h à 18h de juillet à mi-septembre. Le reste de l'année visite uniquement du parc, aux mêmes conditions. 20 F (Abbaye et Parc), 10 F (Parc). ☎ 65 29 51 17.

LOSSE

Château – Visite libre des extérieurs et accompagnée (40 mn) pour l'intérieur tous les jours de 10h à 19h de juin à août ; de 10h à 18h en septembre et le week-end de la Toussaint ; de 11h à 17h de Pâques à mai. 26 F. ☎ 53 50 80 08.

LUSIGNAC

Église – *S'adresser à Mme Pervalet.* ☎ *53 91 61 17.*

LUZECH

Promenades en bateau sur le Lot – Départ de la base nautique de Caix tous les jours en été. Le jeudi de 8 h 30 à 19 h 30 « Croisière des châteaux » (Luzech-Cahors-Luzech). Les autres jours à 16 h 30 promenade et dégustation.

Musée archéologique Armand-Viré – Visite libre ou accompagnée (1 h) tous les jours de 9 h 30 à 12 h et de 15 h à 19 h de juin à mi-septembre. Le reste de l'année sur demande préalable 3 jours avant. Entrée gratuite. ☎ 65 20 17 27.

M

Site de la MADELEINE

Village troglodytique – Visite accompagnée (3/4 h) tous les jours de 10 h à 19 h de juillet à début septembre ; tous les jours (sauf le mardi) de 10 h à 12 h et de 14 h à 18 h d'avril à juin et de début septembre à mi-octobre ; tous les jours (sauf le mardi) de 14 h à 17 h de début février à mars et de mi-octobre à mi-novembre. 25 F. ☎ 53 35 50 10.

MARCILHAC-SUR-CÉLÉ

Grotte de Bellevue – Visite accompagnée (50 mn) tous les jours de 10 h à 18 h 30 de juillet à mi-septembre ; sur demande préalable en mai et juin. 27 F. ☎ 65 40 63 92 ou 65 31 28 77.

MAREUIL

Château – Visite libre ou accompagnée (40 mn) tous les jours (sauf mardi) de 10 h à 12 h et de 14 h à 18 h 30 de juillet à la première semaine de septembre ; de 14 h à 18 h 30 d'avril à juin et de la deuxième semaine de septembre à mi-octobre. 22 F. ☎ 53 60 74 13.

MARTEL

Musée de l'Hôtel de la Raymondie – *Visite tous les jours de 10 h à 12 h et de 15 h à 18 h en juillet et août.* ☎ *65 37 30 03.*

Les MILANDES

Château – Visite libre ou accompagnée (1 h 30) tous les jours de 9 h à 19 h de mai à mi-novembre (le mercredi et le samedi nocturnes jusqu'à minuit en juillet et août) ; de 9 h à 12 h et de 14 h à 18 h de mi-février à avril ; de 14 h à 18 h de mi-novembre à mi-février. 34 F. ☎ 53 29 50 73.

Château de MONBAZILLAC

Visite libre ou accompagnée (45 mn) tous les jours de 10 h à 19 h 30 en juillet et août ; de 10 h à 12 h 30 et de 14 h à 19 h 30 en juin et septembre ; de 10 h à 12 h et de 14 h à 18 h en mai et octobre ; tous les jours (sauf le lundi) de 10 h à 12 h et de 14 h à 17 h de novembre à avril. Fermé de mi-janvier à mi-février. 27 F. ☎ 53 58 30 27.

Cave coopérative et centre d'embouteillage – Visite libre ou accompagnée (45 mn) tous les jours (sauf le dimanche) de 9 h à 12 h 30 et de 14 h à 19 h. Entrée gratuite. ☎ 53 63 65 06.

Le château et son vignoble

MONPAZIER
i rue Jean Galmot – 24540 – ☎ 53 22 68 59

Visite commentée de la bastide – S'adresser à la Maison du tourisme.

Château de MONTAL

Visite accompagnée (30 mn) tous les jours (sauf le samedi) de 9 h 30 à 12 h et de 14 h 30 à 18 h de début avril à octobre. 20 F. ☎ 65 38 13 72.

MONTIGNAC
i place Bertran-de-Born – 24290 – ☎ 53 51 82 60

Lascaux II – Billetterie à Montignac en été. Voir à la notice Lascaux.

Musée Eugène-Le-Roy – Visite accompagnée (1 h) tous les jours de 9 h 30 à 12 h et de 14 h à 17 h 30 en juillet et août. Le reste de l'année tous les jours (sauf le dimanche) aux mêmes horaires sur demande préalable auprès du Syndicat d'initiative. Fermé en janvier et les jours fériés (sauf le 14 juillet et le 15 août). 15 F. ☎ 53 51 82 60.

MONTPEZAT-DE-QUERCY

Église de Saux – S'adresser à la mairie ou au presbytère de Montpezat.

MONTRÉAL

Château – Visite accompagnée (40 mn) tous les jours de 9 h 30 à 18 h 30 de juillet à septembre. 25 F. ☎ 53 81 11 03.

MONTRICOUX

Musée Marcel-Lenoir – ♿ *Visite libre ou accompagnée (3/4 h) tous les jours de 10 h à 12 h et de 14 h 30 à 19 h, de mi-mai à mi-octobre. 20 F. ☎ 63 67 26 48.*

MUSSIDAN

Musée des Arts et Traditions populaires du Périgord André-Voulgre – ♿ Visite accompagnée (1 h 15) tous les jours (sauf le mardi) de 9 h 30 à 12 h et de 14 h à 18 h de juin à mi-septembre ; le week-end et les jours fériés de 14 h à 18 h de mars à mai et d'octobre à novembre. Fermé la deuxième quinzaine de septembre et de décembre à février. 10 F. ☎ 53 81 23 55.

N

NEUVIC

Château – Visite accompagnée (1 h) tous les jours de 14 h à 18 h en juillet et août. 20 F. ☎ 53 81 50 34.

P

Gouffre de PADIRAC

Visite accompagnée (1 h 30) tous les jours de 8 h à 19 h en août ; de 8 h 30 à 18 h 30 la deuxième quinzaine de juillet ; de 9 h à 12 h et de 14 h à 18 h d'avril à mi-juillet et de septembre au second dimanche d'octobre. 41 F. ☎ 65 33 64 56.

Zoo le Tropicorama – ♿ Visite tous les jours de 9 h à 19 h de mai à septembre. 28 F (adulte), 15 F (enfant). ☎ 65 33 64 91.

PARCOUL

Parc de loisirs du Paradou – ♿ Visite tous les jours de 9 h à 22 h de Pâques à mi-septembre. Entrée gratuite. ☎ 53 91 42 78.

Centre de Préhistoire du PECH MERLE

Visite accompagnée (1 h 30) tous les jours de 9 h 30 à 12 h et de 13 h 30 à 17 h 30 d'avril à septembre ; de 9 h 30 à 12 h et de 13 h 30 à 16 h 45 en octobre et novembre. Très important : la grotte est limitée à 700 visiteurs par jour. 42 F. ☎ 65 31 27 05 (grotte) ou 65 31 27 61 (mairie).

Musée Amédée-Lemozi – *Mêmes conditions de visite que pour la grotte. 21 F.*

PÉRIGUEUX
i rond-point Mataguerre, 26, place Francheville – 24000 – ☎ 53 53 10 63

Visite commentée de la ville médiévale et Renaissance 🅰 – S'adresser à l'Office de Tourisme.

Circuit commenté des vestiges gallo-romains – S'adresser à l'Office de tourisme.

Église St-Étienne-de-la-Cité – *Visite libre, tous les jours (sauf dimanche après-midi) de 7 h à 18 h 45.*

Tour Mataguerre – Visite accompagnée (45 mn) tous les jours (sauf le week-end) à 10 h en juillet et août. 10 F. S'adresser à l'Office de tourisme (visite faisant aussi partie du Circuit Médiéval-Renaissance 22 F).

Hôtel de Lestrade – Visite accompagnée tous les jours (sauf le week-end et le lundi) à 14h 30 en juillet et août. 22 F. S'adresser à l'Office de tourisme (visite faisant partie du Circuit Médiéval-Renaissance).

Domus du Bouquet – Visite accompagnée tous les jours (sauf le week-end et le lundi) à 10h en juillet et août. 22 F. S'adresser à l'Office de tourisme (visite faisant partie du Circuit Gallo-Romain).

Tour de Vésone – Visite accompagnée tous les jours (sauf le week-end et le lundi) à 10h en juillet et août. 22 F. S'adresser à l'Office de tourisme (visite faisant partie du Circuit Gallo-Romain).

Musée du Périgord – Visite tous les jours (sauf le mardi) de 10h à 12h et de 14h à 18h d'avril à septembre ; de 10h à 12h et de 14h à 17h d'octobre à mars. Fermé les jours fériés. 12 F. ☏ 53 53 16 42.

Musée militaire du Périgord – Visite libre ou accompagnée (1 h 30) tous les jours (sauf le dimanche) de 10h à 12h et de 14h à 18h d'avril à septembre ; de 14h à 18h d'octobre à décembre ; le mercredi et le samedi de 14h à 18h de janvier à mars. Fermé les jours fériés. 20 F. ☏ 53 53 47 36.

PERPEZAC-LE-BLANC

Astropole – ♿ *Visite tous les jours (sauf le lundi) de 16h à 19h. Observation du ciel de 21h à l'aube. Conditions de visite soumises aux exigences de la météorologie (réservation conseillée). 30 F.* ☏ *55 25 17 88.*

PEYZAC-LE-MOUSTIER

Musée du Moustier – ♿ Visite libre ou accompagnée (1 h 30) tous les jours de 9h à 19h 30 de juillet à début septembre. Le reste de l'année sur demande préalable (15 jours à l'avance) auprès de Mr André Quinsac-Mandeix 10, rue des Dahlias 24650 Chancelade. 13 F. ☏ 53 50 81 02 (saison), 53 06 52 45 (hors saison) ou 53 04 86 21 (le soir).

Grotte de PRESQUE

Grotte – Visite accompagnée (40 mn) tous les jours de 9h à 19h en juillet et août ; de 9h à 12h et de 14h à 18h de mars à juin et de septembre à novembre. 19 F. ☏ 65 38 07 44.

PROUMEYSSAC

Gouffre – Visite accompagnée (45 mn) tous les jours de 9h à 19h de juin à août ; de 9h 30 à 12h et de 14h à 17h 30 d'avril à mai et en septembre ; de 10h à 12h et de 14h à 17h d'octobre à mars. Fermé en janvier. 35 F. ☏ 53 07 27 47.

Château de PUYGUILHEM

Visite accompagnée (3/4 h) tous les jours de 10h à 19h de juillet à début septembre ; tous les jours (sauf le lundi) de 10h à 12h et de 14h à 18h d'avril à juin et de début septembre à mi-octobre ; tous les jours (sauf le lundi) de 14h à 17h de début février à mars et de mi-octobre à décembre. Fermé le 25 décembre et en janvier. 25 F. ☏ 53 35 50 10.

PUY-L'ÉVÊQUE

Église – *Visite libre en semaine seulement, de 10h à 12h et de 15h à 18h en juillet et août. Le reste de l'année, s'adresser à l'Office de Tourisme* ☏ *65 21 37 63.*

Château de PUYMARTIN

Visite accompagnée (45 mn) tous les jours de 10h à 12h et de 14h à 18h 30 de juillet à mi-septembre ; de 10h à 12h et de 14h à 18h de Pâques à juin et de mi-septembre à la Toussaint. 27 F. ☏ 53 59 29 97.

Pour trouver la description d'une ville ou d'une curiosité isolée, consultez l'index.

R

REGOURDOU

Gisement préhistorique – Visite accompagnée (20 mn) tous les jours de 9h à 18h 30 de juin à août ; de 9h à 12h et de 14h à 18h de mars à mai et en septembre ; de 10h à 12h et de 14h à 17h d'octobre à mars. Visite sur demande préalable (8 jours à l'avance) : Site Préhistorique de Régourdou 24290 Montignac-sur-Vézère. 20 F. ☏ 53 51 81 23 ou 53 50 88 08.

RICHEMONT

Château – Visite accompagnée (25 mn) tous les jours (sauf le vendredi et le dimanche matin) de 10h à 12h et de 15h à 18h de mi-juillet à août. Le reste de l'année sur demande préalable (15 jours à l'avance). 10 F. ☏ 53 05 72 81.

ROCAMADOUR
hôtel de ville – 46500 – ☎ 65 33 62 59

Chapelle Notre-Dame – Accessible lors de la visite de la cité religieuse (voir plus haut).

Visite commentée de la cité religieuse – Tous les jours (durée 1 h) de 8 h 30 à 18 h de juin à septembre. 10 F. S'adresser au Pélerinage de Rocamadour, le château, 46500 Rocamadour. ☎ 65 33 23 23.

Les ascenseurs – Fonctionnent tous les jours de 8 h à 22 h en juillet et août ; de 8 h à 20 h en mai, juin et septembre ; de 8 h 30 à 18 h 30 en mars, avril et octobre ; de 14 h à 17 h le reste de l'année. Fermés la deuxième quinzaine de janvier.

Petit train de nuit – Excursion avec commentaire historique (30 mn) de Pâques à septembre. Départ porte du Figuier. 30 F (adulte), 15 F (enfant). ☎ 65 33 67 84.

Tapisseries Jean Lurçat (Hôtel de ville) – Visite libre tous les jours de 10 h à 20 h en juillet et août ; de 10 h à 12 h et de 14 h à 19 h d'avril à juin et en septembre ; de 10 h à 12 h et de 14 h à 18 h d'octobre à mi-novembre ; de 14 h 30 à 17 h 30 de mi-novembre à mars. Fermé les 1er janvier et 25 décembre. 7 F. ☎ 65 33 74 13.

Crypte St-Amadour – Accessible dans le cadre de la visite commentée de la cité religieuse (voir plus haut).

Chapelle St-Michel – Accessible dans le cadre de la visite commentée de la cité religieuse (voir plus haut).

Musée d'Art sacré Francis-Poulenc – &. Visite libre ou accompagnée (1 h) tous les jours de 9 h à 19 h de juin à septembre. 15 F. ☎ 65 33 23 23.

Remparts – Visite tous les jours de 8 h 30 à 19 h de juin à octobre ; de 9 h à 18 h de novembre à mai. 10 F. ☎ 65 33 23 23.

Rocher des Aigles – &. Spectacles tous les jours à 11 h, 13 h, 14 h 30, 15 h 30, 16 h 30 et 17 h 30 en juillet et août ; à 11 h, 15 h et 16 h d'avril à juin (séance supplémentaire à 17 h le dimanche et les jours fériés) et en septembre. 35 F. ☎ 65 33 65 45.

La ROQUE-GAGEAC

Promenades en gabare sur la Dordogne – Départ sur bateaux-promenades « Les Caminades » (durée 1 h) tous les jours de 9 h 30 à 18 h de mai à septembre. 40 F. ☎ 53 29 40 95.

Promenades en gabare sur la Dordogne – Départ sur les bateaux-promenades « Les Norberts » avec commentaire (1 h) tous les jours de 10 h à 18 h de Pâques à octobre. 40 F. ☎ 53 29 40 44.

Grotte de ROUFFIGNAC

Visite accompagnée (1 h) tous les jours de 9 h à 11 h 30 et de 14 h à 18 h en juillet et août (Attention : l'entrée n'est plus accessible une fois le quota journalier atteint) ; de 10 h à 11 h 30 et de 14 h à 17 h des Rameaux à juin et de septembre à début novembre. 27 F. ☎ 53 05 41 71.

S

ST-AMAND-DE-COLY

Diaporama – &. Spectacle (30 mn) tous les jours de 15 h à 19 h en juillet et août. 10 F. ☎ 53 51 67 50.

ST-ANTONIN-NOBLE-VAL
mairie – 82140 – ☎ 63 30 63 47

Visite commentée de la ville – S'adresser à l'Office de tourisme.

Musée – Visite libre ou accompagnée (1 h 15) tous les jours (sauf le mardi) de 15 h à 18 h de juin à août ; le week-end et les jours fériés de 15 h à 17 h d'avril à mai. Le reste de l'année sur demande préalable (2 jours à l'avance) auprès de Mr le Conservateur. Fermé le 25 décembre. 8,50 F. ☎ 63 68 23 52.

ST-AVIT-SÉNIEUR

Musée de géologie et d'archéologie – Visite tous les jours (sauf le lundi) de 14 h à 19 h en juillet et août. 18 F. ☎ 53 22 32 27.

ST-CÉRÉ
place de la République – 46400 – ☎ 65 38 11 85

Galerie du Casino – Visite tous les jours de 9 h 30 à 12 h et de 14 h à 18 h 30 (de 11 h à 19 h le dimanche) de juillet à septembre ; tous les jours (sauf le mardi) aux mêmes horaires de mai à juin et en septembre ; tous les jours (sauf le mardi et le dimanche) aux mêmes horaires le reste de l'année. Fermé les 1er janvier, 1er et 11 novembre, 25 décembre. Entrée gratuite. ☎ 65 38 19 60.

Atelier-musée Jean-Lurçat – Visite tous les jours de 9 h 30 à 12 h et de 14 h 30 à 18 h 30 de mi-juillet à septembre et des Rameaux au dimanche après Pâques. 15 F. ☎ 65 23 15 24.

Avec votre guide Michelin, il vous faut des cartes Michelin.

Chemin de halage du Lot

ST-CIRQ-LAPOPIE

Château de la Gardette (Maison Rignault) – Visite tous les jours de 10h à 12h et de 14h à 19h en juillet et août ; tous les jours (sauf le mardi) de 10h à 12h et de 14h à 18h d'avril à juin et de septembre à début novembre. 10F. ☎ 65 31 23 22.

ST-CRÉPIN-ET-CARLUCET

Manoir de LACYPIERRE – Visite tous les jours de juin à septembre sur demande préalable (8 jours à l'avance). Entrée gratuite. ☎ 53 31 26 83 (Mr ou Mme Serge Lebon).

ST-JEAN-DE-CÔLE

Château de la Marthonie – Visite accompagnée (45 mn) tous les jours de 10h à 12h et de 14h à 18h 30 en juillet et août. 20F. ☎ 53 62 30 25.

ST-PAUL-LIZONNE

Église – *S'adresser à la mairie.*

ST-PIERRE-TOIRAC

Église – Visite tous les jours de 9h à 19h de Pâques à la Toussaint. ☎ 65 34 58 74.

ST-PRIVAT-DES-PRÉS

Musée de l'outil et de la vie au village – Visite libre ou accompagnée (30 mn) tous les jours de 15h à 18h de juin à septembre. En dehors des heures d'ouverture et le reste de l'année, sur demande préalable à la mairie. 15F. ☎ 53 91 22 87.

ST-SARDOS-DE-LAURENQUE

Église Ste-Anne de la Castelle – Sur demande préalable (1 ou 2 jours à l'avance) auprès de Mr Lacoste. ☎ 53 36 04 62 ou de Mr Mouraby. ☎ 53 40 82 42.

STE-NATHALÈNE

Moulin de la Tour – ♿ Visite accompagnée (15 mn) pour la démonstration de la fabrication d'huile le lundi, le mercredi et le vendredi de 9h à 12h 30 et de 14h à 19h 30 (dernière entrée à 18h) en juillet et août ; le vendredi aux mêmes horaires le reste de l'année. Entrée gratuite. ☎ 53 59 22 08.

SALIGNAC-EYVIGUES

Château – Visite libre en juin et septembre et accompagnée (35 mn) en juillet et août tous les jours (sauf le mardi) de 10h 30 à 13h et de 14h à 18h en juillet et août ; de 14h à 18h la deuxième quinzaine de juin et la première quinzaine de septembre. Le reste de l'année sur demande préalable auprès de Mme Trémouille. 25F. ☎ 53 28 81 70.

SARLAT-LA-CANÉDA   🅱 hôtel de Vienne, place de la Liberté – 24203 – ☎ 53 59 27 67

Visite commentée de la ville 🅰 – S'adresser à l'Office de tourisme.

Manoir d'Aillac – (Musée des Mirepoises) – Visite accompagnée (30 mn) tous les jours de 10h à 12h et de 14h à 18h de mai à septembre. 25F. ☎ 53 59 02 63.

Musée « Automobiles » – & Visite libre tous les jours de 10 h à 19 h en juillet et août ; de 14 h à 18 h 30 d'avril à juin et de septembre à la Toussaint. Le reste de l'année de 14 h à 18 h 30 les dimanches et les jours fériés. 30 F. ☎ 53 31 62 81.

Musée-aquarium – & Visite tous les jours de 10 h à 19 h en juillet et août ; de 10 h à 12 h et de 14 h à 18 h d'avril à juin et de septembre à mi-novembre. 27 F. ☎ 53 59 44 58.

SAUVETERRE-LA-LÉMANCE

Forteresse – *Visite accompagnée (1/2 h) tous les jours (sauf le jeudi) de 10 h à 12 h et de 15 h à 19 h de mi-juin à septembre. 25 F.* ☎ *53 40 67 17.*

SORGES

Maison de la Truffe – & Visite tous les jours de 10 h à 12 h et de 14 h à 18 h en juillet et août ; tous les jours (sauf le lundi) de 10 h à 12 h et de 14 h à 17 h de septembre à juin. Fermé les 1er janvier, 1er mai et 25 décembre. 20 F. ☎ 53 05 90 11.

Sentier des truffières – Découverte des truffières (2 h 20) le jeudi à 15 h en juillet-août. Rendez-vous à la Maison de la Truffe.

SOUILLAC
🛈 boulevard Louis-Jean-Malvy – 46200 – ☎ 65 37 81 56

Visite commentée de la ville – S'adresser à l'Office de tourisme.

Musée national de l'Automate et de la Robotique – & Visite tous les jours de 10 h à 19 h en juillet et août ; de 10 h à 12 h et de 15 h à 18 h en juin et septembre ; tous les jours (sauf le lundi) de 10 h à 12 h et de 15 h à 18 h d'avril à mai et en octobre ; tous les jours (sauf le lundi et le mardi) de 14 h à 17 h de novembre à mars. 25 F. ☎ 65 37 07 07.

Parc de loisirs Quercyland, « Les Ondines » – Visite tous les jours de 10 h à 23 h de mai à mi-septembre. 20 F. ☎ 65 37 33 51.

T

THIVIERS

Musée du foie gras – Visite tous les jours (sauf le dimanche et le lundi) de 10 h à 12 h et de 15 h à 18 h (dernières entrées à 11 h 30 et 17 h 30), le samedi ouverture à 9 h. Fermé les jours fériés. 10 F. ☎ 53 55 12 50.

Le THOT, ESPACE CRO-MAGNON

Visite libre tous les jours de 9 h 30 à 19 h en juillet et août ; tous les jours (sauf le lundi) de 10 h à 12 h et de 14 h à 17 h 30 de début février à juin et de septembre à décembre. Fermé le 25 décembre et en janvier. 25 F ; 50 F (billet jumelé avec Lascaux II. En juillet et août, les billets sont à retirer à Montignac, sous les arcades du Point-Information ; le reste de l'année, les billets sont en vente sur le site). ☎ 53 35 50 10.

TOURTOIRAC

Abbaye – *Visite libre ou accompagnée, tous les jours, de 10 h à 12 h et de 14 h 30 à 17 h 30 du 1er juillet au 31 août ; le reste de l'année, sur demande à la mairie :* ☎ *53 51 12 17. Entrée gratuite.*

La TREYNE

Château – Visite libre ou accompagnée (30 mn) tous les jours (sauf le lundi) de 9 h à 12 h et de 14 h à 18 h de juin à septembre. 10 F. ☎ 65 32 66 66.

TURENNE

Église – *Visite libre ou accompagnée tous les jours de 8 h à 20 h.* ☎ *55 85 90 57.*

Château – Visite libre ou accompagnée (30 mn) tous les jours de 9 h 30 à 12 h 30 et de 14 h à 19 h d'avril à octobre. 10 F. ☎ 55 85 91 87.

V

VENDOIRE

Écomusée de la tourbe – Visite libre ou accompagnée (1 h) tous les jours de 10 h à 19 h de mai à septembre. Le reste de l'année tous les jours (sauf le dimanche matin) sur demande préalable 8 jours avant. 20 F. ☎ 53 90 37 78 ou 53 90 79 44.

Le VIGAN

Église – Visite tous les jours (sauf le dimanche) de 10 h à 12 h et de 15 h à 19 h en juillet et août. Le reste de l'année s'adresser à la mairie ou à Mr le Curé de Gourdon. ☎ 65 41 12 90.

Musée Henri-Giron – ♿ Visite libre tous les jours de 10 h à 12 h et de 14 h à 18 h en juillet et août ; tous les jours (sauf le lundi) aux mêmes horaires de mai à juin et en septembre. Le reste de l'année sur demande préalable. 15 F. ☎ 65 41 33 78.

Grottes de VILLARS

Grottes – Visite accompagnée (45 mn) tous les jours de 10 h à 19 h (dernière entrée à 18 h 30) en juillet et août ; de 10 h à 12 h et de 14 h à 19 h (dernières entrées à 11 h 30 et 18 h 30) la dernière quinzaine de juin et la première quinzaine de septembre ; de 14 h à 19 h (dernière entrée à 18 h 30) des Rameaux à mi-juin et de mi-septembre à octobre. 25 F. ☎ 53 54 82 36.

VILLEFRANCHE-DU-PÉRIGORD

Maison du châtaignier, marrons et champignons – ♿ Visite libre ou accompagnée (1 h) tous les jours (sauf le dimanche après-midi et le lundi après-midi) de 9 h à 12 h et de 15 h à 18 h de juin à septembre ; le samedi de 10 h à 12 h et de 15 h à 18 h et le mardi, le dimanche, les jours fériés de 10 h à 12 h le reste de l'année. 20 F. ☎ 53 29 98 37.

Index

T

U - V - Y - Z

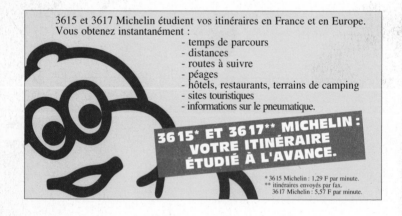
MANUFACTURE FRANÇAISE DES PNEUMATIQUES MICHELIN

Société en commandite par actions au capital de 2 000 000 000 de francs

Place des Carmes-Déchaux – 63 Clermont-Ferrand (France)

R.C.S. Clermont-Fd B 855 200 507

© Michelin et Cie, Propriétaires-Éditeurs 1993

Dépôt légal juin 1993 – ISBN 2-06-037003-5 – ISSN 0293-9436

Printed in the EU 2-96/3

Photocomposition : NORD COMPO, Villeneuve-d'Ascq

Impression et brochage : CASTERMAN, Tournai

Illustration de la couverture par Nicolas Le Brun